新羅의 何瑟羅 經營 研究

홍영호(洪永鎬)

◇ 1966년 강원도 강릉 출생
◇ 강릉고등학교 졸업
◇ 강원대학교 사범대학 역사교육과 졸업(문학사)
◇ 강원대학교 대학원 사학과(한국사 전공) 졸업(문학석사)
◇ 고려대학교 대학원 문화재학(고고학 전공) 졸업(문학박사)

(전) 국사편찬위원회 지역사료조사위원
(현) 하슬라문화재연구소 소장
(현) 역사 교사

新羅의 何瑟羅 經營 硏究

초판 1쇄 인쇄 | 2016년 1월 15일
초판 1쇄 발행 | 2016년 1월 22일

저 자 | 홍영호
발행인 | 한정희
발행처 | 경인문화사
주 소 | 경기도 파주시 회동길 445-1 경인빌딩
전화: 031)955-9300, 팩스: 031)955-9310
이메일: kyunginp@chol.com
홈페이지: http://kyungin.mkstudy.com
등록번호 | 제10-18호(1973. 11. 8)

ISBN : 978-89-499-1179-3   93910
정가 : 23,000원
*파본 및 훼손된 책은 교환해 드립니다.

新羅의 何瑟羅 經營 研究

홍 영 호
(洪 永 鎬)

景仁文化社

책을 내면서

어릴 때부터 역사를 좋아했다. 직업도 당연히 역사와 관련된 분야를 원하였고, 대학을 진학할 때, 순수 학문을 공부하는 사학과나 고고학과를 선택할 것인지, 역사교육과로 선택할 것인지에 대한 고민이 있었다. 결국 역사교육과로 진학하여 현재 역사 교사로 살아가고 있다. 역사에는 'If'가 없다고 하지만, 사학과나 고고학과로 갔으면 지금 어떻게 살고 있을까? 좋아하는 역사 공부를 할 수 있었을까? 라는 생각이 들 때도 있다. 이러한 점에서 좋아하는 역사를 가르치고, 역사 연구도 지속적으로 할 수 있는 현재의 삶에 자족하고 있다.

학생들을 교육하면서도 역사에 관한 조사·연구 활동을 해야 한다는 순수한 열정이 오늘의 나를 만든 셈이다. 발령받은 학교가 위치한 지역의 다양한 역사 연구 자료를 찾고, 해당 분야를 공부하면서 글로 발표하였다. 어떻게 보면 학문적 편력이라 할 수도 있겠지만, 그 결과를 학생들에게 교육 자료로 활용할 수 있기 때문에 역사 교사는 여러 시대와 다양한 분야를 두루 알아야 한다는 생각을 하였던 것이다.

박사학위 논문 주제도 이러한 조사·연구 과정에서 찾은 것이다. 20대에 근무하던 학교에서 학생들과 주변의 역사 유적을 찾아 다녔는데, 정선군 신동읍 고성리 산성에 답사를 가서 매우 강렬한 자극을 받았다. 이 산성이 왜 여기에 있는지 연구를 하려고 마음을 먹었고, 틈틈이 이 분야와 관련 시대를 공부하게 되었다. 그러다가 그 답을 찾기 위하여 뒤늦게 박사과정에 진학하였다. 20대 후반에 가졌던 호기심은 결국 문학박사 학위를 취득하면서 20년 만에 학문적으로 결실을 맺게 되었다.

이 책은 저자의 박사학위 논문(『신라의 히슬라 경영 연구』, 2012)을 근간으로 하여, 일부 가필·보완을 한 것이다. 특별히 저자의 관점이나 주장이 바뀐 것은 아니며, 논지상의 변화도 전혀 없다. 그럼에도 일부 장의 절을 삭제하고, 일부 장의 절은 새로이 첨가하여 이 책을 완성하였다. 그 이유는 무엇보다도 박사학위 논문 심사 중에 강릉 경포호 강문동 신라토성이 발견되었는데, 저자의 주장을 뒷받침하는 매우 좋은 고고자료였지만, 심사기간에 쫓겨 논문에 관련 내용을 녹여낼 수 없었던 아쉬움 때문이다. 그리하여 박사 학위를 취득한 후 우선적으로 강릉 경포호 강문동 신라토성의 신라사적 의미에 대하여 「신라의 동해안 연안항해와 하슬라」라는 제목으로 논문을 발표하였다. 이 책에는 이 논문도 체제와 내용 속에 포함되어 있다.

결국 그동안 발표하였던 여러 편의 연구 논문들은 박사학위 논문과 이 책의 체제와 내용 전개에 적합한 분량으로 편집되어 수록되어 있다. 따라서 저자의 박사학위 논문과 관련하여 저자의 견해를 인용하려는 분은 가급적 각각의 논문을 보거나 이 책을 참고해 주기를 바란다.

지금까지 공부하면서 많은 분들에게 도움을 받았다. 먼저 학부 때의 신종원 교수님, 석사과정 때의 최복규 교수님, 박사과정 때의 정운용 교수님의 學恩과 學德에 힘입어 학문의 세계에 들어올 수 있었고, 오늘의 저자가 있게 되었음을 밝히고 싶다.

신종원 교수님은 저자가 역사 교사로 학교 현장에 나간 후에도 학문적 관심이 멀어질까 노심초사하시며, 저자의 초임 교사 시절부터 지금까지 학문적 자극을 주셨다. 역사 연구의 방향과 안목, 학문하는 자세와 사료의 분석 방법은 물론이고 고대사에 있어서 역사민속과 역사지리 분야의 중요성을 일깨워 주셨다.

석사과정을 지도하여 주신 최복규 교수님께는 고마우면서도 마음 한 편으로 늘 죄송스러운 마음이 앞선다. 구석기를 주제로 문학석사 학위를 받았음에도, 박사학위 논문 주제를 바꾸게 되어 면목이 없기 때문이다. 구석기 분야로 박사학위에 도전하기에는 역사 교사라는 현실적인 한계를 극복하기 어려웠다고 판단했었다. 너그럽게 혜량해 주시리라 믿는다.

저자는 석사과정을 졸업한 후 10년 만에, 뒤늦게 박사학위 논문 주제를 정하고 학문의 세계에 뛰어들었다. 이러한 제자를 무사히 과정을 마칠 수 있도록 세심하게 배려하고 돌보아 주신 분이 정운용 교수님이시다. 그리고 공부할 것도 많고, 주장도 다양한 '고고학과 문헌사학이 교차하는 치열한 전공 분야'에서 치밀한 학문적 분석 방법과 함께 종합적이고 균형 잡힌 시각을 길러 주셨다. 이 큰 은혜를 어디에 비할 수 있을까! 무한한 감사함을 느낀다.

이 책을 내면서 스승님들의 학은과 학덕에 조금이나마 고마움을 표현할 수 있어 다행이라 생각한다.

많은 선배, 동학, 후배들로부터도 도움을 받았지만, 그 가운데 함께 공부한 연구자들만 밝혀 그동안의 고마움을 전하고자 한다.

정연우(예맥문화재연구원 원장)·김남돈(강원대학교 박물관 학예연구사)·김용백(춘천시청 과장)·김상태(국립한글박물관 학예연구관)·최승엽(강원문화재연구소 조사기획팀장)·이해용(예맥문화재연구원 연구실장)·차재동(국강고고학연구소 소장) 선생님은 저자가 연구를 위하여 필요로 하는 보고서를 비롯한 각종 자료를 구해 주었고 여러 가지로 많은 도움을 주어 큰 힘이 되었다. 홍성익(강원대 강사)·김도현(문화재청 문화재전문위원)·심현용(울진군청 학예연구사)·김만중(속초시청 학예연구사) 선생님은 유적 조사를 함께 다녔을 뿐만 아니라 저자가 공부의 길을 가는데 있어 외롭지 않게 해준 道伴이었다. 이상수(가톨릭관동대 박물관 학예실장) 선생님 또한 학문적·개인적으로 많은 도움을 받았다.

저자의 학부 때 학술 모임으로 대학 입학부터 지금까지 이어져 오고 있는 강원향토사교육연구회 선·후배님들에게도 고마움을 전한다.

그리고 이 책을 고려사학회 연구총서의 한 권으로 출간될 수 있게 흔쾌히 허락을 해주신 이정신 학회장님(한남대 사학과 교수)께도 감사의 말씀을 올린다. 또한 출판을 맡아준 경인문화사의 한정희 사장님과 신학태 실장님, 김지선 과장님, 남은혜 담당선생님을 비롯한 편집부 여러 선생님들에게도 감사드린다.

한 권의 저서를 발간한다는 것에 당연히 기쁨도 느끼지만, 한편으로 부족한 졸저에 부끄럽기도 하다. 특히, 선행 연구자들의 연구 성과를 일일이 각주로 잘 밝혔는지도 걱정이 앞선다.

"끝이 시작이다."라는 말이 있듯이 이 책의 간행도 끝이 아닌 시작임을 약속하고 다짐한다. 여전히 저자는 앞에 놓인 학문의 바다를 헤쳐 나갈 것을 약속하고, 학문의 길에서 누를 끼치지 말아야 한다는 다짐도 한다.

마지막으로 아들의 학문의 길을 오랜 기간 지켜봐 준 부모님께도 감사 드린다. 또한 세계의 문화유산인 경주 양동마을에서 홀홀단신으로 강원도로 온 저자의 아내, 손진경에게도 미안하면서도 고마운 마음을 전한다. 수많은 나날을 산과 들로 유적 답사를 다니고, 책상에 앉아 공부하느라 가정과 아이들에게 소홀할 수밖에 없었기 때문이다. 저자가 학문에 전념할 수 있도록 해 준 아내와 아들, 딸에게 그동안 가족들과의 잃어버린 시간을 대신해서 이 책을 바친다. 나아가 이 책이 아들 수원, 딸 수민의 인생 항로에서 불을 밝힐 수 있는 작은 등대가 될 수 있었으면 더할 나위 없겠다.

2015년

淸明한 가을, 강릉 鏡浦湖邊의 容膝齋에서

저자 홍영호 씀.

세상사 쉬운 일이 없다고 한다. 공부도 그러할 터.

스님의 게송(偈頌)이 천 년을 뛰어넘어 저자에게 힘이 되었다.

밝은 달 그림자 밤을 밝히고, 적막한 深夜에 山을 비추네.

마음은 둥글어 宇宙를 싸나, 마침내 方寸에도 들어가도다.

한 생각 돌이키면 부처인 것을, 일체를 초월하여 상관치 않네

— 「山淸 智谷寺 眞觀禪師 悟空塔碑文」 중에서 —

* 비석 세운 연대: 고려 경종 6년(981) 추정

목차

I
序言

1. 연구 목적

최근에 들어와 강원도 동해안 지역은 대규모 개발에 따른 구제 발굴로 고고자료가 폭발적으로 증가하고 있다. 이들 새로운 발굴 조사 자료를 분석하면, 신라는 강원도 동해안 중에서도 특히 하슬라, 즉 강릉 지역에 가장 빨리 진출하였던 것으로 보인다. 신라가 강릉 지역에 가장 먼저 진출하였음을 보여주는 고고자료로는 안현동 샌드파인 목곽묘군(이하 안현동 목곽묘로 칭함)을 비롯하여 초당동 고분(1984년 신고품, 관동대 박물관 소장품 및 도로부지 7호묘), 초당동 A-1호분, 하시동 서1호분, 병산동 고분군 등을 들 수 있으며, 이들 고분을 통해 황남대총 남분 단계 이전의 고고학적 양상을 살펴볼 수 있다. 황남대총 남분 단계 이후의 고고학적 양상도 신라 고분과 신라산성을 통해 파악할 수 있다. 이러한 고고자료들은 신라의 강릉 지역 진출과 경영 과정을 살펴보는 데 많은 기여를 할 수 있다.

사료에 의하면 신라의 동해안 진출과 관련하여 일찍이 悉直谷國 기사(102)가 보이나,[1] 실직곡국의 위치는 물론이고 사실성도 논란이 많다. 더구나 이 글에서 다루는 시기와는 연대 차이가 많이 나므로 悉直谷國 기사는 논지 전개에 활용하지는 않겠다. 신라의 하슬라(何瑟羅, 지금의 강릉)·실직(悉直, 지금의 삼척) 진출은 4세기가 끝나는 무렵에 매우 단편적으로 등장한다.[2] 이후 한동안 보이지 않다가 5세기 중·후반에 들어와 신라와 고구려 사이에 군사적인 충돌 기사가 나타나고 있다. 즉 눌지왕 34년(450)

---

1) 『三國史記』 卷1, 新羅本紀1 婆娑尼師今 23年 "秋八月 音汁伐國與悉直谷國 爭疆 …"

2) 『三國史記』 卷3, 新羅本紀3 奈勿尼師今 40年 "秋八月 靺鞨侵北邊 出師 大 敗之於悉直之原" ; 『三國史記』 卷3, 新羅本紀3 奈勿尼師今 42年 "秋七月 北邊何瑟羅旱蝗 年荒民飢 曲赦囚徒 復一年租調"

하슬라 城主가 실직벌(삼척)에서 고구려 邊將을 掩殺하는 사건, 고구려의 悉直城 침공(468년 봄)과 하슬라 주민을 동원한 신라의 泥河 築城(468년 가을) 등의 기사로 다시 등장한다.3) 그런데 이들 기사의 역사적 정황과 해석을 둘러싸고 지금까지 논란이 매우 많았다.

이 글은 고고자료와 사료 비판을 통해 이러한 논란을 밝혀보고, 당시의 역사적 실상을 올바르게 그려내는 것이 목적이다. 그리하여 신라가 하슬라에 진출하는 목적과 경영의 변화 과정을 당시의 역사적 상황 속에서 찾아보고, 그 배경을 합리적으로 설명하려는 시도를 하였다. 이를 위하여 하슬라의 지리적 범위를 통일신라시대의 溟州 州治인 강릉과 직속 領縣들을 포함하여 살펴보았다. 통일신라시대 명주(강릉)의 영현에 旌善縣(지금의 정선)이 소속된 점을 참고하면 하슬라의 군관구(軍管區)가 이 지역까지 관할하였을 가능성이 높기 때문이다. 특히, 신라는 하슬라를 거점으로 동해안 및 남한강을 따른 방어체계를 구축한 것으로 생각된다. 이러한 역사적 배경이 신라 최초의 州인 悉直州와 何瑟羅州를 설치하게 된 것으로 보인다. 하슬라 지역은 당시의 역사적 상황을 이해하는데 중요한 단서를 제공하는 신라사적인 의미가 있는 것이다.

결국 이 연구는 하슬라 지역의 신라고분과 신라산성을 대상으로 고고학적 양상을 검토하고, 사료의 재해석을 통해 삼국의 역학 관계 속에서 신라가 하슬라를 경영하게 된 역사적 배경과 신라사적 의미를 찾아보는 것이며, 연대적으로는 5~6세기가 중심 시기가 된다. 이 시기는 이전 시기에 비하여 문헌사료가 풍부한 편이고, 동시에 사료 비판을 통해 삼국의 쟁패와 관련한 역사적 실상에 접근하기에 유리하다. 이 때 고고자료가 사료 비

---

3) 『三國史記』卷3, 新羅本紀3 訥祇麻立干 34年 "秋七月 高句麗邊將獵於悉直之原 何瑟羅城主三直出兵掩殺之 …";『三國史記』卷3, 新羅本紀3 慈悲麻立干 11年 "春 高句麗與靺鞨襲北邊悉直城 秋九月 徵何瑟羅人年十五已上 築城於泥河一名泥川";『三國史記』卷3, 新羅本紀3 炤知麻立干 3年 "春二月 幸比列城 存撫軍士 賜征袍 三月 高句麗與靺鞨入北邊 取狐鳴等七城 又進軍於彌秩夫 我軍與百濟加耶援兵 分道禦之 賊敗退 追擊破之泥河西 斬首千餘級"

판과 역사적 해석에 크게 기여할 수 있으며, 그러한 장점을 활용할 수 있는 좋은 시기이기도 하다. 그리하여 필자는 이들 고고자료와 문헌사료, 역사지리적 자료들을 활용하여 신라의 하슬라 경영에 대한 신라사적 의미를 찾아보겠다.

2. 연구 현황

강원 영동 지방은 일제시대에 고적 조사를 통해 하시동 고분이 조사된 바 있고,[4] 해방 이후부터 1990년 이전에는 간헐적인 수습 조사 성격의 소규모 발굴을 통해 단편적으로 고분 조사가 이루어져 왔다.[5] 1990년대 이후부터는 전체 고분군을 단위로 하는 대규모의 고분군 발굴이 이루어지는데, 동해시 북평 지역 발굴이 그 시작이었고, 발굴 후 이상수는 북평 지역 고분군의 편년을 설정하였다.[6] 이후에도 그는 영동 지방 고분의 분포 양상과 성격에 대하여 개략적으로 검토한 바 있다.[7] 동해 북평 지역 고분은 영동 지방에서 매우 귀중한 6~7세기 신라고분 자료를 제공하였고, 특히

---

4) 朝鮮總督府, 1916, 『朝鮮古蹟圖譜』 3.
5) 金正基·李鐘哲, 1971, 「溟州郡下詩洞古墳調査報告」, 『考古美術』 110, 韓國美術史學會 ; 김병모, 1971, 「강릉 초당동 제1호분」, 『문화재』 5, 문화재관리국 ; 백홍기, 1975, 「강릉 초당동 고분군에 대하여」, 『강릉교육대학 논문집』 7 ; 崔淳雨, 1978, 「三陟 葛夜山 積石古墳 槪報」, 『考古美術』 138·139합집 ; 임세권, 1979, 「명주군 하시동 해변유적의 성격」, 『한국사연구』 26 ; 金馹起, 1988, 「三陟 葛夜山 出土 新羅土器」, 『江原史學』 4, 江原史學會.
6) 관동대학교 박물관 외, 1994, 『동해북평공단조성지역문화유적발굴보고』, 학술총서 3 ; 李相洙, 1995, 「嶺東地方 新羅古墳의 一考察-北坪地域 古墳群을 중심으로-」, 『韓國上古史學報』 18.
7) 李相洙, 2002, 「嶺東地方 古墳의 分布樣相과 그 性格」, 『제28회 한국 고고지학회 학술발표회 : 삼국의 접점을 찾아서』 ; 2005, 「嶺東地方 橫穴式石室墓의 樣相과 性格-江陵 領津里 封土石室墓를 中心으로-」, 『東峯申千湜敎授停年記念史學論叢』, 景仁文化社.

일부 고분에서는 대가야계 토기가 출토되었는데, 대가야의 멸망을 전후로 투항 또는 망명한 대가야 집단 내지 사람들이 이주된 것으로 본다.[8]

早乙女雅博과 定森秀夫·白井克也는 일제시대에 수습된 동경대 소장 하시동 고분군 석곽묘 출토 신라토기를 검토하였다. 早乙女雅博은 하시동 서 1호분 출토 고배가 3단대각과 2단대각이 모두 있지만, 뚜껑이 없으므로 황남동 110호분보다 古式으로 보았고, 갈야산 상수도 배수구 공사 출토 유개 고배와 장경호도 황남동 110호분 단계로 보았다. 그의 편년관으로 5세기 전반으로 설정하였다. 그리고 동경대 소장 토기들을 하시동 서1호분부터 천마총을 비롯한 경주의 고분 출토 토기와 비교하였다.[9] 定森秀夫·白井克也는 하시동 고분군 출토 토기를 4群으로 나누고, 창녕 교동, 부산 복천동, 생곡동 가달, 경주 황남동 등의 출토 유물과 유사한 점을 지적하였다. 그리고 토기 그룹의 조합상으로 보아 최대 3시기의 가능성이 높다고 보고, 첫 시기는 황남대총 남분에 가까운 5세기 중엽 경, 두 번째 시기는 5세기 후엽 경, 세 번째 시기는 5세기 후엽 말~6세기 초로 구분하였다.[10]

이후 강릉 지역은 대규모 개발에 따른 고고학적 발굴 성과에 힘입어 최근 들어 많은 연구 성과가 축적되었다.[11]

이한상은 당시까지 조사된 동해안 지역의 5~6세기대의 신라 분묘의 확산을 언급하면서 삼척·강릉·양양 지역의 신라토기와 위세품을 검토하여, 황남동 110호분 단계부터 진출하였으나 이 단계의 자료는 적으며 황남대총 남·북분 단계에 그 양이 급증한다고 보았다. 그 배경으로는 강릉 지역이 고구려와 신라의 접경지임을 지적하였고, 초당동 집단이 가장 중심 고분이라고 하였다.[12]

---

8) 定森秀夫·白井克也, 1999, 「韓國江原道溟州下詩洞古墳群出土遺物-東京大學工學部
     建築史硏究室所藏資料の紹介」, 『朱雀』(硏究紀要)11, 京都文化博物館, 97~98쪽.
9) 早乙女雅博, 1997, 「三國時代 江原道の古墳と土器-關野貞資料土器とその歷
     史的意義-」, 『朝鮮文化硏究』4號, 東京大學 文學部 朝鮮文化硏究室, 1~24쪽.
10) 定森秀夫·白井克也, 1999, 앞의 논문, 79~101쪽.
11) 이하 발굴이 폭증한 관계로 발굴보고서는 제외하고 연구 논문만 각주로 열거하겠다.
12) 李漢祥, 2003, 「동해안지역의 5~6세기대 신라분묘 확산 양상」, 『嶺南考古學』

이창현은 강릉 지역의 고분을 대상으로 묘제의 유형과 형식 분류를 통해 변화 양상을 살펴보고, 공반 출토 유물을 토대로 단계 설정과 편년을 시도하였다. 이 연구는 각 묘제의 유형과 여러 형식들의 상관관계를 분류하여 기본적인 자료들을 분석·제공해 주었다. 또한 당시까지의 조사 성과를 바탕으로 하시동 서1호분을 비롯하여 그 밖의 하시동 및 초당동 신고품을 주목하여 일부 기형은 황남동 109호 3·4곽 단계까지 올라갈 수 있으며, 이희준의 연대관에 따라 4세기 후반 경에 이미 강릉 지역에 신라고분이 조영되었다고 보았다.13)

손정미는 우리나라 동해안 지역의 신라고분 전체를 연구 대상으로 삼아 신라의 동해안 진출을 검토하였다. 이 연구는 포항 이북에서 함경도까지 당시까지 조사된 동해안의 유적과 발굴 조사 자료들을 망라하여 검토·정리하였고, 고분군별 각 속성 및 출토 유물 분류표를 만들어 기초적인 자료들을 집성하였다. 강릉 지역은 하시동 고분군의 3단각 절두A형 고배를 근거로 2기(4세기 후반~5세기 중반)의 늦은 단계부터 신라토기가 출토된다고 보았다.14)

최종래는 신라의 강릉 진출 이전과 이후의 전환기적 양상을 고고자료에서 추출하여 신라가 강릉 지역에 진출하는 초기의 양상을 그리고자 하였다. 그는 철기시대 문화가 4세기 후반까지 강릉에서 지속되는 현상을 '문화지체'에 의한 결과로 보았다. 그리고 강릉 초당동 도로부지 7호묘 출토품과 1984년 초당동 신고품을 황남동 110호분보다 다소 선행할 가능성이 있어 가장 빠르게 보았으며 5세기 1/4분기로 설정하였고, 황남대총 남분은 5세기 2/4분기로 편년하였다. 또한 그는 경주 중심지보다 이른 시기의 석곽묘가 강릉에서 출현하는 것은 울산·언양 지역에서 파급되었을 가능성이

32, 35~59쪽.

13) 李昌鉉, 2005, 「江陵地域 新羅古墳의 形式學的 考察」, 『江原考古學報』 6, 江原考古學會, 17~73쪽.

14) 孫貞美, 2006, 「동해안지역 신라고분에 대한 연구」, 嶺南大 文化人類學科 碩士學位論文.

크다고 보았다. 신라의 강릉 지역 진출 배경은 동부도위 폐지 이후 漢郡縣
과의 교섭 루트나 고구려와의 교섭로 및 군사 거점의 역할 때문이며, 이를
위하여 군사적 성격이 강한 집단을 이주시킨 것으로 보았다.[15]

심현용은 고고자료인 묘제 및 토기, 위세품, 이입품 등의 출현과 확산
과정을 통해 신라의 강릉 지역 진출과 양상을 효과적으로 분석·검토하였
다. 그는 관동대 소장 고배, 하시동 신고품 등을 비롯한 일부 토기로 보아
신라의 강릉 진출이 황남동 109호분 3·4곽 단계까지 올라갈 수 있다는 적
극적인 주장을 하였는데, 이후 안현동 목곽묘군에서 황남동 109호분 3·4곽
에서 미추왕릉지구 5구 1호 단계의 유구가 발굴 조사되어 타당성이 입증
되었다. 그 역시 강릉 지역이 고구려나 중국과의 교통로·교역망의 거점이
었고, 박제상의 복호 구출 기사와 같은 정황 사료를 근거로 신라의 동해안
진출이 '海路'로도 가능하다고 보았다.[16]

홍보식은 하시동 고분군을 강릉 지역에서 가장 이른 시기의 고분군으로
보고, 하시동 고분군에서 출토된 토기를 기준으로 황남대총 남분보다 늦은
후기 양식의 토기가 출토되어 그 시기를 5세기 3/4분기로 편년했다. 결국
강릉 지역 고분의 축조 개시는 황남대총 남분 단계인 5세기 3/4분기에 해
당되며, 묘제의 변화 양상은 영남 지방의 낙동강 東岸 지역과 동일한 양상
을 보일 가능성이 있지만, 목곽묘의 조영이 6세기 2/4분기까지 지속되고,
6세기 1/4분기에 횡구식 석실묘를 수용하는 등 그 변화의 흐름은 강원 지
역이 다른 지역보다 늦다고 보고 있다. 그리고 강릉 지역에서 확인되는 유

---

15) 최종래는 강릉 지역의 석곽묘가 울산이나 경주를 제외한 동해안 지역에서 가장
  빠르므로 신라권역에서 석곽묘가 가장 이른 시기에 조영되는 울산·언양지역에서
  파급(집단의 유입)되었을 가능성을 언급하였고, 고구려와의 교통로는 원산 혹은
  두만강을 따른 루트로 보았다(崔鍾來, 2007, 「新羅의 江陵地域 進出過程에 대
  한 試論的 硏究-5세기대 분묘자료를 중심으로-」, 公州大 史學科 文學碩士學位
  論文, 55~56쪽 및 60쪽 ; 2007, 「江陵 草堂洞古墳群의 造營集團에 대해서」,
  『嶺南考古學』 42, 26~29쪽). 후술하지만, 최종래와 달리 필자는 신라와 고구려
  와의 교섭로를 황초령-집안 루트로 보고 있다.
16) 沈賢容, 2008, 「考古資料로 본 新羅의 江陵地域 進出」, 慶北大 史學科 文學
  碩士學位論文.

물의 양상으로 보아 초당동 집단이 가장 우위에 있었다고 보이지만, 집중적인 위세품의 부장이 확인되지 않아 강원 지역 재지세력이 다른 지역의 수장 집단보다 약했을 가능성을 제시하였다.[17]

박보현은 강릉 지역의 고분군에서 일부 황남동 110호분이나 황남대총 남분과 비슷한 자료의 토기가 알려져 있지만 이들 고분의 연대를 빠르게 보지 않는 것을 전제로 하면서 강릉 지역에서 확인되는 신라적 세계관의 형성은 출토된 금공품을 중심으로 황남대총 북분 단계인 5세기 말~6세기 초로 설정하였다.[18] 또한 정선 신월리 고분군의 일부 유구를 진흥왕 대의 단각고배기 이전에 포함시킨 바 있다.[19]

이성주·강선욱은 원삼국시대와 삼국시대의 취락 유적과 토기들을 검토하여 신라화 과정이 급진적이며 단시간에 이루어진 것이 아니고, 오랜 시간 동안 점진적·단계적으로 이루어졌다고 보았다. 그리고 영동 지방의 중도식 토기문화가 타날문단경호의 연대 비정을 통해 4세기 후반까지 지속됨을 논증하였고, 4세기 후반부터 영남 지방의 토기가 많이 유입되기 시작하지만, 신라양식토기의 본격적인 유입은 5세기 전반부터로 보았다. 그 후 5세기 중엽을 전후한 시점에 최초의 신라고분이 축조되면서 초당동 고분군이 형성되기 시작하는데, 초당동 접속도로 7호묘 출토 토기는 황남동 109호 3·4곽 단계의 나팔형 3단대각 고배가 있지만, 공반한 2단대각 투창 고배 때문에 그의 편년관으로 황남동 110호분 단계인 5세기 중엽쯤으로 편년하였다. 이로부터 반세기쯤 지난 후 초당동 고분군에 신라식 위세품이 부장되기 시작하는데, 위세품이 출토된 초당동 A-1호분(현대아파트), B-16호분, 84-2번지 A-1호분(ⅢA-1호) 등은 5세기 말에서 6세기 초에 해당

---

17) 홍보식, 2007, 「강릉지역의 신라고분 전개 양상」, 『江原地域의 鐵器文化』, 강원 고고학회 추계학술대회 발표요지, 81~96쪽.

18) 朴普鉉, 2008, 「金工品으로 본 江陵의 地域性」, 『考古學探求』 3, 考古學探究會, 105~121쪽.

19) 朴普鉉, 2003, 「湖西地域의 水系別 新羅文化 定着過程」, 『嶺南考古學』 32, 70쪽 〈표 1〉 참조.

한다고 편년하였다.20)

강선욱은 강릉 지역의 원삼국시대에서 삼국시대의 취락 유적과 고분을 통해 전환기적 양상을 살피면서, 토기의 제작 기술 및 생산 체계의 발달과 부장토기의 양상을 이 지역 주민(종족)의 매장의례 수용 및 신라화 과정으로 이해하였다. 또한 그는 초당동 7호묘를 황남동 109호 3·4곽 단계의 나팔형 3단대각 고배가 있지만, 대부장경호도 있고 출토된 파배의 형식도 황남동 110호분보다 늦은 시기의 형식이며, 고배도 황남동 110호보다 선행한다고 보지 않고 있다.21)

박수영은 영동 지방의 원삼국시대와 삼국시대의 취락 유적 및 고분 유적을 통해 신라토기의 편년과 전개 양상을 그려내었다. 영동 지방의 중도식 토기문화는 4세기 후반까지 지속됨을 논증하였고, 신라가 강릉에 최초로 진출하는 시점과 관련하여 초당동 299-15번지 출토 완형의 고배가 황남동 109호 3·4곽이나 미추왕릉 5구 1호 유물과 비슷하여 그와 병행하거나 약간 후행하고, 접속도로 7호분보다는 확실히 빠르며 5세기 1/4분기의 늦은 시점으로 편년이 가능하다고 보았다. 최근에 발굴된 안현동 목곽묘의 초기 유구와 하시동 도굴품도 동일한 연대로 설정하고 있다. 그리고 초당동 고분군은 원삼국시대의 주거 영역을 파괴하고 축조된 점으로 보아 외부로부터 이입된 군사적 성격의 집단이 조성하였으며, 그 배경은 고구려와의 교섭루트의 확보 차원으로 보았다. 그 밖에 안현동 목곽묘 출토 복천동식 고배와 대부파수호, 복천동 1호분 고배(동아대 박물관)와 동일한 기형인 하시동 서1호분 고배, 복천동 및 연산동과 유사한 석곽구조22) 등에서 부

---

20) 李盛周·姜善旭, 2009, 「草堂洞遺蹟에서 본 江陵地域의 新羅化 過程」, 『사적 제490호 강릉 초당동 유적』, 한국문화재조사연구기관협회, 461~484쪽.

21) 姜善旭, 2010, 「江陵地域 新羅化 過程 硏究」, 江陵原州大學校 史學科 碩士學位論文.

22) 박수영은 초당동ⅢA-1호묘(84-2번지, 강문연), 초당동유적Ⅲ-1호묘(272-1번지, 예문연)의 구조가 부산 복천동 5,6호묘(동아대), 49호분(부산대)이나 연산동 4호분과 거의 동일하다고 지적하였다(朴守榮, 2010, 「4~5世紀 嶺東地域의 考古學的 硏究-住居址와 墳墓資料를 中心으로-」, 嶺南大 文化人類學科 碩士學位論

산 지역의 집단이 이주해 왔을 가능성을 제시하였다.[23] 영동 지역의 신라화는 4세기 후반의 늦은 시점에 이미 이루어진 것으로 보았다.[24]

이러한 선행 연구는 그 대상이 시·공간적으로 확대되고 있음을 보여 준다. 초기의 연구들은 시간적으로 신라고분만을 연구 대상으로 하였는데, 최근의 연구들은 중도식 토기문화 단계에서 신라 진출의 초기 단계인 전환기의 양상을 살펴보는 시도가 진행되고 있고, 공간적으로는 고분만이 아니라 주거지까지 분석하고 있다. 그동안 중도식 토기문화의 하한을 기원후 3세기대로 보고, 영동 지방에서 신라고분이 출현하는 5세기 사이의 1~2세기 동안을 공백기로 보는 경향이 일반적이었다. 그러나 최근의 발굴 성과와 그로 인하여 증가된 자료를 토대로 중도식 문화의 하한이 4세기 중후반경까지 내려온다고 제기된 바 있다.[25]

그 과정에서 최종래, 이성주·강선욱, 박수영 등이 영동 지방의 재지적인 기층문화(중도식 문화)에 처음 나타나는 신라적인 물질 자료 요소를 추출하여 신라화 과정을 탐색하는 시도를 통해 전환기 양상에 접근하기 시작한 점은 그 의미가 크다. 예를 들어 신라 주거지 출토 종말기 중도식토기와 타날문토기 등도 연구 대상에 포함시키고 있는 것이다. 최근에는 신라 주거지만을 대상으로 한 연구도 시작되고 있다.[26] 아직은 중도식 토기문화

文, 74쪽). 이러한 형태의 同穴 日字形主副槨式 石槨을 지역성으로 보고 연산동식으로 분류하기도 한다(金大煥, 2004, 「新羅 高塚의 지역성과 의의」, 『新羅文化』 23, 東國大 新羅文化研究所, 8쪽 및 22쪽).

23) 안현동 목곽묘군에서는 부산·경남지역의 특징적인 문양인 결승문이 시문된 발형기대가 6호 목곽묘에서 출토되었고, 10호 목곽묘에서는 土師器系 토기도 출토되었다고 지적하였다(박수영, 2010, 위의 논문, 74쪽). 이미 필자도 부산 복천동 집단이 移住(移植)해 왔을 것으로 본 바 있다(홍영호, 2010, 「6~7세기 고고자료로 본 동해안과 울릉도」, 『이사부와 동해』 창간호, 한국이사부학회, 207쪽).

24) 朴守榮, 2010, 위의 논문, 75쪽.

25) 심재연, 2006, 「강원 영동지역 철기시대 상한과 하한」, 『江原地域의 鐵器文化』, 강원고고학회 수계 학술내외 · 박수영, 2010, 위의 논문, 7쪽. 심재연은 강문동 주거지의 AMS를 근거를 들었고, 이성주·강선욱, 박수영 등도 4세기 후반을 표명하였다.

26) 李昌鉉·辛裕梨, 2010, 「嶺東地方 三國時代 住居址 試論」, 『文化史學』 33, 韓

단계에서 신라 진출의 초기 단계로 전환되는 양상에 대하여 단계적인 변화
과정과 출현 배경 및 동인 분석이 더 진행되어야 하지만, 신라화 과정을
이해하는 시각을 넓힌 점에서 의미가 있다.

한편, 강릉 지역 또는 영동 지방의 고고자료를 토대로 신라의 진출과 신
라 문화의 검토가 본격적으로 이루어졌지만, 이들 연구들은 기본적으로 신
라토기와 신라고분 편년관의 차이가 있는 상태이다. 말하자면 신라의 강릉
지역 진출 시기 역시 기본적으로 신라고분과 신라토기 편년관에 따라 구분
이 가능하다. 예를 들어 황남동 109호 3·4곽을 4세기 후반 후엽(4/4), 황
남대총 남분을 5세기 중엽(눌지왕릉)으로 비정하는 김용성의 편년관에 따
라 동해안 지역의 신라고분을 분석한 논고는 손정미, 심현용 등이 있다.[27]
반면, 황남동 109호 3·4곽을 4세기 후반(3/4), 황남대총 남분을 5세기 초
(내물왕릉)로 보는 이희준의 편년관에 따라 동해안 지역의 신라 고분을
분석한 논고는 이창현 등이 있다.[28] 또한 신라의 강릉 진출 시기에 대해
부산 복천동 고분군 연구자들과 유사한 견해인 5세기 전반 진출설,[29] 5세
기 중엽 진출설[30]도 있다. 복천동 고분군 연구자들은 황남동 109호분 3·4
곽을 복천동 고분과의 상대편년을 통해 5세기 2/4분기 이후로 설정하고
있다.[31] 한편, 위세품이 출토된 강릉 지역의 주요 고분도 편년 차이가 드
러나고 있으며, 개별 유구들도 토기관의 차이로 인하여 미세한 편년 차이

國文化史學會, 21~61쪽.

27) 孫貞美, 2006,「동해안지역의 신라고분에 대한 연구」, 嶺南大 文化人類學科 碩
   士學位論文 ; 沈賢容, 2008,「考古資料로 본 新羅의 江陵地域 進出」, 慶北大
   史學科 文學碩士學位論文 ; 沈賢容, 2009(a),「고고자료로 본 신라의 강릉지
   역 진출과 루트」,『大丘史學』94, 大丘史學會 ; 심현용, 2009(b),「고고자료로
   본 5~6세기 신라의 강릉지역 지배방식」,『文化財』42-3호, 國立文化財研究所.
28) 李昌鉉, 2005, 앞의 논문.
29) 李相洙, 2002, 앞의 논문 ; 李漢祥, 2003, 앞의 논문 ; 최종래, 2007, 앞의 논문
   ; 박수영, 2009, 앞의 논문.
30) 洪潽植, 2007, 앞의 논문 ; 李盛周·姜善旭, 2009, 앞의 논문, 479쪽.
31) 崔秉鉉, 2000,「嶺南地方 考古學資料의 編年-4세기대를 중심으로-」,『韓國古
   代史論叢』10, 71쪽.

가 보인다.

결국 하슬라 지역의 고고학적 양상을 올바르게 파악하려면 신라토기 편년관의 설정이 요구되며, 위세품이 출토된 주요 고분들의 견해 차이도 극복해야 하는 방향성을 제기하고 있다. 또한 연구 대상 범위도 현재의 강릉시 지역의 고고자료로만 한정한 까닭에 삼국시대 당시의 역사적 實相에 접근하는데 한계가 노출되고 있다. 따라서 필자는 이러한 문제점에 착목하여 신라고분 편년관을 설정하는 작업을 시도할 것이고, 연구 대상의 범위도 지금의 강릉시보다 더 확대된 통일신라시대의 명주 주치와 직속 영현을 포함하여 분석하고자 한다.

3. 연구 방법

이 글에서 연구 대상으로 삼는 고고자료는 신라고분과 신라산성이다. 특히, 분석 유구는 고고학적 출토 맥락이 뚜렷한 강릉 지역에서 발굴된 고분 가운데 발굴보고서가 간행된 유적을 대상으로 하였으며, 편년을 위한 기준 유물은 시·공간적인 변화상을 파악하기 용이한 토기를 중심으로 하였다.[32] 그리고 목곽묘나 석곽묘와 같은 명확한 유구 속에서 출토된 공반 유물들도 검토의 대상으로 삼았으나, 주변의 교란층이나 제사유구와 같은 수습 유물들은 제외하는 것을 원칙으로 하였다. 이렇게 '매납동시성(폐기 동시성)'이 확실한 유구를 분석 대상으로 한 것은 고고자료를 해석하는데

---

32) 토기와 달리 위세품류는 제작된 이후 때로는 상당히 긴 사용 기간을 거쳐 고분에 부장될 수 있어 고분 축조 시점의 선후를 정밀하게 결정하는 것은 어렵다. 그런 時差 때문에 위세품류의 연대에 입각해서 바로 그 고분에 관련된 해석을 하면 오류가 생길 수 있다(李熙濬, 1998, 『4～5세기 新羅의 考古學的 硏究』, 서울大 考古美術史學科 文學博士學位論文, 118쪽 ; 2007, 『신라고고학연구』, 사회평론, 104쪽). 이희준의 박사학위논문 내용은 주로 그의 저서 『신라고고학연구』를 인용함을 밝혀둔다.

야기될 수 있는 오류와 왜곡을 예방하기 위함이다. 더불어 위세품을 출토하는 주요 고분들의 편년 설정 작업도 병행하였다.

편년 작업은 경주 고분을 교차편년의 기준으로 삼았고, 필요시 특정 지역 고분 유구와의 교차편년도 시도하였다. 경주 지역을 교차편년의 기준으로 삼는 것은 신라의 형성·발전과 신라토기의 변화 양상 및 전개 과정을 동일시할 수 있으므로 당연하지만, 동시에 신라토기 문화의 지역성으로 인한 착각 및 혼란을 예방하는 측면도 있다. 예를 들어 의성양식, 창녕양식, 성주양식 등의 신라토기의 지역화된 양식은 물론이고,33) 대구 문산리처럼 기존의 토착적인 전통, 소위 '신라가야 공통양식(도질토기)'이 여전히 남아 있는 유적도 있어 이들 지역과의 교차편년은 오히려 착각과 혼란을 초래할 수 있기 때문이다. 고고자료는 묘형과 기종 등에서 최대한 보고자의 의견을 따르는 것으로 하였다. 이러한 작업을 위하여 경주 지역의 최근 발굴조사 성과를 활용하였고, 중복유구와 공반유물을 검토하여 기종과 형식 변화의 양상을 구체화하였다. 중복유구는 매납(폐기)의 동시성과 유물의 공반관계를 통해 상대편년의 배열에 가장 효과적이기 때문이다.

여기에 포항·홍해 지역을 비롯한 동해안 지역의 고고자료도 주요한 비교 자료로 검토·활용하였다. 이 지역은 지리적 위치나 고고학적 양상을 볼 때 강원도 동해안과도 관련성이 높다고 판단되기 때문이다. 포항(홍해) 지역은 신광면 냉수리비의 존재, 형산강을 따른 교통로의 연결 등으로 보아 경주와 매우 인접하고 교통로도 좋아 고고자료도 그다지 시간차가 없이 공유되었을 것이다. 최근에 포항(홍해 포함)·울산 등지에서 대규모 발굴 조사가 이루어졌고, 그 결과 시·공간적으로 비교적 많은 고고자료가 확보되었으므로 비교하기에 적합한 지역이다. 나아가 동해안에 위치한 포항·홍해

---

33) 김원룡이 1960년에 발표한 『신라토기의 연구』에서 신라중심권을 경주, 양산, 달성, 성주, 창녕 그룹으로 구분한 것을 발전적으로 계승한 최병현은 경주 중심형(경산, 대구, 양산, 부산 포함), 의성형, 성주형, 창녕형으로 나누는 것이 좋다고 하였다(崔秉鉉, 1992, 「新羅土器」, 『韓國美術史의 現況』, 翰林科學院叢書⑦, 藝耕, 92~93쪽).

지역의 자료는 바다로 이어진 강원도 동해안의 고고자료를 이해하는 데에도 기여할 수 있다.[34] 사료로도 신라는 울산 방면으로 먼저 나아가고, 그 후 동해안의 실직곡국(悉直谷國)과 음즙벌국(音汁伐國)을 복속한다. 경주에서 울산 방면과 포항-신광-흥해 이북으로의 진출 방향은 정복로가 다르므로 고고학적 검토 지역은 주로 포항부터 그 이북 지역을 대상으로 삼았다. 즉 신라가 동해안으로 진출하는 지리적인 방향성과 교통로를 중시하여 포항 이북을 비롯한 영덕, 영해, 울진 등의 고고자료를 강릉-삼척 지역과 비교·검토하였다.

이들 고고자료를 바탕으로 연구 범위 내의 고고학적 양상과 사료를 재해석하여 신라가 하슬라에 진출하는 역사적 배경과 경영 과정에 대한 논증을 진행할 것이며, 신라의 하슬라 진출과 경영이 신라사에서 차지하는 의미를 찾아보겠다. 본고의 내용은 다음과 같은 순서로 구성하여 진행하였다.

I장에서는 이 글의 연구 목적, 연구 현황, 연구 방법을 소개하였다. 지금까지의 연구 현황을 살펴 선행 연구의 성과와 연구 경향, 문제점과 함께 앞으로의 연구 방향을 찾아보았다.

II장에서는 하슬라(何瑟羅)의 지리적 범위를 설정하고, 니하(泥河)의 위치 비정 문제를 다룰 것이다. 이 문제는 이 글의 연구를 위한 공간적 범위를 설정하는 작업이면서도, 고고학적 양상과 사료와의 정합성을 분석하는 역사 해석의 무대이기도 하다. 특히, 이 글에서의 하슬라 지역은 『삼국사기』지리지의 溟州 州治와 직속 領縣을 포함하여 다루고자 한다. 즉 통일신라시대 삼척군에 속하였던 현재의 강릉시 옥계면(우계현)을 제외하고, 溟州의 州治(강릉 시내)를 비롯하여 직속 領縣인 支山縣(강릉시 연곡면),

---

34) 예를 들어 동해안은 험준한 산악으로 고도차가 크고 지형적인 기복이 심하며, 해안 절벽으로 인하여 바닷가와 내륙 쪽으로 넘나드는 교통로는 많은 인력의 빠른 이동이 불리하다. 그런 점에서 물자의 지속적인 대량 보급은 해로를 생각해 볼 수 있다. 강릉과 흥해-포항-부산 쪽의 고고자료가 중간지대인 영덕·육지·삼척지역을 건너뛰어 앞선 단계의 동일한 자료가 공통적으로 보이는 것이 참조가 된다. 물론 해로로 오더라도 곳곳에 정박을 하면서 오기 때문에 강릉 이남 지역에서도 이른 시기의 토기들이 발견될 가능성이 여전히 있다.

洞山縣(양양군 현남·현북면), 棟隄縣(今未詳), 旌善縣(정선읍)을 포함하여 검토할 것이다.[35] 이렇게 보았을 때, 강릉으로부터 태백산맥 서쪽의 원거리에 입지한 정선현이 통일신라시대에 왜 명주의 직속 영현에 속하게 되었는지 그 역사적 배경이 궁금한데, 신라가 하슬라에 진출하고 경영하는 과정에서 나타난 역사적 소산일 것이므로 이 점을 밝히고자 하였다. 그리하여 필자는 하슬라의 범위를 파악하기 위하여 그 위치를 알 수 없는 동제현(棟隄縣)의 위치 비정을 시도하여 현재의 정선군 임계를 동제현으로 비정하였다. 그리고 동제현의 위치와 정선현을 근거로 당시의 역사 기록에 등장하는 고구려의 실직 침공이나 신라의 니하 축성 기사 등은 하슬라 영역이 서쪽으로 확대되는 역사적 배경이 된다고 판단하게 되었다. 니하(泥河)의 위치도 고구려를 막기 위하여 하슬라인을 동원하여 축성한 까닭에 그 위치 비정을 시도하였고, 문헌 자료와 고고자료의 분석을 통해 지금의 남한강 (최)상류 일대로 판단하게 되었다. 결국 하슬라의 영역은 5세기 당시에 이미 對고구려 관계의 변화와 연동되어 中原(충주)을 거점으로 하는 고구려의 側方攻擊과 관련하여 하슬라의 지리적 범위가 서쪽으로 확대되었고, 그 결과가 통일신라시대의 행정 구역에도 반영된 것이다. 하슬라의 지리적 범위와 니하를 비정하는 과정에서 이러한 역사적 배경을 논증하도록 하겠다.

Ⅲ장에서는 하슬라 지역 신라고분의 전개 양상과 의미를 살펴볼 것이다. 신라고분 편년에 관한 선행 연구 성과를 검토한 후, 필자의 편년관, 즉 황남동 109호 3·4곽은 4세기 4/4분기(늦어도 5세기 1/4분기), 황남대총 남분을 5세기 3/4분기(눌지왕대)로 보는 것이 고고자료와 사료로 보아 더 적합하다고 판단하는 근거들을 분석·소개하겠다. 필자의 편년관은 기본적으로 김용성의 신라고분 편년관에 속하지만, 황남동 110호분과 황남대총 남분은 이희준의 견해처럼 단계를 두어야 한다는 입장에서 차이가 난다. 이러한 신라고분 편년관을 바탕으로 하슬라 지역의 신라고분과 신라토기

---

35) 『三國史記』卷35, 雜志 4 地理2 新羅 溟州條.

및 위세품 등의 전개 양상을 검토한 후, 그 변화에 대한 역사적 의미를 추출해 볼 것이다. 강릉 지역의 고고자료를 보면, 황남동 109호 3·4곽 또는 그 직후부터 신라토기가 출현한다. 그 후 황남동 110호분 단계(5세기 2/4분기)~황남대총 남분 단계(5세기 3/4분기)에 위세품, 마구류가 출현하고 있다. 그런데 이러한 고고학적 양상의 시점이 장수왕의 평양천도(427)와 羅濟간의 교섭 시기(433~434)와 일치하고 있다. 이들 고고자료는 역사적으로 보았을 때, 내물왕대에 對고구려 교섭의 중간거점으로 하슬라를 개척하였지만, 이후 하슬라 지역이 對고구려 방어의 전진기지로 변화하는 것을 반영하는 것으로 보았다.

Ⅳ장에서는 하슬라 지역 신라산성의 역사적 성격을 분석해 보았다. 현재 하슬라 지역에서 확실한 신라산성은 4기에 불과하다. 비록 적은 수이지만, 당시 신라의 교통로와 방어 체계, 지방 지배 방식, 주치와 직속 영현의 관계 등에 관한 중요한 정보와 자료를 제공한다. 특히, 송계리 산성은 명주 동제현으로 비정할 수 있고, 축성 설화로 볼 때 하슬라 주민을 동원한 泥河 築城 기사의 대상 지역 중의 한 곳임을 연상시키며, 니하의 위치에 대한 단서도 시사한다. 그리고 송계리 산성과 고성리 산성은 남한강 상류와 최상류를 따라 강의 南岸에 배치된 산성들과 동일한 입지에 위치한다. 이들 산성들은 축성 목적과 성격이 동일하다면 中原(충주)을 거점으로 한 고구려의 측방공격에 대응한 신라의 방어선으로 생각된다. 그러므로 이들 산성 자료를 통해 하슬라를 거점으로 한 동해안 및 남한강을 따른 방어 체계 형성과 지방 지배 방식을 규명하고자 하였다.

Ⅴ장에서는 신라의 하슬라 경영 과정과 역사적 의미를 찾아보고 설명해 보았다. 신라는 하슬라(강릉) 지역을 당시 고구려 수도인 집안(集安)으로 가는 中間據點, 즉 강릉-함흥-황초령-집안으로 가는 交涉路의 中間據點으로 일찍부터 개척하였다. 강문동토성은 신라가 동해안 연안항해를 하였고, 정포오라는 석호늘 가신 상늉이 숭간거점의 죄적지로 선정되었음을 잘 보여주는 고고자료로 보았다. 그러나 장수왕의 평양 천도(427) 이후 신라-고

구려간의 관계가 점차 악화되면서 고구려는 中原(충주)을 거점으로 남한강을 따라 동해안 쪽으로 군사적인 側方攻擊을 시도하였다. 이에 대응하여 신라는 하슬라 경영의 방향을 동해안과 함께 남한강 상류를 방어하는 거점으로도 전환시켰고, 이를 위하여 城主 派遣, 徙民·移植과 같은 신라화 작업을 본격적으로 추진하였으며, 이를 바탕으로 力役動員體制의 構築과 泥河 築城 등의 과정을 거쳐 悉直州, 何瑟羅州를 설치하게 되는 것이다. 이러한 역사적 해석을 사료와 고고자료를 통해 논증하고자 한다. 그리고 내물왕대에 하슬라를 처음 개척할 당시는 공납적 간접지배, 이후 눌지왕대(황남동110호분~황남대총 남분 단계)에는 하슬라 성주로 대표하듯 군사적 거점 지배, 이후 니하 축성에 역역동원체제가 구축되는 것으로 보아 행정 체제가 마련되기 시작하였고 신라화가 강도 높게 진행된 것으로 추정하였다.

마지막, Ⅵ장에서는 각 장에서 논의한 바를 요약 정리하면서 결론을 맺고자 한다.

이 글을 통해 하슬라 지역을 대상으로 한 지역사의 연구가 신라사의 새로운 역사 해석을 위한 계기가 되기를 기대한다.

Ⅱ
何瑟羅의 지리적 범위와 泥河

1. 하슬라의 지리적 범위

『삼국사기』 지리지에서 溟州 직속 領縣은 旌善縣, 棟(楝)隄縣, 支山縣, 洞山縣의 4현이 있다. 이들 4현 가운데 지산현은 『삼국사기』 지리지 명주조에 지금의 연곡현으로 나오고, 정선현과 동산현도 이후의 지리지에 지명이 관련되어 연결되므로 위치 비정이 가능하다. 그러나 棟(楝)隄縣(이하 棟隄縣으로 稱함)1)은 『삼국사기』 지리지에 溟州의 직속 領縣으로 나오나, 경덕왕대(경덕왕 16년, 757)에는 지금은 어디인지 알 수 없다는 의미인 '今未詳' 군현 지명의 하나이다.2) 이 동제현은 하슬라의 지리적 범위를 설정하는데 매우 중요하므로 그 위치를 밝힐 필요가 있다. 동제현이 명주 주치(강릉)에서 직속 영현인 정선현으로 가는 교통로상에 있는지, 아니면 다른 지역인지가 밝혀져야만 이 글의 논의와 관련한 하슬라의 지리적 범위를 설정할 수 있기 때문이다.

현재 棟隄縣에 관한 연구 성과는 사실상 전무하다. 다만, 일부 선학들이 동제현의 위치를 언급만 한 정도에 불과하다. 주요 견해들을 살펴보면, 古山子 金正浩가 제일 먼저 동제현의 위치 비정을 시도하였다. 김정호는 「대동여지도」에 棟堤縣을 지금의 강릉 삽당령 서쪽의 정선군 임계로 표기하였고〈지도 1〉, 『大東地志』에도 棟堤縣이 지금의 임계이며 고려 때 강릉에 내속되었다고 언급하였을 뿐 근거를 밝히지는 않았다.3) 방동인도 정선군

---

1) 『삼국사기』 권35 신라의 棟隄縣은 『삼국사기』 권37 고구려 지리지에서 東吐縣으로 나온다. 필자는 신라가 고구려 東吐縣의 의미를 살려 행정구역의 명칭을 개명하였다고 간주하고, 통일신라시대의 행정구역 명칭임을 감안하여 『삼국사기』 35권 신라의 棟隄縣으로 칭하고자 한다.

2) 『삼국사기』 지리지에는 '今未詳'을 써 놓은 군현이 23개이다(金甲童, 1994, 「新羅·高麗의 王朝交替와 郡縣制의 變化」, 『韓國古代史研究』(新羅末高麗初의 政治·社會變動)7, 韓國古代史研究會, 181쪽 참조).

임계면을 棟堤縣으로 보았으나 특별한 근거를 밝히지 않았다.4) 또 다른 견해로는 棟(棟)隄縣을 지금의 강원도 평창군 속사리(龍坪面 束沙里) 일대로 비정하고,5) 정선군 임계면은 통일신라 때의 명주 삼척군의 竹嶺縣으로 추정하였다.6) 한편, 棟隄縣이 본래 고구려의 東吐縣이라 하여 "동쪽에서 해를 토한다"는 뜻으로 해석되므로 강릉 지역에서 해를 볼 수 있는 가장 동쪽의 동해안에서 찾으면서, 특정 지역을 언급하지는 않았지만, 강릉 북쪽은 지산현(연곡현)이 있으므로 더 이상 현을 설치할 공간이 없다고 보아 강릉의 남쪽 지역에서 찾는 견해도 있다.7)

이들 견해들은 명주의 영현 또는 동제현을 집중적으로 고찰한 것도 아니며, 문헌 및 고고자료도 본격적으로 분석되지 않은 상태에서 나온 견해이다. 필자는 이 글을 통하여 '今未詳'으로 나오는 溟州의 직속 영현 棟隄縣에 대하여 관련 문헌을 분석하는 역사지리적인 접근과 고고자료의 양상을

---

3) 『大東地志』 卷16, 江陵〔沿革〕古邑條 "棟堤 西南六十五里臨溪驛地 本新羅 東土縣 景德王十六年改棟堤爲溟州領縣高麗時乃屬" 김정호는 통일신라시대의 옛 郡縣의 위치 비정을 시도하였으나 구체적인 근거들을 언급하지 않은 까닭에 한계가 있고, 오류도 많이 발견된다. 예를 들어 삼척군의 영현 중 '今未詳' 영현인 竹嶺縣城의 위치를 기존의 지리지와 달리 지금의 竹峴(댓재)로 비정하는 卓見을 제시하였으나, 그 縣城을 동해시 頭陀山城으로 誤認하였다.

4) 方東仁, 1979, 「溟州都督 置廢 小考」, 『臨瀛文化』 3, 江陵文化院, 30쪽.

5) 금경숙·임기환·공석구 편저, 2006, 『강원도와 고구려』, 집문당, 181쪽 각주 139번 및 198쪽 각주 315번 참조.

6) 금경숙·임기환·공석구 편저, 2006, 위의 책, 183쪽 각주 158번 및 199쪽 각주 329번 참조. 이 책에서는 竹嶺縣이므로 해안보다 내륙에 위치할 것으로 보고 『신증동국여지승람』삼척도호부 역원조의 竹峴院과 「대동여지도」의 竹峴川을 근거로 그 위치를 임계로 보았다. 그러나 『해동지도』를 비롯한 각종 고지도와 지명지에 삼척의 서쪽을 竹嶺(竹峴)으로 표기하였고, 竹峴院과 竹峴川의 실제 위치도 임계의 남쪽인 삼척군 하장면 '댓재(竹峴)' 일대이다. 그밖에 『신증동국여지승람』삼척도호부 고적조와 許穆의 『척주지』 덕번하조에는 지금의 삼척~울진 경계를 '竹嶺'으로 표기하였으나, 『여지도서』삼척부 및 울진현 지도와 『해동지도』 등에서 '葛嶺' 또는 '葛峴'으로 표기되어 혼란스러운데, 현재 '갈령(갈현)'으로 알려져 있다.

7) 심현용, 2009(b), 「고고자료로 본 5~6세기 신라의 강릉지역 지배방식」, 『文化財』 42, 국립문화재연구소, 17쪽.

검토하여 동제현의 위치를 비정하고자 한다. 그리고 이를 통하여 하슬라
(州)의 지리적 범위를 설정하고, 그 신라사적인 의미도 찾아보고자 한다.

1) 동제현의 위치

(1) 동제현의 역사지리적 검토

『삼국사기』지리지를 비롯한 주요 관찬지리지에 보이는 명주와 직속 영
현의 위치를 정리하면 다음과 같다〈표 1〉.

〈표 1〉 역대 지리지별 명주 및 강릉의 행정 영역의 변천

『삼국사기』지리지	『고려사』지리지	『세종실록지리지』	『신증동국여지승람』	비고
명주 직속 속현	동계 명주 속현	강릉대도호부 속현	강릉대도호부 속현	현지명
㫌善縣 (本高句麗仍買縣)	㫌善縣	㫌善郡으로 독립	㫌善郡	정선군
棟(楝)隄縣 (本高句麗束吐縣)	?	?	?	?
支山縣 (本高句麗縣)	連谷縣	連谷縣	連谷縣	강릉 연곡면
洞山縣 (本高句麗穴山縣)	(翼嶺縣의 領縣) 지금의 양양	(襄陽都護府의 屬縣)	(襄陽都護府의 屬縣)	양양 현남면
	羽溪縣(來屬) 『삼국사기』 지리 지의 삼척군에서 고려 현종 9년 본 부에 래속함	羽溪縣	羽溪縣	강릉 옥계면

위와 같이 정선현은 지금의 정선군 정선읍, 지산현은 강릉의 연곡면 일
대, 동산현은 양양의 현남면 일대[8]임이 명확한데, 棟隄縣만 그 위치를 알

---

8) 洞山縣(지금의 양양군 현남면 일대)의 治所 또는 治所의 背後城은 최근에 조
 사되어 학계에 소개된 바 있다(洪永鎬, 2009, 「양양 후포매리 신라 산성의 고찰」,
 『先史와 古代』 30, 韓國古代學會, 285~317쪽).

수 없다. 『고려사』 지리지에서 이미 사라진 것으로 보아 그 이전 시기에
어느 지역에 합속되었을 것이다.

棟隄縣의 위치를 비정하기 위한 선행 작업으로 먼저 살펴보아야 할 것
은 고구려 때의 지명이다. 『삼국사기』 지리지의 신라 지명과 고구려 지명
을 비교하면 다음과 같다〈표 2〉.

〈표 2〉 『삼국사기』 지리지의 통일신라 명주와 고구려 하슬라주의 비교

『삼국사기』 지리지 권35 잡지4 지리2	『삼국사기』 지리지 권37 잡지6 지리4	비고
명주 직속 속현	고구려 何瑟羅州	
旌善縣 (本高句麗仍買縣)	乃買縣	
棟(棟)隄縣 (本高句麗束吐縣)	東吐縣	
支山縣 (本高句麗縣)	支山縣	
洞山縣 (本高句麗穴山縣)	穴山縣	

이 표에서 주목되는 점은 동제현의 고구려 지명이 束吐縣이라는 것이
다. 그리하여 동제현의 '隄'가 동토현의 '吐'로 치환되므로 "해를 토한다"고
보아 동제현을 동해안에서 찾기도 한다. 그러나 '둑'을 한자의 뜻을 살려
표현(훈차)하면서 隄(둑, 제)가 되었다고 볼 수 있다. 즉 隄는 '둑'의 훈차
이며, 吐는 '둑'의 음차인 것이다. 그 단서는 다음에서 찾을 수 있다〈표 3〉.

〈표 3〉 『삼국사기』 소재 '隄(둑)' 관련 행정 지명 검토

구분	『삼국사기』 권35, 신라 지리지		『삼국사기』 권37, 고구려 지리지	고려	현재 지명9)
	통일신라	本 고구려			
삭주	奈隄郡	奈吐郡	牛首州 奈吐郡 (또는 大堤라고도 하였다)	堤州	제천
한주	長堤郡	主夫吐郡	漢山州 主夫吐郡	樹州	인천
명주	金壤郡 堤上縣	吐上縣	何瑟羅州 吐上縣	碧山縣	강원도 통천군 벽양면

---

9) 현재의 지명은 금경숙·임기환·공석구 편저, 2006, 『강원도와 고구려』, 집문당에
   서 摘出하였다.

위 표에서 지금의 충북 제천 일대인 통일신라의 奈隄郡이 고구려지에는 奈吐(郡)로 표기되었고, 그 뜻이 '大堤' 즉 '큰 둑'의 의미를 가지고 있다. 그래서인지 이미 나제군은 지금의 냇둑을 의미한다고 보았다.[10] 실제 위 표의 지명에 나타나는 吐는 모두 뜻을 살려 隄로 훈차되고 있어 '토'는 '둑'을 의미한다는 견해(음차)가 설득력이 있다. 그리고 제천의 지명에 '大堤'가 쓰일 정도라면 (큰) 강이 있다는 것인데, 그 강은 영월-제천-단양으로 흐르는 南漢江일 것이다. 이 남한강 최상류에 정선군 임계면이 위치한 점이 주목된다. 즉 임계(束吐縣,東吐縣:고구려, 楝隄縣:통일신라)-정선(乃買縣=仍買縣:고구려)-영월(奈生郡:고구려, 奈城郡:통일신라)-제천(奈吐郡:고구려, 奈隄郡:통일신라)으로 이어지는 지명은 모두 물(내, 나), (큰)강, 둑과 관련된 공통점이 있다. 그러한 점에서 '楝隄(東吐)'라는 지명은 남한강의 최상류이며, 가장 '동쪽에 있는 둑'이라는 의미에서 붙여졌을 가능성이 높다.

그리고 『삼국사기』 지리지에서 삼척군의 영현으로 가장 북쪽에 위치하였던 우계현(현재의 옥계면)이 『고려사』 지리지에는 명주의 직속 영현으로 來屬되고 있다. 그렇다면 명주 즉 지금의 강릉 시내와 우계현 사이에 또 하나의 縣이 끼어들 여지가 없을 듯하다. 그러므로 동제현을 강릉 남쪽의 하시동 고분군, 정동진 일대를 감안하여 강릉의 남쪽에 위치한 것으로 보기에는 곤란하다. 오히려 강릉이 명주의 치소이므로 관할 범위가 넓었다고 이해하는 것이 더 합리적이다. 마찬가지로 명주의 나머지 현인 지산현(지금의 연곡면), 동산현(지금의 양양군 현남면), 익령현(지금의 양양읍)도 강릉의 북쪽에 잇닿아 있으므로 그 사이에 또 다른 縣이 들어갈 여지가 없다. 즉 동해안쪽으로도 삼척-강릉-양양 이남에 걸쳐 또 다른 행정구역이 들어갈 여지가 없다. 지형적으로도 강릉 북쪽인 연곡(지산현)과 현남(동산현) 그리고 강릉 남쪽의 강동면 일대까지는 험하지 않아 지리적인 장애가

---

10) 奈吐는 奈隄와 같은 뜻으로, 現今語 '냇둑'에 해당하거니와, 그것은 堤川의 義 林池(貯水池)로 인한 名稱이었다(이병도 역주, 1983(1996 개정판), 『삼국사기』 (하), 을유문화사, 228쪽).

없다. 그러나 강동면의 남쪽인 정동진부터는 높은 산과 암석해안이 이어져 옥계(우계)까지 이어진다. 통일신라시대 때 옥계(우계)가 삼척군에 포함되는 이유가 여기에 있을 것이다.

반면, 강릉의 서쪽으로는 정선현이 있는데, 그 거리로 보아 또 하나의 행정구역이 있을 만하다. 예를 들어 조선시대의 강릉대도호부는 지금의 정선군 임계, 강릉시 연곡면과 옥계면, 동해시 망상은 물론 평창군 도암면, 진부면, 봉평면, 대화면 등까지 포함되는 넓은 지역을 관할하였다.11) 이 가운데 임계는 고종 32년(1895) 지방 관제 개정에 의하여 정선군으로 편입되었다.12) 강릉 관아라는 동일한 기점으로부터 관할 지역까지의 거리를 『大東地志』를 통해 살펴보면 다음과 같다〈표 4〉.

〈표 4〉『大東地志』 강릉대도호부와 관할 영역의 거리

```
                              신리(처음 40리, 끝은 60리, 필자; 현재 주문진)
                                       |
                              연곡면(처음 30리, 끝은 40리)
                                       |
진부(처음 80리, 끝은 120리)
도암(처음 40리, 끝은 70리)  ─    강릉 관아
                             ╱        |
임계면(처음 70리, 끝은 120리) ─   우계현(처음 50리, 끝은 90리)
```

이 표를 보면 통일신라시대 때 동산현 지역인 양양군 현남면은 주문진보다 북쪽에 위치하므로 강릉에서 60리 이상 되는 북쪽에 동산현이 있는 셈이고, 강릉의 남쪽과 우계현 사이는 50리에 불과하여 또 하나의 행정구역이 들어올 여지가 없어 보인다. 다만, 서남쪽으로는 임계면의 끝이 120리인데, 임계의 서쪽에 위치한 명주의 직속 영현인 정선군을 포함시키면 서쪽으로 행정구역이 더 길다. 강릉과 정선의 중간인 임계면 일대에 하나

---

11) 조선시대 강릉대도호부의 영역은 다음을 참조할 것(江陵古蹟保存會, 1933, 『增修臨瀛誌』, 舊坊里距里及戶口條 참조).
12) 한글학회, 1967, 『한국지명총람2-강원편-』, 371쪽(정선군 참조).

의 縣이 들어갈 만하다. 그렇다면 명주 치소인 강릉과 그 영현인 정선읍을 연결하는 가장 直路의 중간에 임계가 위치하는 셈인데, 임계를 삼척군의 領縣인 竹嶺縣으로 보는 견해는 명주의 주치인 강릉과 그 영현인 정선현을 차단하게 되어 지리적으로 설득력이 부족하다.[13)]

사료로도 강릉과 임계-정선으로 이어지는 고대의 교통로를 찾을 수 있는데, 弓裔의 東征路가 주목된다.

- A-1. 景福元年 壬子, 投北原賊梁吉, 吉善遇之, 委任以事, 遂分兵, 使東略地, 於是出宿雉岳山石南寺, 行襲酒泉·奈城·鬱烏·御珍等縣, 皆降之, 乾寧元年, 入溟州 …하략….[14)]
- A-2. 冬十月, 北原賊帥梁吉, 遣其佐弓裔, 領百餘騎, 襲北原東部落及溟州管內酒泉等十餘郡縣.[15)]

景福은 唐昭宗의 연호이며, 壬子년은 진성여왕 6년(892)이다. 궁예는 치악산 석남사에 머물다가 주천, 내성, 울오, 어진 등을 공략하였는데, 치악산 석남사는 현재 원주 남쪽인 신림면 성황림(천연기념물 93호)일대이다.[16)] 그러므로 이곳을 출발지로 보고, 酒泉은 현재의 영월군 주천면이며, 奈城은 현재의 영월읍[17)]이므로 강원도의 남부로 東進했음을 알 수 있다.

---

13) 최근에 삼척시 하장면 숙암리 일대에서 발견된 산성과 주변의 삼국~통일신라시대의 숙암리 고분군을 연관시켜 이 일대를 죽령현으로 본 견해도 있다(洪永鎬, 2004,「三陟市 下長面 宿岩里 山城의 발견과 역사성 검토-『三國史記』地理志의 三陟郡 竹嶺縣과의 관련성을 중심으로-」,『江原史學』19·20, 江原大學校史學會, 1~17쪽).

14)『三國史記』卷50, 列傳10 弓裔.

15)『三國史記』卷11, 新羅本紀11 眞聖王 5年條.

16) 辛鍾遠, 1994,「雉岳山 石南寺址의 推定과 現存民俗」,『정신문화연구』17권 1호(통권54호), 한국정신문화연구원, 3~23쪽.『新增東國輿地勝覽』原州牧 古蹟條에는 석남사의 서북쪽에 있는 鴿原(山)城이 梁吉이 의거하던 성으로 언급되어 있어 석남사·영원산성 일대가 궁예의 거점 또는 세력권임을 알 수 있다.

17)『三國史記』卷35, 雜志4 地理2 新羅 溟州 奈城郡과 그 領縣은 다음과 같다. 奈城郡은 본래 고구려 奈生郡이었는데, 경덕왕이 이름을 고쳤다. 지금 [고려]의

鬱烏는 평창을 우오, 백오로도 불렀으므로 지금의 평창읍 일대로 보고,[18) 御珍은 궁예가 주천-영월읍-평창읍을 통해 명주로 갔다면 지금의 교통로로 보아 정선 쪽일 가능성이 높다. 정선을 가리키는 말에 桃源, 三鳳, 朱陳 등이 있는데, 御珍의 誤記로 朱陳이 된지도 모르겠다.[19) 아니면, 『朝鮮地誌資料』에는 정선군 임계의 山城村이 於田里에 있다고 나오는데,[20) 임계에는 송계리 산성(장찬성)만 있으므로 이 일대가 어전리라고 불리었던 것으로 볼 수 있다. 만약, 御珍과 於田을 음차로 인한 차이로 본다면 궁예의 東征路와 홍미롭게 일치한다.

여기에 우연의 일치인지는 몰라도 궁예와 관련된 지명유래도 정선읍에 다음과 같이 전해지고 있다.

- B-1. 철미산(鐵美山) 【산】 정선면(旌善面) 애산리(愛山里)와 신월리 (新月里) 경계에 있는 산. 높이 643m. 태봉(泰封) 때 궁예(弓裔)

寧越郡이다. 영현이 셋이었다. 子春縣은 본래 고구려 乙阿旦縣이었는데, 경덕왕이 이름을 고쳤다. 지금 [고려]의 永春縣이다. 白烏縣은 본래 고구려의 郁烏縣이었는데, 경덕왕이 이름을 고쳤다. 지금 [고려]의 平昌縣이다. 酒泉縣은 본래 고구려 酒淵縣이었는데, 경덕왕이 이름을 고쳤다. 지금 [고려]도 그대로 쓴다.

18) 이병도는 주천을 지금의 원성군, 내성을 지금의 영월, 울오와 어진은 위치 미상으로 보았다(이병도 역주, 1983(1996 개정판), 『삼국사기』 (하), 을유문화사, 486쪽). 그러나 鬱烏는 『삼국사기』 지리지에 보이는 고구려의 郁烏縣, 경덕왕대의 白烏縣으로 지금 [고려]의 平昌縣으로 볼 수 있다. 『삼국사기』 권37, 잡지 제 6 지리 4 고구려에서는 牛首州에 奈生郡, 乙阿旦縣, 于烏縣[또는 郁烏라고도 하였다], 酒淵縣이 기록되어 있다. 한편 주요 지리지에서 鬱烏로 표기된 것은 김정호의 『大東地志』 平昌의 沿革條에서 찾을 수 있다.

19) 『高麗史』 卷58, 志 12 地理 3 東界 溟州 旌善縣에 본래 고구려의 잉매현으로 별호를 三鳳이라 하였다. 『世宗實錄地理志』 卷153, 旌善郡에는 별호로 三鳳, 朱陳, 桃原이라 하였다. 『新增東國興地勝覽』 卷46, 旌善郡에는 군명으로 仍買, 三鳳, 朱陳, 桃原, 沈鳳이라 하였다.

20) 『朝鮮地誌資料』江原道 旌善郡 臨溪面 洞里村名. 『朝鮮地誌資料』는 1910년 10월 이후 1911년 12월 사이에 편찬하였다(신종원, 2007, 「필사본 조선지지자료 해제」, 『강원도 땅이름의 참모습』, 경인문화사). 金正浩는 弓裔의 東征路 기사에 보이는 위치 미상의 '御珍'을 울진으로 비정하고 있다(『大東地志』 卷16, 蔚珍 沿革條 "一云御珍一云古亏伊").

의 장수 철(鐵)이 이 산 밑에 성을 쌓고 웅거하였다 하는데, 지금
그 성지가 남아 있음.[21]

- B-2. 애산성(愛山城)〔성지〕【고적】애산 동쪽 철미산 밑에 있는 성.
돌로 쌓아 둘레 782척, 높이 8척이 되며, 그 안에 성황사(城隍祠)
가 있는데, 태봉(泰封) 때 궁예(弓裔)의 장수들이 이 성에서 웅거
하였다 함.[22]

결국 궁예 관련 사료와 정선읍에 전해지는 지명 유래로 보아 궁예의 東
征路는 임계-강릉으로 통하는 삽당령일 가능성이 높다.[23] 반면, 『한국지명
총람』의 원주, 평창 쪽에는 궁예 관련 전설이 없다. 따라서 강릉-임계-정
선간의 교통로가 확실히 이용되고 있음을 알 수 있다.

(2) 동제현 비정지의 고고학적 양상

이 장에서는 棟隄縣의 위치 비정을 위하여 후보 지역에 대한 고고학적
양상을 검토해 보고자 한다.

棟隄縣의 강릉 남쪽설과 관련하여, 우계현 관할이 아니면서 강릉 남쪽
에 있는 신라유적에는 하시동 고분군, 안인리(송촌) 고분군,[24] 모전리 신
라고분군[25]이 알려져 있으며, 지표조사 또는 수습조사만 되었다. 그리고
정동진리에서 삼국시대 신라토기가 발굴·출토된 원형유구 3기도 조사되었
다.[26] 그밖에 산성도 있으나 삼국시대 또는 통일신라시대의 유물이 확인

---

21) 한글학회, 1967, 『한국지명총람2-강원편-』, 372쪽(정선군 (一) 산천).
22) 한글학회, 1967, 위의 책, 392쪽(정선군 정선면 애산리).
23) 한편, 동시기에 강릉의 호족 순식이 왕건을 돕기 위하여 일리천 전투에 참가하고자
   대규모 군사를 이끌고 대관령을 넘어갔으므로 강릉-대관령-진부 쪽으로의 교통로도
   존재하였다(江陵古蹟保存會, 1933, 『增修臨瀛誌』, 壇廟, 大關嶺山神條 참조).
24) 江陵大學校 博物館, 1998, 『文化遺蹟分布地圖-江陵市-』, 學術叢書 19冊, 284쪽.
25) 關東大學校 博物館, 1994, 『溟州郡의 歷史와 文化遺蹟』, 學術叢書 5冊, 82~84쪽
   ; 江陵大學校 博物館, 1998, 『文化遺蹟分布地圖-江陵市-』, 學術叢書 19冊, 290쪽.
26) 江原文化財硏究所, 2005, 「강릉 강동면 정동진리 128번지 일반주택 신축부지내
   문화유적 발굴조사」, 『江陵地域 文化遺蹟 試·發掘調査報告書』, 學術叢書 31

되지는 않았다. 이들 가운데 下詩洞 古墳群은 1970년에 파괴된 무덤 2기에 대한 수습발굴조사를 통해 그 성격이 어느 정도 밝혀지게 되었다. 즉 이 고분은 장방형 평면의 수혈식 석곽묘이며, 동일한 석곽 내에 시신을 안치하는 주곽과 부장품만을 넣은 부곽이 격벽으로 구분되었고, 출토 유물은 장경호, 고배 등이었다.[27] 이희준은 일찍이 대각이 3단으로 구획된 고배를 강릉에서 출토된 이른 시기의 고배로 보고 그의 논문에서 I단계 늦은 시기로 편년하면서, 4세기 후반까지도 올라갈 수 있다고 보았다.[28] 실제로 하시동에서 수습된 1970년 신고품 사진에 보이는 고배와 대부완, 컵형토기로 볼 때 황남동 109호 3·4곽 단계에서 미추왕릉 5구 1호 단계까지 올라갈 가능성이 높다. 그리고 신고품의 사진[29]에서 뚜껑처럼 보이는 것도 사실은 대각이 없어진 고배의 배신을 뒤엎어 놓은 것이 거의 대부분이므로 두껑이 보이지 않는 점도 편년을 설정할 때 참고가 된다. 그러므로 황남동 110호분 단계 이전과 동시기의 유구가 대다수일 것으로 판단된다. 그리고 황남대총 남분 단계에 속하는 고배들도 상당수 보이는데, 극히 일부 유구는 사진상의 최하단과 바로 그 윗단에 부가구연화된 장경호류가 보이므로 어쩌면 늦게까지 잔존하였을 가능성이 있다.

　다음은 정선군 임계면 일대의 고고자료를 살펴보겠다. 임계면 송계리에는 소위 장찬성이 있는데, 구간에 따라 토루와 석축으로 쌓았고, 석축 구간은 판상의 석재를 이용하여 구간구획선이 보이게 축성하였으며, 석재 사이의 틈새에 쐐기돌을 사용하였다. 정선 고성리 산성을 비롯하여 남한강을 따라 분포한 신라성과 입지 및 축성 방법의 공통점이 있다. 발굴 결과 신라토기들이 출토되어 삼국시대 산성임이 확인되었는데, 부가구연장경호가

冊, 197~228쪽.

27) 金正基·李鐘哲, 1971,「溟州郡下詩洞古墳調査報告」,『考古美術』110, 韓國美術史學會, 16~23쪽.

28) 李熙濬, 1998,『4·5세기 新羅의 考古學的 研究』, 서울大 考古美術史學科 博士學位論文, 45쪽.

29) 李昌鉉, 2006,「江陵地域의 新羅化 過程-古墳資料를 中心으로-」,『文化史學』25, 韓國文化史學會, 85쪽 사진6).

보이고 있어 6세기 전반을 중심시기로 편년하고, 인근의 정선 여량의 5세
기 후반대의 신라토기가 출토된 아우라지 유적을 근거로 6세기 이전까지
앞당겨질 가능성도 제시하였다.[30] 여기에 송계리 동쪽에 위치한 임계리에
서도 5세기 후반에서 6세기 전반으로 편년되는 신라 수혈식석곽묘가 발견
되었다.[31] 또한 송계리 산성의 서남쪽 능선과 사면에는 약 200여기의 석
실봉토분과 석곽봉토분이 조밀하게 분포하고 있다. 규모가 큰 장방형 횡구
식 석실분은 주로 능선 상에 분포하고 있다〈지도 2〉.

평창군 용평면 속사리 일대설도 역시 신라 관련 유적·유물이 거의 없다.
굳이 찾아보면, 평창군 대화면 대화산성에서 발견된 파상문 토기편,[32] 평
창읍 하리 석실고분[33] 등이 있지만 州治인 강릉과는 거리가 멀고, 임계와
비교하면 대규모 고분군도 아니며, 삼국시대와 통일신라시대의 고분이 연
속되지도 않는 점에서 縣治와는 거리가 멀다.

지금까지 棟隄縣으로 추정되는 지역에 대한 고고자료를 살펴보았다. 그
결과 동제현을 강릉 남쪽~우계현 사이로 추정하는 설은 강릉 남쪽의 하
시동 고분군 등의 규모로 보아 가능성이 없지 않으나, 溟州를 일개 郡·縣
이 아니라 州治로 본다면 강릉 남쪽의 하시동까지도 주치의 범위에 포함

---

30) 江原文化財研究所, 2006, 『旌善 松溪里山城 發掘調査報告書』, 學術叢書 51冊.
31) 江原文化財研究所, 2007, 『旌善 臨溪里 古墳群』, 學術叢書 72冊.
32) 大和山城, 大和面 大和 4里 城谷의 發乃洞 山頂에 위치하고 있다. 일명 發乃
    城으로 불리웠으며 『朝鮮寶物古蹟調査資料』에 따르면 土城으로서 둘레 600間
    (540m), 높이 3척(0.9m), 폭 2間(1.8m)으로 타원형이라 조사되었다. 이 조사
    자료에 의하면 모든 성벽이 土城인 것으로 보았으나 우리 조사단이 현지 답사를
    할 때는 土城도 있었으나 石城도 축조되어 있었음을 확인할 수 있었다. 그러한
    사실로 이 산성은 어느 한 시기에 만들어진 것이 아니라 몇 차례에 걸쳐 改築되
    었음을 알 수 있다. 조사 중에 채집된 유물로서 삼국시대에 만들어졌던 토기조각
    과 …하략….(강원대학교 박물관, 1987, 『平昌郡의 歷史와 文化遺蹟』, 유적조사
    보고 제7집, 50쪽). 『문화유적총람』평창군편에도 일명 發乃城이고, 山頂에 있으
    며 600m의 石築이 있는 大和城止로 소개되어 있다(위의 책, 409쪽).
33) 강원대학교 박물관, 1987, 위의 책, 48쪽. 이밖에 종부리 고려 고분 출토 굽다리
    접시도 신라후기토기로 볼 수 있다(강원대학교 박물관, 1987, 위의 책, 192쪽 사
    진⑥번 참조).

시켜야 할 것 같다. 하시동 고분에서 다소 거리가 있으면서 남쪽에 위치한 정동진의 산성도 고려시대 축조로 보고 있어[34] 신라 및 통일신라시대의 뚜렷한 관방유적도 없다. 그러므로 강릉의 남쪽을 동제현으로 보는 견해는 강릉의 중심지로부터 자연지형적인 장애가 없으면서 비교적 가까운 점, 명주의 주치라면 하시동 일대까지 포함될 수 있다는 점, 縣城으로 볼 만한 뚜렷한 유적이 없는 점, 통일신라시대로 이어지는 횡구식·횡혈식 고분군이 발견되지 않는 점 등에서 동제현의 소재지로 보기 곤란하다.

이렇게 본다면, 정선군 임계면 지역이 동제현일 가능성이 가장 높다. 최근 임계면 송계리 장찬성을 발굴한 결과 신라토기들이 출토되었고, 임계리에서도 신라고분군이 발굴되었다. 더구나 임계의 경우 송계리 산성(장찬성)과 수혈식 석곽묘 고분군 외에도 횡구식 석실분들이 산성의 서쪽에 분포하고 있다. 이러한 고고학적 양상은 명주의 다른 영현인 支山縣의 소재지였던 연곡면 영진리·방내리 고분군에서도 삼국시대의 목곽묘·석곽묘와 횡구식 석실분이 존재하고,[35] 횡혈식 석실분도 조사된 점[36]과 동일한 양상이다. 따라서 정선군 임계 지역이 棟隄縣으로 판단된다.

2) 동제현의 입지와 하슬라의 지리적 범위

정선군 임계가 棟隄縣이라면, 하슬라의 지리적 범위 설정과 관련하여 현대의 기록이지만 임계의 송계리 산성(장찬성)에 관한 축성 설화를 주목할 만하다.

---

34) 江陵大學校 博物館, 1998, 『江陵 正東津 高麗城址 地表調査 報告書』, 學術叢書 18冊.

35) 박영구·이정재·강선욱·이명희, 2007, 『江陵 領津里 古墳群』, 江陵大學校 博物館 學術叢書 44冊.

36) 李相洙, 2000, 「江陵 領津里 封土石室墳의 構造와 性格」, 『博物館誌』 創刊號, 關東大學校 博物館, 57~84쪽.

• C. … 전해오는 얘기로는 張贊將軍이 성을 쌓고 兵力을 길렀는데 마고
할멈의 잘못으로 장군이 죽자 장군에게로 오던 龍馬가 장군이 죽었
다는 말을 듣고 馬山峰(인근의 지명)에서 죽었다는 것과 성을 쌓을
때 부근에는 돌이 없어 동해 바다에서 돌팔매로 돌을 던져 성을 쌓
았다는 전설이 있다.37)

전설·설화나 지명의 연원을 전적으로 신뢰할 수는 없지만, 강릉의 하슬
라인을 징발하여 임계에까지 와서 축성한 力役動員 사실이 축성 설화로
남겨졌을 가능성도 있다. 예를 들어 何瑟羅 城主 三直이 悉直之原에서 고
구려 邊將을 掩殺한 사건(450)38)으로 고구려와 신라 간에 균열이 시작되
고, 고구려가 悉直城을 襲擊(攻取, 468년, 봄)하게 되자, 신라가 15세 이상
의 何瑟羅人을 동원·징발하여 泥河에 築城(468년, 가을)한 기사가 그것이
다.39) 『삼국사기』에는 一善界(선산을 포함한 넓은 지역) 주민을 役夫로
징발하여 원거리인 三年(보은), 屈山(청산)城을 改築한 사료가 있다.40)
이로 보아 하슬라인들의 원거리 징발도 가능하다. 말하자면, 정선군 임계
일대가 하슬라(강릉)의 지리적 범위에 포함될 수 있다는 의미이다.41)

이러한 관점에서 何瑟羅 城主가 고구려 邊將을 掩殺한 사건(450)도 재
조명이 필요하다. 무엇보다도 하슬라 城主의 실체가 신라 중앙에서 파견한
王京人 出身의 軍事指揮官의 성격인지,42) 土着 在地首長43)인지가 문제가

---

37) 文化公報部 文化財管理局, 1978, 『文化遺蹟總覽』 上, 414쪽.
38) 『三國史記』 卷3, 新羅本紀3 訥祇痲立干 34年 "秋七月 高句麗邊將獵於悉直
之原 何瑟羅城主三直出兵 掩殺之 …"
39) 『三國史記』 卷3, 新羅本紀3 慈悲痲立干 11年 春 및 秋九月條, 『三國史記』卷
18, 高句麗本紀6 長壽王 56年 春二月, "王以靺鞨兵一萬 攻取新羅悉直州城"
40) 『三國史記』 卷3, 新羅本紀3 炤知痲立干 5年 "幸一善界 存問遭災百姓 賜穀有差"
『三國史記』 卷3, 新羅本紀3 炤知痲立干 8년 "春正月, 拜伊湌實竹爲將軍 徵一
善界丁夫三千 改築三年屈山二城"
41) 서영일은 정선지역을 하슬라 관내로 보고 泥河를 임계의 송계리 산성 부근으로
비정한 바 있다(서영일, 1999, 『신라육상교통로연구』, 학연문화사, 53쪽).
42) 하슬라 성주는 양산에 파견된 박제상처럼 중앙에서 파견한 군사지휘관 성격이고,
城主는 나마 극종을 예로 들어 민정관할권이 없다는 견해가 있다(강종훈, 1999,

되나, 필자는 중앙에서 파견한 군사지휘관 성격으로 본다. 그 이유는 『삼국사기』에 등장하는 '城主' 관련 기사 가운데 신분을 알 수 있는 인물은 王京의 6部 출신이기 때문이다.44) 여기에 강릉의 재지토착수장이라면 실직벌(삼척)에까지 가서 고구려 변장을 掩殺하기는 곤란하다.45) 특히, 고구

「상고기 신라의 영역 확장과정과 지방통치방식」, 『역사와 현실』 31, 한국역사연구회, 43쪽 각주 53번 및 30쪽 각주 18번). 하슬라 성주를 지칭하지는 않았지만, 신라 초기에 缶谷城主로 左遷된 左軍主 仇道, 奈麻 克宗의 達伐城主 任命, 烽山城主 直宣의 一吉湌 승진 등의 기사로 보아 鎭主, 城主를 왕경에서 파견된 것으로 본다(朱甫暾, 1996, 「麻立干時代 新羅의 地方統治」, 『嶺南考古學』 19, 31쪽 ; 전덕재, 1990, 「신라 주군제의 성립배경연구」, 『한국사론』 22, 서울대 인문대학 국사학과, 10쪽 각주 9번 및 16~17쪽).

43) 하슬라 성주를 縣吏 또는 지역수장층으로 보기도 한다(최종래, 2007, 「江陵 草堂洞古墳群의 造營集團에 대해서」, 『嶺南考古學』 42, 30쪽). 비슷한 관점에서 지방의 거점에 중앙 정부가 파견한 城主(지방관)도 있겠지만, 城主는 복속한 재지수장 성격의 干이 실상에 가깝다고 보는 견해들도 많다(李宇泰, 1991, 『新羅 中古期의 地方勢力 硏究』, 서울大 博士學位論文, 31~32쪽 ; 金瑛河, 2002(2004 3쇄), 『韓國古代社會의 軍事와 政治』, 高麗大 民族文化硏究院, 228~229쪽 및 231쪽).

44) 『삼국사기』에서 신라 초기부터 통일 전까지의 城主 관련 기사를 적출하면 다음과 같다. 하슬라 城主 삼직의 고구려 邊將 掩殺 사건 이전에는 加(필자: 召 탈락?)城主長世拒之(婆娑尼師今 17년), 馬頭城主(婆娑尼師今 27년), 缶谷城主로 左遷된 左軍主 仇道(伐休尼師今 7년), 腰車城主薛夫(奈解尼師今 19년), 達伐城主 奈麻克宗(沾解尼師今 15년), 烽山城主 直宣의 一吉湌 승진(味鄒尼師今 5년) 기사가 있고, 그 이후에는 椵岑城縣令讚德(眞平王 33년)이 牟梁人인 점(열전7 奚論條) 및 椵岑城 殺城主讚德(백제본기5 무왕 12년), 主在城 城主東所(眞平王 48년), 大耶城 都督伊湌品釋(善德王 11년) 및 大耶城 城主品釋(백제본기6 義慈王 2년), 北漢山城 城主 大舍 冬陀川을 大奈麻로 승진(太宗武烈王 8년), 阿達城 城主 素那(文武王 15년) 및 白城郡蛇山人也(열전7 素那條) 기사가 있다. 素那는 왕경인이 아니나, 문무왕 14년에 외위제를 경위제와 통합한 후이므로 성주 임명을 지방민에게도 개방한 변화가 엿보인다(『三國史記』 卷40, 雜志9 外官條, "外位, 文武王十四年, 以六徒眞骨出居於五京九州 別稱官名 其位視京位 嶽干視一吉湌 … 하략 …").

45) 고구려변장은 中原(忠州)에서 남한강 교통로를 따라 悉直(三陟) 부근까지 사냥을 간 인물로 보는 견해(鄭雲龍, 1994, 「5~6世紀 新羅·高句麗 關係의 推移-遺蹟·遺物의 解釋과 關聯하여-」, 『신라문화제 학술발표회 논문집(신라의 대외관계사 연구)』 15, 신라문화선양회, 50쪽), 당해 거점지역의 유력한 在地勢力간

려의 신라 西邊 침공이라는 즉각적인 군사적 대응과 新羅 王의 굴욕적인 사죄(卑辭謝之) 후 撤軍으로 이어지는 일련의 과정46)은 토착민과의 우발적인 충돌의 결과로 보기 어렵다.

　고고학적 성과로도 뒷받침이 가능하다. 강릉의 고고자료는 하슬라 성주가 활동하던 시기 이전부터 신라화의 정도가 매우 강하며, 경주와 연동하여 변화하고 있다. 그리하여 강릉에는 신라 왕경 양식의 토기가 직접 유입·이식된 인상을 주며, 현지 제작품도 소위 의성양식토기, 창녕양식토기 등처럼 지역색을 창출한 변이가 그다지 보이지 않는다. 특히, 최근의 고고학적 성과와 관련해서는 강릉 안현동 목곽묘 발굴에서 황남동 109호 3·4곽 단계로부터 미추왕릉 5구 1호 및 6호분 단계에 해당하는 慶州産 無蓋高杯들이 출토되었고,47) 가장 빠른 시기인 3호 목곽묘에서는 3단각의 무개고배와 함께 대부파수호·파수부광구소호, 4호 목곽묘에서는 소위 '부산식(복천동식) 고배'가 출토되었다. 이미 강릉 하시동 서1호분 출토 신라 고배 2점이 부산 복천동 1호분 출토 고배 2점과 형태 및 각종 제원에서 동일하다고 지적된 바 있다.48) 신라 중앙 정부가 하슬라 성주를 파견할 정도의 거점이라면 이 지역을 장악하고, 신라화를 촉진시킬 목적으로 徙民시켰을 가능성도 고려해 볼 수 있겠다. 사민과 관련해서는 강릉 영진리·방내리 고분군의 적석목곽묘

　　의 충돌로 보는 견해(주보돈, 2006, 「5~6세기 중엽 고구려와 신라의 관계-신라의 한강유역 진출과 관련하여-」, 『북방사논총』 11, 고구려연구재단, 76쪽), '新羅土內幢主'일 가능성이 있다고 보는 견해(홍승우, 2009, 「4~6세기 신라의 동해안지역 진출과 지방지배방식」, 『4~6세기 영남 동해안 지역의 문화와 사회』, 동북아역사재단, 278쪽) 등이 있다. 사료에 掩殺이라는 표현으로 보아 의도적인 살해로 보이나, 우발적일 수도 있겠다. 적어도 고구려간섭기라는 시대적 상황에 처한 신라 내부의 反高句麗的 분위기를 엿볼 수 있다.

46) 『三國史記』 卷3, 新羅本紀3 訥祇麻立干 34年 秋七月條.

47) 예맥문화재연구원, 2009.8.21, 「강릉 샌드파인리조트 신축공사부지내 유적 발굴조사 3차 지도위원회의 자료」.

48) 심현용, 2008, 「考古資料로 본 新羅의 江陵地域 進出」, 慶北大 史學科 文學碩士學位論文, 19쪽 ; 박수영, 2009, 「江陵 草堂洞 三國時代 遺構와 遺物에 대한 小考」, 『사적 제 490호 강릉 초당동 유적』, 한국문화재조사연구기관협회, 519~520쪽.

를 근거로 중앙 세력이 이주해 온 것으로 보는 견해도 제기된 바 있으
며,[49] 강릉 초당동 고분군을 울산 지역의 석곽묘 조영 집단이 직접 이입하
여 재지세력과 융화하여 만들었으며, 강원도 동해안에서 가장 빠르고, 최고
의 위세품과 무구·마구류가 출토된다는 점에서 고구려와의 교섭 루트 및
對고구려 경합의 중추세력의 지위를 가졌다고 보기도 한다.[50] 그리고 土城
을 중앙에서 파견된 軍官이나 地方官의 거점 또는 지방에 封해진 중앙세력
의 거점으로 보는 견해[51]도 있는데, 명주의 영현인 동산현(현재의 양양 현
남면)의 후포매리 산성도 단각고배 단계(6세기 중엽) 이전인 6세기를 전후
한 시기의 투창고배가 출토되어 신라성으로 밝혀졌다.[52]

이와 같은 사료의 분석과 고고학적 양상으로 볼 때, 何瑟羅 城主는 중
앙에서 파견한 軍事指揮官으로 판단된다. 5세기 중반 당시, 그의 군사적인
영향권(軍管區)은 지금의 삼척인 실직벌에서 고구려변장을 掩殺하였으므
로 강릉에서 삼척 접경, 또는 삼척까지도 포함할 수 있을 것으로 보인다.
그렇다면, 그의 영향권이 정선군 임계면까지도 교통로를 따라 미쳤을 가능
성이 충분하다. 何瑟羅人들을 동원한 泥河 築城 기사도 정선군 임계 송계
리 산성(장찬성)의 축성 설화와 연결시키면 그의 영향력이 미치는 강릉
외곽의 범위 설정에 도움이 된다. 통일신라시대 명주의 영현들인 양양 현
남, 강릉 연곡, 정선 임계 등에서도 황남대총 남·북분 단계 또는 그 이후
부터 단각고배 이전 단계의 삼국시대의 고분군과 횡구식·횡혈식 고분군이
분포하고, 현남 지역은 新羅城도 있다. 그렇다면 何瑟羅 또는 何瑟羅州
(停)의 관할 범위도 통일신라시대 명주 州治의 관할 범위와 유사한 것으
로 보인다. 결국 棟隄縣의 위치 비정은 何瑟羅(州)의 당시 지리적 범위와

---

49) 심현용, 2009(b), 앞의 논문, 16쪽.
50) 최종래, 2007, 「江陵 草堂洞古墳群의 造營集團에 대해서」, 『嶺南考古學』 42, 30~31쪽.
51) 박성현, 2007, 「4세기 전후 신라의 토성 축조와 그 목적-영남지역초기토성의 성격-」, 『韓國史研究』 139, 40~42쪽.
52) 洪永鎬, 2009, 「양양 후포매리 신라 산성의 고찰」, 『先史와 古代』 30, 韓國古代學會, 285~318쪽.

교통로를 밝히는 큰 의의가 있는 것이다. 그리고 何瑟羅(州)의 군관구(軍
管區)를 이해하는 데에도 도움이 될 수 있다.

3) 하슬라의 지리적 범위 설정의 의미

그러면 왜 정선군 임계가 강릉의 영향권에 있었는지가 궁금하다. 이 문
제를 이해하기 위하여 통일신라시대 명주의 직속 영현을 고고자료와 연결
시켜 정리하면 다음과 같다〈표 5〉.

〈표 5〉명주 직속 영현의 위치와 산성 및 주요 고분군

주명	현명	현 위치	산성	주요 고분군
명주 주치 (강릉)	旌善縣 乃買縣(고구려지)	정선군 정선읍	애산리 산성 등 기우산성(?)	신월리 고분군[53] 등
	棟隄縣 東吐縣(고구려지)	정선군 임계면	송계리산성(장찬성)	송계리 고분군, 임계리 고분군 등
	支山縣 支山縣(고구려지)	강릉시 연곡면	방내리 토성(?)[54]	영진리 고분군 방내리 고분군 등
	洞山縣 穴山縣(고구려지)	양양군 현남면 동산리·인구리 일대	후포매리산성[55]	후포매리고분군 2곳 원포리 고분군 등

위 표로 볼 때, 통일신라시대 명주의 주치와 직속 영현은 현재의 위치
비정으로 보아 치소를 중심으로 'ㄴ'자형의 기형적인 관할 구역의 모습을
보여준다. 즉 명주가 신라의 동해안에 편성된 주이고, 거의 대부분의 관할
군현은 동해안을 따라 이어지는데, 명주의 직속 영현인 동제현과 정선현이

---

53) 강원대학교 박물관, 1991, 『정선 신월리 고분』, 유적조사보고 제10집.
54) 방내리 토성에 대해서는 다음 자료를 참조. 신호웅·이상수, 1994, 「溟州郡의 關
防遺蹟·窯址」, 『溟州郡의 歷史와 文化遺蹟』, 關東大學校 博物館 學術叢書 5,
250~252쪽 ; 金興術, 1999, 「江陵地域 城郭研究」, 『臨瀛文化』 23, 江陵文化
院, 57~58쪽. 그러나 방내리 토성이 삼국시대의 토성임을 입증하는 유물이 발견
·발굴된 바는 없다.
55) 洪永鎬, 2009, 앞의 논문, 285~318쪽.

서남쪽으로 튀어 나온 것이다. 그 이유는 무엇일까?[56]

이 문제를 밝히려면 신라가 강릉에 진출한 목적부터 접근해야 할 것이다. 신라가 강원도 동해안에 진출한 최초의 기사는 파사이사금 23년조(102)의 실직곡국과 음즙벌국 충돌 기사이나,[57] 실직곡국의 위치를 지금의 삼척(실직국)으로 비정하기에는 거리가 너무 멀고 기사의 내용을 분석해 보아도 받아들이기는 어렵다. 그리하여 이 기사의 두 소국은 일반적으로 경주 주변에 위치한 것으로 보고 있다.[58] 반면, 동해 연안 항로의 해상권을 장악하려는 삼척의 실직국과 영일만의 음즙벌국이 서로 충돌한 것으로 보는 시각도 제기되었다.[59] 이와 같이 이 기사의 실직곡국은 그 위치뿐만 아니라 본고의 연구 대상 시기와도 크게 차이가 나므로 본고에서 적극 활용하는 것은 곤란하다.

---

56) 서영일은 고구려와 말갈을 방어하기 위하여 하슬라에서 역부를 징발하여 니하에 축성하였지만, 정선·영월 일대를 견제하는 적극적인 목적도 있으며, 5세기 후반부터 삼척을 근거지로 임계-정선-영월로 진출한 까닭에 명주의 행정구역이 서쪽으로 길게 나왔다고 보았다. 그의 견해는 진출 방향에 따라 영역화하는 과정을 강조한 것인데, 설득력이 있다(서영일, 2005, 「5~6世紀 新羅의 漢江流域 進出과 經營」, 『博物館紀要』 20, 檀國大學校 中央博物館, 59쪽). 단양 영춘 등의 군현도 진흥왕의 10군 공취 이후 교통이 편리하고 행정체제가 정비된 하슬라주(후일 명주)에 소속시켜 통제하였다(서영일, 1999, 『신라 육상 교통로 연구』, 학연문화사, 178쪽).

57) 『三國史記』 卷1, 新羅本紀1·婆娑尼師今 23年 "秋八月 音汁伐國與悉直谷國爭疆 詣王請決 王難之謂 金官國首露王 …"

58) 千寬宇, 1976, 「三韓의 國家形成」, 『韓國學報』 2, 36~37쪽. 신형식은 파사왕대의 실직(곡)국이 興海, 盛德(필자:盈德의 誤記?), 浦項 일대로 본다(申瀅植, 1975, 「新羅軍主考」, 『白山學報』 19, 68쪽). 이병도 파사왕대의 실직(곡)국의 위치는 경주 주변이며, 삼척의 실직국으로 보지 않는다(이병도 역주, 1983(1996 개정판), 『삼국사기』(상), 을유문화사, 31쪽 각주 76번). 실직국과 계통을 같이 하는 집단이 영일 지역에 위치하고 있다가 충돌한 것으로 보기도 한다(李炳佑, 2000, 『新羅初期國家成長史硏究』, 영남대 출판부, 81쪽).

59) 朴大在, 1997, 「辰韓 諸國의 규모와 정치발전단계」, 『韓國史學報』 2, 高麗史學會, 15쪽 ; 2000, 『고대한국 초기국가의 왕과 전쟁』, 景仁文化社, 175~176쪽 ; 徐榮一, 2003, 「斯盧國의 悉直國 倂合과 東海 海上權의 掌握」, 『新羅文化』 21호, 동국대 신라문화연구소, 325~341쪽.

그렇게 보면 역시 내물왕 40년(395)과 내물왕 42년(397) 기사[60]를 신라가 삼척과 강릉에 진출한 시점으로 간주하는 것이 합리적이다. 그런데 이때는 신라의 영역이 소백산맥 이남에 한정될 뿐 그 이북으로 진출하지 않은 때이다. 신라가 이 시기에 소백산맥의 북쪽이면서, 그것도 험준한 산악지대를 통과해서 동해안의 삼척과 강릉에 진출해 있는 모습은 의외이다. 여기에 대하여 기존에는 사료를 중심으로 해석할 때 동해안 방면은 鳥嶺~竹嶺 일대와 달리 고구려 세력이 크게 미칠 수 없는 지리적 격리성 때문에 고구려의 통제가 불가능하므로 내물왕 말기인 4세기 말에 신라가 동해안으로 북진했다는 견해[61]가 상당한 지지를 받고 있었다. 그러나 고고학적 연구 성과가 축적되면서 강릉 지역이 중국 및 고구려와 신라간의 교섭 루트로서 주목받기 시작했다.[62] 필자 역시 신라가 소백산맥 이북을 넘어 유일하게 동해안으로 진출한 까닭은 고구려와의 지리적인 격리성으로 설명되기 어렵다고 본다. 신라 역시 경주로부터 삼척·강릉 지역까지는 거리도 멀고, 지형상으로도 접근 및 통제하기 어려워 방어에도 난점이 있기 때문이다. 그러므로 신라가 삼척·강릉 지역에 진출한 목적은 신라의 필요성이라는 관점에서 접근해야 된다고 본다. 이 시기 신라가 삼척·강릉에 진출해야 할 필요성을 사료상에서 찾아보면, 역시 고구려와의 교섭 기사들이 주목된다. 대표적으로 내물왕 37년 고구려에 실성을 인질로 보내고, 광개토대왕이 신라를 침공한 왜를 5만의 군사로 물리쳐 준 사례를 들 수 있다.[63] 이러한 역사적 사실들을 고려하면 당시 신라와 고구려간의 관계가 매우 긴밀하였음을 말해주는데, 그렇다면 신라 수도 慶州에서 당시 고구려의 수도인 集安으로 가는 麗羅關係의 交涉路가 동해안이었을 가능성이 매

---

60) 『三國史記』 卷3, 新羅本紀 3 奈勿尼師今 40年 및 42年條 참조.
61) 申瀅植, 1975, 앞의 논문, 68~69쪽.
62) 우선정, 2000, 「麻立干 時期 新羅의 對高句麗 關係」, 『慶北史學』 23, 慶北史學會 ; 崔鍾來, 2007, 앞의 논문, 60~61쪽 ; 沈賢容, 2008, 앞의 논문, 21쪽 ; 홍영호, 2010(a), 「6~7세기 고고자료로 본 동해안과 울릉도」, 『이사부와 동해』 창간호, 한국이사부학회, 208~209쪽 ; 朴守榮, 2010, 앞의 논문, 68쪽.
63) 『三國史記』 卷3, 新羅本紀 3 奈勿尼師今 37年 및 「광개토왕릉비」 참조.

우 높고, 이 길은 백제의 차단을 피할 수 있다는 강점도 있다.[64] 즉 신라
는 麗羅關係의 교섭 목적에서 삼척·강릉에 진출했다고 보아야 할 것이고,
그 교통로는 경주-강릉-황초령-장진호-집안으로의 루트가 예상된다.

그런데 신라가 삼척·강릉에 진출한 목적을 麗羅關係 交涉路의 거점 확
보로 설명할 때에는 정선군 임계(동제현)와 정선읍(정선현)이 명주의 직
속 영현에 속하게 된 배경을 이해할 수 없다. 그러므로 그 역사적 배경은
다른 각도에서 접근하여 밝힐 필요성이 있다. 이러한 역사적 배경을 생각
해 볼 때 주목되는 사료가 하슬라 성주의 실직벌에서의 고구려 변장 엄살
기사, 고구려와 말갈의 悉直城 襲擊(攻取) 및 하슬라인을 동원한 泥河 축
성 기사, 彌秩夫 進軍 기사 등이다.[65] 이들 기사의 합리적인 해석은 논란
이 있지만, 고구려군이 측방공격을 한 결과일 가능성이 높다고 생각된다.
당시 고구려군이 中原(충주)을 거점으로 南漢江 水系를 따라 중원-제천
또는 단양-영월-정선으로 연결되는 側方攻擊을 시도하자,[66] 신라는 그 交
通路를 차단하기 위한 대응조치가 필요했을 것이다. 소백산맥 이북에서 남
한강을 따라 동해안 쪽으로 측방공격하는 침공로를 방어하기 위한 신라의
현실적인 대응책은 고구려와의 교섭루트로 일찍 개척한 강릉에서 서쪽으
로 진출하여 방어를 담당하는 것이 가장 효과적이었을 것이다. 여기에는
정선군 임계부터 충북 제천까지 남한강을 따라, 강이나 둑을 의미하는 행

---

64) 홍영호, 2010(a), 앞의 논문, 208~209쪽. 최종래(2007, 앞의 논문, 60쪽)와 박수
   영(2010, 앞의 논문, 68쪽)도 백제의 영향력을 벗어나는 새로운 교섭로 확보 차
   원에서 동해안로가 개척된 것으로 보았다.
65) 『三國史記』卷3, 新羅本紀 3 눌지마립간 34년, 자비마립간 11년, 소지마립간 3
   년조 참조.
66) 鄭雲龍, 1986, 「5~6世紀 高句麗·新羅의 勢力變遷 過程에 대한 一考察-中原
   高句麗碑와 丹陽新羅赤城碑의 連繫的 考察-」, 高麗大 史學科 文學碩士學位
   論文, 20쪽 및 91쪽 5~6世紀 麗·羅 主要交戰路 지도 참조 ; 1989, 「5世紀
   高句麗 勢力圈의 南限」, 『史叢』35, 高大史學會, 9쪽. 고구려 邊將도 中原에
   서 이 교통로를 이용하여 悉直(삼척) 부근까지 사냥을 간 것으로 본다(鄭雲龍,
   1994, 「5~6世紀 新羅·高句麗 關係의 推移-遺蹟·遺物의 解釋과 關聯하여-」,
   『신라의 대외관계사 연구』, 50쪽).

정 지명이 이어져 연결된다는 점과 남한강을 따라 분포한 일련의 산성들로
볼 때 국경 방어선(軍管區)의 형성이라는 목적도 있었을 것 같다. 그 방어
선의 동북경 거점이 강릉이며, 하슬라 성주의 고구려 변장 엄살 기사, 니하
축성 기사에서 볼 수 있듯이 이 시기에 그 기능이 시작되었고, 그 결과 溟
州가 'ㄴ'자형의 기형적인 관할 구역의 형태를 갖게 된 것이다. 실직주
(505)와 하슬라주(512)를 설치하는 목적과 의미도 이와 관련될 것으로 생
각되며, 이 시기까지도 그 기능이 지속되었을 것으로 보인다. 울진 鳳坪碑
(524)를 참고하면 悉支軍主가 悉支道使(삼척)와 居伐牟羅道使(울진)를
관할하고 있어 실직주나 하슬라주도 州治의 범위를 넘어선 영역까지도 관
할하였을 가능성을 시사하고 있다.

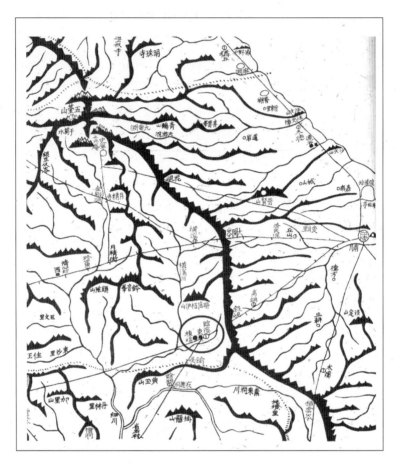

〈지도 1〉「대동여지도」에 기재된 棟堤縣의 위치 (○ 표시)

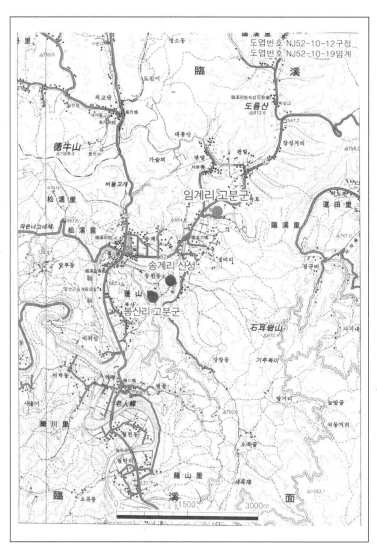

〈지도 2〉정선군 임계면 지역의 신라고분과 신라산성 분포도 (1:50,000)

-강원문화재연구소, 2007, 『정선 임계리 고분군』, 학술총서 72책, 28쪽에서 전재-

2. 니하의 위치 비정

신라는 고구려의 실직 침공(468년 봄) 직후에 何瑟羅人들을 동원하여 泥河에 築城(468년 가을)을 한다. 그러므로 당연히 하슬라(강릉)와 니하와의 관련성을 생각해 볼 수 있고, 니하의 위치는 당시 하슬라의 지리적 범위는 물론이고 삼국 간의 쟁패에 대한 역사적 실상을 해석하는 데 중요한 지명이다.67) 필자도 한국고대사 전공자들의 상당수와 같은 입장에서『三國史記』의 泥河와 통일신라-발해의 국경인『新唐書』卷219, 列傳144 北狄 渤海傳68)의 泥河가 서로 다른 河川(同名異河)으로 본다. 즉『삼국사기』泥河를 동명이하설 입장에서 선행 연구들을 강릉설(연곡천, 강릉-양양 일대의 同名同河설 포함), 남한강설, 낙동강설, 多處說, 기타설로 구분하여 그 타당성을 검토해 보고, 필자의 견해를 소개하고자 한다. 이를 위하여 필자는 위치가 불확실한 牛山城, 長嶺, 大嶺 등은 니하의 위치를 비정하는데 활용하지 않겠다. 그 대신에 위치가 확실한 하슬라·실직을 니하 비정의 중요한 근거로 삼고, 실직 습격과 백제의 지원 기사와 같은 정황 자료를 고찰하고자 한다. 더불어 니하의 비정은 문헌사 중심의 연구가 대부분으로 한계가 많았는데, 이를 극복하기 위하여 최근에 각종 개발 사업으로 급증한 고고학적 연구 성과를 비판적으로 검토·활용하여 보완하겠다. 특히, 관방유적인 (산)성과 장성은 정치적·군사적·지리적 경계의 의미가 강하므로 일련의 분포와 입지를 보인다면 주목할 필요가 있다. 그리고 하슬라와 실직의 지리적 범위는 州治는 물론이고, 더 넓은 범위인 軍管區까지 고려하

---

67) 泥河에 대한 여러 가지 성과와 논쟁점에 대해서는 필자의 다음 글을 참조. 홍영호, 2010(c),「『三國史記』所載 泥河의 위치 비정」,『韓國史研究』150, 韓國史研究會, 43~83쪽.

68)『신당서』발해전의 정보는 833년 발해를 방문한 張建章이 저술한『渤海國記』에 의거한 것이며, 해동성국 선왕 대인수대에 확장된 영역이 반영되어 있다고 본다(김종복, 2007,「발해사의 전개와 영역 변천」,『발해5경과 영역변천』, 동북아역사재단, 112쪽).

는 입장에서 니하의 위치를 찾아보고자 한다.

1)『삼국사기』소재 니하에 관한 제설

(1) 강릉 일대설

정약용은『三國史記』와『新唐書』의 泥河를 동일시(同名同河)하면서 강릉 북쪽의 泥川水로 비정하였다.[69] 특히, 발해가 강릉 이북 양양 일대까지 남하하였다는 그의 견해는『삼국사기』의 고구려-말갈의 침공 기사를 이해시킬 수 있어 서병국,[70] 조이옥[71]을 비롯한 이후의 학자들에게 많은 영향을 끼쳤다. 다만,『신당서』의 니하 기사는 발해의 남하로 신라가 강릉까지 후퇴했을 때인데, 국경 변동의 시기를 다르게 보는 차이가 있다.[72]

반면,『신당서』의 니하와『삼국사기』의 니하의 위치를 다르게 보는 견해가 있다. 김정호는 발해와 신라의 경계인 니하는 대동강에,[73] 신라-고구려 경계인 니하는 강릉 이북의 멀지 않은 지역 또는 덕원으로 보아 同名異河로 이해하였다.[74] 그렇지만『삼국사기』의 니하를 강릉 이북에서 멀지

---

69)『與猶堂全書』卷6, 疆域考 卷2 渤海考 "又按泥河者我江陵之北泥川水也 新羅慈悲王時徵何瑟羅人(今江陵)築泥河城 又炤知王時追擊句麗靺鞨兵于泥河之西卽此地也 渤海新羅旣以泥河爲界則襄陽以北皆渤海之所得也"
　『大韓疆域考』卷5, 渤海考 "鏞又案 盖自武后末年 入于渤海 至玄宗天寶以後 鐵關以南 復爲新羅所有 故景德王 十六年 朔庭郡·泉井郡 幷其屬縣 改其名號 至宋太宗之時 渤海衰微 咸興以北 沒于女眞 其間三百餘年 皆渤海之地也"

70) 徐炳國, 1981(a),「新唐書渤海傳所載 泥河의 再檢討」,『東國史學』15·16, 東國史學會, 237~257쪽 ; 徐炳國, 1981(b),「渤海와 新羅의 國境線問題 硏究-東海岸地域을 中心으로-」,『論文集』9, 關東大學, 464쪽.

71) 趙二玉, 1992,「統一新羅時代의 靺鞨硏究」,『梨大史苑』22, 49쪽 ; 趙二玉, 1999,「新羅와 渤海의 國境問題」,『白山學報』52, 713~736쪽.

72) 발해가 강릉 연곡권 일대까지 남하한 시기는 추천무후기부터 이후 여러 차례(정약용), 733년설(武王 大武藝, 서병국, 이동휘 등) 및 820년대 [宣王 大仁秀 해동성국(818~830), 조이옥 등] 설이 있다.

73)『大東地志』卷31, 方輿總志 3 渤海國 疆域條 "新羅以泥河爲界(按泥河今大同江)"

않은 동해안 쪽에서 찾은 점은 정약용과 동일하다. 서병국은『遼史』地理
志에 浿江이 泥河라고 명기된 것을 근거로『신당서』발해전의 니하를 대
동강으로 본 유득공의 견해를 받아들여 발해-신라의 국경선은 동해안의
泥河(連谷川)와 서해안의 泥河(大同江)를 잇는 횡선이며, 동해안의 니하
는『삼국사기』의 河水이고, 서해안의 니하는『신당서』발해전의 河水로
수정하였다.[75] 김택균도 이와 동일한 견해를 표명하였다.[76] 이와 달리 방
동인, 이문기, 김창겸 등은『삼국사기』의 니하는 강릉 일대,『신당서』의
니하는 안변 남대천·덕원 용흥강 등 동해안에서의 다른 강으로 본다.[77]

『삼국사기』니하의 구체적인 위치는 약간의 차이가 있다. 李丙燾는 강
릉의 城南川[78]을 니하로 보았다.[79] 徐炳國과 金澤均은 何瑟羅 사람을 동
원해서 니하에 성을 쌓았으므로 강릉과 가까우며, 대관령 북쪽의 泥峴에서
발원하는 連谷川을 주목하였다.[80] 張彰恩도 니하 축성에 하슬라인을 동원
하였으며, 大嶺은 지금의 대관령, 長嶺은『신증동국여지승람』에서 오대산
서쪽이므로「대동여지도」에 표기된 泥峴에서 발원한 연곡천설을 지지하고
있다.[81] 김명성[82]·趙二玉[83]·宣石悅[84]·金瑛河[85]·이인철[86]·양기석[87]·이

---

74) 『大東地志』卷30, 方輿總志 2 新羅 未詳地分條 "泥河 祇摩王十四年春靺鞨
   大入北境殺掠吏民 秋又襲大嶺柵過於泥河 百濟遣五將救之靺鞨退 慈悲王十一
   年徵何瑟羅州人築城於泥河 說在江陵以北不遠之地 泥河一云德原"

75) 徐炳國, 1982, 「泥河史論의 展開」, 『論文集』10(人文·社會科學篇), 關東大學,
   409쪽.

76) 金澤均, 1997, 「東濊考-江陵 濊國說과 관련하여-」, 『江原文化硏究』16, 江原
   大 江原文化硏究所, 57~73쪽.

77) 方東仁, 1979, 「溟州都督 置廢 小考」, 『臨瀛文化』3, 江陵文化院, 31쪽 각주
   3번 ; 李文基, 1994, 「統一新羅期의 '北鎭'과 軍事的 位相」, 『九谷 黃鍾東敎
   授停年紀念 史學論叢』, 18~19쪽 ; 김창겸, 2007, 「니하」, 『디지털 강릉문화대
   전』, 한국학중앙연구원.

78) 『新增東國輿地勝覽』卷44, 江陵大都護府에서 "城南川: 府城 남쪽 1백 步에
   있으며, 물 근원이 대관령에서 나온다. …하략…"로 기록되어 있으므로 지금의
   강릉 남대천을 말한다.

79) 이병도 역주, 1983(1996개정판), 『삼국사기』(상), 을유문화사, 34쪽 각주 85~86
   번에서 대령책을 강릉의 대관령, 泥河를 강릉의 城南川에 비정하고 있다.

80) 徐炳國, 1981(a), 앞의 논문, 244~256쪽 ; 金澤均, 1997, 앞의 논문, 68~70쪽.

영식[88]·강종훈[89] 등도 강릉 일대설에 동의하고 있다.

니하와 관련하여 그 위치가 분명한 지명은 자비왕 11년(468)에 고구려와 말갈이 실직성을 습격하였고, 하슬라인을 동원하여 니하에 성을 쌓았다는 다음 기록이다.

- A. (468년) 春 高句麗與靺鞨 襲北邊 悉直城 秋九月 徵何瑟羅人年十五已上 築城於泥河(泥河一名泥川).[90]

이 기사는 니하를 비정할 때 하슬라에서부터 출발해야 함을 말해주고 있다. 하지만 이 기사를 근거로 니하를 강릉 일대 또는 동해안에서 찾는 설도 문제가 있다. 왜냐하면 정약용은 강릉의 泥川水가 『삼국사기』의 니하이면서, 발해와 신라의 국경선이 변동하였고, 측천무후 집정기(684~704)의 말년에 양양 이북이 발해의 영토로 편입되었다고 보는데,[91] 그 근거를

---

81) 張彰恩, 2004, 「新羅 慈悲~炤知王代 築城·交戰地域의 검토와 의미」, 『新羅史學報』 2, 新羅史學會, 1~45쪽.

82) 김명성, 1992, 「발해의 남변에 대하여」, 『력사과학론문집』, 77~87쪽.

83) 趙二玉, 1992, 앞의 논문, 48~49쪽 ; 1999, 앞의 논문, 715쪽.

84) 宣石悅, 1993, 「『三國史記』「新羅本紀」上代 靺鞨記事의 檢討-初期記錄의 紀年을 중심으로-」, 『釜大史學』 17, 90~91쪽.

85) 金瑛河, 2002, 『韓國古代社會의 軍事와 政治』, 高麗大 民族文化硏究院, 186쪽 각주 106번. 김영하는 자비왕~소지왕대 기사의 니하는 강릉 부근으로 보며, 지마이사금 14년(125) 기사의 니하는 남한강 상류로 이해하였다(위의 책, 112쪽, 183쪽).

86) 이인철, 1996, 「高句麗의 南進經營과 靺鞨」, 『春州文化』 11 ; 2000, 『고구려의 대외정복 연구』, 백산자료원, 308쪽.

87) 양기석, 1993, 「3. 歷史地理的 考察」, 『南彌秩夫城 地表調査報告書』, 慶州文化財硏究所, 126~128쪽. 양기석은 장령을 대관령, 호명성을 청송으로 보았다.

88) 李永植, 2006, 「가야와 고구려의 교류사 연구」, 『韓國史學報』 25, 高麗史學會, 75쪽.

89) 강종훈, 2008, 「5세기 후반 고구려와 신라의 국경선」, 『한국 고대 사국의 국경선』, 서경문화사, 121쪽.

90) 『三國史記』 卷3, 新羅本紀 3, 慈悲麻立干 11年.

91) 『我邦彊域考』 卷2, 渤海考, "我邦之襄陽以北 盖自武后末年 入於渤海 至玄宗

찾을 수 없기 때문이다. 조선시대의 옛 지리지나 고지도 등에서도 강릉 이
북에서 니천수를 찾을 수 없다. 니천수는 정약용이 니하를 의식해서 명명
한 (가상의) 하천으로 판단된다.[92] 강릉 연곡천이 「대동여지도」의 泥峴에
서 발원하였으므로 니하라는 주장도 원산만 일대에 泥峴이 존재[93]하므로
절대적인 기준이 될 수 없다. 이 泥峴도 김정호의 『대동지지』[94]와 「대동
여지도」에서 처음 보이므로 정약용의 니천수를 고려한 위치 비정일 가능
성이 높다.[95] 장창은도 『신증동국여지승람』강릉의 대령(대관령), 장령(오
대산 서쪽) 등을 끌어와 연곡천설을 지지하지만, 불확실한 위치들을 토대
로 하여 여전히 문제가 된다.

　고고자료로는 연곡천 하구에 영진리 신라고분군, 방내리 신라고분군 등
이 분포하며, 연곡천 북쪽에 방내리 토성이 있으나 그 성격을 알 수 없다.
니하를 강릉 연곡천으로 보는 학자들은 발해와 경계인 니하와 관련한 성,
또는 고구려계 축성의 성으로 청학동 고성(문화재자료 제47호), 보현산성
(지방기념물 제28호)을 언급한 바 있으므로 검토할 필요가 있다. 普賢山
城은 강릉시 성산면 보광리에 위치하며, 신라말기 9山禪門인 굴산문 開祖
범일의 제자 낭원 개청이 주석하였던 普賢寺가 인근에 있어서 붙여진 명
칭으로 판단된다. 『世宗實錄地理志』에는 把岩山石城으로 나오며, 『新增東

　　天寶以後 鐵關以南 復爲新羅所有" 정약용이 양양 이북지역을 발해의 땅으로
　　언급한 까닭에 양양 남대천도 니하의 위치로 고려된다.
92) 池內宏은 丁若鏞이 江陵의 北泥川水로 泥河를 본 것은 唐書 渤海傳의 泥河를
　　신라본기의 泥河로 끌어들여 제멋대로 상상한 것이라 했다(池內宏, 1929, 「眞興
　　王의 戊子巡境碑와 新羅의 東北境」, 『古蹟調査報告書』 6冊, 朝鮮總督府, 53쪽).
93) 赤羽目 匡由, 2008, 「新羅東北境에서의 新羅와 渤海의 交涉에 대하여」, 『高句
　　麗渤海研究』 31, 254쪽 図1 新羅北境図 및 264쪽 참조. 이밖에도 서울의 진고
　　개(니현), 『조선지지자료』회양에도 니현이 있다.
94) 『大東地志』 卷16, 江陵 山水條 "泥峴 西七十里 史庫○路"
95) 金正浩는 古地名을 많이 비정하였는데, 卓見도 많지만, 오류도 꽤 많다. 그가
　　『대동지지』에서 "洪州牧 本百濟周留城"으로 본 까닭에 홍성의 석성산성을 주류
　　성으로 간주하였으나, 발굴 결과 주류성이 아니라 沙尸良縣으로 밝혀졌다(서정
　　석, 2008, 「洪城 石城山城에 대한 고찰」, 『百濟文化』 39, 공주대 백제문화연구
　　소, 53~80쪽).

國輿地勝覽』에서 普賢山城이란 명칭이 처음 보인 후 보편화 되었다.96) 이 산성은 방어 정면을 남쪽으로 보고 고구려계의 축성이라는 주장도 있고,97) 『文化遺蹟總覽』에서 발해의 大氏가 쌓은 大公山城으로 소개되어 신라와 발해의 국경으로도 거론된다.98) 하지만 이 성이 『朝鮮地誌資料』에는 大弓山城으로 기재되어 있고,99) 大弓山(1,000m)에 위치하므로 山名에서 빌려 왔을 가능성이 높다.100) 이후 『增修臨瀛誌』와 『朝鮮寶物古蹟調査資料』에서는 大公山城으로 표기되므로101) 大弓山城에서 大公山城으로 轉化되었을 가능성이 높다. 그렇다면, 渤海 大氏 설화는 大公山城이라는 명칭이 생긴 이후에 편찬되는 『문화유적총람』에만 나오므로 城의 명칭으로부터 假託되어 訛傳된 것이다. 출토 유물도 기와편, 청자편 등은 발견되었지만, 신라토기편이 발견되지 않아102) 이를 뒷받침한다.

---

96) 『世宗實錄地理志』 卷153, 江陵大都護府 “把岩山石城, 在府西 周回七百六十八步內有小渠五其二旱則渴其二不渴”；『新增東國輿地勝覽』 卷44, 江陵大都護府 古蹟條 “普賢山城, 石築周一千七百七尺 今廢”；『輿地圖書』 卷17, 江陵府 “普賢山城 自官門西距四十里 石築 周一千七百七尺 今廢”；『大東地志』 卷16, 江陵 “普賢山古城 西四十里 周一千七百七尺”

97) 臨瀛誌 增補發刊委員會, 1975, 『臨瀛(江陵·溟州)誌』, 名勝古蹟條, 217~218쪽. “金剛山城址(峨嵋山城), … 小金剛에 있으며 자연의 山勢를 이용하여 築城한 돌 城이다. 현재 남아 있는 城의 길이만도 8km나 되니 峨嵋山城 또는 滿月城이라고 불리우고 있다. 이 城의 축조방식은 大公山城과 같이 高句麗 築石式(퉁구스식)으로 축조되어 있다고 考證되고 있다. …”

98) 文化財管理局, 1977, 『文化遺蹟總覽』, 溟州郡, 455쪽, “大公山城, … 발해의 大氏가 쌓았다 하여 大公山城이라 불리운다는 전설이 있다. …”

99) 『朝鮮地誌資料』(1911~1912), 大弓山城, 江陵郡城山面 【城名】 大弓山城 【비고】 觀音里 沿革不明.

100) 강릉 普賢寺 「朗圓大師 悟眞塔碑」에는 ‘掘嶺’이 보이므로 대관령의 어원이 될 것이다. 大關嶺은 大關山(嶺)으로도 불리었다(『增修 臨瀛誌』古事條). 발음상 대관산에서 대궁산으로 되었을 것이다.

101) 『增修臨瀛誌』(1933), “普賢山城, 云人公山城 在府西四丨里石築周 丨乚百七尺今廢”；朝鮮總督府, 1942, 『朝鮮寶物古蹟調査資料』 江陵郡, “普賢山城, 江陵ノ西約三里半普賢寺ノ北. 面界ノ高峰上ニ在リ石城ニシテ周圍約二千間北部ハ殆ド崩壞セリ一般ニ大公山城ト稱シ千餘年前ノ築造ト傳フ”

102) 關東大學校 博物館, 1994, 『溟州郡의 歷史와 文化遺蹟』, 學術叢書 5, 245쪽.

청학동 고성은 「대동여지도」에 표기된 泥峴을 '진고개'로 읽고, 진고개에서 동해로 내려오는 연곡천을 니하로 보면서 관련 유적으로 거론되었다. 『大東地志』에는 靑鶴山 古城으로 실려 있다.[103] 이후 『한국지명총람』에는 金剛城, 萬月城 또는 峨眉山城으로 기재되었는데, 그 유래는 불확실하다.[104] 이 城은 자비마립간 11년에 하슬라인을 징집하여 쌓은 성으로 추측하나,[105] 마의태자 전설만 전해지므로 설득력이 부족하다.[106] 입지는 연곡천변이 아니라 소금강산(해발 714m)을 정점으로 오대산 老人峰의 태백산지 쪽에 근접하였다. 험준한 산악지대에 구룡폭포와 같은 水源을 확보하면서 계곡이나 절벽을 이용하여 바위 사이에 석축을 끼우듯이 연결하여 축조되어 고려시대의 피난성인 입보용 산성으로 추정된다. 성 안에서는 토기나 와편 등의 삼국시대의 유물도 확인되지 않았다. 결국 두 성 모두 삼국시대 산성이라는 근거가 없으므로 니하와 연결시킬 수 없다.

(2) 남한강 상류설

津田左右吉은 소지왕 18년(496) 고구려가 牛山城을 공격해오자 신라 장군 實竹이 泥河 上流에서 물리쳤으므로 우산성과 니하의 위치가 가까우며, 당시 두 나라의 교전지역이 소백산맥 以西의 청천·보은 일대이므로, 백제와 고구려의 교전지역이기도 했던 牛山城[107]을 충주·보은 방면으로

---

103) 『大東地志』卷16, 江陵 "靑鶴山古城 在山之東 周一千二百尺."
104) 한글학회, 1967, 『한국지명총람』2(강원편), 명주군 연곡면 삼산리, 89~90쪽.
105) 徐炳國, 1978, 「渤海와 新羅의 國境線 問題-東海岸地域을 中心으로-」, 『臨瀛文化』2, 江陵文化院, 58~67쪽 ; 1981(b), 앞의 논문, 431~464쪽 ; 1982, 앞의 논문, 389~410쪽 ; 金澤均, 1997, 앞의 논문, 70쪽.
106) 한글학회, 1967, 『한국지명총람』2(강원편), 명주군 연곡면 삼산리, 90쪽 ; 文化財管理局, 1977, 『文化遺蹟總覽』溟州郡, "金剛山城, 小金剛 九龍폭포에서 왼쪽으로 산기슭을 따라 올라가며 築造된 石城으로, 신라의 麻衣太子가 再起를 위하여 城을 쌓았다는 전설이 있고, …"
107) 『三國史記』卷3, 新羅本紀 3 炤知麻立干 18年 "秋七月 高句麗來功牛山城 將軍實竹出擊泥河上 破之" ; 『三國史記』卷19, 高句麗本紀 7 文咨明王 6年 "秋八月 遣兵攻新羅牛山城 取之" ; 『三國史記』卷19, 高句麗本紀 7 安原王

추정하였다. 이를 토대로 泥河를 永春·丹陽을 돌아 충주로 흐르는 南漢江 上流에 최초로 비정하였고, 旌善의 舊名인 仍買縣의 「仍」음이 「泥」와 음 운상 비슷하다는 점도 지적하였다.108)

남한강 상류설은 酒井改藏109)·李康來110)·鄭雲龍111)·井上秀雄112)에 의 해 계승되었다. 徐榮一은 처음에는 니하를 悉直城과의 관계로 보아 삼척 이남에서 찾았으나,113) 그 후 정선 일대를 주목하고 있다.114) 최근에 김진 광은 동명이하설의 입장에서 『삼국사기』의 니하를 충주·제천 등을 중심으 로 한 남한강의 긴 구역으로 보았다. 그는 서영일이 주장한 '大嶺'의 '大'는 우리말로 '대(竹)', '대나무'인 '竹嶺'이므로 대령과 죽령이 동일하다는 설115)을 받아들였다.116)

10年 "秋九月 百濟圍牛山城 王遣精騎五千擊走之" ; 『三國史記』 卷26, 百濟 本紀 4 聖王 18年 "秋九月 王命將軍燕會 攻高句麗牛山城 不克"

108) 津田左右吉, 1913, 「好太王征服地域考」, 『朝鮮歷史地理』 上, 동경:남만주철도 주식회사, 78~79쪽 및 1913, 「長壽王征服地域考」, 같은 책, 96~98쪽 ; 張彰 恩, 2004, 앞의 논문, 12쪽에서 재인용.

109) 酒井改藏, 1970, 「三國史記의 地名考」, 『朝鮮學報』 54, 38쪽.

110) 李康來, 1985, 「『三國史記』에 보이는 靺鞨의 軍事活動」, 『領土問題研究』 2, 高麗大 民族文化研究所, 48~53쪽.

111) 鄭雲龍, 1986, 「5~6世紀 高句麗·新羅의 勢力變遷 過程에 대한 一考察-中原 高句麗碑와 丹陽新羅赤城碑의 連繫的 考察-」, 高麗大 史學科 文學碩士學位 論文」, 25쪽 ; 1989, 「5세기 高句麗勢力圈의 南限」, 『史叢』 35, 209쪽.

112) 井上秀雄, 1993, 「古代朝鮮의 城郭史」, 『古代東アジアの文化交流』, 溪水社, 472쪽 ; 張彰恩, 2004, 앞의 논문, 12쪽 각주 38번에서 재인용.

113) 徐榮一, 1991, 「5~6世紀의 高句麗 東南境 考察」, 『史學志』 24, 檀國大學校 史學會, 19쪽 및 각주 49번.

114) 서영일, 1999, 『신라 육상 교통로 연구』, 학연문화사, 52~53쪽 각주 80번. 그는 고구려 계통인 적석총이 강원도 정선에 분포되어 있음에 주목하여 임계면의 송 계리 산성을 니하성에 비정하였다.

115) 徐榮一, 2003, 「漢城 百濟의 南漢江水路 開拓과 經營」, 『文化史學』 20, 韓國文 化史學會, 25쪽 각주 28번. 이미 酒井改藏은 시나이사금 14년 기사의 내령책의 '대'를 '竹(대)'으로 읽고, '죽령'으로 보았다(酒井改藏, 1970, 앞의 논문, 38쪽).

116) 김진광, 2009, 「『삼국사기』본기에 보이는 말갈의 성격」, 『古代 東北亞의 種族과 文化』, 제2회 동아시아역사연구소 국제학술대회, 한국학중앙연구원 동아시아역사 연구소·高句麗渤海學會, 33쪽.

남한강 상류설은 다음의 기사가 입론 해석의 가장 중요한 출발점이 되고 있다.

- B. (125년) 春正月 靺鞨大入北境 殺掠吏民 秋七月 又襲大嶺柵 過於泥河 王移書百濟請救百濟遣五將軍助之 賊聞以退.[117]

이 기사는 말갈이 신라의 북쪽 지역에, 대령책-니하로 침입하고 있음을 알려준다. 그리고 신라왕의 요청에 따라 백제는 5장군을 보내 구원하였다. 이러한 내용은 백제 본기에도 실려 있다.[118] 이 기사의 대령책은 지금의 대관령으로 보기도 하나,[119] 확실하지 않다. 지마이사금 14년조(125) 기사의 니하는 시간적으로 차이가 많이 나지만, 자비왕(468), 소지왕대(481) 기사의 니하[120]에서도 말갈이 등장하고, 백제의 구원병이 오므로 백제 지역에 가깝고 동일한 강이며, 남한강으로 본다.[121]

니하의 남한강 일대설은 최근에 중원고구려비의 내용 및 건비 연대가 449~450년 설로 기울고 있어 더 유리해졌다.[122] 종래 고구려가 백제의

---

117) 『三國史記』 卷1, 新羅本紀 1 祗摩尼師今 14年.

118) 『三國史記』 卷23, 百濟本紀 1 己婁王 49年 "新羅爲靺鞨所侵掠 移書請兵 王 遣五將軍救之"

119) 이병도 역주, 1983(1996개정판), 『삼국사기』(상), 을유문화사, 34쪽 각주 85번 참조. 강릉 일대설을 지지하는 학자들은 대령책의 위치를 대관령으로 보는 경향이 있다.

120) 『三國史記』 卷3, 新羅本紀 3 慈悲麻立干 11年 "春 高句麗與靺鞨 襲北邊 悉 直城 秋九月 徵何瑟羅人年十五已上 築城於泥河(泥河一名泥川)" ; 『三國史記』 卷3, 新羅本紀 3 炤知麻立干 3年 "春二月 幸比列城 存撫軍士 賜征袍. 三月 高句麗與靺鞨入北邊 取狐鳴等七城 又進軍於彌秩夫 我軍與百濟伽倻援 兵 分道禦之 賊敗退 追擊破之泥河西 斬首千餘級"

121) 千寬宇, 1975, 「三韓의 成立過程」, 『史學硏究』 26, 45쪽 ; 李康來, 1985, 앞의 논문, 48~53쪽.

122) 張彰恩, 2006, 「中原高句麗碑의 연구동향과 주요 쟁점」, 『歷史學報』 189, 291~322 쪽 ; 鄭雲龍, 2006, 「中原高句麗碑의 建立 年代」, 『白山學報』 76, 141~164쪽. 450년 7월 실직(삼척)에서 사냥하던 고구려 邊將을 신라 하슬라 城主가 살해하자, 고구려가 그 직전 해(449)에 있었던 신라 국왕과의 會盟을 인식시키면서 自國의 우

한성을 함락(475)한 이후에 남한강 중상류로 진출하였다고 보아, 실직원에서의 고구려 변장 엄살 사건(450년),[123] 실직성 공격 사건(468) 등을 이해하기 어려웠는데, 449~450년 중원을 장악한 후의 측방공격이라면 하슬라(강릉)를 돌파하지 않고 실직(삼척)을 공격하는 것이 이해가 되기 때문이다.[124] 이를 방증하는 것이 481년 고구려의 미질부(흥해) 진공 기사이다. 이 때 신라-백제-가야는 '分道禦之' 방어한 후, 후퇴하는 고구려군을 니하 서쪽에서 격퇴하는데, 이 때의 가야를 대가야로 보는 견해가 다수이다. 동해안을 따른 일방적인 진공이라면 세 나라가 '길을 나누어 방어한다(分道禦之)'라는 표현이 적절하지 않다. 내륙에서 경주(흥해) 쪽으로 진공할 경우 여러 방향으로 진공이 가능하므로 통과 지점을 나누어 방어하였다고 볼 수 있다.

그러나 니하를 동해안에서 찾는 거의 모든 학자들은 고구려가 동해안을 따라 미질부까지 남하했다고 본다. 단, 서병국만 니하를 강릉 연곡천으로 보았지만 측방공격설을 제기하였다.[125] 그는 고구려가 계립령로와 죽령로를 탈취한 후 측방공격을 감행하여 실직을 확보하고, 미질부로 진공하였으며, 퇴각시에 니하성에 주둔한 신라군에게 협격을 받았다고 하였다. 그의 측방공격설은 니하를 남한강에서 찾는 학자들인 이강래, 정운용 등으로 이어진다. 정운용은 눌지왕 34년(450) 실직벌에서 신라의 하슬라 성주 삼직에게 살해당한 고구려 邊將은 南漢江 水系를 따라 中原-堤川·丹陽-寧越-

월적인 지위 아래 신라와의 우호 관계가 유지되고 있음을 中原高句麗碑를 통해 강조하기 위하여 건립하였다고 본다(鄭雲龍, 2006, 위의 논문, 141~164쪽).

123) 『三國史記』 卷3, 新羅本紀 3 訥祗麻立干 34年 "秋七月 高句麗邊將獵於悉直之原 何瑟羅城主三直出兵 掩殺之 …"

124) 李康來, 1985, 앞의 논문, 65쪽 ; 鄭雲龍, 1986, 앞의 논문, 19~28쪽. 박경철도 '側方外線作戰'의 개념을 援用하여 이 문제에 접근하고 있다(朴京哲, 1985, 「高句麗 軍事行動에 關한 一考察-5~7世紀 高句麗 大陸政策과 關聯하여-」, 高麗大 史學科 文學碩士學位論文, 75~76쪽). 최병운도 예천-홍해로의 측방공격의 입장이다(崔炳云, 1982, 「西紀 2世紀 傾 新羅의 領域擴大」, 『全北史學』 6, 전북대 사학회, 38쪽).

125) 徐炳國, 1981(a), 앞의 논문, 241쪽 ; 1981(b), 앞의 논문, 442쪽.

旌善을 거쳐 실직(삼척)까지 사냥을 나간 것으로 보았다.126) 또한 자비왕 11년(468) 고구려의 悉直城 공격도 中原에서 三陟으로의 측방공격으로 보았다.127) 그는 고구려가 邊將 살해에 대한 보복으로 신라의 西邊을 공격하였으므로 新羅土內幢主에 의한 공격이 아니라 중원 거점으로부터의 측방공격이 가능하다고 보았다. 소지왕 3년(481) 고구려의 미질부 進軍도 狐鳴城을 靑松, 彌秩夫를 興海로 비정하고, 중원을 거점으로 新羅土內幢主의 주둔지를 통과하여 호명(청송)-청하-흥해로 進攻하였고, 말갈은 신라의 실직·하슬라 거점을 고립시킨 채 동해안을 따라 침공하여 흥해에서 合軍, 경주를 압박했으며, 후퇴할 때에는 泥河城 신라군의 협격을 받았다고 보았다.128)

김현숙은 '니하'의 위치를 언급하지는 않았지만, 481년의 미질부 진공 당시 고구려군은 순흥이나 봉화, 또는 예안 지역에서 출발했을 가능성이 높고, 임하-진보-청송-영덕을 거쳐 경주로 진격한 것으로 보았다. 이 때 순흥, 부석, 봉화, 예안 등은 고구려 영토로 보며, 고구려의 지배를 받은 적이 있던 7성의 재지유력자들과 내통하여 쉽게 7성을 공취하였다고 보았다. 그 가운데 狐鳴城은 고구려의 也尸忽이었던 지금의 영덕이고, 나머지 6성은 청하, 청송, 안덕, 진보, 임하, 영해 등으로 보았다.129)

이상과 같이, 남한강설은 중원고구려비의 존재, 남한강을 따라 배치된 일련의 산성 등으로 볼 때 강릉 일대설보다 고고학적인 양상이 훨씬 더 유리하다. 더구나 말갈 및 고구려의 공격에 대하여 백제와 연합하거나, 신라 장군 實竹의 활동 지역을 고려한 정황론, 중원을 거점으로 한 실직(삼척)

---

126) 鄭雲龍, 1994, 「5~6世紀 新羅·高句麗 關係의 推移-遺蹟·遺物의 解釋과 關聯하여-」, 『신라의 대외관계사 연구』 15, 신라문화제학술발표회, 50쪽.

127) 鄭雲龍, 1996, 앞의 논문, 34쪽. 이인철도 고구려군이 제천·단양-영월·태백 등지를 거쳐 실직주(삼척)를 공격한 것으로 보았다(이인철, 1996, 「高句麗의 南進經營과 靺鞨」, 『春州文化』 11 : 2000, 『고구려의 대외정복 연구』, 백산자료원, 308쪽).

128) 鄭雲龍, 1986, 앞의 논문, 20쪽 및 91쪽 지도 5~6世紀 麗·羅 主要交戰路 참조.

129) 金賢淑, 2002, 「4~6세기경 小白山脈 以東地域의 領域向方-『三國史記』地理志의 慶北地域 '高句麗郡縣'을 중심으로-」, 『韓國古代史硏究』 26, 104~105쪽. 손영종도 호명성을 영덕으로 보았다(손영종, 1985, 「중원고구려비에 대하여」, 『력사과학』 85-2, 34쪽).

에 대한 측방공격을 고려하면 니하의 위치가 남한강일 가능성이 높다. 니하를 남한강으로 볼 경우, 군이 中原(충주)에서 양양-강릉-삼척까지 온 후 남하할 필요는 없었을 것이다.

(3) 낙동강 상류설

리지린·강인숙과 梁泰鎭은 자비왕 11년(468) 봄 2월 고구려에게 삼척의 실직성을 빼앗겼는데, 9월에 그 북쪽의 하슬라(강릉) 사람을 동원해 니하에 축성한 것을 모순으로 보았다. 이에 하슬라가 실직성 이남에 있어야 한다면서 '何瑟羅'를 '河西良'으로, 蔚州를 '河曲(一作西)縣'이라 한데[130] 주목하여 하슬라를 울진 일대로 비정하였고, 낙동강 상류를 니하로 보았다.[131] 최병운은 지마이사금 14년조(125)의 니하를 낙동강 상류의 어느 지류로 보았다.[132] 김진한도 니하를 남한강 상류로 보는 설은 고구려 국원성에 가까워 신라가 군사지배하기 어려우므로 낙동강 상류설을 지지하고 있다.[133]

고고자료로 보아 의성 탑리 고분 출토 고구려식 冠飾, 고구려로부터 신라로 내려오는 佛敎初傳루트, 순흥 지역의 고구려계 고분, 고구려계 세장방형 횡구식 적석고분 및 단경호[134] 등에서 낙동강 상류도 신라와 고구려 간의 교류 루트 및 교전 지점일 가능성이 상당히 높다. 그러나 이 일대는 삼국시대의 하슬라나 통일신라시대의 명주에 속하지 않는다. 하슬라인을

130) 『三國史記』 卷35, 雜志 4 地理2 新羅 溟州 및 卷34, 雜志3 地理1 新羅 良州 臨關郡條.
131) 리지린·강인숙, 1976, 『고구려사연구』, 사회과학출판사, 68~69쪽 및 梁泰鎭, 1989, 「高句麗 領土 연구-『三國史記』를 중심으로-」, 『軍史』 18, 國防部 戰史編纂委員會, 31~32쪽.
132) 최병운은 지마이사금 14년조 기사에 니하와 함께 등장하는 대령을 소백산맥의 묵무로 보았다(崔炳云, 1982, 「西紀 2世紀 때 新羅의 領域擴大」, 『全北史學』 6, 전북대 사학회, 37~38쪽).
133) 김진한, 2007, 「6세기 전반 고구려의 정국동향과 대외관계」, 『軍史』 64, 127쪽.
134) 김옥순, 2007, 「낙동강 상류지역 세장방형 석실묘를 통한 지역집단간 교류 연구」, 『嶺南考古學』 42, 58~62쪽.

낙동강유역까지 동원하였다는 근거 자료가 없는 이상 치명적인 약점을 갖고 있는 셈이다. 차라리 悉直人을 징발하는 것이 낙동강 상류와 더 가깝다. 그러므로 하슬라인을 동원할 수 있는 지리적 범위 내에서 니하를 찾는 것이 더 합리적이다.

한편 낙동강설에서는 울주의 河曲縣이 河西도 되므로, 하슬라로 간주하였다가 너무 남쪽인 까닭에 울진계선으로 수정하였는데,[135] 그 근거를 밝히지 않았다. 필자는 『삼국사기』 지리지에, 울진군의 영현이 하나인데 그 명칭이 海曲縣(海西縣)[136]이므로 '하슬라'와 '해서'의 음차를 동일시하여 울진으로 수정한 것으로 판단한다. 그러나 하슬라를 울산으로 보는 것은 사료의 정황상 무리이며, 울진 일대로 수정한 것도 문제이다. 이러한 견해도 비사벌, 대두산성의 예와 달리 地名移置의 증거가 없으므로 받아들일 수 없다.

(4) 니하 다처설

북한의 손영종은 468년의 니하는 하슬라 주민의 泥河 축성 기사와 泥峴을 관련시켜 강릉 연곡천으로 보았고, 481년의 니하는 고구려가 청하 일대까지 진출한 상태(호명성 등 7성 공취)이므로 흥해 신광천(곡강)으로 보았다.[137] 최준경도 468년의 니하는 강릉 연곡천, 481년과 496년의 니하는 흥해 신광천으로 보았다.[138]

남한 학자 중에는 임기환이 468년의 니하는 강릉-삼척 일대, 496년의 니하는 신라 장군 實竹의 활동 무대를 고려하여 소백산맥 이남의 충북-경

---

135) 梁泰鎭, 1989, 앞의 논문, 32쪽.
136) 『三國史記』卷35, 雜志 4 地理 2 新羅 溟州 "… 蔚珍郡 本高句麗于珍也縣 景德王改名 今因之 領縣一 海曲(一作西)縣 本高句麗波且縣 景德王改名 今未詳" ; 『三國史記』卷37, 雜志 6 地理 4 高句麗 何瑟羅州 "… 于珍也郡 波且縣(一云波豊) …"
137) 손영종, 1985, 「중원 고구려비에 대하여」, 『력사과학』 85-2, 32~34쪽.
138) 최준경, 2005, 「5세기 말엽 7세기 중엽 삼국통일을 위한 고구려의 남방진출 연구」, 『고구려사연구론문집』 Ⅱ, 사회과학출판사, 126, 140쪽.

북일대로 보고 있다.[139]

(5) 기타

최근에 심현용은 6세기 중·후반에서 통일기에 걸친 신라 유물이 출토된 양양 임천석성을 근거로 니하를 양양 남대천으로 보았다. 그리고 울진 봉평비에서 울진의 반란을 진압하기 위하여 삼척에서 군대가 내려온 사례, 박제상의 北海路, 임진왜란 때의 일본군의 진군로 등으로 보아 동해안을 따라 북상/남하가 가능하다고 보았다.[140] 고고자료로 보면, 양양 현남면의 원포리 고분군은 황남대총 남분 단계까지 올라가[141] 신라가 『삼국사기』 니하 기사의 시기 무렵에 이 지역까지 진출하였음을 알려 준다. 또한 양양 현남면의 후포매리 신라산성은 단각고배 출현 이전에 형성된 유적이다.[142] 사료상으로도 寶海(복호)는 高城으로 와서 北海之路로 귀환한다.[143] 여기에 양양 포월리에는 고구려계 고분[144]도 있어 고성과 양양이 고구려와 신라 간의 변경이었을 가능성을 높여준다. 그러나 임천석성의 규모와 성격이 독립된 보루 정도이며, 5세기 경의 신라 유물이 없는 점, 남대천 남쪽에 국경으로 볼 만한 장성 또는 일련의 산성 등의 관방 유적이 없고, 백제의 지원도 불가능하여 강릉 연곡천설과 동일한 문제에 봉착한다. 그러므로 양양 남대천을 5세기 중·후반의 니하로 보기는 곤란하다.

한편, 이병도는 자비마립간 11년 고구려가 悉直(州)城(삼척 일대)을 공

---

139) 임기환, 2006, 「5~6세기 고구려 정복지의 범위와 성격」, 『경기도의 고구려 문화유산』, 경기도 박물관, 26~27쪽.

140) 심현용, 2009(a), 「고고자료로 본 신라의 강릉지역 진출과 루트」, 『大丘史學』 94, 22~27쪽.

141) 沈賢容, 2009(a), 위의 논문, 21쪽.

142) 洪永鎬, 2009, 「양양 후포매리 신라산성의 고찰」, 『先史와 古代』 30, 韓國古代學會, 285~317쪽.

143) 『三國遺事』 卷1, 紀異 1 奈勿王 金堤上 : 『三國史記』 卷3, 新羅本紀 3 訥祇麻立干 2年條.

144) 이한상, 2003, 「동해안지역의 5~6세기대 신라분묘 확산 양상」, 『嶺南考古學』 32, 37쪽.

취하였는데, 신라가 그 이북에 위치한 하슬라인(강릉 일대)을 징발하여 성을 쌓는 것은 모순되므로 悉直(삼척)이 원래 하슬라(강릉) 북쪽의 襄陽이었는데 후일 후퇴하였다고 이해하였다.[145] 동일한 관점에서 니하와 하슬라를 삼척 이남으로 보는 견해,[146] 동해안을 따라 신라 쪽에 훨씬 더 가까운 남쪽에 니하가 위치한다는 견해도 있다.[147]

그밖에 니하가 首若州(朔州) 관할 고구려의 남진로상에 위치한다는 추정,[148] 니하를 경주 또는 흥해에서 멀지 않은 형산강의 북쪽 지류의 상류인 신광현, 기계현 일대로 후대에 昵於鎭으로 稱해진 곳이며 昵於와 泥河는 발음도 상사하다는 견해도 있다.[149] 박노석은 실직과 하슬라가 경주 인근에서 신라의 팽창과 함께 경북, 강원도로 몇 차례 옮겨졌다고 본다.[150] 강봉룡은 특별한 근거를 밝히지 않은 채, 니하를 삼척의 오십천, 니하성을 오화리산성으로 보았다.[151]

---

145) 金載元·李丙燾, 1959, 『韓國史』(古代篇), 震檀學會, 乙酉文化社, 423쪽 ; 鄭雲龍, 1996, 앞의 논문, 32쪽 각주 49번에서 재인용.

146) 全德在, 1990, 「新羅 州郡制의 成立背景研究」, 『韓國史論』 22, 서울大 國史學科, 47쪽 각주 96번 ; 徐榮一, 1991, 「5~6世紀의 高句麗 東南境 考察」, 『史學志』 24, 檀國史學會, 18~19쪽.

147) 張元燮, 1990, 「百濟初期 東界의 形成에 관한 一考察-靺鞨과의 關係를 中心으로-」, 『淸溪史學』 7, 韓國精神文化研究院 淸溪史學會, 89쪽 각주 66번. 김진광은 파사이사금·내물마립간·자비마립간 시기의 悉直(城)은 미질부(경북 흥해) 및 호명성(경북 청송)의 위치와 관련지어 삼척보다는 경주 인근의 안강으로 비정하였다(김진광, 2009, 앞의 논문, 33쪽).

148) 盧泰敦, 1997, 「『삼국사기』 신라본기의 고구려관계 기사 검토」, 『慶州史學』 31, 동국대 국사학과, 80쪽.

149) 강석준, 1964, 「'실직국(悉直國)'에 대하여」, 『력사과학』 1호, 56쪽.

150) 박노석, 2009, 「삼국시대 실직과 하슬라의 위치 이동」, 『전북사학』 35, 전북사학회, 41~67쪽.

151) 강봉룡, 2009, 「이사부 생애와 활동의 역사적 의의」, 『異斯夫 표준영정 조성을 위한 전문가 포럼』, 19쪽.

2)『삼국사기』 소재 니하의 위치

(1) 역사지리적 검토

니하＝강릉설의 중요한 근거는 정약용의 "我江陵之北泥川水也" 기록인데, 강릉 지역의 옛 지리지와 각종 고지도에서는 泥川水를 전혀 찾아볼 수 없다. 오히려 필자는『朝鮮地誌資料』[152]에 보이는 다음 기록을 주목하고 싶다.

『朝鮮地誌資料』정선군 道岩面

種別	地名	諺文	備攷
嶺峙峴名	泥峴	딘고개	狗宿里

(『한국지명총람』2(강원편) 평창군 도암면 489쪽에는 구숙리가 '개자니'로 나옴)

『朝鮮地誌資料』정선군 新東面

種別	地名	諺文	備攷
江川溪澗名	泥林溪		泥林里
洞里村名	泥林里		
市場名	泥林里場		泥林里
嶺峙峴名	屈億峙	구럭이재	泥林里

『朝鮮地誌資料』강릉군 연곡면

種別	地名	諺文	備攷
峴名	長峴		三山里

이 자료를 존중하면「대동여지도」의 '泥峴'이 지금의 '진고개'이므로, 진고개-소금강을 따라 동해로 흐르는 연곡천을 니하(니천수)로 비정한 견해가 문제가 있음을 알 수 있다. 왜냐하면『조선지지자료』에는 진고개가 泥峴이 아니라 長峴으로 표기되어 있기 때문이다. 물론「대동여지도」가『조

---

152)『조선지지자료』는 1910년 10월 이후 1911년 12월 사이에 편찬하였다(신종원, 2007,「필사본 조선지지자료 해제」,『강원도 땅이름의 참모습』, 경인문화사).

선지지자료』보다 선행 자료이므로 사료적 가치가 더 크다. 그러나 김정호의 『대동지지』와 「대동여지도」에서 泥峴이 처음 보이므로 정약용이 언급한 (가상의) 니천수를 고려하여 표기했을 수도 있다. '진고개'는 지역민들이 생각하는 '길다(長)+고개'의 의미가 옳으며, 강릉 지역에서는 그러한 발음 현상이 존재한다.153) 이를 무시하고 정약용의 泥川水, 「대동여지도」의 泥峴을 고려하여 '질다(泥)+고개'로 의미를 부여한 것154)이 오류였던 것이다.

그리고 『조선지지자료』에는 泥峴이 정선군 도암면 소속이라 주목된다. 이것은 지금의 평창군 도암면이 정선군에 포함될 정도로 지리적인 소통에 큰 장애가 없음을 시사한다. 현재의 정선읍에서 평창 도암면으로 통하는 길(나전-숙암계곡-진부)이 옛 길이었을 가능성이 높다.155) 조선시대에는 도암면 오대산 일대가 강릉대도호부 소속이므로 강릉 북쪽 오대산 니현에서 발원하여 서남쪽인 진부-숙암-정선으로 흐르는 하천을 강릉 북쪽의 니천수라고 언급했을지도 모를 일이다.156) 그리고 『조선지지자료』 정선군 신동면에는 泥林溪·泥林里라는 지명이 남아 있다.157) 여기서 '니림계'의 '--溪'는 '川(내)'를 의미하며,158) 다른 군의 지명 사례에서도 '(시)내, 물,

---

153) 『朝鮮地誌資料』 江陵郡 資可谷面의 深谷洞은 '지픈골', 長谷은 '진골'로 諺文 표기가 되어 있다.

154) 徐炳國, 1978, 앞의 논문, 64쪽 ; 1981(b), 앞의 논문, 451쪽 ; 1982, 앞의 논문, 400쪽.

155) 자장율사는 지금의 오대산 진부에서 숙암계곡의 水多寺를 거쳐 정선군 나전을 지나 태백산으로 가서 정암사를 세웠다(『三國遺事』 卷4, 意解5 慈藏定律條 및 卷3, 塔像4 臺山五萬眞身條, 臺山月精寺五類聖衆條 및 辛鍾遠, 1983年 12月·1984年 1月, 「水多寺址調査」, 『博物館新聞』 148·149호, 국립중앙박물관).

156) 정약용은 니하를 江陵之北泥川水라고만 하였고 연곡천으로 언급하지는 않았다.

157) 『朝鮮地誌資料』 정선군 신동면의 '泥林里(이림리)'는 이후 비슷한 발음으로 '義林吉里'로 한자화 된 후 다양한 지명유래가 생겨나고 있으며, '니림리(이림리)' 지명은 각종 지명유래 책자에서 사라졌다.

158) 乃, 내[川·溪]를 한자로 乃자로 나타냈으며, 때에 따라서는 來, 奴, 內 등으로 음차한 경우가 있다. 驪州는 삼국시대에 骨乃斤이라 하던 것을 신라시대에 沂川이라 했다. 또 錦山郡을 백제시대에는 進乃라 하다가, 고려시대에는 錦溪라 한

개(울)'의 의미가 있음을 확인할 수 있다.

『조선지지자료』 通川郡

通川郡	鶴一面	川名	地名	諺文	備攷
	"	"	水防川	물방닉	豊沛里
	"	溪名	後溪	뒷기	下花山里
	"	"	前溪	압시닉	上花里
	"	"	雲水溪	식삼이물	雲水里

『조선지지자료』 襄陽郡

襄陽郡		江川溪澗名	地名	諺文	備攷
	"	"	偶溪	짝기울	沙峴面 勿甲里
			水洞前川	물골압닉	西　面 水洞
			祥雲里前溪	상운압닉	南　面 祥雲里

이미 정선의 옛 이름인 잉매현의 '잉'이 '니'의 음과 유사하고 '買'는 '水'
를 뜻함을 들어 니하를 남한강 싱류로 비정한 바 있다.[159] 현재 국어학자
들은 '잉'이 'ㄴ'의 음가가 있다고 보고 있다.[160] 여기에 고구려어에서 '川'
은 '買'로도 쓰므로 '잉매'는 '니천'으로도 가능하다. 실제 『삼국사기』 「지
리지」 신라지에서는 '잉매현'이지만, 고구려지에서는 '내매현'이다. 역시
'ㄴ'의 음가가 있고, '매'는 '천'이므로 '내천'이 되며, '니하(니천수)'와 발음

것으로 보아, 「乃」가 「川」·「溪」를 뜻하는 것을 나타내고 있다(李泳澤, 1986,
『韓國의 地名』, 圖書出版 太平洋, 179쪽). 『朝鮮地誌資料』통천군의 '雲水溪'
가 '식삼이물'이므로 '溪'가 우리말의 '물'도 된다. 이 '물'이 삼국시대의 발음으로
'매(買)'와 비슷하였을 것으로 보이며, 뜻으로 '水(川)'였을 것이다.

159) 津田左右吉, 1913, 앞의 논문 ; 酒井改藏, 1970, 「三國史記의 地名考」, 『朝鮮
學報』第五四輯, 38쪽 ; "泥河, 祇摩尼師今 14年, 江原道旌善郡의 古名仍買(닝
매 ning-mai)의 買는 北에서는 河에 당한. 泥는 닐 nil과 讀무, 文字의 意味의 泥에
關係ない"(酒井改藏, 1970, 위의 논문, 38쪽).

160) 仍[잉], 지금까지 이 글자의 표음은 [나~내] 혹은 [너(넘)/느]로 해석하였다
(황금연, 1999, 「차자표기의 "仍·芿"에 대한 해석」, 『國語學』 34호, 國語學會,
143~166쪽 ; 宋基中, 2004, 『古代國語 語彙 表記 漢字의 字別 用例 硏究』,
서울대학교 출판부, 156쪽에서 재인용).

과 의미상 상통한다.

　그렇다면 니현(오대산)-잉매현(내매현, 정선읍)-니림계(정선군 신동읍)로 이어지는 남한강 최상류의 하천이 '泥(내)'字로 이어지는 점이 흥미롭다. 여기에 이 하천이 지나가는 지역의 삼국/통일신라시대의 행정지명도 東吐·棟隄(정선군 임계면)-仍買·乃買(정선군 정선읍)-奈生(영월군)-奈隄(제천시)로 (큰) 강, 둑 관련 지명이 이어지는 공통점이 발견된다.[161] 이러한 대응 관계를 고려하면, 니하와 관련될 가능성을 높여준다. 다만, 니하의 설정에는 하슬라(州)의 영역을 통일신라 때의 溟州와 비교하여 州治의 관할지역인 강릉→정선까지 포함할 수 있고, 또는 명주에 포함되는 강릉→정선→영월까지를 감안할 수 있겠다.[162]

　한편, 동해안은 태백산맥에서 동서로 뻗어내린 준령들이 심한 고저차를 만들고, 해안 절벽은 대규모 군대 이동에 장애가 된다. 특히 기병의 기동성도 발휘하기 힘들다. 긴 협곡이나 고개 마루에서 조직적으로 저항하면 기습의 효과를 누리기 어렵다. 신라의 6停軍團 가운데 강릉에 설치된 河西停에는 유일하게 기병이 포함되어 있는 步騎幢主가 없고, 기병 부대의 군관직이 결여되었으며, 對騎兵방어 步兵部隊인 黑衣長槍末步幢을 두지 않고, 활부대 河西弓尺을 배치하였다. 이것은 강릉·삼척의 배후지가 산악 지형인 까닭에 고구려 기병의 공격을 받을 가능성이 적다는 것을 의미할 수 있다.[163] 그러므로 고구려군이 동해안을 따라 기습하였을 것으로 간주하고

---

161) 정선군 임계면이 명주의 동제현이라는 연구 결과는 다음의 글 참조. 홍영호, 2010(b), 「『삼국사기』지리지 溟州 영현 棟隄縣의 위치 비정과 의미」, 『韓國史學報』 38, 高麗史學會, 1~40쪽. 혹시 '臨溪'의 '임'이 '잉'과 발음이 유사하고, '溪'는 '川'도 되므로 '니하'와 통한다.

162) 서영일도 신라가 5세기 후반부터 삼척을 근거지로 임계-정선-영월로 진출한 까닭에 명주의 행정구역이 서쪽으로 길게 나왔다고 보았다(서영일, 2005, 「5~6世紀 新羅의 漢江流域 進出과 經營」, 『博物館紀要』 20, 檀國大 中央博物館, 59쪽). 임진왜란 때 毛利吉成軍이 함경남도 안변에서 남하하여 그 중 한 부대가 삼척-백복령(임계)-정선읍-평창읍-원주로 진군한 사례도 있는데, 고구려의 실직성 공격에 참고가 된다.

163) 徐榮敎, 2000, 「新羅 河西停 軍官組織에 대하여-6·7세기를 중심으로-」, 『新羅

니하를 동해안에서 찾는 것은 지형적으로 설득력이 떨어진다.

(2) 고고학적 검토

최근 강릉에서 황남동 109호 3·4곽 단계로부터 미추왕릉지구 5구 1호에 병행하는 목곽묘 고분(군)이 발굴 조사되어[164] 신라가 문헌에서처럼 일찍부터 강릉에 진출하였음을 입증해 준다.[165] 강릉·삼척의 주요 고분들은 황남대총 남분·북분 단계의 유구들이 많이 있어 5세기에 신라가 실직·하슬라 일대를 지배 영역에 포함하였고, 신라의 지배력이 매우 강하게 관철된 것으로 판단된다.[166] 이것은 이 지역의 고고자료가 신라 중앙(경주)과 연동하여 이입하고, 지방 양식이 없는 점에서 알 수 있다.

반면, 영서 내륙지역의 남한강 일대에서 발견된 신라의 고고자료는 강릉·삼척보다 늦다.[167] 그리고 영서 내륙지역은 말갈의 출몰지와 관련될 수 있다. 사료에 보이는 말갈의 활동 지역을 고려할 때 그 증거로 제시되는 것 중의 하나가 돌무지무덤, 소위 무기단식(즙석식) 적석총이다. 정선 지역에서도 돌무지무덤이 신동읍 고성리 일대[168]와 북면 여량리 아우라지 일대[169]에서 발견되었다. 이들 돌무지무덤의 축조 주체와 성격에 대해서는

文化』 17·18, 동국대 신라문화연구소, 111, 123쪽.

164) 예맥문화재연구원, 2009.8.21, 「강릉 샌드파인리조트 신축공사부지내 유적 발굴조사 3차 지도위원회의 자료」.

165) 『三國史記』 卷3, 新羅本紀 3 奈勿尼師今 40年 "秋八月 靺鞨侵北邊 出師 大敗之於悉直之原" ; 『三國史記』 卷3, 新羅本紀 3 奈勿尼師今 42年 "秋七月 北邊何瑟羅早蝗 年荒民飢 曲赦囚徒 復一年租調"

166) 지면 관계상 고고학적 연구 성과는 다음의 글을 참조(심현용, 2009(b), 「고고자료로 본 5~6세기 신라의 강릉지역 지배방식」, 『文化財』 42-3, 國立文化財研究所 ; 홍영호, 2010(a), 「6~7세기 고고자료로 본 동해안과 울릉도」, 『이사부와 동해』 창간호, 한국이사부학회, 161~238쪽).

167) 山本孝文, 2003, 「考古資料로 본 南漢江 上流地域이 三國 領域變遷」, 『韓國上古史學報』 40, 27~56쪽.

168) 백홍기 외, 1996, 「旌善郡의 先史·古墳遺蹟」, 『旌善郡의 歷史와 文化遺蹟』, 江陵大 博物館 學術叢書 13冊, 80쪽.

169) 국립문화재연구소, 2005, 「정선 아우라지유적」, 『한국고고학 저널』 창간호, 27쪽.

다양한 견해가 있지만,[170) 돌무지무덤은 울산에서 발견된 예를 제외하고는
동해안에서 발견된 예가 없다. 그러므로 말갈의 무덤이라는 표현은 가능하
나, 영동 지방의 동예 집단의 무덤으로 보기는 어렵다. 필자는 돌무지무덤
이 발견된 강원도 화천 위라리,[171) 정선 아우라지 등지까지는 백제가 진출
하기 어렵다고 보아[172) 이 무덤을 고구려계 또는 토착 집단의 무덤으로
간주하겠다. 또한 경질무문토기(소위 중도식토기)의 분포[173)가 경북 북부
지방에 미치지 못하고 단양 수양개 유적에서 볼 수 있듯이 소백산맥 이북
에는 분포하고 있다.[174) 광개토왕릉비에도 韓과 穢가 등장하고, 고구려와
濊가 백제를 공격한 기사[175)도 있어 영서 내륙지방에 말갈 세력이 분포함
을 알 수 있다. 그리고 경기와 충청 일부 등지에서 발견되는 방형 평지토
성이 중국식 토성의 외형을 가지고, 축조 연대가 기원 4세기를 오르지 못

반면, 평창 응암리 적석총을 제외하고 영월 동강 및 정선 아우라지 일대의 적석
총을 불신하는 견해도 있다(심재연, 2009, 「한성백제기의 영동·영서」, 『고고학』
8-2, 서울경기고고학회, 52~53쪽).

170) 고구려계의 유이민, 백제의 진출(변방 수장설, 변경의 상징), 토착민(예, 말갈
등) 관련설 등이 있다. 적석총의 명칭과 출자 등 종합적인 분석은 고구려계 유이
민설의 입장에 있는 다음 글을 참조(이동희, 2008, 「최근 연구 성과로 본 漢江·
臨津江流域 積石塚의 性格」, 『韓國史學報』 32, 高麗史學會, 9~60쪽).

171) 김남돈, 2003, 「강원 영서지역에서 새로 찾은 선사유적」, 『博物館誌』 10, 江原
大 中央博物館, 40쪽.

172) 최근에 북한강 상류의 화천 원천리유적에서 한성백제계 토기가 발견된 바 있어
향후 더 연구가 필요하다(예맥문화재연구원, 2010, 「화천 원천리 유적」, 지도위
원회의 자료 참조).

173) 이홍종은 중도식 토기집단을 재래집단으로 보면서 문헌에서 추정되는 말갈, 예의
영역과 거의 일치하며, 적석무덤이 이들의 묘제로 추정된다고 하였다(이홍종,
1998, 「『三國史記』 '靺鞨'기사의 고고학적 접근」, 『韓國史學報』 5, 高麗史學會,
21~22, 40쪽).

174) 울진과 삼척 사이를 경계로 남쪽 울진까지는 와질토기가, 북쪽 삼척부터는 경질
무문토기와 呂자나 凸자형 주거지가 확인되는 사실은 두 지역을 경계로 문화적
계통이 진한연맹체와 예족으로 달리한다고 본다(심현용, 2008, 앞의 논문, 14쪽
및 각주 20번).

175) 『三國史記』 卷4, 新羅本紀4 眞興王 9年 및 『三國史記』 卷26, 百濟本紀 4,
聖王 26年條.

하며, 석축 기반위에 판축하는 등의 고구려적인 요소가 있다고 한다. 이들
토성이 주로 임진강 유역에서 한강 하류를 거쳐 남한강 상류인 中原 방면
으로 이어지는 고구려의 南進 경로상에 형성된 '下部'의 주요 거점에 분포
한다는 지적도 참고가 된다.176) 말갈 또는 예가 영서 지방에도 분포한 이
상, 고구려와 말갈(신라본기) 또는 말갈군(고구려본기 장수왕)의 실직 침
공, 하슬라인으로 니하 축성, 미질부 진공을 근거로 침공로를 동해안으로
한정할 필요가 없다.

충주 지역을 보면, 중원문화재연구소가 조사한 장미산성에서 조족문토
기가 출토되었는데, 이 토기는 우리나라의 중서부 지방에서 출토되므로 마
한의 물질문화권에 포함시키고 있다.177) 최근의 발굴조사에서는 백제와 고
구려 유물도 출토되는 등 충주 지역이 삼국의 접촉지역임을 잘 보여주고
있다. 물론 중원고구려비로 대표되듯 상당한 기간 동안 고구려의 거점임은
분명하며, 충주를 거점으로 동쪽과 서남쪽으로 그 세력을 넓힌 것으로 보
인다. 특히, 고구려는 충주로부터 청주-대전으로 진출하여178) 신라-백제의
교통망을 차단하여 나제동맹의 무력화와 양국에 대한 측방공격도 도모한
것으로 보이는데, 이것은 통로를 개척하기 위하여 소백산맥을 우회할 수밖
에 없는 불가피한 면도 있었을 것이다.

근래 영월군 하동면 팔괘리 유적에서 추정 평면 육각형주거지가 발굴
조사된 바 있다.179) 육각형주거지는 한성백제시기의 주거지라는 견해가 있

---

176) 尹龍九, 1996, 「한국 고대의 '中國式 土城'에 대하여」, 『韓國古代史論叢』 8,
韓國古代社會硏究所·駕洛國史蹟開發硏究院, 319~342쪽.
177) 崔榮柱, 2007, 「鳥足文土器의 變遷樣相」, 『韓國上古史學報』 55, 79~114쪽.
178) 鄭永鎬, 1989, 「高句麗의 錦江流域進出에 대한 小考」, 『汕耘史學』 3, 汕耘學
術文化財團, 99~127쪽. 공석구는 월평동유적을 고구려 유이민이 남겼다고 이해
하였다(공석구, 2005, 「대전·충남 일대의 고구려 유적」, 『白山學報』 72,
311~323쪽). 이부오는 남성골성과 월평동유적은 금강 중·상류 일대를 영토적으
로 지배하기보다 백제의 수도를 위협하고 나·제 양국의 연결을 차단하기 위한
전진기지로 보았다. 특히, 대전 월평동유적은 신라의 삼년산성(보은)보다 훨씬
남쪽에 위치하므로 그러한 목적이 크다고 보았다(이부오, 2009, 「5세기 말 금강
중·상류의 대치선 이동과 삼국의 전략」, 『軍史』 70, 1~33쪽).

다.180) 정선 예미리 유적에서는 호서지방에서 보이는 頸部突帶土器(帶頸
壺)가 출토되었다.181) 영월 지역의 왕검성과 마주보는 태화산성도 백제
지역에서 많이 분포한 오누이 축성 설화가 전해지므로 참고가 된다.182) 반
면, 정영호는 영월이 고구려의 奈生郡으로, 왕검성은 고려의 왕검이 쌓았
고 방어 전면이 남쪽이므로 고(구)려가 쌓았으며 지역의 중심성(主城)이
라는 의미를 가지고, 남쪽으로 강 건너에 보이는 대야리 산성은 副城(전초
성)의 기능을 한다고 지적하였다.183) 이들 고고자료는 영월 지역도 삼국
의 접점이었을 가능성을 시사하는 것이다. 혹시 백제가 分道禦之하는 최대
동쪽 지원 전선이 충주-영월(왕검성)-단양(영춘 온달산성)으로 이어지는
통로를 차단하는 역할인지도 모를 일이다.184)

특히, 남한강 중·상류지역에는 산성들이 일정한 분포와 동일한 입지 조
건을 갖고 축조되어 있다. 이 글의 논의와 관련하여 남한강의 對岸인 북쪽

---

179) 심재연, 2007, 「남한강 중상류지역의 철기시대 문화의 특징-최근 발굴자료를 중
　　심으로-」, 『고고학』 제6권 제2호, 서울경기고고학회, 43쪽.
180) 종합적인 연구 성과는 다음 글을 참조(송만영, 2010, 「六角形 住居址와 漢城期
　　百濟 聚落」, 『韓國考古學報』 74, 76~117쪽).
181) 심재연, 2007, 앞의 논문, 47쪽.
182) 文化財管理局, 1977, 『文化遺蹟總覽』(江原道篇), 寧越郡, 王儉城, 401쪽. "이
　　산성은 契丹族이 자주 침입하므로 고려의 將軍 王儉이 축조하였다고 전하며 일
　　명 鵲城이라고도 한다. 郡誌나 野說에 의하면 두 남매에게 성 쌓는 시합을 시켜
　　딸에게는 土城을 아들에게는 石城을 쌓도록 하였으나 딸이 먼저 쌓아 아들이 죽
　　을까 두려워 어머니가 딸을 독살하였다는 전설이 있다. … 하략 …"
183) 정영호, 1981, 「영월(寧越) 왕검성(王儉城)의 조사(調査)」, 『박물관신문』 115
　　호, 국립박물관 및 1982, 「영월대야리산성(寧越大野里山城)의 발견조사(發見調
　　査)」, 『박물관신문』 125호, 국립박물관.
184) 백제가 신라와 백제간의 통로를 보호하면서 고구려를 공격·방어하도록 신라의
　　삼년산성 축조를 양해하였다면(정운용, 1996, 앞의 논문, 35쪽), 榮州(奈巳郡)가
　　百濟의 故地라는 『삼국사기』지리지의 기록도 신라의 양해 하에 백제군이 주둔했
　　던 흔적일 수도 있겠다. 고구려의 침입 통로에 양국이 근접 주둔함으로써 자동으
　　로 개입하는 인계철선 효과를 통해 나제동맹을 강화하였을 가능성도 있다. 임기
　　환도 영주에 백제 동맹군이 일시적으로 주둔한 결과일 가능성이 있다고 보았다
　　(임기환, 2006, 「5~6세기 고구려 정복지의 범위와 성격」, 『경기도의 고구려 문
　　화유산』, 경기도박물관, 31쪽 각주 43번).

을 바라보면서 배후산지로부터 강 쪽으로 돌출된 입지 조건과 교통로를 장
악하고 있는 성들 가운데 상당수는 신라가 처음 축조하였거나 활용하였을
가능성이 많다. 남한강 상류 강원도에서 발굴 조사된 정선군 신동읍 고성
리 산성과 임계면 송계리 산성에서는 신라 유물들이 출토되었으므로 신라
가 운용하였음이 분명하기 때문이다.[185] 신라는 고구려의 측방 기습 공격
이후 충주로부터 東進할 수 있는 남한강 중류-상류 일대에 대대적인 築城
을 하였던 것으로 보이며, 실직주(505)·하슬라주(512)를 설치하는 배경이
고구려의 측방공격에 대응한 것이었음을 시사하고 있다. 통일신라 때의 溟
州 州治의 범위가 강릉에서 정선군 임계와 정선읍이 포함되는 'ㄴ'자형의
기형적인 관할 구역의 형태를 보여주는 이유도 여기에 있는 것이다.[186]

3) 니하의 위치 비정과 그 의미

문헌자료의 분석과 고고자료로 볼 때, 하슬라인을 동원하여 축성한 泥
河는 지금까지 학계에서 대세를 점하는 강릉 일대설보다 남한강 상류설이
더 타당하다.

만약, 고구려가 동해안을 따라 축차적으로 남하하고 전투가 잦았다면 양
양-강릉-삼척 일대에 신라산성이 많아야 할 것이다. 그러나 강원도 동해안
에는 신라산성이 많지 않다. 강릉 이북의 동해안에는 양양군 현남면 후포
매리 신라산성이 해안에서 비교적 내륙 쪽의 산봉우리에 위치하였을 뿐이
다.[187] 그리고 최근에 바닷가의 곶에 입지한 강릉 경포호 강문동토성이 발
견되었다.[188] 반면 남한강 일대에는 일련의 신라산성들이 분포하고 있어

---

185) 江原文化財研究所, 2006, 『旌善 古城里山城』, 學術叢書 45冊 ; 2006, 『旌善
松溪里山城』, 學術叢書 51冊 ; 2007, 『旌善 臨溪里 古墳群』, 學術叢書 72冊.
정선읍 신월리 신라고분군도 발굴되었으나(강원대 박물관, 1991, 『旌善 신월리 고
분』, 유적조사보고 제10집). 또한 단양 적성(적성비), 영춘 온달산성(懸門, 水
口), 영월 왕검성(懸門) 등에서도 신라적인 요소를 찾을 수 있다.

186) 홍영호, 2010(b), 앞의 논문, 1~40쪽.

187) 洪永鎬, 2009, 앞의 논문, 285~317쪽.

동해안과 대비되고 있다. 즉 양국의 전쟁터는 남한강 일대였던 것이다. 하슬라를 둘러싼 역사적 사건도 니하의 위치를 남한강 (최)상류로 간주하고 해석해야 할 것이다. 다만, 강의 명칭도 지역에 따라, 시기에 따라 변화하므로 사료에 나오는 전투 지역과 축성 지역인 泥河의 정확한 구간을 설정하기는 어려우나, 충주-제천-영월(단양)-정선으로 이어지는 남한강 상류~최상류의 어느 구간에 속할 것으로 추정된다.

그리고 泥河의 위치 비정에는 泥河 築城에 何瑟羅人을 동원하였다는 사실이 중요하다. 이때의 하슬라의 범위가 분명하지 않지만, 강릉 일대가 중심지였음을 부인하기는 어렵다. 다만, 후대의 何瑟羅州 州治(강릉)의 사람들이 주치 내의 泥河에 築城을 하였는지, 아니면 외곽지역(統一期 領縣)의 사람들이 그 일대에서 축성을 하였는지, 주치의 하슬라인들이 외곽지역(統一期 領縣)인 니하 일대까지 징발되어 간 것인지 등 여러 가능성을 생각해 볼 수 있다. 이러한 가능성들 가운데 하슬라 성주가 실직벌에서 고구려 변장을 엄살하였으므로 그의 영향권(군관구)이 강릉에서 삼척 접경까지 넓을 수 있으므로 남한강 상류일대까지도 통제가 가능하다고 볼 수 있다. 정선군 임계면 송계리 산성(장찬성) 축성설화도 泥河 築城을 위하여 일부 인력이 강릉에서 남한강 (최)상류 일대로 사민 또는 차출[189]되었을 가능성을 뒷받침하고 있다. 이렇듯 니하 축성에 하슬라인을 동원한 기사, 송계리 산성 축성 설화는 니하의 위치를 남한강 상류로 비정할 수 있게 해주고, 나아가 통일신라시대의 溟州 領縣 가운데 '今未詳'지명이었던 棟隄縣을 강릉과 정선읍의 중간에 있는 지금의 정선군 임계로 비정할 수 있게 해주며, 명주의 영현에 정선현을 포함시킬 수 있는 중요한 자료가 된다. 이렇게 보면 정선 신동읍 고성리 산성 일대의 니림리, 니림계 지명도 泥河의

---

188) 국강고고학연구소, 2012, 「강릉 경포대 현대호텔 신축부지내 유적 문화재청 전문가 검토회의 자료」

189) 삼년산성과 굴산성의 축조(개축)시 一善 지역의 丁夫를 동원한 기사가 참고 된다(『三國史記』 卷3, 新羅本紀 3 炤知麻立干 8년(486) "春正月, 拜伊湌實竹爲將軍 徵一善界丁夫三千 改築三年屈山二城")

화석화된 영향일 수도 있겠다.

신라는 내물왕 40년(395)에 실직에서 말갈과 전투를 치르고, 내물왕 42 년(397)에 하슬라를 구휼하는 기사처럼 일찍부터 삼척과 강릉에 진출하고 있다.[190] 이를 뒷받침하는 고고자료가 최근 강릉에서 발굴 조사된 경포 호 수 북쪽의 안현동 목곽묘군이다. 이 고분군에는 황남동 109호 3·4과 단계 에서 미추왕릉지구 5구 1호 단계와 병행하는 무덤이 존재한다. 경포 호수 남쪽에는 영동 지역 최고의 위계를 가진 강릉 초당동 고분군이 형성되어 있다. 고고자료로 볼 때 포항 이북의 동해안에서 강릉이 신라화가 빠르고, 위세품으로 보아 최고의 거점이다.[191] 그 배경을 생각해 보면, 내물왕대에 고구려의 도움을 얻기 위하여 백제의 차단을 피하면서 고구려의 옛 수도인 집안으로 가기 위한 중간거점이었을 가능성이 있다.[192] 특히, 5세기 초 반~전반인 눌지왕대에 박제상이 복호(寶海)를 구출하기 위하여 北海之路 를 이용하였고, 동해안의 高城 海邊으로 와서 탈출한 점[193]에서 동해안을 거쳐 집안으로 가는 루트는 주목받을 만하다.[194] 복호를 쫓아온 고구려군

---

190) 『三國史記』 卷3, 新羅本紀 3 奈勿尼師今 40年 "秋八月 靺鞨侵北邊 出師 大 敗之於悉直之原" ; 『三國史記』 卷3, 新羅本紀 3 奈勿尼師今 42年 "秋七月 北邊何瑟羅旱蝗 年荒民飢 曲赦囚徒 復一年租調"

191) 울진의 경우 4세기 중·후반으로 볼 수 있는 토기들이 수습된 바 있다(심현용, 2008, 「울진 봉평리 출토 토기」, 『울진문화』 22, 울진문화원, 48~57쪽).

192) 그 점에서 동해안로는 매우 안전한 교통로이다. 「중원고구려비」로 보아 고구려와 신라 간에는 내륙교통로도 있었던 것 같다.

193) 『三國遺事』 卷1, 紀異1 奈勿王 金堤上. 그런데 『三國遺事』에서는 눌지왕 9년 (425)으로, 『三國史記』 卷3 新羅本紀3 訥祇麻立干 2년조에는 418년으로 나오 고 있어 차이가 있다. 고구려의 평양천도는 427년이므로 복호는 고구려의 수도인 집안에 있는 상태였다.

194) 동해안에서 고구려의 수도인 집안으로 가는 길은 6·25 때 美 제1해병사단이 황 초령을 지나 西進한 장진호 전투의 공격로가 참고가 된다. 황초령비의 입지도 의미가 있는 셈이다. 특히 東川王이 관구검에 쫓겨 竹嶺을 거쳐 南沃沮로 달아 난 기사가 주목된다(『三國史記』 卷17, 高句麗本紀 5 東川王 20年 "冬十月 儉 攻陷丸都城屠之 乃遣將軍王頎追王 王奔南沃沮 至于竹嶺 …"). 이병도는 黃 草嶺 嶺下에는 近朝末葉의 中嶺鎭址가 있는데, 兩者의 音이 공통됨을 보아 鎭 名인 '中嶺'이 바로 '竹嶺'의 遺名으로 본다(이병도 역주, 1983(1996 개정판),

이 화살의 촉을 뽑고 쏘아서 무사히 돌아왔다는데,[195] 의미상 바다로 탈출한 것 같고, 고성~양양 일대가 고구려-신라의 경계지대로 보인다. 이러한 이유로 일찍이 신라가 강릉 지역을 고구려와 관계되는 주요 거점지역으로 선택하고 개척하였을 가능성이 높다.

그런데 신라는 450년 하슬라 城主가 悉直原에 사냥 온 고구려 邊將을 掩殺한 사건, 468년 봄 고구려의 실직성 습격 사건을 계기로 고구려의 側方을 통한 再侵을 막기 위하여 北邊과 西邊에 축성을 하기 시작한다. 서변에 축성하는 배경에는 450년 고구려 변장이 살해당한 보복으로 고구려 장수왕이 신라의 서변을 침공하였기 때문일 것이다. 일단은 신라의 사죄로 고구려의 침공을 막았지만, 신라는 西邊의 방어력도 강화할 필요성을 느꼈을 것이다. 그것이 바로 報恩 三年山城의 축조로 나타나는 것 같다. 자비왕 13년(470)에 삼년산성이 3년에 걸쳐 축조되었는데,[196] 468년부터 축조가 시작되어 470년에 완공되었는지, 470년에 축조되어 472년쯤에 완공되었는지 알 수 없으나, 신라 北邊의 泥河 築城 시기(468년 가을)와 비슷하기 때문이다. 즉 泥河의 築城과 報恩 三年山城의 築造는 고구려의 주요 침공로에 대응한 防禦體制의 構築이며, 신라의 주요 국경방어선의 강화·안정을 의미한다. 실제 이후에는 고구려가 중원을 거점으로 실직과 하슬라를 측방공격한 사료가 전혀 나타나지 않는다.

이와 같이 소백산맥 서쪽의 신라 서변과 동북방의 실직·하슬라의 방어체제가 강화되자, 고구려는 481년 그 중간 지역인 경북 내륙을 거쳐 흥해(미질부)로 진군하는 기습로를 선택하게 되는 것이다. 이 때 고구려의 측방기동로는 狐鳴城의 위치 비정이 중요한데, 청송설과 영덕설로 대별된다. 청송설이라면 당연히 측방기동이지만, 영덕설은 동해안을 따른 남진을 주장하는 근거가 된다. 그러나 영덕설도 안동-영해 루트[197]를 거쳐 영해부터 동해안을

『삼국사기』(상), 을유문화사, 393쪽 각주 11번).

195) 『三國遺事』卷1, 紀異 1 奈勿王 金堤上.
196) 『三國史記』卷3, 新羅本紀 3 慈悲麻立干 13年 "築三年山城(三年者, 自興役始終三年訖功, 故名之)"

따라 남하하였다면 측방공격으로 볼 수 있다. 필자는 고구려군이 중원-경북 북부-안동-영해-미질부로 진공하는 것이 적절하며, 영해부터 흥해까지는 지형의 고저차가 없는 일방통로이므로 기습 공격에 효율적이라 판단한다. 즉 소지왕 3년(481)의 기사도 고구려군이 충주를 거점으로 경북 내륙으로 진공하였을 가능성이 높다. 그렇다면 퇴로도 충주 방향이어야 안전하다. 동해안 쪽의 신라군이 온존할 것이므로 동해안 쪽으로 후퇴하는 것은 위험하기 때문이다. 더구나 『삼국사기』에는 신라가 이 당시 강릉을 지나 비열성까지 진출하였으며,198) 동해안 일대는 신라의 영향력이 크게 작용하고 있다.

결국 泥河를 남한강유역으로 본다면, 신라의 對고구려 防禦體制構築은 물론이고 何瑟羅州(또는 何瑟羅停)의 軍管區를 파악하는 데에도 시사하는 바가 크며,199) 신라의 하슬라 경영의 정책 전환과 지방 지배 체제의 변천 과정에 대한 단서들을 제공해 준다.

---

197) 영해는 안동·예안·영주 등에 魚鹽을 공급해 주는 위치에 있었다. 안동지방의 士族들은 그들과의 혼인을 통해 해산물을 공급받을 수 있었다(李樹健, 1995, 『嶺南學派의 形成과 展開』, 일조각, 172~173쪽). 필자는 영해-안동 구간이 삼국시대에도 교통로로 활용되었을 가능성이 있다고 본다. 영해 괴시리 적석목곽분의 존재(國立慶州博物館, 1999, 『盈德 槐市里 16號墳』)가 참고가 된다.

198) 신라는 481년 봄 2월 비열성으로 진출하고 소지왕의 순행이 이루어진다. 比列城은 後代의 比列忽, 比列忽州와 동일한 지명으로 보인다. 장창우운 이에 대응하여 봄 3월 고구려가 말갈과 함께 흥해까지 진군하였다는 입장이다(張彰恩, 2004, 앞의 논문, 23~24쪽).

199) 홍영호, 2010(b), 앞의 논문, 7~40쪽.

Ⅲ
何瑟羅 지역의 신라고분

1. 하슬라 지역 신라고분의 전개

하슬라(강릉) 지역에 신라가 진출하는 과정을 이해하려면 신라고분의 편년관부터 설정하는 것이 순서이다.[1] 왜냐하면, 신라고분 편년관은 학자들마다 차이가 있어 역사적 실상을 서로 다르게 해석하는 경향이 있기 때문이다. 이 문제는 신라 고고학 및 신라사 연구에서 피해갈 수 없으므로 주요 신라고분들에 대한 필자의 편년관을 밝히고자 한다. 신라·가야토기의 구분 기준의 경우, 필자는 나팔형 3단대각에 상단투창과 하단투창이 엇갈려 뚫린 교호투창 고배가 출현하는 것이 중요하다고 판단하여 황남동 109호 3·4곽을 기점으로 하는 전통적인 견해를 따른다. 한편, 월성로 가지구 13호분에서는 신라토기와 古式 도질토기가 공존하고 있어 고식 도질토기에서 신라양식 토기로의 전환으로 볼 수도 있지만, 이러한 토기들이 지역적 분포권을 이루고 있지 않으므로 광역적 분포를 보이는 황남동 109호 3곽 단계부터 신라양식 토기의 성립으로 보는 시각[2]도 좋은 참조가 된다.

황남동 109호분 3·4곽을 신라토기의 출발로 보면, 그 출현 시기가 중요

---

1) 후지이 가지오(藤井和夫)는 경주 황남동 109호 3·4곽의 연대 상한을 400년으로 잡았고(藤井和夫, 1979, 「慶州古新羅古墳編年試案-出土新羅土器を中心として-」, 『神奈川考古』 6, 神奈川考古同人會), 최병현은 300년(4세기 전반기)으로 잡았다(崔秉鉉, 1981, 「古新羅 積石木槨墳研究」, 『韓國考古學報』 10·11합집). 약 100년의 차이가 난다. 이후 최병현은 황남대총 남분을 4세기 中頃 또는 그에 가까운 후반기 초(최병현, 1992)에서 4세기말~5세기초(최병현, 2000)로 수정하였다. 최병현의 기존안과 수정안의 논거는 다음과 같다. 崔秉鉉, 1992, 『新羅古墳研究』, 一志社. ; 崔秉鉉, 2000, 「嶺南地方 考古學資料의 編年-4세기대를 중심으로-」, 『韓國古代史論叢』 10, 韓國古代社會研究所·駕洛國史蹟開發研究院.

2) 신경철, 1986, 「신라토기의 발생에 대하여」, 『한일고대문화의 제문제』 ; 朴普鉉, 1995, 『威勢品으로 본 古新羅社會의 構造』, 慶北大 史學科 文學博士學位論文, 11쪽 각주57번).

한데, 고고자료와 함께 역사적·정황적으로 추론하여 그 시기를 설정해 보겠다. 황남대총 남분의 편년도 고고학적 검토와 역사적 정황 분석을 통해 설정한 후, 이 과정에서 황남동 110호분과 황남대총 남분 사이의 시간적 간격도 검토하겠다. 이러한 작업을 통해 황남동 109호 3·4곽부터 황남대총 남분까지의 편년과 신라토기의 전개 양상에 대한 필자의 견해를 밝혀 보았는데, 황남동 109호 3·4곽을 4세기 4/4분기(늦어도 5세기 1/4분기), 황남동 110호분은 5세기 2/4분기, 황남대총 남분은 5세기 3/4분기로 설정하였다.

그리고 이러한 신라토기 편년관을 바탕으로 하슬라 지역 내의 신라고분 편년과 신라의 진출 과정을 살펴보겠다. 이 글에서 검토할 하슬라 지역 내의 고분 자료는 통일신라 溟州의 州治인 강릉의 초당동, 병산동, 하시동, 안현동 고분군, 직속 領縣들인 支山縣의 연곡면 영진리, 방내리 고분군, 洞山縣의 양양 현남면 원포리 고분군, 棟隄縣인 정선군 임계면 임계리 고분군, 旌善縣인 정선 지역의 고분군이다. 이를 통해 신라의 강릉 지역 진출에 대한 여러 가지 논란점을 검토하고자 한다.

1) 신라고분의 편년

(1) 신라고분 편년에 관한 제설

현재 주요 신라고분들의 상대편년이 황남동 109호 3·4곽 → 황남동 110호 → 98호 남분(황남대총) → 금관총 → 천마총 → 호우총 → 보문리 부부총의 순서라는 견해는 일치한다.[3] 그러나 이들 고분을 축조한 시점, 즉 절대편년은 여러 견해로 나누어진다. 그 원인은 황남동 109호분 3·4곽의 출현 시점과 황남대총 남분의 축조 시점의 논란 문제로 압축할 수 있다.

먼저, 신라고분의 편년 논쟁의 출발점인 황남동 109호 3·4곽의 연대관부터 살펴보겠다. 대부분의 복천동 고분군 발굴자 및 연구자들은 高句麗

---

3) 金元龍, 1986, 『韓國考古學槪說』 第3版, 一志社, 32쪽.

南征說[4]의 입장에서 신라고분을 편년하고 있다.[5] 고구려군 남정설이란 영남 지방 고분에서 출토되는 金工品, 騎馬具類들이 서기 400년 고구려군의 남정을 계기로 들어 왔으며, 신라의 적석목곽묘도 고구려 남정의 결과인 고구려 적석총의 영향으로 만들어졌다는 것이다. 그리하여 그들은 초기 대형분부터 騎馬具가 출토되는 東萊 福泉洞 北丘陵 고분들을 모두 5세기 이후로 편년하고, 경주 지역 최고의 적석목곽분인 황남동 109호분 3·4곽을 복천동 고분과의 상대편년을 통하여 5세기 1/4분기,[6] 또는 5세기 2/4분기[7] 이후로 설정하고 있다. 그 연대의 근거로는 풍소불묘(415년 歿) 출토 등자와 비교하여 이보다 빠를 수 없다는 것이었다.[8]

반면, 최병현, 김용성, 이희준, 박천수는 황남동 109호 3·4곽의 편년을 4세기 후반~말경으로 설정하고 있다.[9] 이한상도 황남동 109호 3·4곽의 편

---

4) 崔鍾圭, 1983, 「中期古墳의 性格에 대한 약간의 考察」, 『釜大史學』 7, 釜山大學校 史學會, 1~45쪽.

5) 釜山大學校 博物館, 1983, 『東萊福泉洞古墳群』Ⅰ ; 申敬澈, 1985, 「古式鐙子考」, 『釜大史學』 9. 동래 복천동 고분군의 발굴에 참여하였던 각 학자들의 편년안은 다음 글 및 표 참조. 安在晧, 1997, 「福泉洞古墳群의 編年」, 『복천동 고분군의 재조명』, 부산광역시립복천박물관 ; 김두철, 2003, 「부산지역 고분문화의 추이-가야에서 신라로-」, 『港都釜山』 19, 261쪽 〈표 2〉 부산 복천동고분군의 편년안Ⅰ 재인용 참조.

6) 申敬澈, 1982, 「釜山·慶南出土 瓦質系土器」, 『韓國考古學報』 12, 64쪽(5세기 초엽 비정) ; 崔鍾圭, 1982, 「陶質土器 成立前夜와 展開」, 『韓國考古學報』 12, 228쪽 및 231쪽(5세기 전엽 비정) ; 홍보식, 2003, 『新羅 後期 古墳文化 硏究』, 춘추각, 39~42쪽(5세기 1/4분기 비정).

7) 金斗喆, 2011, 「皇南大塚 南墳과 新羅古墳의 編年」, 『韓國考古學報』 80, 65쪽.

8) 그밖에 이성주는 월성로 고분군으로 편년한 까닭에 직접 언급하지는 않았지만 복천동 21·22호를 황남동 109호 3·4곽과 동일한 형식으로 인정하는 편년안을 참조하면 5세기 1/4분기의 입장으로 추정된다. 그는 복천동 10·11호분을 5세기 중엽 이후로 보고 있어 황남대총 남분도 그 이후(중엽에 가까운 후반)로 편년한다(李盛周, 1998, 『新羅·伽倻社會의 起源과 成長』, 學硏文化社, 359쪽 본문 및 358쪽 사구 00빈 참조 ; 李盛周, 2001, 「技術, 埋葬儀禮, 그리고 土器樣式」, 『韓國考古學報』 52, 105쪽).

9) 崔秉鉉, 2000, 「嶺南地方 考古學資料의 編年」, 『韓國古代史論叢』 10, 韓國古代社會硏究所·駕洛國史蹟開發硏究院 ; 金龍星, 1996, 「土器에 의한 大邱·慶

년이 풍소불묘 등자 연대인 415년보다 올라갈 수 있으며, 경자년(400) 고
구려군의 남정 또는 그보다 조금 이른 시기인 4세기 후반 대에 신라와 고
구려 간의 교섭의 산물일 수 있다고 하였다.[10] 박보현은 월성로 가지구
13호분이 외반구연의 3단각부에 수직2단 장방형의 투창이 뚫린 무개고배·
유개식 고배와 유개 내만구연에 3단각부의 교차투창고배가 공존하는 점에
서 황남동 109호분 3곽보다 한 단계 빠르게 보며, 황남동 109호분 3곽 단
계는 4世紀末~5世紀初로 보고 있다.[11]

　다음, 황남대총 남분의 편년[12]은 크기와 부장품이 최대 규모이므로 왕
릉으로 보면서 내물왕릉, 실성왕릉, 눌지왕릉, 자비왕릉, 기보(습보)갈문왕
등으로 보는 학설이 있다. 반면, 황남대총 남분의 편년은 신라토기의 변화
과정과 속도로 보아 5세기 1/4분기(내물왕릉설), 5세기 3/4분기(눌지왕릉
설)보다는 5세기 2/4분기가 더 적당하다는 견해 등도 근래에 제기되었다.

　이러한 신라고분 편년관의 차이는 역사 해석에도 큰 영향을 주어 당시
의 역사적 실상에 접근하는데 큰 견해 차이를 초래하고 있다. 그 결과 강
릉 지역에 신라가 진출하고 경영을 하는 과정을 올바르게 이해하는 데에도
큰 장애가 되고 있다. 그러므로 신라의 하슬라 진출과 경영을 이해하기 위
하여 신라고분 편년관의 토대인 신라토기 편년관을 검토한 후 필자의 편년
관을 설정해보고자 한다.

　山地域　古代墳墓의　編年」, 『韓國考古學報』 35, 韓國考古學會 ; 李熙濬,
　1995, 「경주 皇南大塚의 연대」, 『嶺南考古學』 17 ; 李熙濬, 1996, 「경주 月城路
　가-13호 적석목곽묘의 연대와 의의」, 『碩晤 尹容鎭敎授停年退任紀念論叢』 ; 李
　熙濬, 1997, 「토기에 의한 新羅 고분의 分期와 편년」, 『韓國考古學報』 36 ; 朴
　天秀, 1998, 「大伽耶圈 墳墓의 編年」, 『韓國考古學報』 39 ; 朴天秀, 2008, 「近
　畿地域 出土 三國時代 土器를 통해 본 韓·日關係」, 『韓國古代史硏究』 49.
　10) 이한상, 2004, 『황금의 나라 신라』, 김영사, 103쪽.
　11) 朴普鉉, 1995, 『威勢品으로 본 古新羅社會의 構造』, 慶北大 史學科 文學博士
　　　論文, 79쪽, 각주 295번 및 297번. 박보현은 황남대총 남분의 연대를 5세기 중기
　　　에 가까운 후반기로 보았다(1995, 위의 논문, 79쪽).
　12) 이 문제는 신라고분 논쟁의 핵심이므로 문헌사 및 고고학 분야에서 매우 많은
　　　연구 성과가 있으나, 지면 관계로 생략한다.

(2) 신라고분 편년의 근거

황남동 109호 3·4곽을 5세기 이후로 보는 중요한 근거는 이 고분이 최
초의 적석목곽묘로 간주되고, 기마구류와 금공품이 출토되어 고구려 남정
(400년)과 고구려 적석총의 영향을 받았다고 보기 때문이다. 특히, 황남동
109호 3·4곽 출토 短柄鐙子가 당시 세계 最古의 실물 등자였던 馮素弗墓
(415년 歿) 출토 短柄鐙子보다 선행할 수 없다는 점도 중요한 근거가 되
었다. 하지만 최근의 연구 성과를 보면, 적석목곽묘의 기원과 계통[13]은 삼
한시대의 목곽묘에서 위석목곽묘와 사방적석목곽묘를 거쳐 적석목곽분으
로 발전한다는 자생설이 우위를 점하고 있다.[14] 그리하여 대표적으로 황
남동 109호 3·4곽은 사방적석이 지하에만 있는 地下 四方積石式, 황남동
110호분은 一部 地上 四方積石式, 황남대총 남분은 地上積石式이며, 이 순
서대로 구조가 발전한다고 보는 견해가 있다.[15] 반면, 황남동 109호 3·4
곽부터 상부적석이 이루어졌다는 견해도 있다. 즉 매장주체부의 수혈 외곽
으로 1차 봉토를 올리는데, 사방적석은 1차 봉토면 정도까지 채우고, 그
후 목곽 위에 1차 봉토면보다 비슷하거나 낮게 상부적석을 얇게 깔아 밀
봉한다고 한다. 그리고 매장 주체부가 地下式에서 地上式으로, 四周積石
또는 四方積石에서 上部積石으로 변화하는 것이 고구려 적석총으로부터
발상을 얻었을 가능성이 있다고 추정하고 있다.[16] 등자 역시 그동안 풍소

---

13) 본고에서는 신라 적석목곽분의 기원과 계통에 대하여 이 章의 논의상 필요한 고
   구려 기원설과 자생설만 언급하겠으며, 다른 여러 학설은 다음 논문을 참조. 崔
   秉鉉, 1998, 「新羅 積石木槨墳의 起源 再論」, 『崇實史學』 12, 崇實大學校 史
   學會, 1~34쪽 ; 朴光烈, 2001, 「新羅 積石木槨墓의 開始에 對한 檢討」, 『慶
   州史學』 20, 慶州史學會, 동국대학교 경주캠퍼스, 1~69.
14) 李盛周, 1992, 「蔚山 中山里遺蹟 發掘을 通하여 본 新羅墓制의 起源」, 『제1회
   영남고고학회 학술발표회 발표 및 토론 요지』 ; 李盛周, 1996, 「新羅式 木槨墓
   의 展開와 意義」, 『新羅考古學의 諸問題』, 제20회 한국고고학전국대회
15) 李熙濬, 1996, 앞의 논문.
16) 김두철, 2009, 「積石木槨墓의 구조에 대한 비판적 검토」, 『古文化』 73, 한국대
   학박물관협회, 57~86쪽. 박광열은 문헌에 보이는 370년 경부터는 고구려의 제도
   와 문물이 신라 사회에 파급된 것으로 생각하며, 이 시점을 계기로 고구려의 영

불묘 등자에 선행하는 4세기 대에 해당하는 단병등자와 장병등자들이 공존하고 있음이 조사되었다. 황남동 109호분 3·4곽 등자도 단병계라는 사실 이외에는 계보가 확실하지 않으므로 등자에 의거하여 이 고분을 편년하는 것은 무리라는 견해가 제시되었다.[17]

필자는 황남동 109호분 3·4곽을 등자로 편년하는 것은 무리라는 견해를 받아들이며, 적석목곽묘의 구조로도 황남동 109호 3·4곽이 고구려 적석총의 영향을 받았다는 설을 인정하려면 상부적석이 더 많고, 높아야 될 것 같다고 생각한다. 신라의 목곽묘는 지하식 매장 주체부이면서 묘형의 평면이 원형·타원형이고, 고구려 적석총은 지상식 매장 주체부이면서 묘형의 평면이 사각형(방형)인 점에서 고구려와의 관련성이 부족한 점도 존재한다. 그런데 사료에는 신라가 광개토대왕의 남정(400년) 이전인 4세기 이전에 이미 고구려를 통해 내물왕이 東晉·前秦에 사신을 보내고(377년과 382년),[18] 실성을 고구려에 인질로 보내는 기사(392년)[19] 등이 있어 주목된다. 「광개토대왕릉비」에서 광개토대왕이 400년 신라에 침입한 왜를 물리치는 新羅 救援戰을 전개하는데 그 시기가 이들 사료와 시간적으로 큰 차이가 나지 않으므로 이들 기사의 역사성을 신뢰할 수 있다. 그러므로 고구려

향력 아래 異穴主副槨式에 積石의 기법을 채용하여 積石木槨墓를 축조하고 고구려 문물이 매납된 것으로 보았다(朴光烈, 2001, 앞의 논문, 57~59쪽).

17) 金昌鎬, 1987, 「古新羅 積石木槨墳의 400年 上限說에 대한 의문」, 『嶺南考古學』 4, 2~4쪽 : 李熙濬, 1995, 앞의 논문, 40~44쪽.

18) 『資治通鑑』 卷104, 東晉 武帝 太元2年條(377) "봄에 고구려, 신라, 西南夷가 모두 사신을 파견하였다." : 『太平御覽』 卷781, 四夷部 東夷二 新羅條에 인용된 秦書(382) : 『三國史記』 卷3, 新羅本紀 3 奈勿尼師今 26年(381) "春夏, 旱, 年荒, 民飢, 遣衛頭入苻(苻, 舊本作苻, 今改之)秦, 貢方物, 苻(同上)堅問衛頭曰, 卿言海東之事, 與古不同, 何耶, 答曰, 亦猶中國 時代變革, 名號改易, 今焉得同". 이 때 신라 사신은 고구려 사신을 따라 前秦에 들어간 것으로 본다 (李丙燾, 1959, 『韓國史 古代篇』, 乙酉文化社 : 盧泰敦, 1997, 「『삼국사기』 신라본기의 고구려관계 기사 검토」, 『慶州史學』 31, 동국대 국사학과, 75쪽에서 재인용). 실제 377년에 함께 등장하므로 이를 받아들일 수 있다.

19) 『三國史記』 卷3, 新羅本紀 3 奈勿尼師今 37年 "春正月 高句麗遣使, 王以高句麗强盛, 送伊湌大西知子實聖爲質"

문물의 신라 이입이 광개토대왕의 남정 이전에 있었다고 보아도 큰 무리는
없다. 이러한 역사적 정황과 함께 묘제의 보수성을 감안하면, 적석목곽묘
가 지하식에서 지상식으로 변화하는 시점이 고구려 적석총의 아이디어를
채택한 결과일 가능성이 있는데, 황남동 109호 3·4곽은 지하식이므로 고구
려 남정 이전에 축조되었을 가능성이 높은 것이다.

황남대총 남분은 고고자료로 분석할 때 내물왕보다는 눌지왕설이 더 유
리하다. 우선, 적석목곽분에서 출토되는 전형적인 3단의 出字形金銅冠 및
여러 유물들의 부장 시점의 절대연대를 제시하는 좋은 유적이 양산 부부총
이다. 양산 부부총은 평면 장방형의 횡구식 석실분이며, 殉葬이 되어 있다.
지증왕 3년(502) 순장 금지령이 내려졌는데,[20] 부부총의 남성과 여성 매
장의 중간 시점으로 추정할 수 있다.[21] 그러므로 양산 부부총의 연대를
지증왕 3년(502) 순장 금지령 전에 조성된 것으로 보거나, 지방이라 중앙
의 통제가 약하였더라도 그 시기 전후인 5세기 말기로 설정할 수 있겠
다.[22] 이를 기준으로 일단은 전형적인 직각의 맞가지, 사슴뿔장식이 있는
출자형금관이 출토되는 황남대총 북분, 천마총 등은 5세기 말기를 전후한
시기로 설정이 가능하다. 그렇지만 황남대총 남분의 금동관들은 맞가지가
둔각인 금동관과 직각인 금동관이 공존하고, 사슴뿔장식의 부재 등으로 볼
때 더 빠르므로 5세기 중·후반이 적당하다. 이러한 선후 관계는 〈표 6〉과
〈도판 1〉처럼 부산 복천동 1호분과 황남대총 남분, 양산 부부총의 묘제와
출토 유물의 시간적인 선후 배열로 보아도 방증이 된다.[23]

---

20) 『三國史記』 卷4, 新羅本紀 4 智證麻立干 3年 "春三月 下令禁殉葬 前國王薨
 則殉以男女各五人 至是禁焉 親祀神宮, 三月 分命州郡主 勸農 始用牛耕"
21) 이한상, 2004, 『황금의 나라 신라』, 김영사, 103쪽.
22) 심봉근은 양산 부부총의 1차장(주인)은 5세기말~6세기초, 부인은 6세기 전반대
 로 보았다(沈奉謹, 1993, 「梁山 夫婦塚, 金鳥塚과 周邊古墳群」, 『韓國上古史
 (Ⅱ)』, 韓國上古史學會, 58쪽). 이한상도 부부총 1차 시상을 5세기 말엽으로 보
 았다(李漢祥, 1995, 「5~6世紀 新羅의 邊境支配方式」, 『韓國史論』 33, 23쪽).
23) 다만 묘제의 차이는 중앙과 지방의 차이일 가능성도 완전히 배제할 수 없다.

〈표 6〉복천동 1호분·황남대총 남분·부부총의 묘제와 출토 유물의 비교

고분명	묘제	출토유물	순서
복천동 1호분 (동아대)	수혈식 석실분	출자형 금동관(세움장식과 맞가지가 작고 둔각으로 古 式임, 사슴뿔장식 없음), 3단대각 투창고배와 2단대각 투창고배의 공존	1
황남대총 남분	적석목곽분	출자형 금(동)관(맞가지가 둔각 및 직각의 관 모두 존 재, 사슴뿔장식편[24] 존재), 2단대각 투창고배만 존재	2
부부총 (동아대)	횡구식 석실분	출자형 금동관(맞가지가 직각의 관, 사슴뿔장식 존재) 2단대각 투창고배의 늦은 형식 존재	3

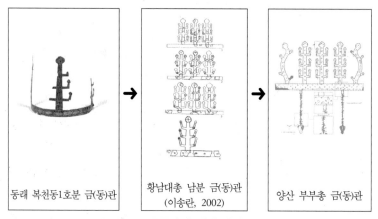

동래 복천동1호분 금(동)관 → 황남대총 남분 금(동)관
(이송란, 2002) → 양산 부부총 금(동)관

〈도판 1〉금동관의 전개 과정 비교[25]

---

24) 황남대총 남분 출토 금동관의 사슴뿔장식(鹿角裝飾)은 출토위치도 불명이고, 片
에 불과하다. 황남대총 북분 금관의 녹각장식과는 형태상의 차이가 보인다. 녹각
장식은 황남대총 남분 금동관에서부터 확인되지만 보다 정형화되고 일반화되는
것은 황남대총 북분 이후이다(李漢祥, 2000,「新羅冠 硏究를 위한 一試論」,『考
古學誌』11, 韓國考古美術硏究所, 105쪽 및 118쪽). 황남대총 남분에서는 직각
맞가지 금동관은 묘주가 착장한 상태로, 나머지 4점은 둔각의 맞가지 금동관으로
부장품 수납고에서 발견되었다. 출토된 出字形 금동관 가운데 4점은 다음 도면
을 참조(李松蘭, 2002,「新羅冠의 成立과 始祖廟 祭祀」,『美術史學研究』235,
韓國美術史學會, 7쪽). 초기형 출자관이 늦은 시기의 토기와 매납된 고분유구들
도 있다. 이 경우 젊었을 때 받은 초기형 출자형관을 시간이 흐른 후 사망하면서
당시의 토기와 함께 부장한 것으로 해석할 수 있겠다.
25) 이 글에서 출전을 밝히지 않은 유물과 유구의 그림 및 사진은 모두 (발굴)보고

한편, 황남대총 남분, 부부총, 천마총 사이에는 鉢形器臺에서 圓點紋과 網格紋이 배열되는 것이 유사[26]하는 등 시간 차이가 크지 않을 가능성이 높고, 이들 고분들이 양산 부부총을 중심으로 몰려 있으므로 소위 '편년의 압축 현상'[27]이 지적된 바 있다. 하지만 황남대총 남분을 5세기 초(내물왕릉)로 비정하는 견해는 단각고배를 비롯한 후기 신라토기가 빨리 보아 6세기 전엽부터 나타난다고 하여도, 황남대총 남분으로부터 단각고배의 등장 사이의 기간은 토기상의 변화가 크지 않아 '문화지체현상'[28]이 느껴지는 문제점이 나타난다. 이에 대해 이희준은 신라토기가 발생하는 초기에는 토기의 양식이 정형화되지 않아 변화 속도가 다소 빠르다가 토기의 양식이 정형화되고 난 이후부터는 변화 속도가 점차 느려지는 것은 당연한 현상이라고 하였다.[29] 그리하여 최근에는 황남대총 남분을 왕릉으로 고려하지 않고, 순수하게 신라토기의 변화상으로 보아 5세기 2/4분기로 설정하는 것이 더 자연스럽다는 주장도 제기되었다. 예를 들어 이혜진은 남분 고배 중에는 대각 기부의 폭이 좁아지고 대각 상·하단에 3개씩의 투창이 뚫린 늦은 형식의 고배도 공반되므로 내물왕릉설인 5세기 1/4분기는 어려우며, 눌지왕릉설 역시 5세기 후반에 몰리는 편년압축현상의 문제점이 있으므로 5세기 2/4분기가 적절하다고 보았다. 그리고 황남동 109호 3·4곽을 4세기 4/4분기, 황남동 110호분을 5세기 1/4분기로 배열하였다.[30]

서의 수록 자료임을 밝힌다.

26) 李漢詳, 1999, 「Ⅴ. 土器에 대한 검토」, 『盈德 槐市里 16號墳』, 國立慶州博物館, 158~161쪽. 2인 이상의 순장이 이루어진 영덕 괴시리 16호분의 연대는 황남대총 남분보다는 늦고 금관총보다는 조금 빠른 5세기 후반으로 보았다. 또한 이한상은 황남대총 남분을 금관총, 천마총 등의 출토품과 형식학적으로 비교하여 458년(눌지왕)으로 보았다(이한상, 2004, 앞의 책, 224~225쪽).

27) 이희준, 1995, 앞의 논문, 66쪽.

28) 金龍星, 1996, 「土器에 의한 大邱·慶山地域 古代墳墓의 編年」, 『韓國考古學報』 35, 119쪽.

29) 이성주의 신라토기편년관의 논리를 이희준이 받아들인 것이다(李盛周, 1993, 「洛東江東岸樣式土器에 대하여」, 『제2회 영남고고학회 학술발표회 발표 및 토론 요지』, 46쪽 ; 이희준, 2007, 『신라고고학연구』, 사회평론, 74쪽).

30) 李惠眞, 2006, 「5~6世紀 慶山·大邱地域 土器 樣式의 統計學的 硏究」, 慶北

황남대총 남분의 편년은 역사적 정황으로 보아도 5세기 중후반(눌지왕
릉설)일 가능성이 높다. 황남대총 남분은 규모가 가장 큰 신라고분이므로
왕릉일 가능성이 높은데, 남분에서 발견된 다양한 형식의 여러 금동관이
긴 시간성을 반영한다고 보면, 피장자는 오래 살았던 내물왕(356~402)과
눌지왕(417~458)으로 좁힐 수 있다. 또한 황남대총 남분은 깃털형 은제
관을 비롯한 고구려 관련 유물이 풍부한데 사료에 나타난 麗羅의 교섭 추
이로 볼 때 내물왕보다는 눌지왕대에 고구려에 더 강하게 종속되어 고구려
문물이 확산되었을 가능성이 높다. 내물왕대에는 고구려를 통해 377년과
382년에 東晋·前秦에 사신을 보내기도 하였지만, 고구려의 영향을 강하게
받은 시점은 아무래도 실성을 고구려에 인질로 보내는 392년을 전후한 시
기로 보인다. 이때부터 광개토대왕의 신라 구원전(400)과 내물왕의 사망
(402)까지는 시간적으로 기간이 짧다. 반면, 눌지왕(417~458)은 고구려
의 지원을 받아 실성왕(402~417)을 弑害하고 왕위에 올랐다. 그런데 고
구려의 평양 천도(427) 이후, 눌지왕 17년(433)에 백제 비유왕이 사신을
보내와 화친을 요청하고, 신라가 이를 따랐으며,[31] 눌지왕 18년(434)에는
양국이 報聘 관계를 맺고, 서로 폐백을 교환하고 있다.[32] 그런데 신라와
백제가 적대적인 관계에서 보빙관계로 전환되었음에도 불구하고, 신라와
고구려의 군사적 충돌은 이 시기보다 늦게 발생하고 있다. 즉 눌지왕 34년
(450) 하슬라 성주가 悉直之原에서 고구려 邊將을 掩殺한 후 고구려에 卑
辭謝之 하였고, 눌지왕 38년(454) 고구려가 신라의 북변을 침공하였으며,
눌지왕 39년(455) 고구려가 백제를 침공하자 군대를 보내 지원해 주었
다.[33] 사료로 보건대 454년 즉 눌지왕 말년에 이르러서야 신라와 고구려

大 考古人類學科 文學碩士學位論文, 18~20쪽.

31) 『三國史記』 卷25, 百濟本紀 3 毗有王 7年 "秋七月 遣使入新羅請和"
   『三國史記』 卷3, 新羅本紀 3 訥祇麻立干 17年 "秋七月 百濟遣使請和 從之"

32) 『三國史記』 卷25, 百濟本紀 3 毗有王 8年 "春二月 遣使新羅 送良馬二匹 秋
   九月 又送白鷹 冬十月 新羅報聘以金明珠"
   『三國史記』 卷3, 新羅本紀 3 訥祇麻立干 18年 "春二月 百濟王送良馬二匹
   秋九月 又送白鷹 冬十月 王以黃金明珠 報聘百濟"

의 관계가 본격적으로 악화되어 양국의 군사 충돌이 행동으로 나타나는 것
이다.[34] 그러므로 그 이전의 오랜 기간 동안은 고구려로부터 선진 문물이
많이 유입되었을 것인데, 특히 광개토대왕의 신라 구원전 이후 신라에 대
한 고구려의 영향력은 매우 커졌을 것이다. 사료에 보이는 실성과 눌지의
왕위 교체 기사, 눌지왕 8년 고구려에 사신을 파견하는 기사를 비롯하
여,[35] 中原(충주) 高句麗碑의 新羅土內幢主 기사, 『일본서기』에 기록된
고구려군의 경주 주둔 기사 등을 통해 잘 알 수 있다. 그러므로 실성왕~
눌지왕대에 고구려 문물이 더 확산되었을 것이다.

또한 눌지왕 34년(450) 하슬라 城主가 실직벌에서 고구려 邊將을 掩殺
하는 사건, 468년 고구려의 悉直州 습격과 하슬라 주민을 동원한 신라의
泥河 築城, 481년 고구려의 미질부 進攻과 신라의 반격 등이 보인다. 이들
사료는 눌지왕 말년~자비왕대가 중심인데, 눌지왕대에는 고구려 문물이
많이 수용·확산되었을 것이나 자비왕대는 麗羅 관계가 악화된 후이므로
고구려 문물의 유입이 위축되었을 것이다. 그러므로 고구려 문물이 많은
황남대총 남분의 편년 시기는 눌지왕설이 더 유리하다.

---

33) 『三國史記』 卷3, 新羅本紀3 訥祇麻立干 38年 "八月 高句麗侵北邊"
   『三國史記』 卷18, 高句麗本紀6 長壽王 42年 "秋七月 遣兵侵新羅北邊"
   『三國史記』 卷3, 新羅本紀3 訥祇麻立干 39年 "冬十月 高句麗侵百濟 王遣兵
   救之"
34) 나제동맹의 실질적인 결성은 보빙시기였던 433~434년이 아니라 고구려의 백제
   침공에 대하여 신라가 군대를 지원한 눌지왕 39년(455)으로 보는 견해가 제기된
   바 있다. 눌지왕 17년과 18년 신라와 백제 간의 관계는 '군사동맹'이 아니라, '우
   호적 교섭'이며, 실질적인 '군사동맹'은 군사적 지원이 실제 가동된 눌지왕 39년
   (455)으로 본다(鄭雲龍, 1996, 「羅濟同盟期 新羅와 百濟 關係」, 『白山學報』
   46, 87~138쪽). 신라가 敵對國이었던 백제와 433~434년에 외교관계를 재개한
   다는 점은 신라의 對고구려정책의 변화가 이때부터 감지된다는 의미가 있다.
35) 『三國史記』 卷3, 新羅本紀3 訥祇麻立干 8年 "春二月 遣使高句麗修聘"
   『三國史記』 卷18, 高句麗本紀6 長壽王 12年 "新羅遣使修聘 王勞慰之特厚"

(3) 신라고분의 새로운 편년

앞의 장에서 황남동 109호 3·4곽의 편년은 고구려 남정 이전일 가능성
이 있고, 황남대총 남분의 편년은 눌지왕릉(5세기 3/4분기)일 가능성이 더
높다고 보았다. 그러면 이러한 편년을 기준으로 삼아 필자의 신라토기 편
년관을 설정해 보고자 한다.

먼저, 황남동 110호분과 황남대총 남분 간의 시간적 간격에 대한 논란
부터 설정해 보겠다. 필자는 황남동 110호분은 3단각 고배와 2단각 고배가
공존하나, 황남대총 남분은 2단각 고배만 있고, 기종과 시문 양상을 비롯
한 물질문화의 변화가 크므로 시간의 차이를 두어야 한다고 생각한다. 그
리고 신라식 草花形 金銅冠이 나온 복천동 10·11호보다 늦은 복천동 1호
분(동아대)은 토기상으로 볼 때, 황남동 110호분 단계이므로 복천동 1호분
과 황남대총 남분을 비교하면 두 고분 사이의 시간적 간격을 설정할 수 있
다. 앞의 〈표 6〉과 같이 두 고분 사이에는 토기상은 물론이고 금동관으로
도 선후 관계가 느껴진다. 즉 토기의 형식은 피장자의 사망 시기에 가까운
형식일 것이고, 금(동)관은 착용 시점부터 사망할 때까지 변화한 다양한
형식 모두를 매납했을 것이다. 금(동)관을 착용할 수 있었던 사람의 생존
기간이 길었다면 여러 형식의 금(동)관을 착용하였을 것이며, 토기와 금
(동)관의 형식 차이의 간격도 클 수밖에 없는 것이다. 그러므로 황남동
110호분에서 금(동)관이 출토되지 않았지만,[36] 복천동 1호분 출토 금동관
을 통해 황남대총 남분의 여러 형식의 금(동)관들과 비교해 볼 때 황남동
110호분과 황남대총 남분 사이에는 1분기 정도의 시간적 간격을 두는 것
이 합리적이라 판단한다.[37]

---

36) 필자가 복천동 10·11호를 황남동 110호분보다 선행한다고 보는 점에서 김용성의
   견해에 포함되며, 복천동 10·11호와 황남동 110호분을 동일한 단계(Ⅰa : 4세기
   3/4분기)로 본 이희준과는 차이가 있다.
37) 김용성은 황남동 109호 3·4곽을 4세기 4/4분기, 황남동 110호분, 황남대총 남분
   및 북분, 금관총을 5세기 3/4분기, 천마총을 5세기 4/4분기, 금령총, 호우총을 6
   세기 1/4분기로 하였다(김용성, 1996, 앞의 논문, 114쪽 표6 참조). 이희준은 황

다행히 최근에 발굴 자료가 급증하면서 황남동 109호 3·4곽, 미추왕릉
지구 5구 1호묘, 미추왕릉지구 5구 6호묘, 황남동 110호분, 황남대총 남분
까지의 변화 양상이 연결되는 자료가 찾아지고 있다. 예를 들어 경주 사라
리 유적Ⅰ의 중복유구인 127호 및 128호 적석목곽묘와 삼척 갈야산 수습
토기가 다음 〈표 7〉과 같이 주목된다.

〈표 7〉 황남동 110호분을 전후한 유구와 토기상

고분명	묘제	출토유물의 특징	순서
사라리유적Ⅰ 128호	日字形 주·부곽식 적석목곽묘	• 3단대각의 절두방추형이나 대각의 최하단이 비교 적 좁은 고배(미추 5구 6호묘에서 황남동 110호 분 이전 단계)	1
황남동 110호분	日字形 주·부곽식 적석목곽묘	• 3단각 고배와 2단각 고배의 공반	2
삼척 갈야산 수습토기	미상	• 장경호류는 파상문만 시문되었고, 경부가 비교적 직립을 유지, 대부장경호의 존재. • 고배는 대각의 가운데 돌대가 모두 2열이고, 하 단투창 밑에도 돌대가 표현되어 3단각 잔흔 • 황남대총 남분과 북분 형식의 대부완 존재	3
사라리유적Ⅰ 127호	凸字形 주·부곽식 적석목곽묘	• 3단대각의 절두방추형 고배와 2단대각 고배 출현 • 古式의 대부완이 존재 • 파상문이 시문되며, 대각도치형의 손잡이가 있는 뚜껑 • 2단대각 대부장경호 등장(황남동 110호분에 가 까운데, 2단대각 대부장경호가 보인다는 점이 주 목됨).	3

남동 109호 3·4곽을 낙동강 이동양식의 Ⅰa(4세기 3/4분기), 미추왕릉 5구-1호
및 6호와 황남동 110호는 Ⅰb(4세기 4/4분기), 황남대총 남분은 Ⅱa(5세기 1/4
분기), 호우총을 Ⅳ(6세기 전엽)으로 비정하고 있다(이희준, 1997, 앞의 논문, 91
쪽 표3 참조). 이 점에서 필자는 황남동 110호분과 황남대총과의 시간적 차이를
김용성의 편년안보다는 이희준의 편년안처럼 1분기 정도의 차이를 두고자 한다.
필자는 이희준의 편년관 가운데 미추왕릉 5구 1호와 6호묘, 황남동 110호분을 같
은 단계로 묶은 점을 받아들이기 어렵고, 김용성의 편년관 가운데 황남동 110호
분과 황남대총 남분 및 북분을 같은 시기로 본 점이 설득력이 부족하다고 본다.

여기서 주목되는 것은 일반적으로 2단대각의 대부장경호가 황남대총 남분 단계에 출현한다고 인정하는데, 사라리 유적 I 의 127호 단계에 이미 보인다는 점이다. 삼척 갈야산 출토 일괄유물[38])도 주목되는데, 황남동 110호분에서 황남대총 남분 사이에 넣을 수 있는 유구이다.[39]) 그러므로 상대편 년을 하면 사라리 유적 I 의 128호→황남동 110호분→삼척 갈야산 신라토기, 사라리 유적 I 의 127호 순으로 배열할 수 있다〈도판 2〉. 이와 같이 황남동 110호분을 전후한 시기의 토기상이 다양한 형식 변화와 기종 구성의 변화(예: 황남대총 남·북분형 대부완의 등장, 2단대각 대부장경호의 등장)로 보아 시간적 차이가 느껴진다. 이 점은 황남동 110호분에서 황남대총 남분 사이의 시간적 간격이 1분기 정도 존재함을 말해주는 것이다. 그렇다면 황남대총 남분을 눌지왕릉, 즉 5세기 3/4분기로 설정할 수 있으므로,[40]) 황남동 110호분은 1분기 정도의 시간 차이를 고려하여 5세기 2/4분기 정도로 비정할 수 있다. 그 이전 시기의 미추왕릉 5구 6호묘와 1호묘 단계, 그리고 황남동 109호 3·4곽은 5세기 1/4분기 또는 그 이전인 4세기 4/4분

---

38) 金鉐起, 1988, 「三陟 葛夜山 出土 新羅土器」, 『江原史學』 4, 江原史學會, 121~131쪽.

39) 早乙女雅博은 1987년 갈야산 상수도공사 수습 토기 중의 일부를 5세기 전반(하시동 I 기, 강원도 I 기)으로 보고 있다(早乙女雅博, 1997, 「三國時代 江原道の古墳と土器-關野貞資料土器とその歷史的意義-」, 『朝鮮文化硏究』 4號, 東京大學 文學部 朝鮮文化硏究室, 7쪽 및 12쪽). 포항 강사리유적 12호는 황남대총 남·북분형 대부완과 공반 출토된 2단투창고배의 각단 폭이 없으므로 남분 단계인데, 갈야산 수습품은 공반 토기로 보아 황남동 110호분~남분 사이에 배치될 가능성이 높다. 갈야산 수습품은 뚜껑도 보이지 않으므로 황남동 110호분보다 다소 선행할 가능성도 있다. 어느 쪽에 배치되던 간에 황남동 110호분을 전후로 하여 다양한 토기상을 보여주는 점은 의미가 있다.

40) 황남대총 남분의 AMS연대(김종찬, 2006, 「가속기 질량분석(AMS)에 의한 탄소연대측정과 한국고고학 현장 적용 사례」, 『고고학과 자연과학』, 제15회 영남고고학회 학술발표회)를 근거로 5세기 3/4분기로 비정하기도 한다(조성원, 2010, 「고분 출토 고배로 본 5세기대 낙동강하류역의 소지역성 연구」, 『영남고고학』 55, 25쪽). 황남대총 남분의 AMS연대에 대한 비판적 견해도 제기되었다(최병현, 2014, 「경주 월성북고분군의 형성과정과 신라 마립간시기 왕릉의 배치」, 『한국고고학보』 90, 143쪽).

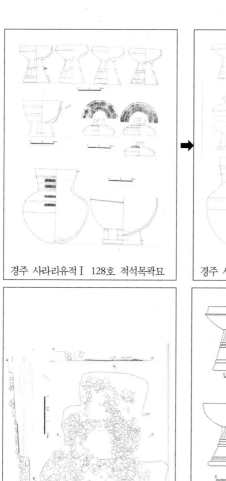
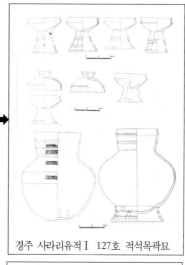
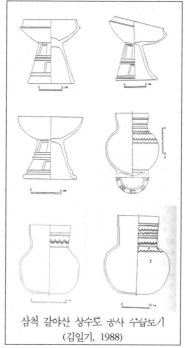

경주 사라리유적Ⅰ 128호 적석목곽묘

경주 사라리유적Ⅰ 127호 적석목곽묘

경주 사라리유적 128호-127호 중복유구

삼척 갈야산 상수도 공사 수습보기 (김일기, 1988)

〈도판 2〉 황남동 110호분 단계 전후의 토기상

기까지도 가능하다. 강릉에서 처음 출현하는 신라토기 형식도 황남동 109
호 3·4곽(늦어도 미추왕릉 5구 1호묘) 단계이므로 사료에 보이는 실직,
강릉의 첫 기사의 시점과도 일치하는 4세기 4/4분기로 보는 편년관도 역
사적 정황으로 보아 가능하기 때문이다.

그런데 최근에는 경주 지역 일대의 새로운 발굴 성과를 토대로 3단각
고배에서 2단각 고배로의 일원적인 변화를 부정하고, 2단각 고배가 황남동
109호 3·4곽 단계(1Ba기)부터 황남대총 남분 단계까지 3단각 고배와 공
존하면서 변화한다는 주장이 제기되었다. 또한 황남동 110호분(1Bc기)과
황남대총 남분(2a기) 사이는 시간적으로 큰 차이가 없다고 보고 있다.[41)]

그러나 그러한 계통적 변화와 흐름이 있음에도 불구하고, 황남동 109호
3·4곽 단계의 4단각 고배나 3단각 고배 기형이 2단각 고배보다 앞서는 것
도 인정된다. 또한 3단각 고배 등장(황남동 109호 3·4곽) → 3단각 고배
와 2단각 고배 공존 및 3단각 고배의 퇴화와 2단각 고배의 확산(미추왕릉
5구 1호·6호, 황남동 110호분 단계) → 3단각 고배의 소멸과 2단각 고배
의 정착(황남대총 남분) → 2단각 고배만 유행하는 경향성도 분명히 있다.
실제 최근 경주 지역 일대의 새로운 고분군 발굴 성과를 보면 황남동 109
호 3·4곽 단계 이후인 미추왕릉지구 5구 1호 단계부터 3단각 고배와 함께
2단각 고배가 부장되고 있고, 미추왕릉지구 5구 6호 단계와 황남동 110호
분 단계를 거칠 때까지 3단각 고배와 2단각 고배가 공반되는 유구도 매우
많다.[42)] 그러나 이들 고배들은 점차 3단각의 비율이 줄어들고, 3단각 고배
도 대각의 최하단부(脚裾部)의 폭이 점차 좁아지는 경향성을 보이고 있다.

---

41) 최병현, 2014, 「경주 월성북고분군의 형성과정과 신라 마립간시기 왕릉의 배치」,
   『한국고고학보』 90, 130~142쪽. 김두철도 3단각 고배와 2단각 고배가 공존하면
   서 변화하며, 황남동 110호분과 황남대총 남분을 같은 단계로 본다(金斗喆,
   2011, 「皇南大塚 南墳과 新羅古墳의 編年」, 『한국고고학보』, 81~82쪽).

42) 경주 인왕동 고분군, 경주 사라리 고분군, 경주 화곡리 신라분묘군, 경주 봉길리
   고분군, 포항 옥성리 고분군, 포항 대각리 고분군 등이 대표적인 고분군이다. 이
   미 동래 복천동 고분군에서 경주토기인 3단각 고배와 2단각 고배가 공반되는 유
   구들이 있음을 보여주고 있었다.

그러다가 황남대총 남분 단계에는 2단각 고배만 출토되는 것이다. 기존의 표식 유구를 바탕으로 한 경주의 신라고분 편년 서열과 신라토기의 편년 틀은 여전히 유효한 것이다.

다만, 문제는 황남동 110호분과 황남대총 남분을 동일한 단계로 볼 수 있는지 여부이다. 동일한 고분군에서 3단각 고배 출토 유구와 2단각 고배 출토 유구가 공존하고, 유구에 따라 3단각 고배와 2단각 고배가 동일한 유구에 공반도 하며, 별도로 3단각 고배만 매납되거나, 2단각 고배만 매납되는 유구도 있는데, 이러한 다양성은 토기 형식의 변화와 함께 시간성도 반영할 가능성이 높다.43) 더구나 남분의 고배 중에는 대각 상·하단에 3개씩의 투창이 뚫린 늦은 형식도 공반되고 있어44) 황남동 110호분과 동일 단계로 놓기는 곤란하다. 그러므로 필자는 황남동 110호 단계를 설정하고 그 전후로 시간폭을 두는 것이 경주의 신라토기 전개과정을 합리적으로 이해할 수 있고, 역사적 실상에도 올바르게 접근할 수 있다고 본다.

따라서 필자는 황남동 109호 3·4곽은 4세기 4/4분기(늦어도 5세기 1/4분기), 황남대총 남분을 5세기 3/4분기(눌지왕대)로 보는 것이 고고자료와 사료로 보아 더 적합하다고 판단한다.45) 이러한 편년관은 기본적으로 김용성의 신라토기 편년관에 속하지만, 황남동 110호분과 황남대총 남분은

---

43) 이러한 점에서 박광열 등과 같이 황남동 109호 3·4곽부터 황남대총 남분까지의 시간폭을 너무 짧게 설정한 고분편년안은 고분내 유구의 다양성과 유구별 매납 토기의 다양성에 비해 시간성을 반영하기 어렵다고 생각된다. 박광열은 경주계 토기의 양식은 5세기 1/4분기인 월성로 가-13호와 황남동 109호 3·4곽에서 시작되며, 5세기 2/4분기 단계인 미추왕릉지구 5구 6호 → 안계리 3호 → 황남동 110호를 거쳐 5세기 2/4분기 후반인 황남대총 남분으로 전개된다고 본다(박광열, 2012.7.28, 「신라토기의 발생과 전개」, 『제53회 고고학연구 공개강좌』, 영남문화재연구원, 9~10쪽).

44) 李惠眞, 2006, 「5~6世紀 慶山·大邱地域 土器 樣式의 統計學的 硏究」, 慶北大 考古人類學科 文學碩士學位論文, 18~20쪽.

45) 필자의 경주 신라고분 편년안은 박천수의 편년안과 흡사하다(朴天秀, 2010, 「新羅 加耶古墳의 曆年代」, 『韓國上古史學報』 69, 94쪽, 〈표 2〉新羅 加耶古墳 編年表(朴天秀案) 참조).

이희준의 견해처럼 단계를 두어야 한다는 입장에서 차이가 난다. 이후의 고분 편년은 주요 경주 고분을 중심으로 금관총이 5세기 4/4분기,[46] 천마 총은 6세기 1/4분기, 호우총을 6세기 2/4분기[47]를 중심으로 설정하고 강릉 지역 고분과의 병행관계를 설정하고자 한다. 그리고 殉葬 금지령(503)을 전후로 조성된 양산 부부총(금조총 포함)의 토기상으로 천마총 단계의 빈약한 토기상을 보완하도록 하겠다.

　　신라토기의 시기 구분은 황남대총 남분 이전은 전기신라토기, 이후는 중기신라토기, 단각고배의 출현과 부가구연장경호가 유행하는 후기신라토기로 구분하는 현재의 고고학적 연구 성과를 수용하였음을 밝혀둔다.[48] 필자도 이러한 신라토기 시기 구분과 단계 설정을 통해 고고학적 양상과 역사적 정황을 설명하겠다.

2) 하슬라 지역의 신라고분군

(1) 강릉 초당동 고분군

　　초당동 고분군은 경포 호수 남쪽의 낮은 사구지대에 위치하며, 바다와 강 하구에 인접한다. 일제시대부터 오늘날에 이르기까지 각종 개발공사와 도굴로 파괴·훼손되어 왔다. 고고학적인 조사는 그 동안 몇 차례 긴급 조사만 실시된 바 있다.[49] 이후 강릉대학교 박물관은 1993년 8월에 초당동

---

46) 李漢祥, 2003, 「5~6世紀 百濟·新羅·加耶墳墓의 交叉編年 研究」, 『國史館論叢』 101, 國史編纂委員會, 72쪽. 필자도 출자형금관이 3단이며, 토기상으로 보아 5세기 4/4분기 설을 따른다.

47) 朴光烈, 1999, 「新羅 瑞鳳塚과 壺杅塚의 絶對年代考」, 『韓國考古學報』 41, 73~106쪽.

48) 金龍星, 2003, 「皇南大塚 南墳의 年代와 被葬者 檢討」, 『韓國上古史學報』 42, 74쪽.

49) 김병모, 1971, 「강릉 초당동 제1호분」, 『문화재』 5, 문화재관리국 ; 백홍기, 1975, 「강릉 초당동 고분군에 대하여」, 『강릉교육대학 논문집』 7집. 초당동 고분군은 일찍부터 소규모의 긴급 수습발굴이 지속적으로 이루어진 까닭에 지구 구분 및 개별 번호가 혼란스럽다. 편의상 백홍기가 설정한 번호인 1968년 김병모가 강원

A, B지구(현대아파트 신축부지), 1995년 8월에 초당동 C지구(최윤길씨 가옥 건축터)에서 고분 유구를 조사하였다.[50] 최근까지도 강원문화재연구소와 예맥문화재연구원 등에 의하여 많은 고분 유적들이 지속적으로 발굴조사 되었다.[51] 그 밖에도 발견 매장문화재로 신고된 유물들도 있다. 강릉 초당동 고분군은 강원도 동해안 최대의 고분군이며, 위계상으로도 최고의 고분군이다. 여기에서는 학술지에 수록되었거나 보고서가 간행된 유적들 가운데 주요 고분을 편년 순으로 살펴보겠다.[52]

현재 초당동 고분군에서 가장 연대가 올라가는 것은 1984년 발견매장문화재 신고품(초당동 299-15번지)으로 3단각 무개고배와 古式의 대부완·대부파수부완 등으로 미추왕릉 5구 1호 단계인데, 대부완의 기형과 각단 형

ㄱ 강릉 초당동 299-15번지 발견매장문화재신고품(1984)　　　ㄴ (심현용, 2008, 17쪽)
　　(한문협, 2009, 518쪽)

〈도판 3〉발견매장문화재신고품(1984)(ㄱ) 및 관동대 박물관 소장 고배(ㄴ)

─────────

도 교육공무원연수원 내에서 발굴·조사한 것을 1호 무덤, 그 후 공사 중 파괴된 고분을 북에서부터 2호, 3호 무덤, 그리고 근래 도굴된 구릉의 남쪽 맨 끝부분에 위치한 고분을 제4호 무덤으로 적용하겠다.

50) 江陵大學校 博物館, 1995, 「江陵市의 古墳遺蹟」, 『江陵의 歷史와 文化遺蹟』, 學術叢書 11冊, 177쪽.

51) 江原文化財硏究所, 2005, 『江陵 草堂洞 遺蹟Ⅰ』, 學術叢書 34冊 ; 2006, 『江陵 草堂洞 遺蹟Ⅱ』, 學術叢書 50冊 ; 2007, 『江陵 草堂洞 遺蹟Ⅲ』, 學術叢書 66冊 ; 2000, 『江陵 草堂洞 遺蹟Ⅳ』, 學術叢書 90冊, 예맥문화재연구원, 2008, 『江陵 草堂洞遺蹟Ⅲ』, 學術調査報告 第13冊 ; 2008, 『江陵 草堂洞遺蹟Ⅳ』, 學術調査報告 第15冊.

52) 초당동 고분군에 대한 발굴 현황 및 연구 성과는 최근에 집성되어 다음 책으로 정리된 바 있다. 한국문화재조사연구기관협회, 2009, 『사적 제490호 강릉 초당동 유적』.

태로 보아 황남동 109호 3·4곽 단계까지 올라갈 가능성도 있다. 그리고 관
동대 박물관이 소장한 강릉 출토로 전하는 무개고배는 미추왕릉지구 5구
1호묘를 전후로 한 단계이다〈도판 3〉.

　다음 단계로는 초당동 유적Ⅳ-7호 수혈식 석곽묘가 가장 주목된다. 7호
석곽묘에서는 八자형 3단대각의 무개고배, 돌대로 배신과 구연부를 나누고
구연부가 바라진 古式 대부완, 파수부대부완과 함께 2단대각의 교호투창고
배도 출토되었다.[53] 필자는 경주 인왕동 고분군 10호 적석목곽묘 출토 유
물과 비교할 때,[54] 초당동 7호묘는 기종 조합과 기형이 차이가 나고, 뚜껑
이 출토되지 않았다는 점을 중시하여 황남동 110호분 단계의 이른 시기로
보겠다. 한편, 7호분에서는 木心鐵板被輪鐙의 柄部로 추정되는 철기편이
출토되었는데, 초당동에서 가장 빠른 단계의 유구 중에서 출토된 마구류이
므로 의미가 있다〈도판 4〉.

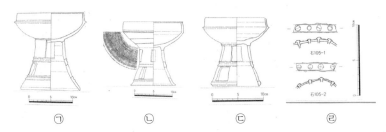

〈도판 4〉강릉 『초당동유적Ⅳ』-7호 석곽묘 출토 토기류

53) 이성주·강선욱은 7호묘 출토품이 황남동 109호분 3·4곽 단계의 표지 유물 중의
　　하나로 경주를 중심으로 포항, 울산, 영천 등지에만 집중 분배된 고배인데, 대형
　　고분이 아님에도 불구하고 초당동 고분군에서 출토되는 것을 보면 강릉 일원에
　　도 상당량이 분배되었을 가능성이 높다고 보았다. 그러나 동반된 3형식(필자 : 2
　　단각 투창고배)을 근거로 황남동 110호 단계로 보고 있다(李盛周·姜善旭, 2009,
　　『草堂洞遺蹟에서 본 江陵地域의 新羅化 過程』,『사적 제490호 강릉 초당동 유
　　적』, 한국문화재조사연구기관협회, 479쪽).
54) 國立慶州文化財硏究所, 2002,『慶州 仁旺洞 古墳群』, 學術硏究叢書 29, 195~198
　　쪽 도판 107~109 참조.

그리고 초당동 A-1호분도 주목된다. 구릉 최정상부에 위치하였고, 봉토
는 길이 14m, 높이 약 2.1m이다. 묘광은 길이 7.5m, 너비 2.2m이고, 세장
방형 수혈식 석곽묘이다. 도굴 때문에 유물은 거의 없었으나 금동제 허리
띠 꾸미개(과판) 2점이 수습되었다.[55] 이후 금동제 허리띠 꾸미개는 金銅
製 龍紋透彫帶金具로 확인되었다. 이로 보아 무덤의 주인이 상당한 지위에
있었을 것이나, 도굴 때문에 공반 유물이 거의 없어 축조시기를 파악하기
곤란하다. 하지만 초당동 A-1호분의 편년과 성격은 구조와 출토 유물로
파악할 수 있다. 먼저 중앙의 주곽과 부장곽이 격벽으로 구분되어 양쪽에
있는 目자형이고, 석곽의 내부 바닥 밑에 석관(1.82×0.5×0.3m)을 시설하
였는데, 고령 지산동 30호분의 주곽에서도 확인된다.[56] 이 지산동 30호분
의 편년은 황남대총 남분 이전으로 보는 경향이 강하다.[57] 그리고 동일한
형식의 金銅龍紋透彫帶金具가 경산 임당 7B호 주곽에서도 출토되었다.[58]
임당 7B호분은 호석의 축조상태로 보아 7A호분에 이어 두 번째로 축조되
었다. 그리고 7B호 호석의 일부를 제거하고 7C호가 북쪽에 축조되었다.
異穴墓壙主副槨式으로 長方形의 主槨(암광목곽묘)과 方形의 副槨(목곽
묘)으로 이루어진 임당 유적의 전형적인 昌자형이다〈도판 5〉. 임당 7B호
분의 편년은 3단각의 고배가 출토되었고, 임당 7C호분에서 발굴된 出字形
금동관의 형식이 황남대총 남분에서 출토된 여러 형식의 금동관 가운데 빠
른 단계이므로 7C호분보다 선행하는 7B호분은 당연히 황남대총 남분 단

55) 江陵大學校 博物館, 1995, 앞의 책, 179~180쪽.
56) 영남매장문화재연구원, 1998, 『고령 지산동 30호분』, 33쪽 및 96쪽 각주 11번.
57) 지산동 30호분의 편년에 대하여 박천수, 이희준은 5세기 1/4분기, 김세기는 5세
기 2/4분기로 보고 있다. 李熙濬, 2008, 「대가야 토기 양식 확산 재론」, 『영남학』
13, 경북대 영남문화연구원, 132쪽 ; 朴天秀, 1998, 「大伽耶圈 墳墓의 編年」, 『韓
國考古學報』 39, 89~124쪽 ; 김세기, 2003, 『고분자료로 본 대가야 연구』, 학연
문화사, 156~157쪽
58) 嶺南大學校 博物館, 2005, 『慶山 林堂地域 古墳群 Ⅷ(林堂7號墳)』, 305쪽 그
림 및 367쪽 사진 참조. 강릉 초당동 A-1호분과 경산 임당 7B호분의 금동용문
투조대금구가 유사하다는 점은 최근에 지적된 바 있다. 金載烈, 2007, 「慶山地
域 古墳의 裝身具 硏究」, 嶺南大 文化人類學科 文學碩士學位論文, 35쪽.

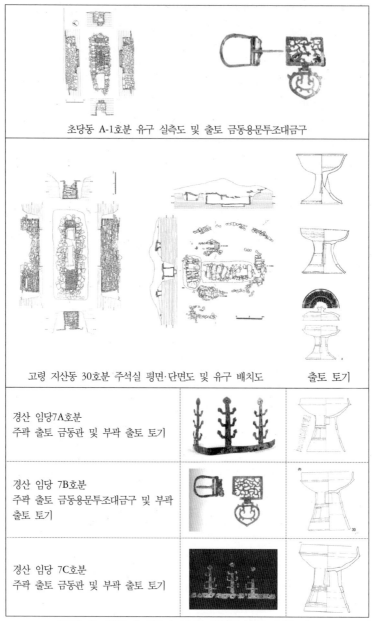

초당동 A-1호분 유구 실측도 및 출토 금동용문투조대금구

고령 지산동 30호분 주석실 평면·단면도 및 유구 배치도   출토 토기

경산 임당7A호분
주곽 출토 금동관 및 부곽 출토 토기

경산 임당 7B호분
주곽 출토 금동용문투조대금구 및 부곽
출토 토기

경산 임당 7C호분
주곽 출토 금동관 및 부곽 출토 토기

〈도판 5〉 강릉 초당동 A-1호분 유구와 출토 유물 비교

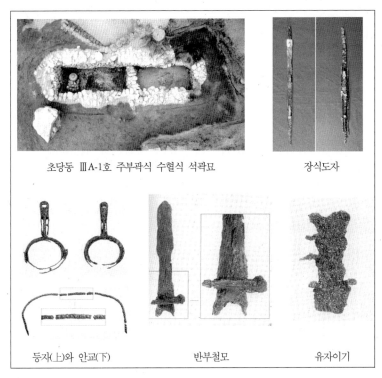

초당동 ⅢA-1호 주부곽식 수혈식 석곽묘   장식도자

등자(上)와 안교(下)   반부철모   유자이기

〈도판 6〉강릉 초당동 ⅢA-1호 주부곽식 수혈식 석곽묘와
출토 무기류 및 마구류

계보다 앞설 수 있다.[59] 이러한 유물은 신라 중앙의 영향력이 일찍부터
강릉 지역에 미치고 있음을 보여주는 중요한 의미가 있다.

---

59) 이희준은 임당 7B호를 Ⅰb(4세기 4/4분기)로 보고 미추왕릉 5구 1호 및 6호,
   황남동 110호와 평행기로 설정하였다(李熙濬, 1997, 「土器에 의한 新羅 古墳의
   分期와 편년」, 『韓國考古學報』 36, 91쪽 〈표 3〉 신라고분 편년표 참조). 김용
   성은 Ⅲ단계(高塚) 2b단계(5세기 전반 후엽)로 설정하고 3a단계(5세기 후반 전
   엽)인 황남동 110호 황남대총남분·북분보다 1단계 앞에 두었다(金龍星, 1996,
   앞의 논문, 114쪽 表6 참조). 박천수는 임당 7A호분과 7B호분을 황남동 110호
   분보다 한 단계 앞에 두었고, 임당 7C호를 황남동 110호분과 동일한 단계로 보
   았다(朴天秀, 2010, 「新羅 加耶古墳의 曆年代」, 『韓國上古史學報』 69, 94쪽
   〈표2〉 新羅 加耶古墳 編年表(朴天秀案) 참조).

초당동 A-1호분의 토기상은 알 수 없지만, 대신 초당동 유적Ⅲ-2호 목
곽묘(예맥문화재연구원, 2008)가 참고가 된다. 이 고분은 황남동 110호분
단계의 늦은 시기에서 황남대총 남분 단계의 이른 시기에 해당된다. 고배
의 하단투창 아래에 돌대가 2열이고 투창 아래가 3단대각의 잔흔처럼 약
간 넓은 것도 있다.

다음 단계는 초당동 유적 ⅢA-1호(강원문화재연구소, 2007)로 周溝를
두른 수혈식의 주부곽식 석곽묘이다. 하나의 토광(792×330×128cm)에 석
곽(620×145×135cm)을 만들고 그 안에 격벽을 쌓아 주곽(장축 344cm)과
부곽(장축 233cm)을 구분하였다. 적석목곽분의 축조 방식을 일부 채용하
였다는 견해가 있다.[60] 유물로는 관식(호접형:나비모양), 대금구, 이식, 장
식도자, 철모, 철촉, 등자, 행엽 등이 출토되었다〈도판 6〉. 특히, 관식은 금
동제로 의성 탑리 3곽과 창녕 교동 11호 출토품과 동일한 속성을 보인다.
창녕 교동 11호분과 의성 탑리 3·4곽은 황남대총 남분보다 늦게 보는 경
향이 있다.[61] 고구려에서 도입한 신라의 위세적 성격의 무기인 반부철모,
광형계 착두형 철촉도 출토되었는데, 이 유물들은 지방에서는 군사적 거점
지역에서 확인된다.[62] 초당동 유적 ⅢA-1호분의 편년에 대해 필자는 황
남대총 남분 단계에 더 가깝다고 본다. 특히, 고배에 시문된 망격문은 남분
에서만 주문양의 하나로 등장하고, 고배의 뚜껑에 '밀집파상문+삼각집선문
+사다리문'이 결합 시문된 예는 황남대총 남분의 뚜껑과 동일하다.[63] 반
면, 이들 요소들은 북분에서는 보이지 않는다. 그리고 대상파수를 3개 붙

---

60) 심현용, 2009(b), 「고고자료로 본 5~6세기 신라의 강릉지역 지배방식」, 『文化
   財』 42-3호, 國立文化財研究所, 9~10쪽.
61) 朴天秀, 2010, 앞의 논문, 94쪽 〈표 2〉참조 : 李熙濬, 1997, 앞의 논문, 91쪽
   〈표 3〉 참조.
62) 우병철, 2009, 「신라 철제 무기로 본 동해안 고분 축조집단의 군사적 성격」, 『4~6
   세기 영남 동해안지역의 문화와 사회』, 동북아역사재단, 237~238쪽 및 각주 34
   번 참조.
63) 文化財管理局 文化財研究所, 1993, 『皇南大塚 南墳 發掘調查報告書(圖版·圖
   面)』, 도판 313쪽 1·3번, 도면 167쪽 1·3번 참조.

초당동 ⅢA-1호분 출토 고배
(뚜껑: 밀집파상문+삼각집선문+사다리문의 배열,
배신:망격문),

㉠ 금동호접형 관식

황남대총 남분 출토 고배
(뚜껑: 밀집파상문+삼각집선문+사다리문의 배열, 배신:
망격문)

㉡ 의성 탑리3곽(上)
㉢ 창녕
교동11호(下)

〈도판 7〉강릉 초당동 ⅢA-1호분과 황남대총 남분 출토 유물 비교

인 대부완은 기형은 물론이고 배신의 가운데에 삼각집선문을 가로로 시문
한 것도 남분 출토품과 동일하나, 북분에서는 동일한 기종이 없다〈도판 7〉.

다음 단계는 초당동 B-16호(강릉대 박물관, 1995) 수혈식 석곽묘
(330×150×80cm)이다. 이 고분에서는 山字形 金銅冠을 비롯하여, (금동)
상원하방형 삼엽문환두대도, 금제이식, 토기류가 출토되었다.[64] 早乙女雅

---

64) 江陵大學校 博物館, 1995, 앞의 책, 178~183 및 183~185쪽.

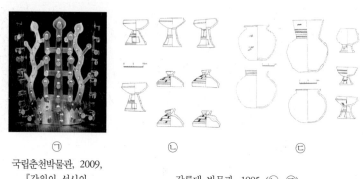

국립춘천박물관, 2009,
『강원의 선사와
고대문화』, 49쪽(복원품).　　　　강릉대 박물관, 1995 (ⓛ, ⓒ)

〈도판 8〉강릉 초당동 B-16호 출토 금동관과 토기류

博은 초당동 B-16호를 5세기 후반으로 보았고,[65] 이한상도 금동관으로 볼
때 5세기 말경의 관과 공통의 특징을 보인다고 지적하였다.[66] 초당동
B-16호분 금동관은 맞가지의 가장자리에 두 줄의 점열문이 장식된다.[67]
이러한 2열 점열문은 서봉총, 부부총, 금조총, 천마총, 금령총 등 늦은 시
기에 보이고, 앞 선 시기인 황남대총 남분, 북분, 금관총, 비산동 37호 1석
실의 전형적인 출자형관 등에서는 1열의 점열문이 보인다.[68] 그런데 서봉
총 출토 토기들은 '부가구연'이 된 토기들이 보이지만,[69] 초당동 B-16호분

65) 早乙女雅博, 1997, 「三國時代 江原道の古墳と土器-關野貞資料土器とその歷
史的意義-」, 『朝鮮文化硏究』4號, 東京大學 文學部 朝鮮文化硏究室, 12쪽.

66) 이한상, 2003, 「동해안지역의 5~6세기대 신라분묘 확산양상」, 『嶺南考古學』32,
38쪽. 그의 편년관으로는 5세기 4/4분기이다(李漢祥, 2000, 「新羅冠 硏究를 위
한 一試論」, 『考古學誌』11, 韓國考古美術硏究所, 121쪽).

67) 국립춘천박물관, 2008, 『권력의 상징, 冠 -경주에서 강원까지-』, 31·91·97쪽 사
진 참조.

68) 출자형 금동관의 입식 가장자리가 한 줄의 점열문인지, 두 줄의 점열문인지로 시
기를 구분할 수 있다(朴普鉉, 1986, 「樹支形立華飾冠 型式分類 試論」, 『歷史
敎育論集』9, 경북대 사범대학 역사교육과, 5~6쪽 ; 李漢祥, 2000, 앞의 논문,
114~115쪽).

69) 부가구연장경호의 존재는 박광열도 언급하였고, 그는 서봉총 출토 은합의 延壽

출토 토기들을 그 정도까지 내릴 수는 없다. 그러므로 초당동 B-16호분 관이 2줄의 점렬문을 장식하는 사례로 서봉총 관보다 앞선다고 해석하는 것이 합리적이다. 여기에 금동관의 세움장식에 달개가 달려 있어 남분보다 는 북분 단계에 더 가깝다〈도판 8〉.

다음 단계의 주요 고분은 C-1호 앞트기식 돌덧널무덤(橫口式 石槨墓, 강릉대학교 박물관, 1995)으로 세장방형이며, 장축은 남서-북동 방향이다. 석곽의 내곽은 길이 4.4m, 폭 1m, 깊이 1m이며, 전체 석곽의 크기는 길이 5.5m, 폭 1.8m이다. 銀製 鳥翼形冠飾의 왼쪽 날개부가 북동편 바닥에서 출토되었고, 오른쪽 날개부는 남서쪽 단곽의 외곽 출입구 쪽에서 토기, 쇠 칼 조각, 관못 등과 함께 출토되었으나 꽂이 부분은 수습되지 않았다. 추가 장을 하면서 석곽 안의 흙을 걷어내면서 밖으로 나온 것으로 추정된다〈도 판 9〉.[70] 초당동 C-1호분의 편년은 횡구식 묘제이고, 출토된 원저장경호 의 동체가 球형이나 경부와 동체부 상단·중단에 파상문이 시문되었으므로 6세기보다는 5세기 4/4분기 정도로 설정하고, 초당동 B-16호분보다 늦다 고 보겠다. 이 단계의 토기상은 초당동 123-1번지 주택 신축부지(『초당동

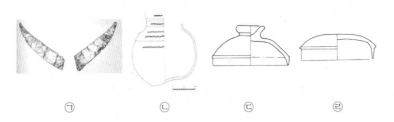

〈도판 9〉강릉 초당동 C-1호분 출토 유물(강릉대 박물관, 1995)

(ㄱ)   (ㄴ)   (ㄷ)   (ㄹ)

년호를 신다 지증왕 12년(511)을 나타내는 것으로 판단하였으며, 서봉총의 연대 는 지증왕이 사망한 514년경 전후로 보았다(朴光烈, 1999, 앞의 논문, 77쪽).
70) 江陵大學校 博物館, 1995, 앞의 책, 169~209쪽 ; 江陵大學校 博物館, 1996, 「領津里 1號墳 緊急 收拾調査 報告」, 『江陵 文化遺蹟 發掘調査 報告書(試 掘 및 緊急 收拾調査)』, 學術叢書 14冊, 177~219쪽.

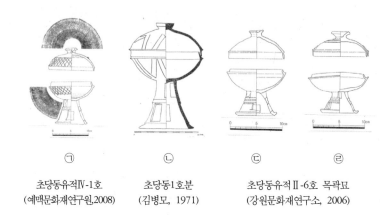

㉠	㉡	㉢	㉣
초당동유적Ⅳ-1호 (예맥문화재연구원,2008)	초당동1호분 (김병모, 1971)	초당동유적Ⅱ-6호 목곽묘 (강원문화재연구소, 2006)	

〈도판 10〉강릉 초당동 고분 출토 토기류

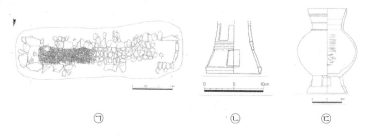

| ㉠ | ㉡ | ㉢ |

〈도판 11〉강릉 초당동 유적Ⅱ-Ⅰ지구 8호 연장형 석곽묘와 출토 토기

유적Ⅳ』, 예맥문화재연구원, 2008)가 참고가 된다. 1호 석곽묘는 고배 뚜껑과 배신에 X자문을 시문하였고, 배신이 반구화 되었으며, 대각도 가늘어졌고, 뚜껑의 꼭지도 투공이므로 시기가 내려온다. 황남대총 북분 이후인 5세기 4/4분기가 중심 시기로 판단된다.[71] 초당동 제1지구 1호(백홍기, 1975)도 2단각 투창고배가 대각이 날씬해지고 곡선화가 많이 진행되었으며, 배신과 뚜껑에 '겹Ⅴ'자 무늬(二重鋸齒紋)가 연속 시문되어 있어 부부

---

71) 예맥문화재연구원, 2008, 『江陵 草堂洞遺蹟Ⅳ』, 學術調査報告 第15冊.

강릉 초당동 유적Ⅱ(강문연, 2006)

강릉 초당동 유적Ⅳ(강문연, 2008)

강릉 초당동유적Ⅲ(예문연, 2008)

강릉 초당동 유적Ⅰ(강문연, 2005)

〈도판 12〉 철기시대 주거지를 파괴하고 조성된 강릉 초당동 고분군(석곽묘)

총 단계에 근접한다〈도판 10-㉠,㉡〉.

　이후의 토기상은 초당동 유적Ⅱ(강원문화재연구소, 2006)의 Ⅱ-6호 목곽묘 출토 고배가 대각이 낮아지고 대각하단 폭에 비하여 배신 폭이 넓으며, 배신의 구연부가 소위 'ㅅ'자형으로 내경하고, 대각단도 밖으로 편평하게 많이 벌어져 있어 호우총 직전 단계까지 내릴 수도 있겠다〈도판 10-㉢, ㉣〉. 그리고 초당동 유적Ⅳ(강원문화재연구소, 2008)의 15호 석곽에서는 환형대각이 부착되었고, 배신에 침선(음각선) 주름이 있는 대부완이 출토되어 6세기 중반을 전후로 하여 초당동 고분군의 하한을 시사한다.

　그밖에 초당동 유적Ⅱ(강원문화재연구소, 2006)의 Ⅰ지구 8호는 상수 지역에서 조사된 추가장을 위한 연장형 석곽묘로 의성식 토기가 출토되어 주목되는데, 신라토기로는 2단각 투창고배의 대각편 등이 출토되었다〈도판

11〉.72) 황남대총 남·북분 단계까지도 볼 수 있겠다.

그리고 초당동 고분군에서는 철기시대 주거지를 파괴하고 조성된 무덤이 상당히 많다. 즉 초당동 유적Ⅰ(강원문화재연구소, 2005)의 1호 석곽과 3호 석곽은 2호 철기시대 주거지, 초당동 유적Ⅱ(강원문화재연구소, 2006)의 Ⅰ지구 9호 석곽묘는 4호 철기시대 주거지, 초당동 유적Ⅳ(강원문화재연구소, 2008)의 9호·10호·11호·12호·17호·18호·20호 석곽묘가 철기시대 주거지와 중복되고 있다. 초당동 유적Ⅲ(예맥문화재연구원, 2008)의 석곽묘 2·3·4호도 철기시대 1호 주거지를 일부 파괴하고 조성되었다〈도판 12〉.73)

(2) 강릉 병산동 고분군

병산동 고분군은 강릉의 중심지를 흐르는 남대천의 하류 남쪽 사구 지대와 그 주변의 구릉 일대에 위치한다. 이 고분군은 지금까지 3차례에 걸쳐 발굴조사 되었다. 강릉대학교 박물관은 1998년도에 도로개설공사 지역의 구릉과 인접한 사구 지대에서 45기의 무덤을 발굴(이하 1지구라 통칭함)하였는데, 석곽묘가 33기로 대부분이며, 일부 목관묘, 목곽묘, 옹관묘가 포함되어 있다.74) 그 후 강원문화재연구소에서 2003년 강릉 청량-안목간 도로개설공사지역 내에서 수혈식 석곽묘 13기, 석곽옹관묘 2기, 옹관묘 1기, 추정 제사유구 1기 등 총 17기의 유구를 발굴조사 하였다. 유구는 일정한 간격으로 중복되지 않고 축조되었으며, 장축도 동-서 방향으로 일정하게 배치되었다. 석곽은 부장칸이나 시기를 반영할 만한 구조가 보이지는 않는다.75) 강원문화재연구소에서는 2004년에도 (주)유일공업사 건물 신축

---

72) 江原文化財硏究所, 2006, 『江陵 草堂洞 遺蹟Ⅱ』, 學術叢書 50冊, 56쪽.

73) 한국문화재조사연구기관협회, 2009, 앞의 책, 58·66·77·166쪽.

74) 강릉대학교 박물관, 1998, 「강릉 병산동 공항대교 접속도로 건설부지내 문화유적 발굴조사 약보고서」. 정식보고서는 최근에 발간되었다(江陵原州大 博物館, 2012, 『江陵 炳山洞遺蹟-강릉 병산동 공항대교 접속도로 건설부지내 문화유적 발굴조사 보고서-』, 學術叢書 40冊).

75) 江原文化財硏究所, 2003, 『柄山洞 古墳群-강릉 청량-안목간 도로개설공사지역 내 유적-』, 學術叢書 11冊, 172쪽 및 180쪽.

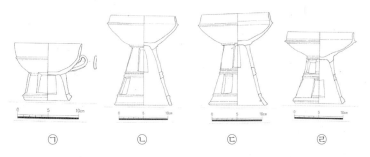

〈도판 13〉 강릉 병산동 고분군 II-8호 출토 토기

부지에서 수혈식 석곽묘 40기, 옹관묘 2기, 제사유구 4기 등 총 46기의 유구를 조사하였는데, 고분들은 서로 중복되지 않고 일정한 거리를 유지하고 있다.76) 주요 고분 유구를 편의상 편년순으로 서술하고자 한다.

현재 병산동 고분군에서 가장 빠른 유구 중의 하나는 병산동 고분군 II-8호(강원문화재연구소, 2007)로 세장방형 주부곽식 수혈식 석곽묘(390×67×97cm)이며, 판석 2매로 주곽과 부곽을 구분하였다. 출토 유물 중 파수부대부완(㉠)은 배부와 구연부가 나누어지며, 구연부가 밖으로 바라지고 손잡이가 배부에 붙었으며, 대각단은 날카롭게 처리되어 있다〈도판 13〉. 경주 고분과는 황남동 110호분(적석목곽묘), 월성로 나-13호, 안계리 고분군 3호분 중곽(적석목곽묘), 인왕동 고분군 9호 적석목곽묘, 천군동 피막유적 나-2호(토광묘), 사라리 유적의 7호 및 15호 적석목곽묘 등과 비교가 가능하다.77) 이들 고분의 고배들은 3단각의 전통이 남아 있어 대각의 최하단이 약간 낮아지거나, 2단각에 가까워지는 양상을 보여준다. 그리고 공통적으로 2단대각 장경호가 보이지 않으며, 공반토기류도 황남대총 남분 이전에 속함

---

76) 江原文化財研究所, 2007, 『江陵 柄山洞 古墳群 II-강릉 병산동 329번지 자동차 정비시설 부지내 유적』, 學術叢書 70冊, 291쪽.

77) 보고서에서는 월성로 나13, 황남동 110호와 비교한 바 있다(江原文化財研究所, 2007, 위의 책, 286쪽).

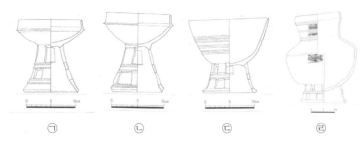

〈도판 14〉 강릉 병산동 고분군 Ⅱ-27호 출토 토기

을 알 수 있다. 동해안 일대에서는 포항 강사리 유적, 대각리 유적, 흥해 옥성리 고분군에서 많이 발견되며,[78] 대부분의 경우 황남동 109호분보다 늦은 단계의 토기와 공반되는 경우가 많다. 부산 복천동 1호분의 파수부대부완도 병산동 고분군 Ⅱ-8호 출토품과 비교된다. 복천동 1호분의 파수부대부완은 3단대각의 요소가 남아 있는 고배뿐만 아니라 초기 출자형 금동관 등과 공반 출토되고 있다. 이로 보아 병산동 고분군 Ⅱ-8호묘는 파수부대부완의 형태와 3단대각의 잔흔이 남아있는 2단대각 투창고배와 같은 공반유물로 볼 때, 황남동 110호분보다 다소 시대가 떨어진다. 현재 병산동 고분군 Ⅱ-8호와 동일한 형태의 대부완 및 1단대각 투창고배가 병산동Ⅱ 고분군에서 상당수 보이는데(11호·13호·24호·39호 수혈식 석곽), 동시기이거나 다소 늦을 것이며, 황남대총 남분보다는 빠르게 놓을 수 있다.

또한 병산동 고분군 Ⅱ-27호에서 2단각 투창고배와 함께 출토된 3단각을 보여주는 고배 1점(㉠)은 복천동 1호 출토 고배(하시동 서1호분 출토 동형 2점 포함)와 비교가 가능한데, 2단대각 대부장경호(㉣)도 공반 출토

---

78) 경상북도문화재연구원, 2007, 『浦項 江沙里 遺蹟』, 學術調査報告 第77冊, 도판 353쪽 ②번 참조. 聖林文化財硏究院, 2007, 『浦項 大覺里 遺蹟』, 學術調査報告 第11冊, Ⅱ구역-16·21·23·33 목곽묘 참조. 慶尙北道文化財硏究院, 2003, 『浦項玉城里古墳群發掘調査報告書』, 學術調査報告 第25冊, 31호 목곽묘 참조. 國立慶州博物館, 2000, 『玉城里 古墳群』Ⅰ·Ⅱ·Ⅲ, 17호 석곽묘, 23호·38호·66호 목곽묘, 106호 적석목곽묘 참조.

되었으므로 복천동 1호묘보다 시대가 떨어질 것이다〈도판 14〉. 필자가 사라리 유적 128호-127호 중복유구를 통해 언급한 바와 같이 2단대각 대부장경호가 황남대총 남분 직전에 이미 출현하였음을 시사하고 있다.

병산동 고분군 Ⅱ-26호묘는 주부곽식 석곽묘(400×80×95㎝)로 큰 판석형 할석 2매를 세워 격벽으로 부장칸을 만들었다. 은제 조익형 관식이 출토되어 주목된다.79) 공반 유물로 철제유물은 재갈, 유자이기, 연미형철모 등이다. 토기는 뚜껑 2점과 대부완 뿐이며, 뚜껑의 손잡이에 투창이 뚫려 있다. 대부완의 기형을 주목하면, 2단대각에 교호투창으로 대각이 높으며 배신은 반구형이다. 특히, 대각의 최하단이 비교적 넓어 3단대각의 요소가 잔존하므로 황남대총 남분보다 빠르게 볼 수 있다. 이러한 기형은 황남대총 남분에서 토기로 보이며(도판238), 황남대총 북분에서는 금제·은제고배로 보인다. 그러므로 황남대총 남분을 기준 시점으로 일단 설정하겠다. 병산동 고분군Ⅱ-33호에서도 Ⅱ-26호묘와 동일한 대부완이 출토되어 동시기로 놓을 수 있겠다. 이러한 대부완은 포항 강사리 12-2호묘에서도 출토되었는데, 5세기 후반 단계로 보고하였고,80) 황남대총 남분 단계로 보는 견해81)도 있다. 그런데 삼척 갈야산 일괄 수습품82)에서도 동일한 기형의 대부완이 미추왕릉지구 5구 6호묘 기형과 흡사한 3단대각 고배 및 황남동 110호분 단계의 토기들과 공반되고 있어 황남대총 남분보다 선행하여 발생하였을 가능성이 높다〈도판 15 및 16〉. 이러한 형식의 상한을 시사한다. 따라서 병산동Ⅱ-26호묘의 편년을 대부완을 기준으로 황남대총 남·북분 단계로 설정하고, 관식의 제작·착용 시점도 매장 시기보다 앞서거나 병행기로 설정하겠다.

---

79) 소위 '冠帽前立飾金具'로 부르기도 한다(朴普鉉, 1995, 「冠帽前立飾金具의 副葬樣相에 보이는 地域差」, 『古代硏究』 4, 古代硏究會, 5~19쪽).

80) 경상북도문화재연구원, 2007, 『浦項 江沙里 遺蹟』, 學術調査報告 第77冊, 334쪽.

81) 이한상, 2009, 「영남 동해안 지역의 신라 토기문화」, 『4~6세기 영남 동해안 지역의 문화와 사회』, 동북아역사재단, 65쪽.

82) 金駉起, 1988, 앞의 논문, 121~131쪽.

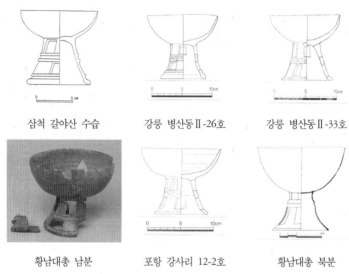

| 삼척 갈야산 수습 | 강릉 병산동Ⅱ-26호 | 강릉 병산동Ⅱ-33호 |

| 황남대총 남분 | 포항 강사리 12-2호 | 황남대총 북분 |

〈도판 15〉 황남대총 남분형 대부완 비교

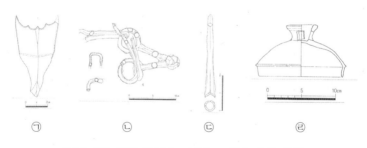

ⓐ　　　　　ⓑ　　　　　ⓒ　　　　　ⓓ

〈도판 16〉 강릉 병산동 고분군 Ⅱ-26호 출토 유물

　　이와 같이 병산동Ⅱ 고분군의 유구는 크게 황남동 110호분 늦은 단계와
황남대총 남분 단계(2단대각 대부장경호 및 남분형 대부완 출토 고분)로 구
분이 가능하며, 나머지 대부분의 고분들도 고배의 대각을 보면 투창이 5개
뚫렸거나 3단대각의 잔흔이 있으므로 이 시기에 포함될 것으로 생각된다.
　　한편, 병산동Ⅱ 고분군의 유구 가운데 의성 양식 토기들이 출토되었다. 보

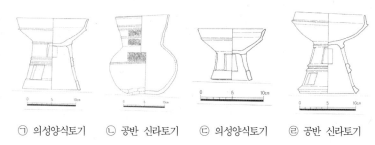

ⓐ 의성양식토기　　ⓑ 공반 신라토기　　ⓒ 의성양식토기　　ⓓ 공반 신라토기

〈도판 17〉강릉 병산동 고분군 Ⅱ-16호 (ⓐ,ⓑ) 및 Ⅱ-35호(ⓒ,ⓓ) 출토 토기

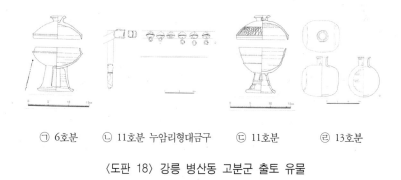

ⓐ 6호분　　ⓑ 11호분 누암리형대금구　　ⓒ 11호분　　ⓓ 13호분

〈도판 18〉 강릉 병산동 고분군 출토 유물

고서에서는 16호, 35호, 8호 석곽 출토품을 의성계로 언급하였다〈도판 17〉.

　병산동 고분군(강원문화재연구소, 2003) 가운데 1호, 4호, 6호, 7호, 8호, 11호, 15호 석곽묘는 1단각 투창고배로 보아 동일한 시기로 놓을 수 있다. 고배나 개배의 뚜껑 손잡이가 투공된 것들도 보이고(6호·7호·8호·9호·11호·14호), 대부직구호나 장경호의 동체부는 사각짓기가 약해지고, 최대경이 가운데인 둥근 것들이 많아 시기가 내려온다. 고배 뚜껑에는 삼각집선문(9호·14호), 종집선문(14호), X자 문양(7호·11호) 등이 시문되어 있다. 내부분 황남대총 님분·북분 딘계 이후의 새구이다. 13호분에서는 장군형 토기가 나왔는데, 공반 유물이 거의 없지만, 장군형 토기가 황남대총 남분·북분에서 보이지 않고, 금관총·금령총·천마총 등에서 보이므로 편년

㉠ 29호묘	㉡ 14호묘	㉢ 8호묘	㉣ 6호묘	㉤ 9호묘
국립경주박물관, 2009, 『신라황금』, 240쪽(㉡) 및 119쪽(㉠)		국립춘천박물관, 2009, 『강원의 선사와 고대문화』, 53쪽(㉢) 및 55쪽(㉣)		강릉대 박물관 홈페이지

〈도판 19〉 강릉 병산동 고분군 1지구 출토 유물

을 늦게 설정할 수 있다〈도판 18〉. 금관총 단계인 5세기 4/4분기가 중심 시기이고, 장경호의 구연부 편에 원점문이 시문되었고 유구의 단벽폭이 넓 은 4호분, 누암리형 대금구와 원점문이 시문된 고배 뚜껑이 공반된 11호분 으로 보아 천마총 정도인 6세기 1/4분기까지를 하한으로 볼 수 있다. 병산 동고분군 Ⅱ지구보다 후행하는 고분군이다.

병산동 고분군 1지구(강릉대학교 박물관, 1998)에서는 위세품이 출토되 었다. 9호묘는 횡구식으로 추정되며, 고배와 장경호 등 약 100여점의 토기, 鐵鼎 1점과 철촉 등이 출토되었다.[83] 8호묘에서는 은장 삼루대도, 6호묘에 서는 금동제 편원어미형 행엽(말띠드리개)이 출토되었다. 29호묘에서는 소 환연접구체 중간식과 수하식이 있는 태환금제이식이 출토되었는데〈도판 19〉, 공반 토기나 묘제로 보아 신라계로 보이나, 중간식의 형태 때문에 고 구려계로 보기도 한다. 편년은 9호묘 출토 2단각 투창고배가 대각이 직선 적이며 단부가 뾰족하고 투창 사이가 넓어 황남대총 남분 고배와 유사하 며, 19호분 출토 장경호 3점은 황남대총 북분 출토품과 유사한 것으로 보

---

83) 국립춘천박물관, 2002, 『국립춘천박물관(도록)』, 59쪽 하단사진 下列 左2) ; 이 한상, 2004, 「강원지역의 삼국시대 고분문화」, 『강원지역의 역사와 문화』, 한국대 학박물관협회 제50회 춘계 학술발표회, 42쪽. 심현용은 병산동 9호분을 강릉 지 역에서 처음 출현한 횡구식 석실묘로 5세기 3/4분기로 보았고, 이후 초당동 C-1 호분이 5세기 4/4분기에 조성되었다고 보았다(심현용, 2009, 앞의 논문, 18쪽).

았다. 그리고 개배 2점은 황남동 110호분 출토 뚜껑과 유사한 특징이 있어서 황남대총 남분보다 연대가 조금 더 소급될 가능성도 있다.[84]

(3) 강릉 하시동 고분군

하시동 고분군은 강릉의 남동쪽인 강동면 하시동리 산130-1번지 일대에 위치한다. 유적은 석호인 楓湖와 동해 바다 사이에 위치하며, 고분군의 남쪽에는 영동화력발전소가 있고, 군선강이 동해로 흐른다.[85] 고분군이 동해 바다의 砂丘지대에 대규모로 분포한 점에서 초당동이나 병산동 고분군과 입지가 동일하다.

하시동 고분군은 1912년에 강릉 지역에서 최초로 확인된 신라고분군이며,[86] 1970년에는 무덤 2기를 수습 발굴 조사하였다.[87] 그 후 고분군을 1973년 강원도 기념물 제18호로 지정하였다. 1978년에는 강원대학교 역사교육과에서 고분군의 외곽 지역에서 용도 미상의 유구를 발굴하여 呪術的인 성격의 유구로 보고하였다.[88] 근래 日人 학자가 하시동 출토 토기를 고찰한 바 있다.[89] 이중 고배 1점은 황남대총 남분 출토 고배와 매우 유사하며, 도면이 제시된 3점의 고배 가운데 대각이 3단으로 구획되고 上2단에 투창이 뚫린 토기 2점은 창녕 교동 3호분, 부산 생곡동 가달 2호와 6호

---

84) 이한상, 2003, 앞의 논문, 39쪽 각주 16번 및 40쪽.

85) 안인리 유적으로 알려진 철기시대 대규모 주거지 유적지가 하시동 고분군의 동남쪽 일대에서 발굴되었고, 이후 영동화력발전소의 폐탄처리장이 되었다.

86) 朝鮮總督府, 1916, 『朝鮮古蹟圖譜』 3. 1909년부터 1914년까지 조선총독부에서 실시한 고적조사 때 關野貞과 谷井濟一에 의해 처음 조사되었다.

87) 金正基·李鐘哲, 1971, 「溟州郡下詩洞古墳調査報告」, 『考古美術』 110. 韓國美術史學會.

88) 임세권, 1979, 「명주군 하시동 해변유적의 성격」, 『한국사연구』 26 ; 江原道, 1981, 『溟州下詩洞古墳群發掘調査報告書』.

89) 早乙女雅博, 1997, 「三國時代 江原道の古墳と土器-關野貞資料土器とその歷史的意義-」, 『朝鮮文化研究』 4號, 東京大學 文學部 朝鮮文化研究室 ; 毛森秀夫·白井克也, 1999, 「韓國江原道溟州下詩洞古墳群出土遺物-東京大學工學部建築史研究室所藏資料の紹介-」, 『朱雀(研究紀要)』 11, 京都文化博物館.

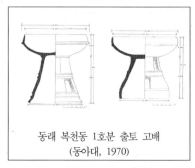

강릉 하시동 西1호분 출토 고배 (김정기·이종철, 1971)	동래 복천동 1호분 출토 고배 (동아대, 1970)

〈도판 20〉강릉 하시동 서1호분 및 복천동 1호분 출토 고배 비교

분 출토품과 유사하여 창녕양식토기로 보았다.[90] 반면 이한상은 고배를 안계리 4호분 북곽, 황남동 205번지 출토품과 연결시켰고, 대부장경호 가운데 종집선문과 중원문이 베풀어진 예는 천마총과 비교하였으며 동경대학교 소장품은 대부분 경주나 인근 지역에서 제작된 토기로 추정하였다.[91]

이와 같이 하시동 고분군은 발굴 조사가 거의 이루어지지 않았으나, 수습 자료를 통해[92] 대체적인 경향은 파악할 수 있다. 특히, 1970년대에 문화재관리국에서 조사한 후, 西1號墳, 西2號墳으로 명명한 2기의 고분이 주목된다. 동서를 장축 방향으로 하는 장방형 수혈식 석곽묘로 길이 3.52m, 폭 66cm이고, 주곽은 240cm, 부곽은 104cm이며, 부곽의 끝 부분은 둥글게 돌려져 있다. 주곽의 바닥은 부장품이 놓인 부분을 제외하고 납작한 강돌을 드문드문 깔았다.[93] 그런데 하시동 서1호분 출토 고배 2점이 부산 복

---

90) 定森秀夫·白井克也, 1999, 위의 논문.
91) 이한상, 2003, 앞의 논문, 41쪽.
92) 朝鮮總督府, 1916, 『朝鮮古蹟圖譜』 3. 關野貞 자료는 각주 89번 참조. 1970년 하시동 수습 신고품은 李昌鉉, 2006, 「江陵地域의 新羅化 過程-古墳資料를 中心으로-」, 『文化史學』 25, 韓國文化史學會, 85쪽 사진 6 및 심현용, 2008, 「考古資料로 본 新羅의 江陵地域 進出」, 慶北大 史學科 文學碩士學位論文, 그림 8의 ①, ② 참조. 두 사람이 소개한 사진은 1장은 동일하나, 1장은 다른 사진이므로 사실상 3장 모두를 보아야 한다.
93) 金正基·李鐘哲, 1971, 「溟州郡 下詩洞古墳調査報告」, 『考古美術』 110, 韓國美

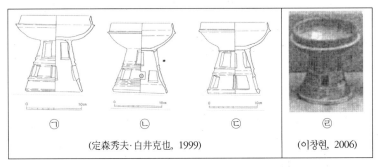

〈도판 21〉강릉 하시동 고분군 출토 토기
(동경대 소장 : ㉠,㉡,㉢, 1970년 신고품 : ㉣)

천동 1호분 출토 고배 2점과 형태 및 제원에서 동일하여 주목된다〈도판 20〉.[94] 부산 복천동 1호분도 금동관의 형식과 토기상으로 보아 황남대총 남분보다 선행하며, 하시동 서1호분 역시 토기상으로 보아 황남대총 남분보다 앞선다. 그 단계는 황남동 110호분 단계로 설정하면 무난하겠다.

하시동 고분군의 상한은 1970년 신고품 사진에서 보이는 고배와 대부완, 컵형토기로 볼 때 황남동 109호 3·4곽 단계에서 미추왕릉 5구 1호묘 단계까지 올라갈 가능성이 높다. 황남동 110호 단계를 전후한 고배 및 황남대총 남분 단계에 속하는 고배들도 상당수 보이며, 사진의 최하단과 바로 그 윗 단에는 부가구연화된 장경호류가 보이므로 늦게까지 잔존하였을 가능성이 있다〈도판 21〉.

(4) 강릉 안현동 고분군

안현동 고분군은 강릉의 경포 호수 북쪽 샌드파인리조트 건설 예정 부지에서 발굴되었고, 목곽묘 36기, 석곽묘 13기, 옹관묘 9기, 매납유구 3기

術史學會.
94) 심현용, 2009(a), 「고고자료로 본 신라의 강릉지역 진출과 루트」, 『大丘史學』94, 14쪽.

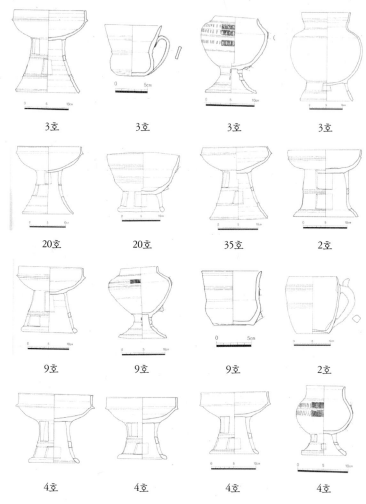

3호   3호   3호   3호

20호   20호   35호   2호

9호   9호   9호   2호

4호   4호   4호   4호

〈도판 22-①〉강릉 안현동 고분군 목곽묘 출토 토기(예문연, 2011)

등 모두 61기의 분묘 유구가 조사되었다. 구릉의 정상부와 사면 일부가 군사 시설 및 민가 건축 등으로 삭평 및 절토되었으므로 원래 더 많은 수의 삼국시대 분묘가 축조되었을 것이다.

목곽묘 출토 유물 중에는 古式의 3단각(3호·9호·35호)이나 4단각(20
호)의 교호투창 무개고배도 출토되고, 대부분의 고배는 유개식의 형태로
두껑받이 턱이 있지만, 뚜껑이 전혀 동반되지 않는다. 그리고 2호(1점)와
4호(3점), 9호(1점) 등에서 '복천동식 고배'가 출토되었다. 특히, 영동 지
방에서는 최초로 (파수부)광구소호, 컵형토기, 대부파수부호가 발굴 유물
로 출토되었다. 대부파수부호는 기형과 문양 구성(점열문)에서 부산 화명
동 7호 출토품이나 경산 임당 G-5호분 주곽 출토품과 유사한데, 이 기종
은 경주 지역보다 부산·경남 지역에서 다수 출토되므로 '복천동식 고배'와
함께 관련성이 주목된다〈도판 22-①〉.

목곽묘의 초축은 3호가 주목되며, 古式의 장경호와 대부장경호, (파수
부)광구소호, 3단대각의 上2단투창고배, 대부파수부호가 출토되었다. 이 가
운데 3단대각 고배는 나팔형 대각의 형태, 최하단이 넓은 3단대각, 직립구
연의 수평한 끝단, 돌출한 뚜껑받이턱 등의 요소가 편년 설정에 도움이 되

안현동 목곽묘 3호　　　　　　　　안현동 목곽묘 20호

안현동 목곽묘 4호　　　　　　　　안현동 목곽묘 36호

〈도판 22-②〉강릉 안현동 고분군(목곽묘) 출토 토기(예문연, 2011)

며, (파수부)광구소호, 대부파수부호 역시 편년 설정의 중요한 자료이다. 이 유적의 목곽묘군들의 토기는 경주식(慶州産)이며, 경주 황남동 109호 3·4곽, 미추왕릉 5구 1호묘 및 6호묘 단계에 속한다〈도판 22-②〉. 강릉 지역의 가장 빠른 신라고분으로 고고학적 출토 맥락을 가졌다는 점에서 그 의의가 매우 크다.

또한 목곽묘와 석곽묘는 일부 혼재하기도 하지만, 대체적으로 영역을 달리하여 축조되었고, 구릉의 정상부 및 사면 상단부가 먼저 묘역으로 사용된 후, 점차 구릉의 남쪽과 서쪽 사면, 사구 지대로 확대되는 방향성이 확인된다. 그러므로 목곽묘와 석곽묘는 일정 시기 동안 공존 후 목곽묘에서 석곽묘로 대체된 것이며, 시간성을 반영하고 있다. 석곽묘의 상한은 목곽묘의 하한과 병행하는 황남대총 남분을 전후한 시점으로 사료되며, 하한은 12호 석곽묘의 출토 유물로 보아 6세기 전반대로 판단된다.[95]

(5) 강릉 영진리·방내리 고분군

강릉에서 주문진으로 올라가는 7번 국도변의 영진리 홍질목 고개의 좌·우측 구릉지(해발 20~30m)에 고분군이 분포한다. 이들 구릉은 7번 국도의 개설로 단절된 것이며, 우측 구릉은 영진리, 좌측 구릉은 방내리이다. 동쪽으로는 동해와 접하고, 남쪽에는 연곡천이 흘러 동해로 들어간다. 이 구릉의 능선에는 일제시대에 도굴된 횡혈식 봉토석실분 1기가 지방기념물 제42호로 지정되어 있고, 그 외에도 16기 정도의 봉토분이 확인된다.

강릉대학교 박물관이 1989년 영진리 1호분의 발굴을 시작으로,[96] 1990년에는 당시 체신부 소관의 건물 신축 공사부지 조사에서 무문토기시대 집자리와 함께 신라고분 7기를 조사하였다.[97] 이후 1993년 7번국도 확장 공

---

95) 예맥문화재연구원, 2009, 「강릉 샌드파인리조트 신축공사부지내유적 발굴조사 3차 지도위원회의 자료」; 박수영 외, 2009, 「강릉 안현동 삼국시대 분묘군」, 『제33회 한국고고학전국대회』, 384~398쪽.

96) 江陵大學校 博物館, 1996, 「領津里 1號墳 緊急 收拾調査 報告」, 『江陵 文化遺蹟 發掘調査 報告書-試掘 및 緊急 收拾調査-』, 學術叢書 14冊.

사와 1996년 주유소 부지에 대한 발굴 조사도 있었다.[98] 그 외에도 유구의 내부가 드러나 있는 석실묘 2기가 실측·보고되었다.[99] 통일신라시대 명주 영현 支山縣과 관련되는 고분이다.

영진리 1호분(강릉대학교 박물관, 1996)은 남-북 방향을 장축으로 하는 수혈식 장방형 석곽묘로 보고하였다.[100] 그러나 많은 학자들이 '사방식 적석목곽묘'이며,[101] 편년은 황남대총 남·북분 단계로 보고 있다.[102] 실제 이후에 영진리 일대에서 사방식 적석목곽묘들이 더 발굴 조사된 바 있다.[103] 이러한 묘제는 경주와 신라의 외곽에서 확인되며, 신라토기가 출토되므로 신라 문화의 파급에 따라 생겨난 묘제로 파악한다. 영진리 1호분의 규모는 도면상 석곽 내부 시상 바닥의 장축 길이가 400cm 정도이고, 경부에 밀집파상문이 시문된 원저장경호, 2단각 투창고배 대각편, 비교적 작은 크기의 투창이 뚫린 뚜껑의 꼭지 등으로 보아 황남대총 북분 단계 쪽으로 보아야 할 것 같다〈도판 23〉.

---

97) 江陵大學校 博物館, 1996,『江陵 坊內里 住居址』, 學術叢書 6冊.
98) 江陵大學校 博物館, 2007,『江陵 領津里 古墳群』, 學術叢書 44冊.
99) 李相洙, 2000,「江陵 領津里 封土石室墳의 構造와 性格」,『博物館誌』創刊號, 關東大 博物館.
100) 江陵大學校 博物館, 1996,「領津里 1號墳 緊急 收拾調査 報告」,『江陵 文化 遺蹟 發掘調査 報告書-試掘 및 緊急 收拾調査-』, 學術叢書 14冊.
101) 李熙濬, 1996,「慶州 月城路 가-13호 積石木槨墓에 대하여」,『碩晤尹容鎭敎 授 停年退任紀念論叢』 ; 金大煥, 2001,「嶺南地方 積石木槨墓의 時空的 變遷」,『嶺南考古學』 29, 嶺南考古學會, 79쪽 각주22 ; 심현용, 2009(b),「고고 자료로 본 5~6세기 신라의 강릉지역 지배방식」,『文化財』42-3호, 國立文化財 研究所, 9쪽.
102) 심현용은 영진리 1호분을 5세기 3/4분기로 강릉 지역에서 가장 빠른 사방식 적 석목곽묘로 보았다(심현용, 2009(b), 위의 논문, 9쪽).
103) 이창현은 토광묘(목곽묘)를 형식 분류하면서 묘광과 목곽 사이를 천석과 흙을 함께 충전한 것을 목곽묘 뒤채움 방식 '나'형으로 규정하고, 영진리·방내리에서 10기나 확인되며, 사방식 적석목곽묘로 불린다고 하였다(李昌鉉, 2005,「江陵地 域 新羅古墳의 形式學的 考察」,『江原考古學報』 6, 36쪽). 심현용도 이창현이 지적한 10기 모두를 적석목곽묘로 추정하고 있다(심현용, 2009, 위의 논문, 9쪽). 최근 공간된 발굴보고서에는 B-1호, A-20호, B-29호를 사방식 적석목곽묘로 분 류하였다(江陵大學校 博物館, 2007, 앞의 책, 244쪽).

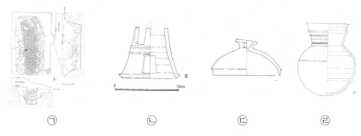

〈도판 23〉강릉 영진리 1호분 유구와 출토 토기

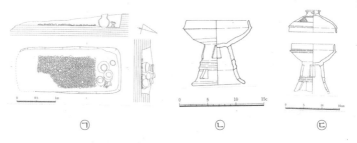

〈도판 24〉강릉 영진리 A-19호묘 유구와 출토 토기

영진리 고분군(강릉대 박물관, 2007)은 小路를 사이에 두고 A지구와 B 지구로 구분되는데, A지구에서 26기(석곽묘 4기, 목곽묘 22기), B지구 31 기(목곽묘 22기, 석곽묘 8기, 옹관묘 1기)의 유구가 조사되었다.[104] 이 고 분군에서 가장 빠른 단계는 A-19호 목곽묘로 대표할 수 있다〈도판 24〉. 2 단각 투창고배 2점은 배신의 구연부가 길고 직립한 편이고, 대각은 곡선화 가 덜하고 길이도 길다. 대각의 투창은 상단은 종장방형, 하단은 방형으로 비교적 古式의 형태이다. 뚜껑도 꼭지가 넓은 편이고 투창도 비교적 큰 편 으로 古式이며, 종집선문을 시문한 것과 삼각집선문을 시문한 것도 있다. 원저장경호나 대부장경호는 밀집파상문이 경부와 어깨부에 시문되었고, 대 부장경호는 1단대각만 있다. 장경호류의 경부가 길어지고, 벌어지며, 어깨

―――――――――

104) 江陵大學校 博物館, 2007, 앞의 책. 영진리 고분군 보고서의 유구 수효이다.
     B-21-1호 목곽묘를 B-21호의 배장묘로 보고 1기로 처리함.

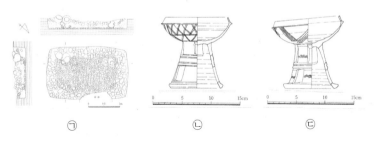

ㄱ   ㄴ   ㄷ

〈도판 25〉강릉 영진리 B-1호 유구와 출토 토기

의 사각짓기가 약하거나 없는 것도 있어 황남대총 북분 단계를 전후한 시기로 볼 수 있다. 동일한 단계의 유구는 A-4호 목곽묘, A-23호 목곽묘, A-26호 목곽묘, B-18호 목곽묘, B-24호 목곽묘 등이다.

그 뒤를 이어 B-1호 등의 사방식 적석목곽묘들이 조영되고 있다〈도판 25〉. 고배의 배신과 뚜껑에 'X자문'과 '원점문'이 시문되고, 부가구연 원저 장경호 등의 존재로 보아 영진리 고분군은 황남대총 북분 이후 부부총 단계를 전후하여 집중해 있음을 알 수 있다. B-14호 석곽묘의 2단각 투창고배의 경우 단각화가 진행되었고 대각이 낮아지고, 배신폭에 비하여 대각폭이 많이 좁아졌으며, 투창의 크기도 작아졌다. 호우총 직전 단계로 보인다.

이 고분군에서는 목곽묘의 뒤를 이어 사방식 적석목곽묘가 만들어지고, 경주에서 제작되었을 것으로 추정되는 토기도 일정 비율이 있으나, 현지에서 제작된 것도 상당수 있는 점이 특징적이다.

방내리 고분군(강릉대학교 박물관, 2007)은 석곽묘인 2호, 3호, 4호, 5호와 횡구식 석실묘인 1호와 6호가 혼재하는데 횡구식은 단벽의 폭이 비교적 넓어진 상태이다. 이 가운데 1호, 4호, 5호는 출토 유물이 없다. 2호 석곽묘 출토 고배는 단각화가 진행되어 대각이 짧아지고 있고, 장경호류는 부가구연이 되어 있다. 한편 1990년 당시 체신부 소관의 건물 신축 공사부지에서 신라 고분 7기가 발굴되었다. 1·2·3·4·5·6호는 석곽묘로 수성되며, 대부분의 유구가 교란 및 파손이 심하다. 2·3·4호는 장축길이 240㎝

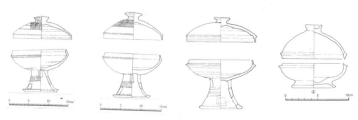

ㄱ 영진리B-14호   ㄴ 영진리B-14호   ㄷ 방내리2호 석곽묘   ㄹ 방내리 5호묘

〈도판 26〉강릉 영진리 B-14호 및 방내리 출토 토기

정도를 전후로 한다. 7호는 장방형석곽(260cm×150cm×잔존깊이80cm)으로 횡구식 석실묘로 추정된다. 출토 유물은 5호묘에서만 환상굽형의 단각고배 2점, 고배 뚜껑 2점과 군청색의 유리구슬 19점이 발견되었다. 환상굽형의 단각고배와 고배 뚜껑 가운데 1점이 보주형 꼭지인 점을 중시하면 6세기 중반 이후로 보아야 하겠다〈도판 26〉.[105]

(6) 양양 원포리 고분군

양양군 현남면 원포리 산45-2번지 일대의 구릉에 위치하며 유적의 동쪽은 7번 국도와 동해에 접하며, 남쪽은 화상천이 흘러 동해로 들어간다.[106] 총7기로 모두 수혈식 석곽묘이다. 원포리 1호(324cm), 2호(354cm), 3호(372cm), 4호(362cm), 5호(372cm), 6호(340cm), 7호(363cm)는 모두 비슷한 규모로 석곽 장축의 길이가 400cm를 넘은 유구가 없으며, 위세품도 없다는 점에서 대형과 중형의 기준을 400cm로 구분하는 방증 자료가 된다.

원포리 3호 석곽묘는 주곽 석곽의 장축 옆에 작은 방형 토광이 부곽으로 붙어 있다. 유개고배의 기형과 대각도치형 뚜껑꼭지의 형태, 뚜껑에 시문된 삼각집선문 등은 물론이고 대부장경호도 1단대각만 출토되어 황남대

---

105) 江陵大學校 博物館, 1996, 앞의 책, 136쪽.
106) 江陵大學校 博物館, 2007, 앞의 책.

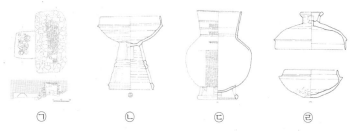

<도판 27> 양양 원포리 3호분 유구와 출토 토기

총 남분 단계가 적합하다〈도판 27〉. 원포리 1호는 대각이 곡선화가 커지고 날씬해지며 대각 상단의 폭이 좁아지고, 고배의 뚜껑 꼭지도 투창형과 투공형이 모두 보이며, 부가구연대부장경호가 출현하므로 6세기 초반·전반까지도 내릴 수 있겠다. 나머지 유구들도 이 사이에 포함되며, 7호묘는 상원하방형 환두대도 1점이 출토되었는데, 환두 내부의 장식물은 없다.

황남대총 남분 단계에 고분군이 이미 조영되기 시작한 점은 신라화라는 관점에서 보면 의미가 있다. 또한 인근 내륙 쪽의 산봉우리에 위치한 후포매리 신라산성과도 관련될 것으로 여겨지며, 통일신라시대 명주의 영현 洞山縣과 연결될 것으로 판단된다.

(7) 정선 임계리 고분군

정선군 임계면 송계리 동쪽에 위치하였으며, 신라시대의 수혈식 석곽묘 7기, 옹관묘 4기, 제사유구 1기 등이 확인되었다. 유구들은 중복되지 않고 일정한 거리를 유지하므로 시간적 단절 없이 일정 기간 동안 묘역이 조성되었다고 볼 수 있다. 출토 유물은 2단각 투창고배와 1단각 투창고배이며, 단각고배는 확인되지 않는다. 뚜껑은 대각도치형과 단추형 손잡이로 구분되며, 대각도치형은 개신에 삼각집선문을 시문하였다. 장경호는 밀집파상문이 주로 장식되었으며, 지표에서 수습된 장경호는 부가구연의 형태를 띠고 있다. 5세기 후반에서 6세기 전반 경으로 편년하고 있다.[107) 10호분의

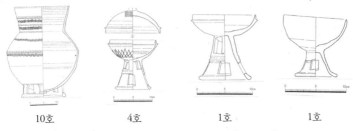

| 10호 | 4호 | 1호 | 1호 |

〈도판 28〉정선 임계리 고분군 출토 토기

수혈식 석곽묘   횡구식 석실분

〈도판 29〉정선 임계 송계리 산성 주위 고분군 (필자 촬영 : 2004)

대부장경호와 4호분의 2단각 투창고배의 배신에 X자문이 시문되었고 대각
의 형태로 보아 5세기 4/4분기가 중심 시기임을 시사하고, 1호분에서는 2
단각 투창고배, 대부완 등과 함께 대부배가 출현하고 있다〈도판 28〉.

인근의 송계리 산성의 서남쪽 능선과 사면에는 약 200여기의 석곽봉토
분과 석실봉토분이 조밀하게 분포하고 있다〈도판 29〉. 규모가 큰 장방형
횡구식 석실분은 주로 능선 상에 있으며, 장축은 능선의 방향과 일치한다.
석곽분은 세장방형의 좁고 긴 형태이고, 주로 경사면에 위치하며, 장축 방
향은 규칙성을 찾기 어렵다. 통일신라시대 명주의 영현 棟隄縣과 연결될
것으로 판단된다.

---

107) 江原文化財研究所, 2007, 『旌善 臨溪里 古墳群』, 學術叢書 72冊, 113~114쪽.

(8) 정선 신월리 고분군

정선읍 신월리에 위치한 고분군이다. 강원대학교 박물관이 1991년 12기의 고분을 발굴하였는데, 유물을 수습한 유구는 10호, 11호, 12호이다.[108] 이 가운데 11호분은 다른 유물은 없고, 소뼈만 바닥에서 발견되었다. 각 다리뼈들의 끝은 도살도구로 내리쳐 부러뜨린 자국이 있으며, 뿔의 뿌리 쪽은 도끼와 같은 연장으로 수차례 잘라낸 자국이 있다. 고분군이 위치한 산의 이름이 祈雨山으로 祭儀와 관련될지 모르겠다. 11호와 12호는 모두 한 쪽 단벽이 없는데, 도굴 때 산 밑으로 굴려버렸을 가능성도 있다. 10호분의 경우 2구의 시신이 머리를 양끝으로 하고 중앙으로 다리를 뻗은 상태인 부부 합장무덤으로 생각한다는 보고서의 서술을 존중하면 횡구식 석곽묘일 가능성이 높다. 출토 유물로도 대부장경호의 경우 2점 모두 대각의

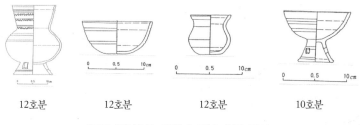

12호분   12호분   12호분   10호분

〈도판 30〉정선 신월리 고분 출토 토기

11호분(개석 세서 선)   11호분(개석 제기 후)

〈도판 31〉정선 신월리 고분군 (필자 촬영 : 1991)

투창수가 3개로 극히 적어지고, 투창의 크기도 작으며, 대부완은 대각에 소형의 투창이 상단 또는 하단에 3개가 뚫리고 배신도 사발형으로 신라의 한강 유역 진출 이후 등장하는 기형이다.109) 그리고 대부합에 국화문과 수직점렬문이 결합하는 인화문도 출현하고 있어, 시기차도 느껴진다. 12호분도 대부장경호로 보아 10호분과 동시기이거나 다소 선행할 것으로 보인다.110) 12호분에서는 목이 졸린 소형의 배형토기도 출토되었는데, 이러한 기형도 단각고배 단계의 토기와 주로 공반한다.111) 6세기 중·후반 이후에서 7세기가 중심시기인 고분군이다〈도판 30 및 31〉.

3) 하슬라 지역 신라고분의 전개

현재 강릉 초당동 고분은 위세품이 출토된 대형분인 A-1호(현대아파트, 금동용문투조대금구), ⅢA-1호(84-2번지 1호, 금제호접형관식), B-16호(현대아파트 182번지 1호, 출자형금동관), C-1호(123-3번지, 은제조익형관식)의 편년에 견해 차이가 있다. 필자는 앞에서 검토했듯이 A-1호→Ⅲ A-1호→B-16호→C-1호 순으로 본다. A-1호는 금동용문투조대금구를 임당 7B고분과 비교하여 황남동 110호분 단계로 보았고, ⅢA-1호는 토기류를 중심으로 비교하여 황남대총 남분 단계로, B-16호는 금동관의 특징과

---

108) 강원대학교 박물관, 1991, 『정선신월리고분』, 유적조사보고 제10집.
109) 강진주는 한강 유역 출토 무개고배를 Ⅰ·Ⅱ·Ⅲ형으로 분류하였는데, 6세기 중반~7세기 후반으로 편년하였다(姜眞周, 2007, 「漢江流域 新羅 土器의 性格」, 『先史와 古代』 26, 韓國古代學會, 100쪽). 신월리 10호분의 대부완(무개고배)은 Ⅰ형으로 분류할 수 있다.
110) 정선 신월리 고분군은 단각고배 출현기 이전인 적석목곽분기에 시작되었고, 이후인 인화문토기기에도 형성된 고분군으로 보기도 한다(朴普鉉, 2003, 「湖西地域의 水系別 新羅文化 定着過程」, 『嶺南考古學』 32, 70쪽, 〈표1〉 참조).
111) 대구 욱수동고분군(영남대 박물관, 2002) 가-12호 출토유물 참조. 한편, 목이 졸린 (대부)배형토기는 동해 구호동, 정선 임계리 고분군에서 보이며 6세기 전반까지 출현 시기를 소급할 수 있으며, 춘천 봉의산 고분군에서도 인화문토기와 출토되어 통일기에도 보인다.

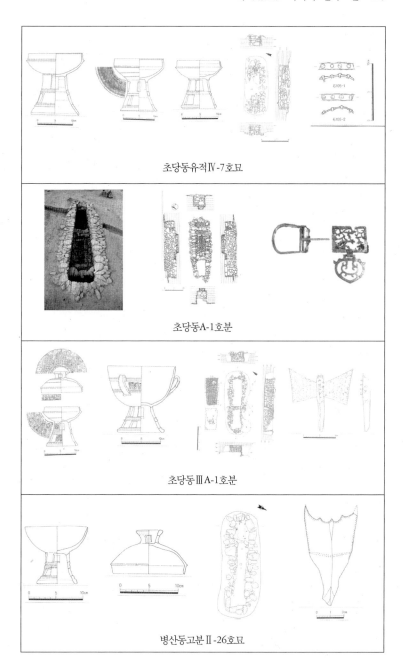

초당동유적Ⅳ-7호묘

초당동A-1호분

초당동ⅢA-1호분

병산동고분Ⅱ-26호묘

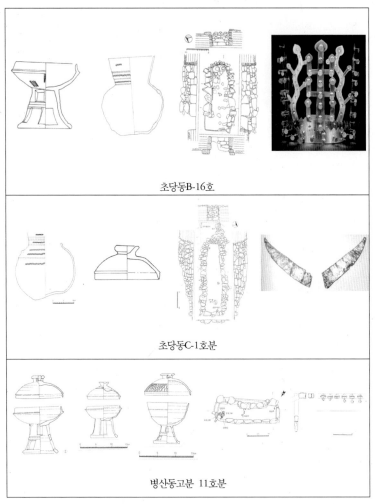

초당동B-16호

초당동C-1호분

병산동고분 11호분

〈도판 32〉 강릉 지역 석곽묘의 변천과 주요 공반 유물

공반 유물들을 검토하여 황남대총 북분을 전후한 단계, C-1호는 보고서의
언급대로 관식이 석곽 내부와 외부에 있는 출토 맥락을 존중하여 수혈계
횡구식 석곽묘로 인정하고 황남대총 북분 이후의 가장 늦은 연대로 편년한
다. 병산동Ⅱ-26호(은제관식)는 황남대총 남분 단계로 보겠다〈도판 32〉.

〈표 8〉 신라토기 단계별 분기와 편년표 (홍영호 案)

시기	단계	분기	주요 경주 고분	비고
전기	Ⅰ	4C 4/4~5C 1/4	황남동 109호 3·4곽, 미추왕릉 5구 1호묘와 6호묘	
	Ⅱ	5C 2/4	황남동 110호분	
중기	Ⅲ	5C 3/4	황남대총 남분·북분	
	Ⅳ	5C 4/4~6C 1/4	금관총·천마총	부부총
	Ⅴ	6C 2/4	호우총	

이러한 신라토기 및 위세품의 편년관을 토대로 신라고고학의 시기 구분안을 활용하여 전기, 중기, 후기 가운데, 이 글의 연구 시기에 해당하는 전기와 중기를 편의상 〈표 8〉과 같이 소단계로 구분하여 역사적 전개 과정을 논의하고 신라사적 의미를 찾아보겠다.

(1) 신라고분의 전개

① Ⅰ단계 (4C 4/4 ~ 5C 1/4)

하슬라(강릉) 지역에서 Ⅰ단계에 해당하는 고분 유구 가운데 황남동 109호 3·4곽과 병행 관계로 배열이 가능한 유구는 극히 적다. 안현동 목곽묘 가운데, 파수부대부광구호, 파수부광구소호, 3단대각 무개고배 등을 출토한 3호 목곽묘를 비롯하여, 컵형토기를 출토한 유구 정도 등이 가능성이 있다. 미추왕릉 5구 1호묘 단계와 병행이 가능한 유구는 초당동 299-15번지(1984 신고품) 수습 토기를 들 수 있는데, 고배의 3단대각이 나팔형을 유지하지만, 구연부와 배신부가 구분되는 형태의 파수부대부완이 출현하고 있어 동일한 단계로 보겠다. 관동대 박물관 소장 3단대각 고배도 이 시기로 추정된다. 안현동 목곽묘에서는 복천동식 고배 등을 출토한 4호 목곽묘 등이 이 단계를 대표할 수 있다. 복천동식 고배가 복천동 10·11호[112] 및 39호 단계에 집중하므로 복천동 21·22호와 병행하게 두는 황남동 109호 3

---

112) 필자는 복천동 10·11호는 초화형 금관 등으로 보아 복천동 1호분(황남동 110호분과 병행)보다 선행한다는 입장이다.

·4곽보다 늦게 편년되는 것이다. 하시동 출토 1970년 신고품의 일부도 컵형토기, 3단대각 고배로 볼 때 이 단계에 해당한다. 미추왕릉 5구 6호묘 단계의 3단대각 고배는 대각이 절두A자형으로 직선적이고 폭도 넓으며 하단돌대가 2열이고, 최하단폭이 비교적 넓다. 안현동 목곽묘에서도 이러한 기형을 찾을 수 있으며, 일제시대에 關野貞이 수습한 하시동 출토 동경대 소장 일부 고배들이 비교가 가능하다. 하시동 출토 1970년 신고품의 일부도 이 단계에 해당한다.

현재 강릉 지역에서 Ⅰ단계에서 Ⅲ단계까지의 신라토기의 변화 양상을 가장 잘 보여주는 고분은 안현동 고분군이다.

② Ⅱ단계 (5C 2/4)

황남동 110호분 단계부터는 강릉 지역에 신라고분이 양적으로 급증하고 질적으로도 위세품이 등장한다. 초당동 A-1호 출토 금동용문투조대금구가 대표적인 위세품이다. 마구류도 초당동 Ⅳ-7호 석곽묘에서 등자 등이 처음 출현하는데, 아직은 극히 적다.

강릉 지역에서 가장 선행하는 Ⅱ단계 유구는 초당동 Ⅳ-7호 석곽(강원문화재연구소)이다. 나팔형 3단대각 고배가 출토되었지만, 2단대각 고배도 공반된 까닭에 미추왕릉 5구 1호묘 단계로 올리기는 곤란하다. 다만, 황남동 110호분에서 3단대각 고배와 함께 2단대각 고배도 출토되었으므로 2단대각이 7호 석곽묘 조영 시점에 이미 출현하였음을 시사한다고 보는 편이 합리적이다. 공반한 古式 대부완의 기형도 황남동 110호분 단계에서 많이 나오며, 1단대각 대부장경호가 공반하므로 초당동Ⅳ-7호 석곽을 황남동 110호분 단계에서도 가장 선행하는 유구로 보겠다. 현지 제작품으로 보이는 다른 2점의 고배는 3단대각의 잔흔이 남아 있어 방증이 된다.

7호 석곽의 뒤를 잇는 유구들은 병산동 Ⅱ-8호묘, 하시동 서1호분, 갈야산 상수도 공사 출토 유구, 병산동 Ⅱ-27호묘, 초당동 Ⅲ-2호(예맥문화재연구원) 목곽묘 등이 대표적이다. 이들 유구는 공통적으로 고배의 경우 3

단대각의 잔흔이 있고, 하단투창 밑에 돌대가 한 줄 또는 두 줄 돌아가고 있다. 대부완은 배부와 구연부가 나누어지고, 구연부가 밖으로 바라지며 손잡이가 배부에 붙는 기형이고, 1단각 투창고배도 대부완과 비슷한 배신부 형태를 보인다. 또한 병산동 Ⅱ-27호를 제외하고 모두 대부장경호는 1단대각 뿐으로 황남동 110호분 출토 기종별 구성과 특징에 일치한다. 하시동 출토 1970년 신고품에도 이 단계에 해당하는 토기가 많다.

③ Ⅲ단계 (5C 3/4)

Ⅲ단계의 황남대총 남분과 병행 배열이 가능한 유구는 초당동 ⅢA-1호(강원문화재연구소)가 가장 대표적이고, 초당동 Ⅲ-1호 석곽(예맥문화재연구원), 원포리 6호 및 3호 등이 포함된다. 위세품으로는 금동제 호접형관식(초당동 ⅢA-1호), 은제조익형관식(병산동고분 Ⅱ-26호)이 출토되었다. 각종 마구류의 부장도 증가한다.

초당동 ⅢA-1호는 '밀집파상문+삼각집선문+사다리문'을 결합·배열하여 시문한 고배 뚜껑, 망격문의 시문, 배신의 가운데에 일렬로 삼각집선문을 시문한 대상파수가 붙은 대부완 등을 비롯한 토기의 양상이 황남대총 남분과 흡사하다. 병산동고분 Ⅱ-26호는 황남대총 남·북분형 대부완이 출토되고 있어 동일한 단계에 포함된다.

Ⅲ단계의 황남대총 북분 단계와 병행 배열이 가능한 유구는 초당동 B-16호가 대표적이다. 고배는 대각이 길어지고 곡선화 되며, 원저장경호는 경부에 밀집파상문만 시문되어 밖으로 벌어지면서 길어진다. 뚜껑의 무늬도 종집선문만 시문되었으며, 대부완의 기형도 단이 지면서 바라지고 있어 북분 정도로 설정한다. 이 단계의 대표적인 위세품은 초당동 B-16호 출자형 금동관이 있다. 영진리 1호분도 이 단계에 속하는데, 강릉 지역의 사방식적석목곽묘 중에서 이른 시기의 유구이다.

④ Ⅳ단계 (5C 4/4 ~ 6C 1/4)

Ⅳ단계의 금관총 단계는 X자문을 고배의 뚜껑이나 배신에 시문한 것이 특징이며, 공반 토기에서 삼각집선문과 종집선문이 시문되기도 한다. 고배의 대각은 길고 가늘어지며 곡선화 된다. 대부장경호는 경부가 높고, 밖으로 많이 바라지며, 동체부는 사각짓기가 사라지고 가운데가 최대경이 된다. 대표적인 유구는 병산동 7호와 14호, 병산동 Ⅱ-25호, 초당동 Ⅰ(강원문화재연구소)-Ⅲ-1·9호, 초당동 Ⅳ(강원문화재연구소)-12호, 초당동 Ⅳ(예맥문화재연구원)-1호 석곽, 영진리 A-12호, 임계리 10호분·4호분 등이다. 위세품은 초당동 C-1호 수혈계 횡구식 석곽묘 출토 은제 조익형 관식이 대표적이다.

Ⅳ단계의 천마총 단계는 X자문과 더불어 겹V자 무늬(二重鋸齒文)[113]의 시문, 원점문의 시문 및 원점문과 다른 문양의 결합이라는 특징이 있다. 장경호류에는 부가구연이 등장한다. 대표적으로 초당동 1호분(김병모), 병산동 11호분, 초당동 Ⅱ-5호(강원문화재연구소), 초당동 Ⅳ-14호 석곽(강원문화재연구소), 영진리 A-20호, B-26호, B-29호, 영진리 B-1호 등이 있다. 영진리 B-1호는 사방식 적석목곽묘인 점이 주목된다. 위세품으로는 병산동 11호분 출토 은제 누암리형 대금구가 대표적이다.

⑤ Ⅴ단계 (6C 2/4)

Ⅴ단계인 호우총 단계와 병행 배열이 가능한 유구는 초당동 Ⅱ-6호와 방내리 2호 석곽이 대표적이다. 2단각 투창고배들이 단각화가 진행되고 있다.

---

113) 이희준, 2007, 『신라고고학연구』, 사회평론, 74쪽. '八字線文'(홍보식, 2003, 『新羅 後期 古墳文化 研究』, 춘추각, 73쪽), '二線文'(김옥순, 2011, 「5세기 영남지역 토기문양의 변화와 교류맥락」, 『韓國上古史學報』 71, 144쪽)으로도 부른다.

(2) 신라고분 전개의 역사적 배경

현재까지의 고고자료로 볼 때, 하슬라 지역은 신라의 물질문화가 안현동, 초당동, 하시동, 병산동 순으로 미세한 차이를 가지고 들어온다. 공간적으로는 동해안에 분포한 고분은 모두 해안 사구와 해안 구릉에 입지하고, 강이나 석호를 끼고 있다〈지도 3〉.114) 그리고 초당동 고분군의 경우 선행 철기시대 주거지를 파괴하고 조성된 경우가 많은 점도 주목된다. 시간적으로는 황남동 109호 3·4곽 단계(4세기 4/4분기~5세기1/4분기)부터 신라의 영향권에 들어갔고, 황남동 110호분 단계(5세기 2/4분기)부터는 위세품이 처음 보이기 시작하며, 병산동Ⅱ 고분군 지역처럼 유구의 수도 많아지고 있다. 이후 황남대총 남분·북분 단계에는 강릉의 중심지는 고분군이 증가하고 각종 위세품들이 출토되며, 강릉 외곽의 각 지역에서도 고분군이 급속히 확산된다〈표 9 및 10〉. 삼척 지역은 황남동 110호~황남대총 남분 단계부터 갈야산에 신라의 물질문화가 들어온다. 황남대총 남분 및 북분 단계(5세기 3/4분기)에는 양양에 이르기까지 강원도 동해안 전역이 신라의 영향권에 들어간다. 하슬라 지역의 신라토기 문화는 황남동 109호 3·4곽 단계 이래 경주의 신라토기와 연동하여 전개되며, 분포 범위도 확산될 뿐만 아니라, 양적으로도 급증한다.115) 특히, 강릉·삼척을 비롯한 영동 지역에서 황남대총 남분 이전에 해당하는 고분군이 조사된 지역은 강릉 안현동, 초당동, 하시동, 병산동, 삼척 갈야산 상수도 공사 수습 토기뿐으로 분포 범위가 좁고, 강릉 지역이 중심임을 알 수 있다. 그리고 하슬라 지역 내의 묘제와 묘형의 전개 과정을 출현 시점을 기준으로 정리하면

---

114) 삼척-울진 구간은 육로가 가능하겠지만, 암석해안으로 인해 교통로가 해안과 내륙 쪽으로 가로질러야 할 것이고, 고저차도 심하여 좋은 교통로라고 생각되지 않는다.

115) 영동 지방의 주요 신라고분군은 양양 지역은 현남면 원포리 고분군, 후포매리 고분군, 강릉 지역은 연곡면 영진리·방내리 고분군, 안현동 고분군, 초당동 고분군, 병산동 고분군, 하시동 고분군, 녹계면 수수리 고분군, 동해 지역은 추암동 고분군, 구호동 고분군, 부곡동 고분군, 삼척 지역은 갈야산 고분군, 궁촌리 고분군, 사직동 고분군, 원당동 고분군 등이 있다.

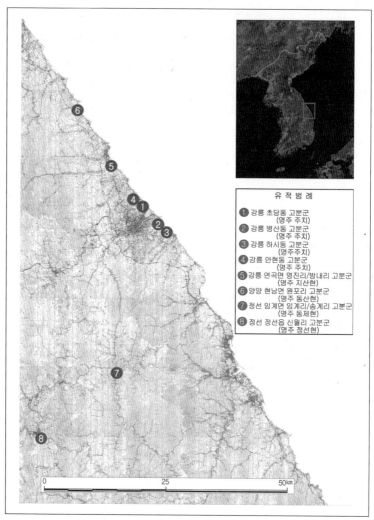

유적 범례

① 강릉 초당동 고분군
   (명주 주치)
② 강릉 병산동 고분군
   (명주 주치)
③ 강릉 하시동 고분군
   (명주주치)
④ 강릉 안현동 고분군
   (명주 주치)
⑤ 강릉 연곡면 영진리/방내리 고분군
   (명주 지산현)
⑥ 양양 현남면 원포리 고분군
   (명주 동산현)
⑦ 정선 임계면 임계리/송계리 고분군
   (명주 동제현)
⑧ 정선 정선읍 신월리 고분군
   (명주 정선현)

〈지도 3〉하슬라 지역 신라고분군 분포도

〈표 11〉과 같다. 전반적으로 영남 지방의 묘제의 전개 과정과 일치하며, (사방)적석목곽묘의 출현 시점이 주목된다.

〈표 9〉 하슬라 지역 신라고분군의 전개 과정

단계	Ⅰ단계 (4C 4/4~5C 1/4)			Ⅱ단계 (5C 2/4)	Ⅲ단계 (5C 3/4)		Ⅳ단계 (5C 4/4~6C 1/4)	
구분	황남동 109호	미추왕릉 5구1호	미추왕릉 5구6호	황남동 110호	황남대 총남분	황남대 총북분	금관총	천마총
안현동 고분								
초당동 고분				금동용문투조대금구 A-1	호접형 관식 ⅢA-1	출자관 B-16	조익형 관식 C-1호	
하시동 고분								
병산동 고분					은제 관식 Ⅱ-26			누암리형 대금구 11호
영진·방내리 고분								
양양 원포리 고분								
정선 임계리 고분								
삼척 갈야산 수습								

〈표 10〉 하슬라 지역 신라고분군의 규모

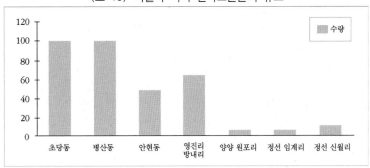

* 이 글의 연구 대상 유적 보고서에 소개된 유구의 수량임.
** 발굴고분만을 대상으로 하여 서괴묘와 목괴묘, 토괴묘를 포함한 수량임(수수옹괴묘 제외).
*** 정선 임계 송계리산성 주변 고분군은 지표상에 약 200여기의 석곽 및 석실분이 있으나 제외.

〈표 11〉 하슬라 지역 신라고분의 시기별 묘제 변천

단계	I단계 (4C 4/4~5C 1/4)			II단계 (5C 2/4)	III단계 (5C 3/4)		IV단계 (5C 4/4~6C 1/4)	
구분	황남동 109호	미추왕릉 5구1호	미추왕릉5 구6호	황남동 110호	황남대총 남분	황남대총 북분	금관총	천마총
목곽묘	안현동 3호							
수혈식석곽묘		1984년 신고품						
(사방)적석목곽묘						영진리 1호분		
횡구식석곽묘					병산동 9호묘			

하슬라 지역 내에 신라토기가 유입되고 확산되는 양상, 위세품·마구류의 부장 시점, 안현동 목곽묘와 하시동 西1호분에서 부산 복천동 고분과 동일한 토기들의 출토, 초당동 A-1호분의 이중석곽구조와 금동용문투조대금구의 존재, 강릉 지역의 신라고분들이 철기시대 주거지를 파괴하고 조성된 점, 사방식 적석목곽묘의 분포 등과 같은 고고학적 양상은 신라의 하슬라 진출과 경영에 관하여 역사적으로 재해석하는데 크게 도움이 된다.

기존에는 신라의 본격적인 강릉 지역 진출을 450년 하슬라 城主의 실직벌에서의 고구려 邊將 掩殺, 468년 고구려의 悉直 침공과 신라의 泥河 축성 등의 기사와 관련시키는 경향이 많았다. 그러나 이미 강릉 지역에는 5세기 2/4분기가 중심 시기로 판단되는 황남동 110호분 단계에 최상급의 위세품이 하사되고, 고분군이 형성되어 유구도 급증하고 있다. 그러므로 이 시기를 주목할 필요가 있다. 우선, 신라가 강릉 지역에 진출하게 된 역사적 배경은 先代王(내물왕, 실성왕)부터 시작된 신라-고구려의 외교 관계에 따라 강릉 지역이 당시 고구려의 수도인 集安으로 가기 위한 對高句麗 交涉의 中間 據點인 까닭에 일찍이 진출하였다고 본 바 있다.[116] 아마도 이때

---

116) 홍영호, 2010(b), 「『삼국사기』지리지 溟州 영현 棟隄縣의 위치 비정과 의미」, 『韓國史學報』 38, 高麗史學會, 7~40쪽 ; 2010(c), 「『三國史記』所載 泥河의 위치 비정」, 『韓國史研究』 150, 韓國史研究會, 43~83쪽.

까지는 신라-고구려의 관계가 우호적이므로 군사적 지배와 같은 강도 높은 통제가 크게 요구될 필요가 없었고, 신라로서는 강릉 지역의 反신라 재지세력에게 영향력을 행사하는 방법과 수단이 있으면 충분하였을 것이다.

그런데 5세기 2/4분기를 중심 시기로 하는 황남동 110호분 단계(필자의 Ⅱ단계)는 고구려 장수왕의 평양천도(427) 이후, 눌지왕이 反고구려 정책으로 전환하는 시점(433~434)이라는 점에 주목해야 한다. 광개토대왕의 신라 구원 전쟁 이후 신라와 백제 간에는 외교적인 교섭 기사가 보이지 않는다. 그러다가 장수왕의 평양 천도(427) 이후인, 눌지왕 17년(433) 백제의 요청에 의하여 교섭이 이루어지고, 다음 해에도 교섭이 지속된다. 이로 보아 눌지왕의 외교 정책이 변화하는 것을 감지할 수 있다. 신라의 외교정책이 이 때 전환하게 된 배경은 역시 고구려의 내정 간섭에 대한 불만이다. 특히, 장수왕의 평양 천도는 신라로 하여금 고구려의 야욕을 의심하게 만드는 계기가 되었다. 고구려와 신라 간에는 기존의 관계가 여전히 유지되는 중이지만, 눌지왕은 고구려의 야욕을 느끼고 강릉 지역을 對高句麗 防禦의 前進基地의 역할도 겸하게 할 필요를 느꼈을 것이다. 그 때문에 하슬라 성주의 존재 등과 같은 군사적 지배를 비롯한 다양한 방법으로 본격적인 통제를 위하여 강릉 지역을 급속히 신라화 시켰던 것이다. 그 결과 황남동 110호분 단계에 초당동 A-1호분 금동제용문투조대금구와 같은 위세품이 출토되었고, 고분군이 형성되고 유구도 급증했던 것이다. 이후에도 강릉 지역은 최상급의 위세품(금동제 호접형관식 등)이 하사되는 것은 물론이고, 신라의 물질문화가 강릉 외곽으로 확산되고, 황남대총 남분 단계 직전부터 마구류 등도 강릉 지역 고분에 부장되기 시작하고 있어 450년, 468년, 481년 기사의 신라-고구려의 대립에 따른 신라화를 반영할 가능성이 높다.

이러한 신라화 과정에는 고고자료로 볼 때 세력을 분화·확장하려는 사민·이식도 이루어졌을 것이나. 그 내성에는 사방식 적석목곽묘로 관련시킬 수 있는 중앙인(原六部人 및 六部編入人)은 물론이고, 목곽묘와 석곽묘로 관련시킬 수 있는 경주 외곽의 신라인과 같은 다양한 성격의 사람들이 포함될 것이다. 그리고 하슬라 성주의 존재와 같은 군사적 거점 지배, 사민·이식을 통한 해당 지역의 장악을 토대로 니하 축성과 역역동원체제도 가능한 신라의 진전된 지방 지배 방식이 성립하는 과정을 그려볼 수 있다.

2. 하슬라 지역 신라고분의 위계화

일반적으로 신라는 지증왕 6년(505) 州郡制가 실시되기 전에는 전국을 일원적으로 편제하여 통치하기가 어려워 재지세력을 통해 지방을 지배하였다고 본다.[117] 지방의 在地首長層들은 지역 사회에서 자신들의 권력을 계속 유지하기 위하여 신라라는 배후 세력의 인정과 지원이 필요했으며, 대신 지방에서의 독자성은 점차 상실되어 갔을 것이다. 이때 신라의 중앙과 지방의 재지수장층 간의 정치·사회·군사적 관계를 잘 보여주는 것이 威勢品(prestige goods)이다. 신라 중앙의 지배층이 배타적으로 소유하던 威勢品을 지방의 재지수장층에게 賜與하여 그들을 신라 지배층의 일원으로 인정한 것으로 볼 수 있다. 특히, 낙동강 東岸 지역을 가야로 보고 신라의 세력권을 경주로만 한정하는 관점이 유행할 때, 신라 위세품의 분포를 근거로 신라의 세력권을 밝힌 연구 성과가 있다.[118] 그리고 「中原高句麗碑」에서 고구려 太子가 新羅王과 그 上下에게 衣服을 하사하고 있는데,[119] 그 의복

---

117) 이러한 지배방식을 소위 간접지배(공납지배)라고 통칭하고 있다. 그러나 모든 지방을 일원적·평면적으로 재지수장을 통해 통치한 것으로 보기는 어렵다. 『삼국사기』에 보이는 州主·郡主 파견, 城主 파견 기사 등으로 볼 때 주요 거점은 필요시 군사적 주둔, 직할 통치 등의 다양한 통치 방식도 함께 운영한 것으로 추정된다.

118) 대표적인 연구 성과는 다음과 같다. 朴普鉉, 1995, 『威勢品으로 본 古新羅社會의 構造』, 慶北大 文學博士學位論文 ; 李漢祥, 1995, 「5~6世紀 新羅의 邊境 支配方式-裝身具 分析을 중심으로-」, 『韓國史論』 33, 서울大 國史學科, 1~78쪽 ; 李熙濬, 2002, 「4~5세기 신라 고분 피장자의 服飾品 着裝 定型」, 『韓國考古學報』 47, 63~92쪽.

이 고구려의 官服일 가능성이 높다.[120] 그렇다면 위세품들이 服飾(着裝)品에 해당할 수 있고 관등제[121]나 신분제[122] 등과도 관련될 수 있을 것이다. 따라서 이러한 금공제품들은 소유자의 사회적인 지위를 반영하는 동시에 臣屬의 증거이자 신라의 세력권[123]을 잘 보여주는 유물이라 하겠다.

그런데 지방에서 발견되는 위세품이 모두 재지수장층만의 소유인가는 하는 문제가 있다. 신라의 중앙 지배층이 위세품을 소유하는 이상, 중앙인(原六部人 또는 六部 編入人)이 지방에 分封 또는 徙民·移植되어 정착할 경우 그들의 신분적 상징인 위세품도 소유하였을 것이기 때문이다. 그러므로 이 글에서는 지방에서 출토된 위세품 소유자를 재지수장층만으로 한정하기보다는 다양한 신분과 성격의 피장자로 간주하겠다.

한편, 아직까지도 고고자료를 통해 지배층 내의 위계화를 구체적으로 설정하기는 어려운 실정이고, 여전히 신분제나 관등제와 직접 대입하여 연결시키기가 곤란하다. 본고도 이러한 한계를 인정하고 여기에서는 논의의 전개를 위하여 위세품의 출토 양상과 고분의 규모 분류를 통해 당시 하슬라의 위상을 파악하는데 초점을 맞추고자 한다.

---

119) 「中原高句麗碑」 "賜寐錦之衣服 (中略) 教諸位賜上下衣服"

120) 盧泰敦, 1988, 「5世紀 金石文에 보이는 高句麗人의 天下觀」, 『韓國史論』 19, 45~46쪽.

121) 朴普鉉, 1995, 앞의 논문, 77쪽.

122) 李熙濬, 2002, 「4~5세기 신라 고분 피장자의 服飾品 着裝 定型」, 『韓國考古學報』 47, 89쪽.

123) 영역 범위의 개념은 다음을 참조(장창은, 2010, 「『三國史記』地理志 '高句麗故地'의 이해방향」, 『한국학논총』 33, 국민대학교 한국학연구소, 230쪽 ; 2010, 「5~6世紀 高句麗의 南下와 漢江 流域의 領域向方-『三國史記』地理志 '高句麗故地'의 實際(Ⅱ)-」, 『白山學報』 88, 227쪽).
● 영역(영토) : 직접지배 ㉠ 면지배-지방관을 통한 행정지배 ㉡ 선지배-교통로를 통한 군사적 거점지배.
● 세력권(간접지배) : '타국'에 군사단 주둔 또는 공납 수취를 통한 지배(정치·군사·경제적 의무 관계 형성).
● 영향권 : 영역과 세력권으로 인해 발생·파생된 문화적 범위(정치·경제·군사적 의무 관계 형성 없음).

1) 위세품 출토 현황과 출현 시기

신라의 영역은 고고학적으로는 경주와 동일하거나 매우 유사한 금속제
관, 대금구, 장식대도, 무구·마구, 장신구류가 출토될 뿐만 아니라 신라 토기
가 출토되는 지역으로 볼 수 있다.[124] 이 가운데 관식, 대금구, 장식대도 등
과 같은 위세품은 중앙-지방이라는 위계적 구조를 반영하므로 신라의 영동
지방 지배 양상을 파악하는데 도움이 되며, 동시에 지역 내 고분군 간의 위
계, 고분군 내 개별 유구 간의 위계를 파악하는데도 효율적이다. 그러므로
강릉~삼척 지역의 신라화 과정을 이해하기 위하여 위세품을 중심으로 간략
히 살펴보겠다. 현재까지 조사된 주요 위세품 현황은 다음과 같다〈표 12〉.

〈표 12〉 위세품으로 본 영동 지방의 주요 고분
(5~6세기 전·중반 금공품 및 마구류)[125]

| 지역 | 고분군 | 주요 유구 | 주요 착장형 위세품 | | | | 마구류 | 기타 | 기관 |
			관식	대금구	(장식) 대도	출자관	마구류	기타	출전
양양	원포리	원포리7호 (석곽묘)			상원하방 형대도				ⓐ
강릉	초당동1	초당동1호분						철제 등자 운주 등	ⓑ

---

124) 위세품과 신라토기 모두 출토된 지역을 신라의 영역 및 세력권으로 간주하는 이
유는 토기의 경우 정치적인 관계보다는 사회·경제적인 관계를 우선 반영한다(李
盛周, 1998, 『新羅·伽倻社會의 起源과 成長』, 學硏文化社, 389~400쪽)는 측
면도 인정되기 때문이다.
125) 동일한 고분군 내에서 금공제 위세품이 없는 마구류와 대도류, 유자이기 등은 생
략하였다. 동일한 고분군을 이해하고 다른 지역의 고분과 비교하는데 큰 문제가
없기 때문이다. 예를 들어 병산동 고분군 II-4호(강원문화재연구소, 2007, 『강릉
병산동 고분군II』, 311쪽 도판 참조)도 철제 재갈이 출토되었고, 초당동 129-2
번지 1호 및 6호 석곽묘(한문협, 2009, 『사적 제490호 강릉 초당동 유적』, 331
쪽 및 333쪽 도면 참조)에서도 편원어미형 행엽과 재갈이 각각 출토되었으나, 특
별한 다른 위세품이 없는 관계로 위 표에서 제외하였다.

지역	유적	고분						비고
강릉	초당동1	초당동4호			대도	철제 등자 등		ⓒ
	초당동2-1 (A·B지구)	초당동A-1호 (수혈식석곽묘) 격벽으로 양단 부장 주곽 밑 석곽 존재		금동용 문투조 대금구				ⓓ
	〃	초당동A-8호 (수혈식석곽묘)				안교, 등자		ⓓ
	〃	초당동B-16호 (수혈식석곽묘)			상원하 방금동 삼엽문	출자형 금동관		ⓓ
	초당동2-2 (C지구)	초당동C-1호 (횡구식석곽묘)	은제 조익형 관식					ⓓ ⓔ
	초당동 84-2번지	초당동유적Ⅲ A1호 (주구부수혈식석곽, 격벽)	금동제 호접형 관식	철제은 피역심 엽형루 암리형 대금구	대도, 장식 도자 (모자 대도)	등자, 안교, 행엽, 교구 등	유자 이기	ⓚ
	병산동	병산동9호묘 (횡구식석곽묘)					鐵鼎	ⓕ
	〃	병산동8호묘 (목관묘)			은장삼 루대도 (도자) 126)			ⓕ
	〃	병산동6호묘 (목곽묘)				금동제 편원어 미형 행엽		ⓕ
	〃	병산동고분군 11호 (석곽분)		은제역 심엽형 루암리 형대 금구				ⓖ
	〃	병산동고분군 14호		은제역 심엽형				ⓖ

				루암리형대금구				
강릉	"	병산동고분군II 26호 (석곽묘)	은제조익형관식			철제재갈	유자이기, 철모, 철제교구, 철도자	ⓗ
	옥계	주수리 1호분 부곽과 호석존재 지상식 석곽봉토분	은제심엽형루암리형대금구 127)					ⓝ
동해	추암B지구	추암B 가-21호 (수혈식석곽묘)			동관			ⓞ
삼척	갈야산	적석고분 (적석목곽묘)				재갈	귀걸이	ⓟ

(첫 행 왼쪽 셀: (석곽분))

* 출전(전거 문헌) *

ⓐ 박영구 외, 2007, 『江陵 領津里 古墳群』, 江陵大學校 博物館 學術叢書 44冊.

ⓑ 金秉模, 1971, 「江陵 草堂洞 第1號古墳」, 『文化財』5, 文化財管理局.

ⓒ 白弘基, 1975, 「江陵 草堂洞 古墳群에 대하여」, 『강릉교육대학논문집』7.

ⓓ 지현병 외, 1995, 「江陵市의 古墳遺蹟」, 『江陵의 歷史와 文化遺蹟』, 學術叢書 11冊.

ⓔ 지현병 외, 1996, 「草堂洞 C地區 古墳 緊急 收拾調査報告」, 『江陵 文化遺蹟 發掘調査 報告書-試掘 및 緊急 收拾調査-』, 學術叢書 14冊.

ⓕ 강릉대학교 박물관, 1998, 「강릉 병산동 공항대교 접속도로 건설부지내 문화유적 발굴조사 약보고서」.

ⓖ 江原文化財硏究所, 2003, 『柄山洞古墳群』, 學術叢書 11冊.

ⓗ 江原文化財硏究所, 2007, 『柄山洞古墳群』II, 學術叢書 70冊.

ⓘ 江原文化財硏究所, 2005, 『江陵 草堂洞 遺蹟I』, 學術叢書 34冊.

ⓙ 江原文化財硏究所, 2006, 『江陵 草堂洞 遺蹟II』, 學術叢書 50冊.

---

126) 은장삼루장식도자(국립경주박물관, 2001, 『특별전 신라황금』, 226쪽) 또는 은장삼루장식대도(심현용, 2007, 「「강릉지역 신라고분의 발생과 전개」에 대한 토론」, 『2007 강원고고학회 추계학술대회』, 64쪽 및 박보현, 2008, 앞 논문, 111쪽, 각주 35번)로 보는데, 후자는 簪形金具가 함께 출토되고 있어 장식대도에 붙는 子刀로 보며, 장식대도도 부장되었다고 판단한다.

127) 화살통의 부속품일 가능성도 제기되었다(박보현, 2008, 위의 논문, 111쪽 각주 36번).

ⓚ 江原文化財研究所, 2007, 『江陵 草堂洞 遺蹟Ⅲ』, 學術叢書 66冊.

ⓛ 江原文化財研究所, 2008, 『江陵 草堂洞 遺蹟Ⅳ』, 學術叢書 90冊.

ⓜ 예맥문화재연구원, 2008, 『江陵 草堂洞遺蹟Ⅳ』, 學術調査報告 第15冊.

ⓝ 江原文化財研究所, 2005, 「강릉시 옥계면 주수리 고분군」, 『동해 기곡유적』, 學術叢書 30冊.

ⓞ 辛虎雄·李相洙, 1994, 「湫岩洞 B地區 古墳群 發掘調査報告」, 『東海北坪工團造成地域文化遺蹟發掘調査報告』, 關東大學校 博物館 學術叢書 3.

ⓟ 崔淳雨, 1978, 「三陟 葛夜山 積石古墳 槪報」, 『考古美術』138·139合輯, 韓國美術史學會.

위 〈표 12〉와 같이 강릉의 위세품 양상이 양양, 동해·삼척 등과 비교할 때 가장 우월하다. 강릉 지역의 주요 신라 위세품은 초당동 고분군의 경우 B-16호(출자형금동관, 은제 삼엽문 환두대도), ⅢA-1호(금제 호접형 관식, 모자대도), C-1호(은제 조익형 관식) 등이 대표적인데, 영동 지방 최고·최대의 고분 지위를 말해준다. 병산동 고분군의 경우 Ⅱ-26호(은제 관모전입식), 공항대교 도로유적B-9호(철솥), 공항대교 도로유적B-8호(은제 삼루대도), 11호(누암리형 과대)가 있다. 지금까지의 발굴 성과로 볼 때, 신라의 위세품이 강릉 지역에 지속적으로 출현하므로 신라가 강릉을 동해안 최고의 거점 지역으로 선정·활용하였다고 볼 수 있다.

이들 위세품 출토 고분을 시기 순으로 배열하여 각 단계별로 위계화 양상을 살펴보았다. 이때 위계는 크게 A군(관, 관식, 장식대도, 대금구), B군(마구류)으로 구분하였다.[128] 관, 관식, 장식대도, 대금구의 위세품을 출토한 A군 고분 유구 현황은 다음과 같다〈표 13-① 및 ②〉.

---

128) 병산동 6호묘(장축길이 340㎝, 금동제편원어미형행엽), 8호묘[장축길이 460㎝, 은장삼루대도(도자)], 9호묘(장축길이 310㎝, 철정)도 A군에 포함시킬 수 있다(강릉대 박물관, 1998.11.9, 「강릉 병산동 공항대교 접속도로 건설부시내 문화 유적 발굴조사 약보고서」, 21쪽). 그러나 〈표 12〉를 만들 당시에 보고서가 간행되지 않아 토기의 상황을 파악할 수 없어 분석 대상에서 제외하였다.

〈표 13-①〉 A군 : 관, 관식, 장식대도, 대금구 출토 고분

황남동 110호분 단계			
고분 및 유구 번호	석곽 장축 길이	주요 출토 유물	출전(전거문헌)
초당동 현대아파트 A-1호 석곽묘	750cm(장축묘광) 620cm(장축석곽)	금동용문투조대금구	ⓒ

황남대총 남·북분 단계			
고분 및 유구 번호	석곽 장축 길이	주요 출토 유물	출전(전거문헌)
초당동유적Ⅲ A-1호 석곽묘	620cm (묘곽 장축길이 510cm)	금동제 호접형 관식, 대금구 등	ⓚ
병산동고분군Ⅱ-26호 석곽묘	400cm	은제조익형관모전립식 금구 등	ⓗ
초당동 B-16호 석곽묘	330cm	출자형금동관, 금동삼엽문환두대도 등	ⓓ

금관총~천마총 단계			
고분 및 유구 번호	석곽 장축 길이	주요 출토 유물	출전(전거문헌)
초당동 C-1호	550cm, 440cm(내곽)	은제조익형 관식	ⓓ ⓔ
병산동고분군 11호	274cm	은제심엽형루암리형대금구	ⓖ
병산동고분군 14호	280cm	은제심엽형루암리형대금구	ⓖ

　신라가 지방의 在地首長層 또는 地方에 分封 및 徙民·移植된 집단의 支配層들에게 賜與한 威勢品은 당시 신라의 중앙과 지방 간의 정치·사회·군사적 관계를 잘 보여준다. 특히, 冠飾과 帶金具를 官人的 성격으로 본다면[129] 신라의 지역 지배 방식과도 연결할 수 있다. 현재 신라토기의 양상으로 보아 신라가 강원도 영동 지방에서 가장 빨리 진출한 지역은 강릉 지역이다. 위세품도 강릉 지역에서 가장 빨리 나타나고 있다. 초당동 현대아파트 A-1호 금동용문투조대금구는 황남동 110호분 단계(5세기 2/4분기)인데, 이 시기를 즈음하여 강릉 지역은 신라의 위세품 체제에 들어갔다고 볼 수 있다.[130] 이후에도 강릉 지역은 황남대총 남분·북분 단계에 금동제

---

129) 박보현은 관식·대금구는 官人的 성격, 장식대도는 武人的 성격으로 보고 있다 (朴普鉉, 1995, 『威勢品으로 본 古新羅社會의 構造』, 慶北大 史學科 文學博士學位論文, 126쪽).
130) 이미 심현용도 초당동 A-1호 금동용문투조대금구로 보아 5세기 2/4분기에 신라의 위세품 하사 체제에 들어갔으며, 신라는 초당동 세력을 중심으로 재지세력을

〈표 13-②〉 B군 : 마구류 출토 고분

황남동110호분 단계			
고분 및 유구번호	석곽 장축 길이	주요 출토유물	출전(전거문헌)
초당동유적Ⅳ-7호 석곽묘	묘곽 장축길이 294cm	등자 등	①

황남대총 남·북분 단계			
고분 및 유구번호	석곽 장축 길이	주요 출토유물	출전(전거문헌)
병산동고분군Ⅱ-26호	400cm	철제 재갈	ⓗ
초당동유적ⅢA-1호	620cm	등자, 안교, 행엽 등	ⓚ
초당동 272-7번지 1호 석곽묘	묘광 장축길이 510cm 석곽 장축길이 400cm	철제 재갈 도끼날형넓적촉	ⓜ
초당동 129-2번지 근린생활시설부지내 유적(B지구) 1호 석곽묘	묘광 장축길이 430cm 묘광 장축길이 376cm	편원어미형 행엽	『사적 제490호 초당동 유적』(한문협, 2010,331쪽)
초당동 129-2번지 근린생활시설부지내 유적(B지구) 6호 석곽묘	묘광 장축길이 410cm 묘곽 장축길이 330cm	재갈	『사적 제490호 초당동 유적』(한문협, 2010,333쪽)
병산동고분군 5호	210cm	철제 재갈	ⓖ
병산동고분군Ⅱ-4호	280cm	철제 재갈	ⓗ

금관총~부부총(천마총) 단계			
고분 및 유구번호	석곽 장축 길이	주요 출토유물	출전(전거문헌)
초당동1호분	450cm 이상	철제 등자, 철제 재갈 등	ⓑ
〔비교〕 갈야산 적석고분	미상(불명)	등자, 금제귀걸이로 보아 위세품이 상급	ⓟ

호접형 관식, 금관총~천마총 단계에서는 누암리형 대금구들이 출토되고 있어 동해안 최고의 거점 지역임을 말해준다.

다음은 마구류만 출토된 고분을 검토해 보겠다.[131] A군 고분에서도 마

통제해 나갔다고 보았다(심현용, 2009, 「고고자료로 본 5~6세기 신라의 강릉지 역 지배방식」, 『文化財』 42─3호, 國立文化財硏究所, 18쪽).

131) 마구류가 출토되었지만, 토기류가 없거나, 자료가 공간되지 않아 편년 추정이 곤 란한 유구도 있다. 예를 들면 초당동 4호분(백홍기, 1975), 초당동 A-8호(강릉

구류가 출토되지만(초당동 ⅢA-1호, 병산동고분군 Ⅱ-26호 등), 마구류만 출토된 고분도 하나의 위계를 설정할 만하다. 마구류 출토 고분은 규모가 대·중·소형 모두 있으나, 대부분 중·대형이 많다는 점과 그 수효가 적지 않다는 점에서 이를 뒷받침해 준다.132) 마구류만 출토된 B군 고분 현황은 〈표 13-②〉와 같다.

토기를 비롯한 공반 출토 유물로 시기를 편년할 수 있는 9기의 마구류 출토 고분 가운데 황남대총 남분 이전 단계에 속하는 마구류는 1기에 불과하고, 나머지 8기가 황남대총 남분을 전후로 등장하여 북분, 금관총, 부부총 단계에 걸쳐 있다. 황남대총 남분을 전후한 시점부터 말의 이용이 확산되었고 부장용으로도 마구류가 매납 되었음을 알 수 있다. 또한 마구류가 강릉 지역에 집중되어 있다는 점도 주목된다.

2) 고분 규모의 분류와 위계화

고분의 규모는 크게 봉분 또는 매장주체부의 크기를 기준으로 분류하거나, 매장주체부의 형태와 구조를 기준으로도 분류할 수 있다. 선행 연구에 의하면 신라화가 진행되는 지역에서는 고분의 규모가 시간의 흐름에 따라 점차 축소되는 방향성이 있으며, 매장주체부의 형태와 구조도 시간에 따른 전개의 흐름은 밝혀졌다. 즉 경주와 낙동강 東岸 지역에서는 피장자가 안치되는 주곽과 부장품 전용시설인 부곽이 함께 매장주체부를 구성하는 주·부곽식에서 주곽과 부곽이 격벽으로 구분되는 단계를 지나 주곽만 남는 변화 과정을 보인다.

그런데 동해안 고분들은 砂丘 지대에 형성된 것들이 많고, 대부분 봉분이 삭평되었다. 그러므로 고분의 규모를 판별하는 기준은 봉분보다는 매장

대 박물관, 1995), 병산동 6호묘(강릉대 박물관, 1998) 등이다.
132) 강릉 지역 출토 마구류와 고분 규모의 상관관계는 마구류가 출토된 고분의 수효가 많지 않아 통계적으로 의미를 두기 어렵고 시간적 흐름에 따른 특징을 찾기 곤란하지만 중대형 규모가 우세한 경향성은 인정된다.

〈표14-①〉 강릉 병산동 고분군 장축길이 막대도표(오름차순)와 히스토그램

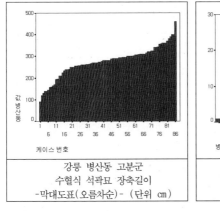 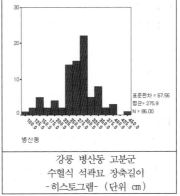

강릉 병산동 고분군 수혈식 석곽묘 장축길이 -막대도표(오름차순)- (단위 cm)	강릉 병산동 고분군 수혈식 석곽묘 장축길이 -히스토그램- (단위 cm)

〈표14-②〉 강릉 초당동 고분군 장축길이 막대도표(오름차순)와 히스토그램

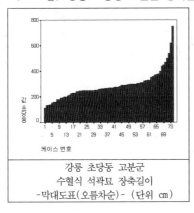 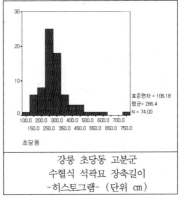

강릉 초당동 고분군 수혈식 석곽묘 장축길이 -막대도표(오름차순)- (단위 cm)	강릉 초당동 고분군 수혈식 석곽묘 장축길이 -히스토그램- (단위 cm)

주체부의 크기로 구분하는 것이 적합하다. 필자 역시 매장주체부의 크기 (장벽 길이)로 고분의 규모를 대형·중형·소형으로 구분하겠다. 본고의 연 구 대상 시기의 고분(목곽묘, 적석목곽묘, 석곽묘)은 매장주체부의 장벽 길이가 고분의 크기와 가장 상관관계가 높다고 인정되기 때문이다.

이러한 구분 기준 설정에는 양양 원포리 고분군이 참조가 된다. 원포리 7호분은 상원하방형 鐵製 大刀가 출토되어 고분군 내에서 가장 위계가 높 은 것처럼 보이는데, 장축 길이가 369cm이다. 그런데 나머지 고분들도 비슷

한 규모이고 동일한 수준의 유물이 공반되고 있어 동일한 위계를 반영한다. 즉 원포리 고분군은 위세품이 없고, 동일한 규모이므로 일반적인 계층의 무덤이었을 가능성을 강하게 시사한다. 그러므로 최소한 장축 길이 400cm가 구분 기준으로 적합하다. 여기에 강릉 지역에서 가장 많은 고분이 발굴되어 통계학적 자료가 확보된 병산동과 초당동 고분을 대상으로 검토한 결과 석곽 장축 길이의 기술통계그래프를 보더라도 대형은 적어도 장축 길이 400cm 이상, 소형은 250~300cm 미만, 중형은 250cm 또는 300cm에서 400cm 미만을 기준으로 설정하는 것이 적합할 듯하다〈표 14-① 및 ②〉.133)

이러한 고분 규모의 구분 기준은 위의 막대도표(오름차순)의 변곡점을 상자도표로 보아도 검증이 된다〈표 15〉.

〈표 15〉 병산동 고분군과 초당동 고분군의 장축 길이 상자도표 비교

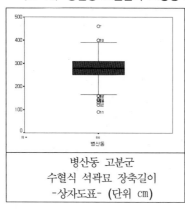

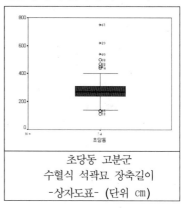

병산동 고분군 수혈식 석곽묘 장축길이 -상자도표- (단위 cm)	초당동 고분군 수혈식 석곽묘 장축길이 -상자도표- (단위 cm)

강릉 초당동 고분군의 경우 상자도표의 분산의 범위 위에 있는 이상점 (outlier)들은 63번 케이스를 제외하고 모두 위세품을 출토한 대형 고분들

133) 시간의 흐름에 따른 고분군 규모의 변화를 감안해야 하겠지만, 일반적인 구분 기준의 의미를 둔다. 현재 강릉 초당동 고분군, 병산동 고분군, 영진리 고분군, 원포리 고분군, 송계리 고분군, 안현동 고분군 등은 고분 규모 자료가 보고서에 제시되어 있다. 그 가운데 계측 가능한 석곽묘만을 대상으로 하였고, 배장묘·목곽묘·목관묘·토광묘는 제외하였다.

이다. 그런데 여기에는 400㎝ 이상의 규모이면서, 마구류만 출토되는 유구들(케이스 57번, 60번, 63번, 68번)이 있으므로 마구류 출토 유구도 대형분에 포함될 수 있음을 알 수 있다.

- 케이스 61번 : 현대A-1호 - 금동용문투조대금구 (강릉대 박물관, 1995)
- 케이스 20번 : Ⅲ-A-1호 - 호접형금제관식 (강문연, 2007)
- 케이스 60번 : 4호 - 대도, 등자 등 (백홍기, 1975, 강릉교대논문집)
- 케이스 68번 : A-8호 - 안교, 등자 등 (강릉대박물관, 1995)
- 케이스 57번 : 1호 - 등자, 재갈, 행엽 등 (김병모, 1971, 문화재)
- 케이스 74번 : C-1호 - 은제조익형관식(강릉대 박물관, 1995)
- 케이스 63번 : A-3호 - 도굴분, 마구류의 쇠조각편 (강릉대 박물관, 1995)

병산동 고분군도 초당동과 마찬가지로 분산의 범위 위의 이상점(outlier)들이 400㎝ 이상이므로 400㎝ 이상을 대형분으로 하면 큰 문제가 없다.

- 케이스 7번 : 8호 - 행엽, 환두대도(은장삼엽대도), (강릉대 박물관, 1998; 손미정에서 재인용)
- 케이스 33번 : 35호 - 위세품 없음
- 케이스 72번 : Ⅱ-26호 - 은제조익형관식, 철모, 유자이기, 재갈 등 (강문연, 2007)

위의 상자도표의 분산의 범위 위의 이상점(outlier)에 들어가지 못한 대형분에는 출자형금동관과 금동환두대도가 출토된 초당동 B-16호가 있다. 그 이유는 금동관의 편년이 다소 내려와서 규모가 작아졌거나, 중간식이 소환연접입방체에 심엽형 수하식이 달린 태환이식이 공반 출토된 점을 중시하면 피장자가 여인이었을 가능성도 고려되나 단정할 수 없다.[134]

---

134) 일반적으로 細環耳飾은 남성, 太環耳飾은 여성이 착장하는 것으로 본다(金龍星, 1999, 『新羅의 高塚과 地域集團-大邱·慶山의 例-』, 춘추각, 338쪽). 그리고 대

이상으로 보아 마구류 출토 이상의 고분은 대형분의 기본적인 요건에 해당하는 것으로 보이고, 위세품 A군(관, 관식, 장식대도, 대금구 등), 위세품 B군(마구류)의 위계로 구분할 수 있다. 다만, 유자이기나 중간식이 있는 귀걸이, 철모 등이 출토된 고분은 이들 대형분과 비교할 때 고분의 규모에서 한 단계 아래로 판단된다. 이러한 위세품 양상으로 보아 하슬라 지역은 적어도 3단계 정도 이상의 위계화는 관찰된다고 하겠다.

3) 고분을 통해 본 하슬라 지역의 위상

이 당시 강릉 지역의 위상을 위세품을 토대로 다른 지역과의 비교를 통해 간략히 살펴보겠다. 먼저, 초당동 A-1호 출토 금동용문투조대금구는 황남동 110호분 단계(5세기 2/4분기)에 해당한다. 비슷한 시기에 동급의 위세품을 출토하는 지역을 살펴보면, 초당동 A-1호와 동일한 금동용문투조대금구가 출토된 임당 7B호 고분을 비롯하여 경산 조영 고분군, 대구 달성 고분군 등이 있다. 이들 고분에서는 공통적으로 복천동 1호분 출토품처럼 맞가지가 둔각인 출자형 금동관이 출토되었다.[135] 더불어 포항 옥성리 50호묘는 3단대각 고배와 2단대각 고배가 공존하고 있어 황남동 110호분 단계로 볼 수 있는데, 공반 출토된 관식이 鐵製이므로 金-金銅-銀-鐵의 재질 순으로 위계를 설정할 수 있다.[136] 다만, 이러한 4단계의 위세품

도는 세환이식 착용자가 착장하여 부장하는 것이 원칙이다(李熙濬, 2002, 「4~5세기 신라 고분 피장자의 服飾品 着裝 定型」, 『韓國考古學報』 47, 79쪽). 여성 피장자로 추정되는 적석목곽분에서 장식대도 또는 대도류 등의 무기류는 착장하지 않고, 주로 부곽 내지 주부장군에 매납되는 현상이 있다(朴普鉉, 1992, 「積石木槨墳의 武器具類 副葬樣相」, 『新羅文化』9, 동국대 신라문화연구소, 7쪽 각주 4번 참조). 초당동 B-16호는 대도가 단곽식 석곽내 금동관 옆에서 착장된 위치처럼 공반되었으므로 남성일 가능성도 높다.

135) 경산 임당 7A호 및 7C호, 경산 조영 CⅡ-1호 및 EⅢ-8호, 대구 달성 문산리 I지구 3호 등의 유구들은 3단각이 아직 남아 있는 고배들과 둔각의 맞가지를 가진 출자형 금동관이 출토되고 있다.

136) 朴普鉉, 2005, 「浦項 玉城里50號墓出土 鐵製冠飾으로 본 新羅中央의 問題」,

체제가 황남동 110호분 단계에 운용되었는지는 확실하지 않다. 아마도 황
남대총 남분보다 오래된 금관이 나온 예가 없다는 점에서137) 황남동 110
호분 단계 당시의 위세품 체제를 금동-은-철제 관식으로 볼 수 있다면, 이
미 이 단계에 최고의 위세품이 강릉 지역에 分與되었음을 알 수 있다. 이
러한 위세품 분포는 신라가 영역을 확장하는 초기 단계에 강릉 지역이 이
미 거점 지역으로 간주되었음을 반영하고 있다.

　그런데 강릉 지역은 사실, 경주의 인접 지역도 아니고, 대구처럼 낙동강
상류와 중류를 통제하거나, 부산 복천동처럼 낙동강 하구를 통제하여 얻는
직접적인 이익을 생각하기 힘든 동해안 북쪽의 먼 곳이다. 그럼에도 불구
하고 강릉 지역에 초기의 신라 위세품이 분여된다는 것은 그 필요성이 분
명히 있었을 것이다. 그것은 바로 강릉 지역이 내물왕대에 고구려의 옛 수
도인 집안으로 가기 위한 중간거점으로 선택되었기 때문에 일찍부터 장악
하였던 것으로 이해할 수 있다.

　또한 황남대총 남분·북분 단계(5세기 3/4분기)의 초당동 ⅢA-1호 금
동제 호접형 관식도 지방에서는 의성 탑리, 창녕 교동 11호분에서만 나오
고 있어 최상급의 위세품이라고 할 수 있다. 이로 보아 강릉 지역의 위상
은 이때까지도 유지되었음을 알 수 있다. 동일한 급이 출토된 의성 탑리와
창녕 지역은 그 지리적 위치상 각각 고구려 및 가야와 대립하는데 중요한
전진기지이자 배후거점으로 보이기 때문에 이 시기의 하슬라를 이해하는
데에도 참고가 된다. 비록 고고자료가 표본이라는 한계가 있지만, 마구류
가 이 시기에 즈음하여 부장되고 있다. 이러한 고고학적 양상을 역사적으

　　『安東史學』9·10, 安東史學會, 45~53쪽.

137) 김원룡 교수는 확단하기는 어려우나, 천마총에서도 따로 금동관이 나왔고, 98호
　　분 남분의 王이라고 믿어지는 피장자도 금동관을 쓰고 있기 때문에 금동이 은보
　　다 상위일 것으로 보고 있다. 그리고 98호분 남분보다 오래된 고분에서 금관이
　　나온 예가 없으며, 지금까지 발견된 금관이 나온 고분은 그 연대가 5세기 후반에
　　서 6세기 전반에 걸친 단곽분들이어서 신라 왕족의 순금관 작봉은 5세기 후반에
　　들어와서야 시작된 것이고, 그 이전은 금동관을 썼던 것으로 추측하고 있다(김원
　　룡, 2002(3판 15쇄), 『한국고고학 개설』, 일지사, 234~235쪽).

로 본다면 사료의 450년, 468년, 481년의 사건, 즉 고구려와 신라간의 군
사적 충돌과 관련하여 신라가 강릉을 군사거점화하는 과정의 소산일 가능
성이 높다. 이미 백제와 신라는 『삼국사기』에 기록된 것처럼 장수왕의 평
양천도(427) 이후 외교 교섭(433~434)을 시작하는데, 이 기사는 광개토
대왕의 신라 구원전 이후 사실상 고구려에 臣屬해 있던 신라의 대외정책
이 변화한 것을 시사한다. 그 연장선상에서 생각하면, 이때부터 신라는 하
슬라 지역을 對고구려 교섭의 중간거점이자, 방어의 전진기지를 겸하게 하
는 이중적인 정책을 추진한 것으로 보인다. 그 때문에 강릉 지역의 신라화
를 강화한 것이고, 강릉 지역의 신라화는 역설적으로 신라와 고구려 간의
균열이 시작되고 있음을 보여주는 의미가 있다.

정리하면, 내물왕대에 하슬라가 고구려의 옛 수도인 집안으로 가기 위한
중간거점의 기능을 하다가, 장수왕의 평양천도(427) 이후 위기감을 느낀
신라는 고구려를 방어하기 위하여 하슬라를 군사거점화 하는 정책으로 전
환하기 시작한다. 고구려와 신라 간에는 여전히 동맹관계가 유지되는 중이
지만, 신라의 對고구려정책은 이미 전환과 변화가 시작되었음을 시사하는
데, 사료에서는 백제 비유왕과 신라 눌지왕의 외교 교섭(433~434)으로
나타나고, 고고학적 양상으로는 강릉 지역에서 보이는 위세품의 출현·확산
및 마구류의 등장과 확산으로 알 수 있다.

IV

何瑟羅 지역의 신라산성

1. 하슬라 지역 산성의 연구 방향과 검토

1) 산성의 연구 방향

이 글에서 논의하는 何瑟羅(강릉)의 영향력이 지금의 강릉시(명주 주치 및 지산현), 양양군(동산현), 정선군(동제현, 정선현) 지역까지 미친다고 간주할 때, 산성 역시 이들 지역을 포함하여 살펴보아야 할 것이다.

강원도 동해안 지역에는 산성과 봉수 등 매우 많은 관방 유적이 남아 있고, 하슬라 지역 내에도 많은 산성 유적들이 분포한다. 그 역사적 배경은 여러 가지가 있겠으나, 강원도 동해안이 고려시대에 외적의 침입을 대비한 군사적 목적에서 편성되었던 東界 지역이라는 점이 우선 주목되며, 수많은 외적의 침입과 하슬라 지역의 관방유적도 관련이 있을 것이다. 그러나 이들 가운데 시굴 및 발굴이 이루어진 산성들은 극소수이고, 대부분의 산성은 지표조사 정도만 이루어진 까닭에 아직은 하슬라 지역 산성의 성격과 실체를 규명하기에는 어려움이 있다.

대부분의 산성 유적은 지표조사 수준의 조사만 실시된 까닭에 전해져오는 이야기를 근거로 지리적·입지적 양상을 감안하여 시대를 추정하거나,[1] 수습 유물도 포함하여 성의 축조 시기를 추정하지만 고고학적 출토 맥락이 불확실한 경우가 많아 신뢰하기 곤란하다. 예를 들어 산성 내부에서 철기시대 토기편이나 신라토기편이 수습되었다고 하여 산성(성보)의 축성 시기를 삼국시대나 통일신라시대로 보는 견해도 있다. 그러나 산성(성보) 내부에 초기철기시대나 삼국시대의 생활면 또는 고분이 있었기 때문에 토기

---

1) 대표적으로 강릉의 대공산성이나 청학산성을 발해 또는 고구려의 성으로 연결하나 사실은 관계가 없다(홍영호, 2010(c), 「『三國史記』所載 泥河의 위치 비정」, 『韓國史研究』150, 49~50쪽).

편이 수습된 것이지 성의 축성 시기와는 별개일 수 있는 것이다.[2] 전반적으로 볼 때 하슬라 지역의 산성 연구는 치밀한 문헌 비판이나 고고자료를 통해 성의 축조 시기와 성격을 규명하려는 노력보다는 단편적인 자료를 근거로 자의적으로 활용하는 경우가 훨씬 더 많았고, 그 결과 오류와 왜곡이 확대 재생산 되었다고 할 수 있다.

이러한 기존의 연구 성과들은 역사 해석의 오류를 예방한다는 측면에서 비판적인 재검토가 필요하다. 關防遺蹟은 그 특성상 처음 축성한 이후에도 시대적인 상황에 따라 반복적으로 사용될 수 있고, 사료도 부족하며, 시굴 조사나 지표조사로는 그 실체를 밝히는데 어려움이 있기 때문이다. 특히 古代의 山城은 장기간에 걸쳐 전면 조사를 실시하기 전에는 初築 집단이나 해당 산성을 사용한 집단의 성격을 명확히 밝히기 어렵다. 그러므로 이 글과 관련하여 적확한 역사적 해석을 시도하기 위해서는 확실한 신라산성부터 찾아내려는 연구의 방향성이 필요하다. 이에 필자는 하슬라 지역의 수많은 산성 가운데 신라산성을 정확히 찾아 역사 해석의 오류를 예방하고 올바른 역사상을 그려보기 위한 목적에서 동해안의 관방유적들에 대한 연구·검토를 시도해 보았다.

2) 산성의 검토

현재 하슬라 지역의 산성들은 그 입지와 평면형태의 공통점, 전설 및 설화, 수습 유물 등을 토대로 몇 가지의 분류가 가능하다. 이 가운데 가장 삼국시대~통일신라시대의 산성으로 추정되고 있는 유형이 이른바 平地野山城에 해당하는 '평면말굽형산성'이 대표적이다. 기존 연구에는 자연적인 산능선을 활용한 이러한 평지야산성들을 단편적인 문헌 자료나 고고학적 맥

---

2) 성 내에서 출토되는 유물이 곧 성벽의 축조와 관련되지 않으며, 그러한 사례 연구는 다음 논문을 참조(朴淳發, 2004, 「湖西地域 平地·野山城에 대하여-築造 時點 및 性格을 中心으로-」, 『湖西考古學』10, 45~61쪽).

락을 잃은 고고자료를 토대로 삼국시대나 통일신라시대로 보았다.[3] 또는 일부의 산성 내부에서 고려와 조선시대의 유물이 수습되었으므로 길옆에 있다는 성의 입지를 고려하여 고려와 조선시대의 倉城이나 牧馬場의 성격으로 보기도 한다.[4]

이에 필자는 자연적인 산 능선을 활용한 '평면말굽형 산성(필자: 포곡식 평지산성 형태)'들을 비교 분석하여 그 실체를 밝혀보는 시도를 하였다. 그 결과 이들 산성이 고려전기 동여진의 침입이나 고려말기~조선초기 왜구의 침입과 같은 소규모의 적을 임시로 피하기 위한 민보용·입보용 산성(토성)이며, 중심이나 으뜸이 되는 성채마을(萬戶나 鎭將, 토착 우두머리 집단의 행정·군사적인 거점)의 성격을 가지고 있으므로 중앙관 또는 지방 토착세력가의 행정적·군사적 거점(마을)이자 관아적 성격임을 밝힌 바 있다.[5] 이후 이러한 유형의 산성들인 삼척 호산리성지,[6] 양양읍성,[7] 속초리 토성[8]의 발굴에서 통일신라시대의 유물이 출토되지 않았고, 고려 초기·전기, 고려 말기에 해당하는 유적들로 밝혀짐으로써 필자의 주장이 옳았음이 입증되었다.[9]

---

3) 이러한 유형인 삼척 호산리성지를 통일신라시대 산성으로 추정하였지만(李相洙, 2005, 「『三國史記』地理誌의 三陟郡 領縣에 대한 位置比定 摸索」, 『博物館誌』 4, 關東大 博物館, 67~68쪽), 2013년 발굴보고서에 의하면 고려시대의 성으로 확인되었다.

4) 權純珍, 2002, 「東海 深谷里城址에 대하여」, 『博物館誌』 2·3, 關東大 博物館, 31~62쪽.

5) 홍영호, 2010(d), 「강원도 동해안지역의 성보(城堡) 검토(1) -평면 말굽형 城址를 중심으로- 」, 『博物館誌』 17, 江原大學校 中央博物館, 19~46쪽.

6) 江原文化財研究所, 2013, 『三陟 湖山里 遺蹟-삼척 호산리 LNG 산업단지 내 유적 문화재 발굴조사 보고서-』, 學術叢書 128冊.

7) 한백문화재연구원, 2013, 『양양읍성-추정 북문지 주변 발굴조사보고서-』, 학술조사총서 제41책.

8) 예맥문화재연구원, 2014, 『束草 東明洞遺蹟』, 學術調査報告 第61冊 ; 홍영호, 2014(a), 「속초리성지의 역사적 성격과 변화」, 『束草 東明洞遺蹟』, 學術調査報告 第61冊, 예맥문화재연구원, 95~117쪽.

9) 단, 강릉시 성산면 금산리의 명주(산)성은 평면말굽형 산성(필자: 포곡식 평지야산성)으로 '溟州城'銘 와당이 여러 점 출토되어 통일신라~고려초로 볼 수 있다.

나아가 필자는 사료에 등장하는 강원도 동해안 지역의 戍를 처음으로
연구하여 戍의 성격과 입지를 비롯하여 유적 현장을 밝혀보는 시도를 하
여 성과도 얻었다.[10] 특히, 강원도 고성군의 戍 3곳이 봉수지 3곳과 일치
하고, 그 가운데 조선초기의 竹島山烽燧址 石築 煙臺 하부에서 고려시대
와편들이 매우 많은 건물지를 찾아 고려전기 戍의 입지가 조선초기 烽燧
로 계승됨을 확인하였다.[11] 이에 따라 전방초소인 戍가 해안에 위치한 것
이 확인되었으므로 해안 주변의 산성들은 戍의 本陣인 鎭(城)과 관련될
가능성이 높아졌다. 동시에 해안에 위치한 다양한 종류와 형태의 산성들의
상당수가 신라산성이 아닐 가능성도 높아졌다.

반면, 기존의 조사 결과와 달리 신라산성으로 확인된 경우도 있다. 대표
적으로 양양 후포매리 산성은 통일신라시대 산성으로 조사되었지만,[12] 그
후 필자가 정밀히 재조사하여 삼국시대의 신라성으로 밝혔다.[13]

이와 같이 그동안 강릉 지역에서 삼국시대나 통일신라시대의 산성으로
추정되어 온 상당수의 산성들이 실제로는 고려시대~조선 전기에 해당하
고, 후포매리 산성처럼 기존의 연구 결과와 다른 시대의 성으로 밝혀지는
등 산성 연구는 비판적 검토가 요구되고 있다. 여기에 최근에는 산성으로
생각하지 않았던 강릉 경포호 옆의 바닷가 곳에서 신라토성이 발견되어 더

명주성에 대해서는 다음 글 참조. 관동대학교 박물관, 2009, 『江陵 溟州山城-地
表調査 報告書-』, 학술총서 43책 ; 이상수·고희재, 2010, 「江陵 溟州山城의
構造와 性格」, 『臨瀛文化』34, 江陵文化院, 211~236쪽. 그 밖에 강릉시 연곡면
방내리성도 평지와 연결된 평면말굽형 산성(필자: 포곡식 평지야산성)으로 통일
신라시대까지 올라갈 가능성이 있다. 통일신라시대 명주에 속한 4개의 영현에 속
하나 인근에 성이 없기 때문이다.

10) 홍영호, 2012(b), 「강원도 동해안지역의 성보(城堡) 검토(2)-戍를 중심으로-」,
『博物館誌』19, 江原大學校 中央博物館, 49~72쪽.
11) 홍영호, 2014(b), 「고성군 죽왕면 竹島(山)烽燧와 竹島戍에 대하여」, 『博物館
誌』21, 江原大學校 中央博物館, 19~44쪽.
12) 江陵大學校 博物館, 1994, 「襄陽郡의 關防遺蹟」, 『襄陽郡의 歷史와 文化遺蹟』,
學術叢書 5冊 219쪽.
13) 홍영호, 2009, 「양양 후포매리 신라산성의 고찰」, 『先史와 古代』 30, 韓國古代
學會, 285~317쪽.

정밀하고 폭넓은 조사가 여전히 필요함을 일깨워주고 있다.

이렇게 보면, 현재 강원도 동해안에서 삼한시대로 전해지거나,14) 신라·통일신라의 산성15)으로 간주하는 유적이 약간 있으나, 확실히 밝혀진 것은 극히 소수에 불과하다. 그 예로는 강릉 강문동 신라토성, 양양 후포매리 신라산성, 양양 임천석성(삼국말~통일신라시대), 고성 고성리 산성(통일신라)을 들 수 있다.16) 이들 산성은 모두 산 정상을 둘러싼 테뫼식이며, 그 입지는 강릉 경포호 강문동 신라토성은 바닷가 연변에 있으나 나머지 신라성들은 다소 내륙으로 들어간 산꼭대기에 위치하고 있다. 또한 최근의 발굴조사를 통해 명주의 직속 영현에 해당하는 정선군 임계면 송계리, 정선군 신동읍에서도 신라산성이 확인되었다. 결국 하슬라 지역에서는 강릉 강문동 신라토성, 양양군 현남면 후포매리 산성, 정선군 임계면 송계리 산성, 정선군 신동읍 고성리 산성이 신라식 투창고배가 출토된 확실한 삼국시대의 신라산성이다.

14) 삼한시대의 성으로 강릉 濊國古城을 긍정적으로 보는 견해가 소략하게 개진되었다(金興術, 1999, 「江陵地域 城郭硏究」, 『臨瀛文化』23, 江陵文化院, 41~44쪽 : 심재연, 2009, 「한성백제기의 영동·영서」, 『고고학』8-2, 서울경기고고학회, 61쪽). 그러나 고고학적 발굴을 통해 확인된 것은 아니다.

15) 삼척 오십천 하구의 오화리산성을 泥河城으로 보는 견해(강봉룡, 2009, 「이사부 생애와 활동의 역사적 의의」, 『이사부 표준영정 조성을 위한 전문가 포럼』, 19쪽 각주 48번), 삼척 갈야산성을 '三陟郡戊子年…'銘 기와를 근거로 통일신라시대 성으로 보는 견해(방동인·이상수·김태수, 1995, 「三陟市의 關防遺蹟·窯址·社稷壇」, 『三陟의 歷史와 文化遺蹟』, 關東大 博物館 學術叢書 9冊, 429쪽)가 있다. 박동호는 오화리산성에서 8세기 후반~9세기 중반의 기와가 출토되었고, 6세기에 해당하는 기와가 출토되지 않았으며, 갈야산성의 '三陟郡戊子年…'銘 기와도 고려초로 편년된다고 하였다(朴東祜, 2011, 「羅末麗初期 강원지방 평기와 연구」, 『先史와 古代』35, 韓國古代學會, 265~271쪽). 갈야산성은 그 위치와 입지로 보아 고성의 고성리산성, 양양 임천석성 등과 비교되므로 통일신라시대에 축성되었을 가능성이 있다. 오화리산성도 경포호 강문동토성과 입지가 비교되므로 신라성일 가능성이 있다.

16) 홍영호, 2009, 앞의 논문, 285~317쪽 ; 江原文化財硏究所, 2006, 『旌善 松溪里山城 發掘調査報告書』, 學術叢書 51冊 ; 江原文化財硏究所, 2006, 『旌善 古城里山城』, 學術叢書 45冊.

물론 산성 유적의 성격상 지표조사나 시굴조사에서 신라 유물이 출토되지 않았더라도 신라가 축조 또는 사용하지 않았다고 단정하기 곤란하다. 그러나 비판적 검토 결과 대다수의 산성이 삼국~통일신라시대에 속하지 않는다고 판단되는 상황에서는 확실한 신라산성만을 연구 대상으로 삼는 것이 옳다고 하겠다. 이러한 관점에서 이 글에서는 이들 4곳의 신라 산성을 살펴보고, 나아가 교통로, 방어 체계, 지방 통제 방식과 같은 신라사적인 의미를 찾아보겠다.

2. 하슬라 지역의 신라산성

1) 양양 후포매리산성

후포매리 산성은 이미 통일신라시대의 토기편이 출토되어 통일신라시대 산성으로 소개된 적이 있었다.[17] 그러나 필자가 이 산성을 정밀하게 지표조사하면서 삼국시대의 축성기법을 관찰하였고, 신라토기편들도 수습하여 삼국시대의 산성임을 확인하였다〈도판 33〉·〈지도 4 및 5〉. 이 산성은 삼국시대의 新羅山城(土城)이며, 신라의 동해안 진출과 관련하여 軍事的 據點이나 治所(洞山縣)의 背後城으로 판단된다.

지금까지 강원도 동해안의 고고학적 조사는 신라고분 자료가 대부분이었으나, 후포매리 신라산성은 강릉 강문동 신라토성과 함께 신라의 동해안 진출과 지배 양상을 적극적으로 해석하는 데에도, 많은 기여를 할 수 있는 귀중한 자료이다.

---

17) 江陵大學校 博物館, 1994, 「襄陽郡의 關防遺蹟」, 『襄陽郡의 歷史와 文化遺蹟』, 學術叢書 5冊 219쪽.

서벽의 기단석축토성 모습

서벽(북→남) 토루에 할석 피복

투창고배 대각편 (옆에서 촬영)

투창고배 대각편 (위에서 촬영)

羽狀文(松葉文)과 사격자문

羽狀文 (松葉文)

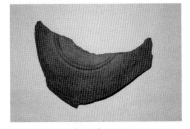

고배 뚜껑(波狀文)

파수(쇠뿔형 손잡이)

〈도판 33〉양양 후포매리 신라산성 토성 성벽과 출토 토기 (필자 촬영 : 2009)

(1) 관련 문헌 자료 검토

이 산성은 옛 문헌에 전혀 기록이 없고,[18] 일제시대와 현대의 자료에서 단편적으로 찾을 수 있으나, 그 위치와 설명이 혼란스럽다. 이에 문헌 검토를 통하여 산성의 실체에 접근해 보았다.

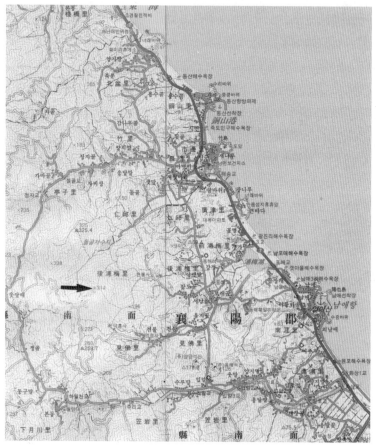

〈지도 4〉양양군 현남면 후포매리 신라산성의 위치도 (1:50,000) (유적 →)
* 도엽번호 NJ52-10-04(연곡) 및 NJ52-10-05(강릉)

---

18) 襄陽郡 縣南面 지역은 『삼국사기』 지리지에는 溟州의 직속 領縣인 洞山縣으로

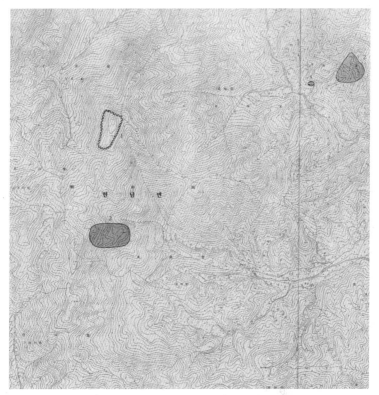

〈지도 5〉양양 후포매리 신라산성과 후포매리 신라고분 분포도
* 산성의 남쪽 2번, 서쪽 2번이 고분군임.
* 原圖: 江原文化財研究所, 2003, 『文化遺跡分布地圖-襄陽郡-』, 125~126쪽 도면.

光武年間에 간행된 『襄陽邑誌』의 仁邱山堡가 여러 행정리의 경계 지점
인 城峙(山峰)에 있었던 까닭에 『朝鮮地誌資料』, 『朝鮮寶物古蹟調査資料』,
『한국지명총람』 등에 성치(성재)와 산성의 위치가 혼란스럽게 기술되었
다.19) 그러나 적어도 1968년 양양교육청에서 간행한 『鄕土誌』편찬 당시까

나온다. 그러나 『고려사』 지리지부터 동산현은 翼嶺縣(양양)의 속현이 되며, 이
후부터는 계속 양양군에 속하므로 양양군 쪽의 문헌을 보아야 한다.
19) 양양문화원, 1976, 『鄕土誌』, 158쪽 및 199쪽(Ⅳ. 襄陽邑誌, 1. 襄陽邑 城堞鎭
條) : 『朝鮮地誌資料』江原道 襄陽郡 嶺峴峴名條 : 『朝鮮地誌資料』는 1910

지는 '성재'와 '인구민보'가 별개인 듯한 느낌이 없었다.[20] 그런데 1976년 양양문화원에서 간행한 『鄕土誌』에서부터 신라고분과 浦梅里 新羅土城을 소개하였고, 이와 별도로 仁邱民堡도 서술되면서 두 성이 별개의 성으로 인식될 소지가 생겼다.[21] 이후 한국보이스카웃연맹이 『韓國의 城郭과 烽燧』에서 인구민보가 인구리 88번지에 있다고 서술하면서 '인구민보'와 '성재'의 산성이 완전히 별개로 느껴지게 되었다.[22] 그 결과 『襄州誌』(1990), 『襄陽郡의 歷史와 文化遺蹟』(1994)의 「襄陽郡의 歷史 考古遺蹟」과 「襄陽郡의 關防遺蹟」에서도 별개로 서술하였고, 특히 「襄陽郡의 關防遺蹟」에서는 '후포매리 산성'과 '인구민보'가 함께 실려 있어 완전히 별개의 성이 되었다. 여기에 후포매리 산성과 인구민보는 모두 석축산성으로 기술되었고, 『향토지』(1976), 『襄州誌』(1990) 신라고분 항목과 『襄陽郡의 歷史와 文化遺蹟』「襄陽郡의 歷史 考古遺蹟」의 후포매리 고분 항목에서는 신라의 토성이라고 서술되었으므로 마치 성이 3개인 것처럼 착각이 든다.[23] 그러나 필자가 문헌 비판을 통하여 밝혔듯이 사실은 新羅土城, 後浦梅里山城, 仁邱民堡(仁邱山堡)는 그 실체가 동일하며, 성재(城峙)에 있는 하나의 城이다.[24]

년 10월 이후 1911년 12월 사이에 편찬되었다(신종원, 2007, 「필사본 조선지지 자료 해제」, 『강원도 땅이름의 참모습』, 경인문화사) : 朝鮮總督府, 1942, 『朝鮮寶物古蹟調査資料』, 541쪽 : 한글학회, 1967, 『한국지명총람2-강원편-』, 205쪽·234쪽·235쪽 참조.

20) 襄陽郡敎育廳, 1968, 『鄕土誌』, 155쪽. 이 책에 실린 내용은 이후 간행된 향토지에 전재 인용되고 있다.

21) 양양문화원, 1976, 『鄕土誌』, 158쪽 및 199쪽(Ⅳ. 襄陽邑誌, 1. 襄陽邑 城堞鎭條).

22) 한국보이스카웃연맹, 1989, 『韓國의 城郭과 烽燧』, 414쪽.

23) 襄陽郡, 1990, 『襄州誌』, 774쪽(제9편. 名勝·古蹟·地名由來·傳說) : 지현병·전유길, 1994, 「襄陽郡의 關防遺蹟」, 『襄陽郡의 歷史와 文化遺蹟』, 江陵大學校 博物館, 219쪽 : 지현병·고동순, 1994, 「襄陽郡의 歷史考古遺蹟」, 『襄陽郡의 歷史와 文化遺蹟』, 江陵大學校 博物館, 178쪽 : 江原文化財硏究所, 2003, 『文化遺蹟分布地圖-襄陽郡-』, 194쪽.

24) 홍영호, 2009, 「양양 후포매리 신라산성의 고찰」, 『先史와 古代』30, 韓國古代學會, 285~317쪽.

(2) 산성의 현상과 축조 시기

① 산성의 현상

산성의 위치는 양양군 현남면 후포매리 산59임 일대이다.[25] 산성은 독립된 산봉우리 정상에 만들어졌으며, 북쪽의 산봉우리로부터 남쪽으로 내려오면서 낮아지고, 전체적인 평면 형태는 남-북長軸의 긴 타원형이다. 산성은 잘 남아있는 상태이며, 성벽의 전체구간은 둘레가 약 450m 정도이다.[26]

이 산성은 내부에 谷部와 水源을 감싸고 있지 않아 테뫼식 산성으로 볼 수 있으며, 孔錫龜의 테뫼식 산성의 분류, 즉 테머리식, 山頂式, 山腹式 가운데 山頂式으로 규정할 수 있다.[27] 산성의 오른쪽은 인구벌이 보이며, 남쪽으로는 후포매리의 浦梅湖와 주문진까지 조망된다. 산성의 왼쪽 즉, 서벽 쪽은 깊은 골짜기를 경계로 높은 산이 가로막고 있어 서쪽으로의 조망은 불가능하다.

산성에서 가장 높은 북쪽의 산봉우리는 자연적인 수직 절벽과 바위 위에 돌과 흙을 깔아 덮는 토석잡축으로 쌓았고, 장대 역할을 한 것으로 보이는데,[28] 여기에서는 인구벌이 보이고, 성 내부와 남쪽, 동벽과 서벽 쪽의 상황이 조망된다. 문지는 북쪽이 자연 절벽이라 동북쪽에 1곳, 동문 1곳, 남문 내성 1곳, 남문 외성 1곳, 서문 1곳으로 파악이 된다.

북벽은 수직에 가까운 자연 절벽인 까닭에 사실상 출입과 공격이 불가능하고, 서쪽도 경사가 매우 심하여 공격이 어려우며, 북동쪽 일부 문지 구간과 남쪽만 경사가 완만하다. 북동문지 동벽의 남쪽 일부 구간은 붕괴되어 유실되었다. 배후의 산으로부터 내려오는 돌출된 봉우리에 위치한 산성

---

25) 江原文化財研究所, 2003, 『文化遺蹟分布地圖-襄陽郡-』, 194쪽.
26) GPS로 측정한 둘레이다. 산성이 위치한 山峰의 높이는 1/50,000 지도에는 314m이다.
27) 孔錫龜, 1998, 「高句麗城郭의 類型에 대한 硏究」, 『韓國上古史學報』29, 韓國上古史學會, 143~178쪽.
28) 이러한 모습이 봉화터의 모습(襄陽郡教育廳, 1968, 『鄕土誌』, 155쪽)으로 착각할 수 있다.

의 경우 배후의 능선으로부터의 공격에 가장 약하므로 치성이나 곡성을 설치하는 것처럼, 이 산성은 경사가 완만하여 방어력이 가장 취약한 남문 쪽에 이중의 내·외성벽을 축조하여 방어력을 강화하였다.

성벽의 축조 방법은 전체적으로 삭토, 성토·토석잡축이 관찰되며, 혹시 석심토축 구간이 있을 가능성도 있다. 특히 2~3단의 석축으로 기단을 마련한 후, 그 위에 토축을 하는 수법이 남문지 2곳, 동문지 1곳, 서벽 쪽 구간에서 보인다. 결국 후포매리산성은 2~3단의 석축으로 낮게 기단을 만든 후, 그 위에 토축을 하는 基壇石築型 土城으로 분류할 수 있다.29) 이러한 축조기법은 토성과 석성의 개념을 어떻게 설정하느냐에 달라지겠지만, 필자는 기본적으로 土城으로 본다.30)

그리고 북쪽의 장대지를 비롯하여 동벽과 서벽 등 성벽의 윗면은 일부 구간에 할석과 흙을 섞어 피복하고 있다. 이러한 수법은 경주 월성31) 등에서도 보인다. 경주 월성은 초축 시기와 성격에 논란이 있으나 초기의 토성이라는 점은 동의하고 있다. 다만, 석심토축의 토성, 기단석축형 판축성벽, 토석잡축(토루 상부에 할석 피복) 등의 여러 견해가 있는데, 월성이 여러 차례의 수·개축이 있었다고 하므로 성벽의 지점에 따라 다양한 방식으로 수·개축을 하였거나, 수·개축을 할 때마다 성벽의 축조 방식이 다양

---

29) 羅東旭, 1996, 「慶南地域의 土城 研究-基壇石築型 版築土城을 中心으로-」, 『博物館研究論文集』5, 釜山廣域市立博物館, 15~109쪽 ; 李在興·金才喆, 1998, 「林堂土城에 대하여-古代土城의 築造技法에 대한 약간의 검토-」, 『영남문화재연구회 제8회 조사회 발표문』, 영남문화재연구원, 3~30쪽.

30) 孔錫龜는 土築으로 된 體城의 內外 基壇部에 石壁을 쌓아 內部의 土築部를 保護하려고 한 성곽의 형태는 土城의 축조과정에서 副次的으로 생긴 것이거나 土城의 本體를 保護하기 위한 施設로 생각하여 土城에 범주에 포함시켰다(孔錫龜, 1993, 『大田의 城郭』, 大田直轄市, 146쪽). 車勇杰·沈正補 역시 土城을 순수한 土城과 石築의 補强이나 基壇築城部가 있는 土城으로 나누고 있다(車勇杰·沈正補, 1989, 「三國 및 統一新羅 築城의 例」, 『壬辰倭亂 前後 關防史 研究』). 이러한 입장은 라동욱, 이재홍·김재철 등도 지지하고 있다.

31) 李相俊, 1997, 「慶州 月城의 變遷過程에 대한 小考」, 『嶺南考古學』21, 123~162쪽 ; 金洛中, 1998, 「新羅 月城의 性格과 變遷」, 『韓國上古史學報』 27, 韓國上古史學會, 183~257쪽.

해졌을 것으로 추정된다. 후포매리 산성의 성벽에 피복한 할석들은 성의
내·외부에 매우 많이 분포하고 있는 자연암반과 암석들을 활용하였을 것
이다.

② 축조 시기

후포매리 산성이 기단석축형 토성인 점은 축성 시기와 관련하여 참고가
된다. 이러한 기단석축형 토성의 축조 시기는 기단석축이 보이지 않는 梁
山 蓴池里土城의 연대가 5세기 以前인 점을 감안하면 慶南 지방을 포함한
남부 지방의 基壇石築型 版築土城은 대체로 6세기 以後 어느 시기를 전후
하여 통일신라시대 사이에 축조되었을 것으로 보는 견해가 있다.[32) 또한
기단부석축열이 없는 토성(Ⅰ형식), 기단부석축열이 내벽과 외벽에 모두
있는 토성(Ⅱ형식), 기단부석축열이 외벽에만 있는 토성(Ⅲ형식)으로 구
분하고, Ⅰ형식은 6세기 이전의 토성, Ⅱ·Ⅲ형식은 5세기 후반 내지 6세기
이후의 토성으로 보며, Ⅲ형식은 신라나 신라 관련 지역에서 많이 보이고,
대부분 주위보다 비교적 높은 가파른 야산이나 구릉 지대에 위치한다.[33)
후포매리 산성은 기단부석축열이 외벽에서만 관찰되고 있어 Ⅲ형식으로
볼 수 있으며, 축조 시기 설정에 참조가 된다.

후포매리 산성 내에서는 많은 토기편이 수습되었는데, 기형과 제작 수법
으로 보아 경주 중앙산 토기편도 많이 보인다. 토기편을 소개하면, 먼저,
파상문을 시문한 개(뚜껑)가 있다. 후포매리 산성으로부터 다소 남쪽에 위
치한 양양군 현남면 원포리 고분 7호 출토 뚜껑에서도 꼭지부가 결실되었
고, 3줄의 多齒具를 사용하여 3부분으로 구획한 후, 제일 상면에 2줄로 波
狀文을 일부에만 시문한 토기편이 수습되어 비교할 만하다.[34) 다음은 장

---

32) 羅東旭, 1996, 앞의 논문, 52~59쪽.

33) 李在興·金才喆, 1998, 앞의 논문, 3·30쪽.

34) 江陵大學校 博物館, 2007, 『江陵 領津里 古墳群』, 學術叢書 44冊, 229쪽 및
232쪽 도면 145. 원-7호 출토유물 중 ③번 및 공반유물 참조. 산성 주변의 후포
매리 고분군은 석곽묘와 석실묘로 알려져 있지만, 수습 토기류가 조각뿐으로 자

경호의 경부로 보이는데, 羽狀文(松葉文)과 사격자문의 결합이다. 우상문
과 사격자문이 상하로 결합된 예는 천마총 출토 원저장경호가 있으나 우상
문 사이에 원점문도 시문되어 차이가 난다. 마지막으로 투창이 뚫려있는
고배 대각편이 있는데, 단각화가 진행 중이며 각단이 밖으로 벌어졌으나
말리지는 않은 상태로 다소 시기가 떨어지고 있다. 토기편들이 지표수습품
이므로 산성의 초축 시기를 정확히 판단하기는 곤란하다. 그러나 삼각거치
문, 반원점문 등을 결합·시문하는 후기신라토기보다 앞서므로 천마총 단계
를 전후로 하여 축조된 것으로 보이며, 고배의 대각편으로 보아 늦게는 호
우총 단계까지도 내려올 가능성도 있다.

(3) 산성의 성격

후포매리 신라산성은 인구벌 좌측의 산봉우리 정상에 입지한 테뫼식(山
頂式) 토성이며, 둘레는 약 450m 정도로 규모가 큰 성은 아니다. 참고로
고구려 보루의 연구 성과를 바탕으로 성보(보루)를 구분하는 기준을 적용
할 때, 둘레 300m로 적용하면[35] 보루라고 보기는 어려우나, 600m를 적용
하면[36] 보루에 포함될 여지가 있다.[37] 저수시설의 유무로 보루와 산성을
구별하기도[38] 하지만, 아직은 발굴조사 예가 많지 않아 이를 적용하기는

세한 편년 설정은 어렵다(지현병·고동순, 1994, 「襄陽郡의 歷史考古遺蹟」, 『襄
陽郡의 歷史와 文化遺蹟』, 江陵大學校 博物館, 174~181쪽). 고분군의 위치가
산성 아래에 있는 점이 의미가 있다.

35) 白種伍, 1999, 「京畿北部地域 高句麗城郭의 分布와 性格」, 『京畿道博物館年
報』3, 京畿道博物館, 61쪽 ; 이판섭, 2007, 「고대 산성의 분포와 교통로」, 충남
대 고고학과 석사학위논문, 51쪽.

36) 崔鍾澤, 2001, 「京畿北部地域의 高句麗關防體系」, 『高句麗 山城과 防禦體系』
(高句麗硏究 8), 高句麗硏究會, 230~237쪽.

37) 이밖에 해발 200~300m의 고지에 둘레 400m 미만을 소형보루로 보기도 한다
(심광주 외, 1999, 『漣川 瓠蘆古壘-精密地表調査報告書-』, 학술총서 제2집, 한
국토지박물관, 211~213쪽).

38) 보루도 발굴 조사를 통해 군사들이 기거하는 건물지와 貯水施設 등이 기본적으
로 설치되었다는 입장(최종택, 2001, 앞의 논문, 261~267쪽), 또는 적절한 집수
시설이나 저장시설이 없다면 보루로 보거나 단기간적인 용도로 사용되었다고 보

어려운 실정이다. 그리고 고구려 보루의 경우 교통로 장악을 위한 감제고
지에 가족을 동반하지 않는 소규모의 병력이 주둔하며, 여러 개의 보루가
가까운 거리를 두고 線形으로 배치되어 哨所나 소형 要塞와 같은 기능을
한다.39) 후포매리 신라산성은 線形으로 연결되는 보루가 없고, 주변에 고
분군이 있으며, 통일신라시대에 縣治가 있는 곳이므로 규모가 작다고 단순
히 보루(성)으로 규정하기는 곤란하다.

   한편, 『三國史記』 지리지에는 溟州의 領縣으로 旌善縣, 棟隄縣[속(梀)
은 동(棟)이라고도 썼다], 支山縣, 洞山縣의 4縣이 있다. 이 가운데 동산
현은 지금의 襄陽郡 縣南面 銅山里·仁邱里 지역이다. 반면, 양양읍 지역은
지금의 간성읍인 守城郡의 領縣 2개 중에 한 곳인 翼嶺縣에 속하였다.40)
그리고 『高麗史』 지리지에는 東界 溟州에 우계현(羽溪縣), 정선현(旌善
縣), 연곡현(連谷縣) 3縣이 소속해 있는데, 이를 보면 삼척군의 領縣이었
던 우계현이 來屬하였지만, 洞山縣은 翼嶺縣에 속현으로 들어가고 있다.41)
이후 『세종실록지리지』, 『신증동국여지승람』 모두 양양의 속현 1곳으로
洞山縣이 나온다.42) 그러므로 洞山縣의 위치는 전해오는 바대로 오늘날의
동산리·인구리 일대가 명확하다.

   여기에 이 일대의 후포매리에 신라고분군이 2곳 알려져 있으며, 약간
거리가 떨어져 있지만, 남쪽의 원포리에도 신라고분군이 있으므로43) 후포
매리 산성이 동산현의 치소성 또는 치소의 배후성으로 간주될 수 있다. 다
만, 치소성으로 보기에 규모가 작고,44) 인구벌에서 산성까지의 거리로 보

<hr>

   는 입장(이판섭, 2007, 앞의 논문, 48~49쪽)이 있다.
 39) 崔鍾澤, 2001, 앞의 논문, 265~266쪽.
 40) 『三國史記』 卷35, 雜志4 地理2 溟州條.
 41) 『高麗史』 卷58, 志12 地理3 東界 溟州 및 翼嶺縣條.
 42) 『世宗實錄地理志』 卷153, 江原道 江陵大都護府 襄陽都護府條 ; 『新增東國
      輿地勝覽』 卷44, 江原道 襄陽大都護府條.
 43) 원포리 고분군은 영신리 고분군 발굴 보고서에 수록되었다(江陵大學校 博物館,
      2007, 『江陵 領津里 古墳群』, 學術叢書 44冊). 원포리 고분군은 황남대총 남분
      이후부터 6세기 초반·전반에 이르기까지 조성되었다.
 44) 신라의 漢州 郡縣城에 대한 연구 성과에 의하면 진위현(평택 무봉산성), 동음현

아 군사적인 감제 및 방어, 또는 평지의 거주민들이 비상시에 피난하는 입
보적인 성격이 강하게 보인다.[45] 대구-경산지역의 경우 평지 유적(평지
성)과 산성의 거리가 6~8㎞ 정도라는 연구 결과[46]도 있으므로 후포매리
산성을 洞山縣의 治所城 또는 治所의 背後城으로 보아도 큰 문제는 되지
않을 것으로 생각된다.[47]

신라 북쪽의 동해안 변경에 위치한 이 지역의 특성상 군사적 거점의 기
능이 크다 보니, 군사적인 감제 및 방어를 우선시 하여 다소 평지와 먼 거
리이면서 높은 고도에 산성을 축조하였고, 이후 동산현의 치소 또는 유사
시 방어와 입보를 할 수 있는 배후성의 기능을 함께 가지게 된 것이 아닌
가 한다.

2) 강릉 경포호 강문동토성

강릉 경포호 강문동 신라토성은 동해 바다와 경포호 출입부의 곳인 죽
도봉(강문동 265번지)에 위치한 테뫼식 산성이다. 이 토성은 최근에 죽도
봉 정상에 있던 경포대 현대호텔을 허물고, 평창 동계올림픽을 대비하여
새로운 호텔을 신축하는 과정에서 고고학적 시굴 조사를 통해 찾아졌고,
발굴 조사를 통해 신라산성임이 확인되었다.

강문동 신라토성의 입지는 동쪽으로는 동해 바다에 연접하여 있고, 서쪽

　　　(포천 성동리산성)은 각각 320m, 401m이다(박성현, 2002, 「6~8세기 新羅 漢
　　　州 「郡縣城」과 그 성격」, 『韓國史論』47, 서울대 국사학과, 157쪽, 〈표 2〉漢州
　　　郡縣城址의 현황 참조). 후포매리 산성은 이 두 성보다는 다소 큰 규모이다.

45) 仁邱山堡라는 명칭이 후에 백성들이 피한 입보성으로 전해지면서 民堡로 명칭
　　　이 바뀐 것이 아닌가 한다.

46) 張容碩, 1998, 「三國時代 聚落의 立地에 관한 一考察-大邱·慶山地域을 中心
　　　으로-」, 『영남문화재연구원 제9회 조사연구회 발표문』, 46쪽.

47) 郡縣城 역시 城이라는 측면에서 기본적으로 군사적인 거점에 설치되며, 나아가
　　　그 지역의 행정치소까지 겸하며, 사료상으로도 城이 먼저 축조되고, 이들이 郡縣
　　　으로 편제되는 경우가 많다(朴省炫, 2002, 「6~8세기 新羅 漢州 郡縣城과 그
　　　성격」, 『韓國史論』47, 서울大學校 人文大學 國史學科, 127~201쪽).

으로는 경포 호수에 접해 있으며, 남쪽은 경포 호수에서 흘러나오는 물이 바다로 들어가는 경포천이 흐른다. 토성의 남쪽, 즉 경포 호수에서 동해 바다로 나가는 경포천에는 지금도 어선이 정박하고 있다.

이 토성은 『삼국사기』에 보이는 이사부의 울릉도 정벌 기사와 관련된 하슬라주 州治의 城일 가능성이 있다[48]는 점에서 매우 중요하고, 그 역사적 의의도 크다.

(1) 관련 문헌 자료 검토

강문동 신라토성과 관련된 문헌 자료는 사실상 없다. 근대의 자료 가운데에는 다음 기사가 관심이 간다.

- A. 江門島, 강릉부 북쪽 10리 되는 북일리면(北一里面)에 있으며, 즉 경포호수의 동쪽 출구이다. 해안에 우뚝 솟은 봉우리는 견조도(堅造島)와 서로 마주보고 섰으며, 읍을 호위하고 있는 한문(捍門)으로 위에는 기우제를 지내던 제단이 있다.[49]

위 기사에서 읍을 호위하고 있는 '한문(捍門)'이라는 표현이 의미가 있고, 三災를 막는다는 강문 진또배기(필자: 솟대)도 이곳에 있다는 점에서 강릉 사람들의 인식 속에 '江門'이라는 단어가 강릉으로 드나드는 출입로인 江陵의 門이라는 의미도 있다고 할 수 있다. 또한 죽도봉에서 기우제를 지냈다는 기록도 흥미롭다. 왜냐하면 일제 강점기에 村山智順은 민속조사를 하면서 강원도 네 개 지역(울진, 강릉, 양양, 고성)의 祈雨祭場을 언급

---

48) 박성희, 2013, 「신라의 강원지역 진출의 제양상-강릉·원주·춘천을 중심으로-」, 『2013 국립춘천박물관 기획특별전: 흙에서 깨어난 강원의 신라문화』, 국립춘천박물관, 181쪽 ; 심정보, 2015, 「강릉 강문동 토성의 축조기법과 성격」, 『문물연구』27, 동아시아문물연구학술재단, 21쪽.

49) 江陵古蹟保存會, 1933, 『增修臨瀛誌』, 島嶼條 "江門島, 在府北十里北一里面 即鏡浦東水口也海岸獨峯與堅造島相對而起爲邑基之捍門上有祈雨祭增"

〈지도 6〉강릉 경포호 강문동 토성(시굴조사지역)과 주변 문화재 분포

출전 : 국강고고학연구소 제공

하였는데, 강릉 지방은 江門島에서 行祀한다[50]고 하였다. 이 점에서 강문
도(죽도봉)는 강릉 지역 기우제의 대표 祭場일 가능성이 높은 것이다. 기

---

50) 江原道, 1989, 『民俗誌』, 283쪽.

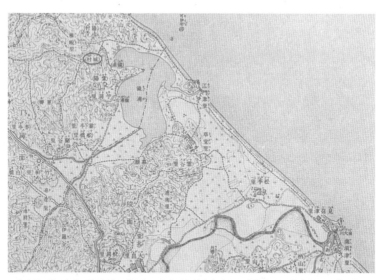

〈지도 7〉일제 강점기 지도(1:50,000)에 보이는 경포호 옆 '성촌(城村)' 지명

우제를 지내는 곳 중에는 市場과 같이 사람들이 많이 모인 장소도 해당된 다[51])는 점에서 강문동 신라토성 일대에도 마을이 형성되어 있었음을 추정 할 수 있다. 어쩌면 신라시대부터 마을이 형성된 역사성을 기우제가 시사 할 수도 있다.

또 하나 흥미로운 자료로는 일제 강점기의 지도를 들 수 있다. 이 지도 를 보면 '城村'이라는 지명이 경포 호수 북쪽에 위치하고 있으며,[52]) 그 동 쪽은 지금의 안현동 목곽묘·석곽묘 고분군이 분포한다. 현재 조선시대 지 리지나 근·현대의 문헌 자료 가운데에는 '성촌'과 관련된 지명유래를 전혀 찾을 수 없다〈지도 6 및 7〉.

'城村'이라는 지명이 강문동 신라토성과 연결될 가능성을 찾아보면, 강 문동 신라토성에서 출토된 컵형토기와 단경호의 기형이 인근의 경포호 북

51) 김창석, 1997, 「한국 고대 市의 인정과 그 성격 변화」, 『韓國史硏究』99·100, 韓 國史硏究會, 70쪽.
52) 일제강점기인 大正4년(1915) 측량, 同6년(1916) 제작 1:50,000 (도엽번호 : 333호, 지도명 : 강릉).

〈도판 34〉강릉 강문동 토성 내
출토 컵형토기(上)와 외반구연 장동형 단경호(下)
출전 : 국강고고학연구소 제공

쪽 안현동 고분군에서 찾아지고 있어 주목된다. 강문동 신라토성의 컵형토
기는 古式 통형기대를 공반한 안현동 2호 주거지 출토 컵형토기[53]와 흡사
하다고 이미 지적된 바 있다.[54] 여기에 필자는 두 유적에서 출토된 단경
호도 흡사하다고 지적하고 싶다. 강문동 신라토성의 단경호는 구연부가 외
반하고, 동체는 어깨가 발달한 반면, 求의 형태가 몸통이 길어지는 長胴壺
기형이며, 동체의 표면에는 격자타날 흔적이 잔존하고 있다. 이러한 형식

---

53) 예맥문화재연구원, 2011, 『江陵 雁峴洞遺蹟-강릉 샌드파인리조트 신축공사부지
   내 유적 발굴보고서-』, 學術調査報告 第41冊, 45~46쪽 三11 및 12 컵형토기
   도판 참조. 황남동 110호 단계의 경주토기만 공반된 복천동 144호묘의 컵형토기
   는 이전 시기에 비하여 다소 구연부가 직립내만하고 돌대가 배신부에도 만들어
   지는 변화가 보인다(釜山廣域市立博物館 福泉分館, 1999, 『東萊福泉洞古墳群
   -第6次發掘調査 141~153號·朝鮮時代 遺構-』, 研究叢書 第7冊, 113쪽 도판
   23-7번 참조).

54) 박성희, 2013, 앞의 논문, 180쪽.

〈도판 35〉강릉 안현동유적 출토 컵형토기와 통형기대(上) 및 단경호(下)

의 단경호가 안현동 35호 목곽묘에서도 3단각 고배 및 1단각 고배와 함께 2점이 출토되었다.[55] 강문동 신라토성 출토품과 기형이 서로 흡사하다〈도판 34 및 35〉.

이와 같이 컵형토기나 단경호들이 강문동 신라토성과 안현동 유적에서 보인다는 점에서 안현동 유적이 동시기의 강문동 신라토성과 관련이 있을 가능성도 있다. '城村'의 의미가 '성이 있는 마을'이나 '성에 있는 마을'이 아니라 '성과 관련된 마을', '성의 배후 마을'을 뜻하는 것이 아닌가 한다. 왜냐하면 강문동 신라토성의 남쪽인 초당동 고분군 일대는 강릉 지역의 대표적인 고분군으로 영동 지방 최대의 규모이자 최고의 위계도 가졌으나, 이들 초당동 고분군 집단이 강문동 신라토성으로 가려면 경포호와 동해 바다로 들어가는 석호 출입부를 건너야 하므로 사실상 도보 교통에 약점이 있다. 반면, 안현동 유적은 도보로 강문동 신라토성까지 올 수 있어 신라토

55) 예맥문화재연구원, 2011, 앞의 책, 342~343쪽 三300 및 301 단경호 도판 참조.

〈도판 36〉 강릉 경포호 강문동 토성 일대 전경1(여름),
- 어선이 토성 쪽 강문천에 정박해 있음.
출전 : 국강고고학연구소 제공

성의 직접적인 배후 마을로 육성하기에 유리한 점이 있다. 물론 강문동토
성의 배후마을로는 초당동 고분군 집단과 안현동 고분군 집단이 해당될 것
인데, 안현동 고분군 집단이 배후마을로 처음 선정될 때에는 이러한 입지
적인 조건도 고려되었을 것으로 보인다. 그리하여 현재 강릉 지역에서 가장
연대가 올라가는 신라토기를 출토하는 목곽묘군이 형성된 것으로 보인다.

(2) 토성의 현상과 축조 시기

강문동 신라토성은 죽도봉 정상부에서 사면 하단부에 이르기까지 유사판
축 및 판축기법에 의하여 체성을 축조하고 대지를 조성하였다. 평면 형태는
장타원형으로 장축은 동-서 길이 404m, 단축은 남-북 너비 50~165m이며,
전체 길이(둘레)는 약 1㎞ 정도이다.[56]

---

56) 국강고고학연구소, 2012, 「강릉 경포대 현대호텔 신축부지내 유적 문화재청 전문

〈도판 37〉 강릉 경포호 강문동 토성 일대 전경2(겨울),
- 어선이 토성 쪽 강문천에 정박해 있음.
출전 : 국강고고학연구소 제공

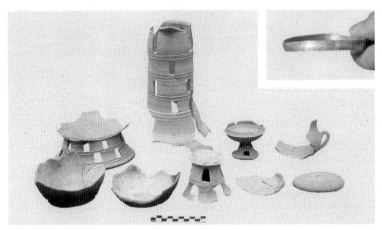

〈도판 38〉 강릉 강문동 토성 출토 유물1 : 통형기대, 고배류, 금환 등
출전 : 국강고고학연구소, 2013.2.15, 「강릉 경포대 현대호텔 신축부지내 유적(삼국시대 신
라토성)」, 현장설명회 자료

가 검토회의 자료」.

〈도판 39〉 강릉 강문동 토성 출토 유물2 : 단경호, 호형토기, 컵형토기 등

출전 : 국강고고학연구소, 2013.2.15, 「강릉 경포대 현대호텔 신축부지내 유적(삼국시대 신라토성)」, 현장설명회 자료

〈도판 40〉 강릉 강문동 토성 출토 유물3 : 고배류 등

출전: 국강고고학연구소, 2012.8.30, 「강릉 경포대 현대호텔 신축부지내 유적(삼국시대 신라토성)」, 현장설명회 자료

토성의 남벽 서단부 발굴 Tr.2에서 체성 외벽에 벽심을 조성하고 이에 의지하여 토루의 규모를 키워나가거나, 문지를 조성하는 기법이 확인되는데, 증평 이성산성의 사례와 유사하며, 중심토루를 축조한 후 중심토루 내외벽에 덧붙여서 체성을 구축하는 공정은 풍납토성의 축조 사례에서 찾을 수 있어 백제와의 친연성을 보여준다는 견해가 있다. 또한 토성 내에서 백제 성곽에서만 확인되고 있는 대형 플라스크형 저장시설이 5기가 확인되

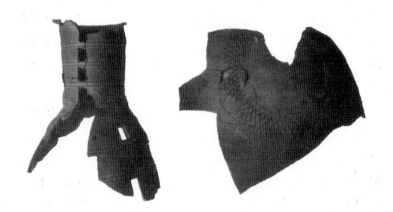

〈도판 41〉 강릉 강문동 토성 출토 유물4 : 기대류

출전: 국강고고학연구소, 2012.8.30, 「강릉 경포대 현대호텔 신축부지내 유적(삼국시대 신라토성)」, 현장설명회 자료

고 있는 점도 백제와의 관계를 뒷받침하는 자료로 보고 있다.[57]

강문동 신라토성에서 보이는 백제적인 요소는 이 성의 중심 시기가 나제동맹 시기와 관련된다는 점을 주목하면, 백제군이 주둔했다거나 백제의 세력이 직접 참여해서 강문동토성을 축조했다고 생각하기보다는 백제로부터 축성 기법을 자문이나 전수받았다고 추정하는 것이 더 합리적이라 판단된다.

강문동 신라토성의 축조 시기는 출토된 토기류로 보아 5세기 4/4분기~6세기 1/4분기가 중심 시기이나, 컵형토기도 출토되어 축성 및 운영 시기가 더 올라갈 수 있다〈도판 36~41〉.

(3) 토성의 성격

강문동 신라토성은 출토된 토기류의 중심 시기가 5세기 4/4분기~6세기 1/4분기이다. 그러므로 이 토성은 이사부가 실직주 군수로 부임한 505년에

---

57) 심정보, 2015, 앞의 논문, 21쪽.

서 하슬라주 군주로 부임한 512년 사이에 축조되었을 것으로 파악되며, 이 토성을 하슬라주 주치소로 볼 수도 있다. 그 근거를 들면 토성 내의 가용 면적을 넓히기 위하여 구축한 토루의 규모가 대규모이고, 성 내부도 모두 판축하여 조성하여, 이와 같은 대규모 토목공사는 이사부처럼 강력한 힘과 지도력을 갖춘 인물만 가능하다는 것이다.[58]

그리고 토성은 이사부의 우산국 정벌 출항지가 강릉이었음을 나타내는 자료로, 토성에서 전선(戰船)의 건조와 군사들의 훈련도 이루어졌다고 주장되고 있다. 그 근거로는 우선, 『삼국사기』 및 『삼국유사』에 보이는 이사부의 우산국 정벌 기사에서 울릉도까지의 방향 및 여정이 일관되게 강릉의 옛 이름인 하슬라주 및 명주로부터 기점을 잡고 있는 점을 들었다. 또한 『삼국사기』 樂志에 의하면, 최치원의 시에 향악잡영 5수가 수록되어 있고, 그 중 '금환(金丸)'이라는 제목의 노래에 순금이 바다의 파도를 잠재운다는 신라인들의 의식세계를 알 수 있는데, 강문동토성 내에서 출토된 금환도 전선이 출항할 시에 파도를 잠재울 목적으로 매납하였을 것으로 추정하고 있다. 이와 같이 강문동토성에서 금환과 함께 수습된 의례용 기기인 기대 및 고배류의 출토 사례를 종합해 볼 때, 이사부가 이곳에서 우산국 정벌을 위한 준비를 마치고 의식을 행한 후 출항하였던 출발점이라는 것을 증명하는 고고자료로 판단하고 있다.[59]

이 토성의 발견 직후 경포호와 같은 석호가 항구로 활용하기에 부적합하다는 의견이 많았다. 그러나 필자는 조선초기 강원도 동해안의 수군포진이 석호를 활용하였고, 소맹선이 출입 정박하였으므로 신라시대에도 석호가 항구로 이용될 수 있음을 논증하였다. 여기에 경포호 옆에 강문동 신라토성이 위치한 것처럼 양양 후포매리 산성과 포매호, 고성 고성리 산성과 화진포도 연결되므로 신라가 동해안 연안항해를 하였고, 석호를 항구로도 활용하였다고 추정하였다. 즉 동해안의 석호는 작은 배가 정박하기에 좋은

---

58) 심정보, 2015, 위의 논문, 21~22쪽.
59) 심정보, 2015, 위의 논문, 24~26쪽.

항구의 기능을 하였으며, 그 중에서도 지금까지 출입부에 어선이 정박하는 강릉 경포호가 신라시대에도 가장 최적의 항구 조건을 가지고 있었다고 보았다. 더불어 석호 일대는 어패류 채집과 같은 어로활동, 소금 확보, 주변의 농경지 개발이 유리하므로 인구 밀집이 가능하여 사회경제적으로도 유리하다. 그러므로 신라는 경포호라는 좋은 항구를 가진 강릉을 고구려와의 교섭의 중간거점이자 배후기지로 육성했다고 판단된다.[60]

한편, 『삼국사기』에는 하슬라에 성이 있었음을 알려주는 기사가 나온다.

- B. (450년) 秋七月 高句麗邊將獵於悉直之原 何瑟羅城主三直出兵掩殺之 ….[61]

이로 보아 5세기 중반 경 하슬라성이 분명히 있었고, 하슬라성주의 군관구(軍管區)가 실직벌(삼척)에까지 미치는 것을 알 수 있다. 이 하슬라성이 강문동토성일 수도 있다.[62]

3) 정선 송계리산성

松溪里 山城은 정선군 임계면 송계리에 위치하며, 長贊城이라고도 부른다. 이 산성은 동북쪽으로 삽당령을 넘으면 강릉, 동쪽으로 42번 국도를 따라 갈고개와 백복령을 넘으면 동해, 서쪽으로는 정선, 남쪽으로는 삼척

---

60) 홍영호, 2013, 「신라의 동해안 연안항해와 하슬라-강릉 경포호 강문동 신라토성을 중심으로-」, 『白山學報』95, 白山學會, 5~70쪽. 고대사회에서 큰 석호가 교역장/교역항으로 이용되는 인류학적 사례가 있다(Polanyi, 1963, "Ports of Trade in Early Societies." The Journal of Economic History, 23,1, ; 김창석, 2012, 「고대 交易場의 중립성과 연맹의 성립-3~4세기 加耶聯盟體를 중심으로-」, 『역사학보』216, 223~249쪽).

61) 『三國史記』 卷3, 新羅本紀3 訥祇麻立干 11年.

62) 홍영호, 2015(b), 「산성과 고분으로 본 신라의 하슬라 진출과 경영」, 『新羅史學報』33, 36~37쪽.

으로 통하는 교통의 요지에 위치하고 있다. 성의 북쪽과 서쪽에서 흐르는 임계천은 서쪽으로 흘러 내려가는 골지천에 합류한 후, 여러 하천들을 합류시키면서 정선의 조양강이 된다.

이 산성은 江의 南岸에 위치한 산에 입지하고, 좌우에 계곡을 거느리며, 교통의 요충지라는 점에서 정선군 정선읍 愛山城,[63] 신동읍 古城里 山城[64]을 비롯한 남한강 상류지역의 다른 산성들의 입지와 공통점을 보여준다. 한편, 송계리 산성은 정선군 신동읍 고성리 산성과 함께 고구려 성으로 보는 견해도 제기된 바 있으나,[65] 두 성 모두 시굴발굴 결과 고구려 유물은 출토되지 않았고, 신라 유물만 출토되었다.[66] 이러한 고고학적 발굴 결과와 관련 문헌 자료를 검토하여 이들 산성의 역사성에 접근해 보겠다.

(1) 관련 문헌 자료 검토

송계리 산성은 문헌 자료로는 일제시대에 간행된 『조선보물고적조사자료』에 다음과 같이 처음 소개되었다.

- C. 산성 임계면 송산리, 봉산리 국유 임야 석축 및 토축을 병용한 것인데, 석축부는 약 200칸이고, 토축부는 약 150칸으로 합계 주위는 약 350칸의 산성이다. 석축은 높이 3칸, 폭 약 1칸 반, 토축은 현재의 높이 2척, 폭 6척, 전체의 모양은 대략 장방형을 이루었고, 석축부는 꽤 완전하지만 토축부는 겨우 형적을 남기고 있다. 장찬 산성이라 하고 을종요존임야.[67]

---

63) 육군사관학교 화랑대연구소·국방유적연구실, 2003, 『旌善 愛山里山城-地表調査報告書』 ; 柳在春, 2008, 「정선 애산리산성의 현황과 성격에 대하여」, 『江原文化史硏究』13, 江原鄕土文化硏究會, 5~28쪽.

64) 江原文化財硏究所, 2006, 『旌善 古城里山城』, 學術叢書 45冊.

65) 최근영, 2000, 「한강 상류의 고구려산성」, 『고구려산성과 해양방어체제연구』, 백산자료원, 665~672쪽 ; 오순제, 2006, 「南韓地域의 高句麗山城 硏究」, 『고구려의 역사와 대외관계』, 서경, 115~120쪽.

66) 江原文化財硏究所, 2006, 『旌善 松溪里山城 發掘調査報告書』, 學術叢書 51冊 ; 江原文化財硏究所, 2006, 『旌善 古城里山城』, 學術叢書 45冊.

이후 『문화유적총람』에서는 축성 설화가 다음과 같이 채록·언급되었다.

- D. 전해오는 이야기로는 장찬 장군이 성을 쌓고 병력을 길렀는데, 마고
  할멈의 잘못으로 장군이 죽자 장군에게로 오던 용마가 그 소식을
  듣고 마산봉에서 죽었다 한다.
  또 성을 쌓을 때 부근에서 돌이 없어 <u>동해에서 돌팔매로 돌을 던져
  성을 쌓았다</u>고 전한다. 지금도 축석이 무너지면 그 돌은 간 데가 없
  고, 그 자리는 여전히 원상태로 메워진다고 한다.[68]

위 채록 내용은 설화임에도 불구하고, 성의 축성과 동해안 지역과의 관
련성이 엿보인다. 동해안 지역민들이 송계리 산성의 축성에 동원되었거나
송계리 산성이 동해안 지역의 군사적·정치적 통제를 받았던 역사성을 시
사할 가능성이 있는 것이다. 실제 『삼국사기』 지리지에 기록된 명주(주치:
강릉)의 직속 영현 가운데 위치를 알 수 없는 지명인 동제현의 위치를 임
계로 비정하면[69] 송계리 산성과 동해안 지역(강릉)과의 관련성이 사료에
서 찾아지고 있다. 동제현의 위치 비정은 『삼국사기』 지리지에서 남한강을
따라 둑, 내 관련 행정 지명이 연속된다는 공통점을 주목하면, 동제현도
둑, 내 관련 지명으로 남한강의 가장 동쪽에 있는 현이라는 의미에서 임계
가 가장 적절하며, 명주 주치(강릉)에서 직속 영현인 정선현으로 가려면
임계를 지나야 한다는 점에서 가능성이 매우 높다.

---

67) 朝鮮總督府, 1942, 『朝鮮寶物古蹟調査資料』旌善郡 "山城 臨溪面 松溪里, 蓬
山里 國(林), 石築及土築ヲ併用セルモノニシテ石築部約二百間土築部約百五
十間計周圍約三百五十間ノ山城ナリ石築ハ高サ約三間幅約一間半土築ハ現高
二尺幅六尺全形約長方形ヲ呈ス石築部ハ稍完全ナルモ土築部ハ僅ニ形跡ヲ留
ムルノミ. 張贊山城乙種要存林野"
68) 文化公報部 文化財管理局, 1978, 『文化遺蹟總覽』上, 414쪽. 한국보이스카우트
연맹, 1909, 『韓國의 城郭과 烽燧(上)』, 300·302쪽에서도 동일한 설화가 요약
되어 있다.
69) 洪永鎬, 2010(b), 「『삼국사기』지리지 溟州 영현 棟隄縣의 위치 비정과 의미」,
『韓國史學報』38, 高麗史學會, 7~40쪽.

그리고 『朝鮮地誌資料』에는 정선군 임계에 山城村이 於田里에 있다고 기록되었는데, 임계에는 송계리 산성(장찬성)만 있으므로 이 일대가 어전리임을 알 수 있다. 이 단서는 고대의 교통로를 복원하는데 매우 중요한데, 예를 들어 궁예가 치악산 석남사에서 출발하여 주천(영월 주천면)-내성(영월읍)-울오(평창)을 지나 어진 등을 통해 강릉으로 들어가는데, 그동안 어진의 위치를 알 수 없었다.[70] 그런데 '어진'과 '어전'의 음이 비슷하므로 한자의 표기 차이로 보면, '어진'의 위치를 임계면 송계리 산성 일대로 간주할 수 있다. 그렇다면 궁예의 東征路는 치악산 석남사에서 출발하여 영월 주천-영월읍-평창읍-정선읍-어진(임계)-삽당령-강릉으로 들어갔음을 알 수 있다. 더구나 정선읍 애산리 산성에 궁예의 부하 장수 이야기가 전승되고 있어 그 가능성을 높여준다. 조선시대에도 임계 지역은 강릉대도호부 소속으로 강릉의 관할권에 있었던 점도 좋은 방증 자료이다. 이 점에서 임계면의 송계리 산성의 위치는 신라시대에도 교통로로 기능하였을 가능성이 높고, 강릉 지역의 정치적·군사적 영향권에 속하였을 가능성이 크다.[71]

(2) 산성의 현상과 축조 시기

강릉대학교 박물관은 1996년에 지표조사를 실시하고, 산성의 축조 시기가 산성 주변에 분포한 고분들의 조성 시기보다 다소 이른 것으로 추정하였다.[72] 근래 충북대학교 호서문화연구소에서도 정밀지표조사를 실시한 바 있다. 조사 보고에 의하면 산성의 둘레는 약 830m, 동북쪽에서 남벽까

---

70) 김정호는 '御珍'을 울진으로 비정한 바 있다(『大東地志』 卷16, 蔚珍 沿革條 "一云御珍一云古亏伊"). 상당수의 학자들이 이를 따르고 있다. 예를 들어 박한설은 酒泉(주천), 奈城(영월), 鬱烏(정선), 御珍(울진)으로 비정하였고, 김택균도 『삼국사기』본기에서 10여 군현을 거친 것을 신뢰하여 울진으로 비정하였다(朴漢卨, 1976, 「後三國의 成立」, 『韓國史』3, 국사편찬위원회, 662쪽 : 金澤均, 2004, 「弓裔와 世達寺」, 『史學硏究』75, 韓國史學會, 75쪽).

71) 洪永鎬, 2010(b), 앞의 논문, 7~40쪽.

72) 江陵大學校 博物館, 1996, 「旌善郡의 關防遺蹟」, 『旌善郡의 歷史와 文化遺蹟』, 學術叢書 13冊, 174~176쪽.

지는 석축 부분이고, 구간에 따라 土壘 부분도 많으며, 별도의 雉城과 曲
城은 없다. 그리고 남벽 석축의 서쪽 부분에서는 區間區劃線이 보여, 이
산성 역시 古城里 山城처럼 구간별로 축조하였고, 석축은 모두 板狀의 석
재를 이용하였으며, 석재 사이의 틈새에 쐐기돌을 사용한 공통된 수법을
보여준다고 하였다.73)

　　최근 강원문화재연구소가 성벽을 부분적으로 발굴조사를 하였다. 그 결
과 강돌로 기저부를 보강한 흔적, 기저부 상면은 진흙과 마사토로 약 2m
정도 판축한 흔적, 판축이 시작되는 기저부에는 다량의 숯이 포함된 흔적,
직경 약 10㎝ 가량의 영정주의 흔적, 판축의 상면에 형성된 석축 내부 기
저부의 약 350㎝ 가량의 구간은 사람 머리 크기 정도의 강돌로 폭
60~100㎝의 보강시설을 한 흔적 등이 조사되었다.74) 발굴 과정에서 토기
들이 출토되었는데, 부가구연장경호는 부가구연이 약하거나 완전히 꺾여
확연히 드러나고, 경부에 시문된 문양, 대각이 안으로 말린 갈고리 형태 등
으로 6세기 전반으로 편년하였다. 그리고 집선문이 시문된 뚜껑, 비교적
긴 구연과 뚜렷한 뚜껑받이턱을 가진 유개고배, 대각의 높이가 비교적 길
고 2단 혹은 1단으로 뚫린 투창 등으로 보아 뚜껑과 고배도 같은 시기로
이해하였다. 하한은 대각의 단각화가 진행되지 않았고, 투창이 투공화 되
지 않았으며, 부가구연장경호의 동체가 아직 편구형이 아니므로 6세기 중
반 이전으로 보고 있다. 인근의 정선 여량의 아우라지 유적에서는 5세기
후반 대의 토기류가 출토75)되고 있어 6세기 이전까지 앞당겨질 가능성도

73) 忠北大學校 湖西文化硏究所, 1997,『旌善 古城里 山城과 松溪里 山城 및 古
　　墳群-地表調査報告書-』, 61~84쪽.
74) 강원문화재연구소, 2004. 7,「정선 송계리산성 발굴조사 -지도위원회의자료-」;
　　강원문화재연구소, 2004. 8,「정선 송계리산성 발굴조사 약보고서」.
75) 정선군 북면 여량리 아우라지 유적의 신라시대 주거지 내부에서 2단투창고배편, 파
　　상문이 시문된 장경호편, 승문이 새겨진 장란형 토기 등이 출토되었다. 2단투창고
　　배로 보아 이 주거지는 5세기 후반까지 올려간다고 편년히 있다(江原文化財硏究
　　所, 2006, 앞의 책, 136쪽 ; 李昌鉉·辛裕梨, 2010,「嶺東地方 三國時代 住居址
　　試論」,『文化史學』33, 韓國文化史學會, 33쪽). 박수영은 정선 아우라지유적 신라
　　주거지는 북서 모서리에 강문동의 신라주거지에서 확인된 것과 유사한 형태의 연

석축 성벽 모습   발굴장면(성벽 하단
                              기저부에 강돌이 있음)

〈도판 42〉정선군 임계면 송계리 산성 (필자 촬영: 2004)

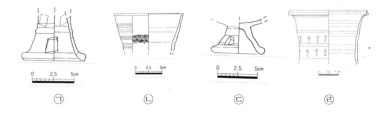

〈도판 43〉정선군 임계면 송계리 산성 출토 토기류

제시하였다.76) 또한 송계리 산성과 인근의 임계리 고분에서 출토된 신라 토기들은 회백색을 띠고 있어 강릉 지역 출토품들과 동일한 양상을 보인 다.77) 이러한 양상은 강릉 지역과 정선군 임계 지역이 교통로로 연결되듯

도를 가진 부뚜막식 노지를 갖춘 것으로 승문이 타날된 장란형토기와 심발형토기 가 출토되었고, 고배편을 통해 볼 때 주거지의 축조연대는 5세기 중후엽에 해당한 다고 보았다(朴守榮, 2010, 「4~5世紀 嶺東地域의 考古學的 硏究-住居址와 墳 墓資料를 中心으로-」, 영남대 문화인류학과 문학석사논문, 49쪽 각주 143쪽).

76) 江原文化財硏究所, 2006, 앞의 책, 136쪽.

77) 이한상은 강릉 지역의 토기를 보면 현지에서 제작된 것 가운데에서도 색조가 검 은 것이 있고, 밝은 회백색을 보이는 것이 있으며, 강릉이나 삼척의 현지 토기는 기벽이 두껍고 균일하지 않으며 색조가 검은 특징을 보이는데, 강릉의 경우 회색

이 토기 문화로 볼 때 동일한 생산과 소비의 단위에 속하는 생산분배체계에 관련되거나 긴밀한 교류 관계에 있었음을 말해준다〈도판 42 및 43〉.

(3) 산성의 성격

송계리 산성은 남한강 최상류에 위치하여 정선-강릉-삼척 방면을 연결하는 중요한 길목에 위치한다. 이곳에서 남한강을 따라 하류로 내려가면 정선-영월-단양·제천·영주로 통하는데, 고대의 교통로와 관련이 있다고 생각된다. 궁예의 東征路 기사를 분석한 결과는 그 위치를 알 수 없었던 '어진'을 임계의 山城村인 '어전'으로 보아 통일신라시대에 원주-제천-평창-정선-임계-강릉으로 통하는 교통로를 확인하였고, 송계리 산성에서 출토된 회백색 신라토기는 강릉 지역과 동일한 생산분배체계에 속함을 알려 주며, 축성 설화 역시 이 지역이 동해안 지역과 긴밀한 관계에 있었음을 말해준다.

이 산성을 통해 통일신라시대 명주의 직속 영현인 동제현(지금의 임계)을 찾을 수 있었고, 이 지역이 삼국시대에 강릉의 통제를 받았거나 군관구에 속하였으며, 어쩌면 동해안에서 주민들이 動員되었거나 徙民되어 이 성을 축성하였다고 추정할 수 있었다. 결국 이 산성은 『삼국사기』 지리지의 명주 영현 '今未詳' 지명인 동제현의 위치를 비정하는데 중요한 고고자료이며, 더불어 사료에 등장하는 하슬라 주민의 泥河 築城 기사나 泥河의 위치를 이해하는 단초를 제공하는 것이다. 나아가 이 산성은 신라의 동북방 방어선에서 동해안과 남한강을 연결하는 중요한 요충지에 위치한다는 군사적인 의의도 있다. 여기서 명주(주치 및 직속 영현)가 동해안과 남한강을 연결하고 방어하는 기능을 하였음을 포착할 수 있다.

조를 띠는 토기도 다수 출토되고 있어 몇 개의 공방에서 제작된 것으로 본다(李漢祥, 2003, 「동해안지역의 5~6세기대 신라분묘 확산양상」, 『嶺南考古學』32, 39쪽 각주 13번 및 47쪽).

4) 정선 고성리산성

고성리 산성은 정선군 신동읍 고성리 산319번지에 위치하며, 남쪽의 배후 산지에서 북쪽으로 내려오는 돌출한 봉우리에 입지하였고, 그 아래는 남한강이 흐른다. 북쪽과 동쪽 및 서쪽은 가파른 경사를 이루는데, 북쪽은 남한강이 흐르고, 좌측과 우측에는 골짜기가 있어서 작은 계곡을 이룬다. 이러한 입지는 남한강을 따라 남안에 배치된 석축산성들과 동일하고, 단양의 적성산성과 온달산성이 대표적이다. 이들 산성은 평지로부터 상대적인 고도가 높지 않으나, 강을 낀 전망이 매우 좋으며, 산등성이로 이어지는 배후의 산이 있고, 성의 주변은 물론이고 강과 계곡을 따라 취락이 분포한다. 이러한 유형의 산성은 강을 끼고 나 있는 길 및 나루와 관계가 있으며 남한강과 주요 교통로를 통제하는 기능을 하였을 것이다.

고성리 산성을 중심으로 강의 하류 쪽으로 영월의 왕검성·대야리 산성, 영춘의 온달산성, 단양의 적성산성, 제천 청풍의 망월산성, 충주의 장미산성·남산성 등으로 이어지며, 강의 상류 쪽으로 정선읍 신월리의 祈雨山城, 애산리의 古城, 임계리의 송계리 산성(張賛城)으로 이어지는 남한강 줄기의 산성 분포와 밀접한 관련이 있다고 판단된다.[78]

(1) 관련 문헌 자료 검토

고성리 산성이 위치한 지역은 원래 평창군 동면의 지역이었다가, 1929년 정선군으로 편입되면서 정선군에 동면이 있는 까닭에 새로운 동면이라는 의미인 '新東面'으로 이름을 붙였다. 그러므로 고성리 산성에 관한 기록을 평창군에서 찾아야 하는데, 역대 지리지에 나타난 평창군의 자료들에서는 고성리 산성에 대한 기록을 찾을 수 없다. 다만, 『신증동국여지승람』권

---

78) 忠北大學校 湖西文化硏究所, 1997, 『旌善 古城里 山城과 松溪里 山城 및 古墳群 地表調査 報告書』, 30쪽.

46 평창군 古蹟條에 古林所가 보이는데, 고림소는 지금의 신동읍 고성리
고림부락을 말한다. 그리고『여지도서』강원도 평창 坊里條를 보면 東面
에는 孝烈里, 石項里, 鳥洞里, 所洞里, 住士里로 구성되어 있는데, 여기서
住士里는 佳士里의 오기로 판단되고, 소동리는 고성리의 소동부락으로 여
겨지므로 마을이 존재하였음이 확인된다.[79)]

고성리 산성에 대하여는 일제시대인 1942년에 간행된『조선보물고적조
사자료』에 다음과 같이 처음으로 기록되어 있다.

- E. 신동면 고성리와 덕천리, 국유 임야, 現高 3칸, 주위 약 350칸, 전체
  의 모양이 대략 타원형을 한 석축산성인데 곳곳이 무너졌으나 꽤 완
  전하다.[80)]

이후 1978년에 나온『문화유적총람』에는 "해발 724m의 고방부락 동쪽
산 정상"으로 산성의 위치가 잘못 표현되었고,『정선군지』(1971)에는 "신
동면 고성리 고방부락의 고성국민학교 뒷산"이라고 정확한 위치를 기록하
고 있다.[81)]

현재 고성리 산성 안내문에는 다음과 같이 소개되어 있다.

- F. …삼국시대 고구려가 한강유역을 차지하면서 신라의 세력을 견제하
  기 위하여 산성을 쌓았다고 전한다. 그러나 산성의 축조형식 또는
  석촉과 석검 등 청동기 시대 유물이 출토된 점으로 미루어 보아 이
  산성은 삼국시대 이전에 축조되었을 가능성이 있다.…

---

79) 忠北大學校 湖西文化硏究所, 1997, 위의 책, 28쪽.
80) 朝鮮總督府, 1942,『朝鮮寶物古蹟調査資料』旌善郡 "新東面 古城里 德川里,
    國(林), 現高三間周圍約三百五十間全形略楕圓形ヲ呈スル石築山城ナリ處處崩
    壞スルㇷ頗完全ナリ, 城址乙種要存林野"
81) 文化財管理局, 1977,『文化遺蹟總覽』(江原道編), 旌善郡, 旌善古城里城址,
    414쪽 ; 旌善郡, 1971,『旌善郡誌』; 지현병 외, 1996,「旌善郡의 關防遺蹟」,
   『旌善郡의 歷史와 文化遺蹟』, 江陵大 博物館 學術叢書 13冊, 184쪽.

안내문의 내용에는 고구려가 이 산성을 쌓았다고 전승되는 점이 주목되고, 석검과 석촉이 수습된 것으로 보아 삼국시대 이전에 방어집락의 환호와 목책 시설이 있었을 가능성도 있다. 그런데 조선시대의 지도를 보면, 이 성의 앞으로 강을 도하하는 교통로가 표기되어 있다.[82] 이 점을 주목하면 삼국시대에도 강의 나루를 통제하는 기능을 하였다고 볼 수 있겠다. 그리고 이 산성에서 강을 따라 서쪽으로 내려가면서 영월읍 왕검성, 대야리산성, 단양 온달산성 등으로 이어지므로 군사적 방어체계 속에서 생각해 볼 수 있고, 이 산성이 고구려와 신라 간에 군사적 요충지의 기능을 하였던 것으로 보인다.

(2) 산성의 현상과 축조 시기

고성리 산성의 가장 높은 곳은 해발 425m, 산의 아래는 270m이하이므로 상대 고도가 150~170m에 달한다. 성벽은 산의 정상부에서 흘러내린 경사면을 따라 축조되어, 서북쪽은 높고, 동북쪽이 낮은 지형이다. 남쪽을 제외하고 동·서·북쪽은 급경사를 이루거나 절벽이다. 이들 성벽은 4개의 토축 구간과 4개의 석축 구간이 교대로 축조되었는데, 토축 구간이 석축 구간보다 낮다. 석축 구간은 방어는 물론이고, 외부에 대한 관망과 내부의 연락을 위하여 쌓은 것으로 판단된다.[83] 산성은 테뫼식으로 분류할 수 있고, 둘레가 700m에 달하여 우리나라 삼국시대의 일반적인 산성 규모와 비슷하다. 이러한 규모는 단양군 영춘면의 온달산성이 대표적이다. 성내에는 장수대, 건물지, 집수지 등이 있다.

최근 고성리 산성을 부분적으로 발굴을 하였는데, 그 결과 토축 구간이 먼저 축조되고, 나중에 석축 구간이 축조된 것으로 조사되었다. 토축 구간은 석회암 기반 위에 10~15㎝ 정도의 두께로 목탄과 암회색점토층을 깔

---

82) 서울大學校 奎章閣 篇, 1997, 「平昌郡新地誌」, 『江原道邑誌』6, 159쪽 지도 참조.

83) 忠北大學校 湖西文化硏究所, 1997, 앞의 책, 30~32쪽.

수리 전 성벽(동북쪽)　　　　　　　수리 전 성벽(동남쪽)

〈도판 44〉정선군 신동읍 고성리 산성 (필자 촬영: 1994)

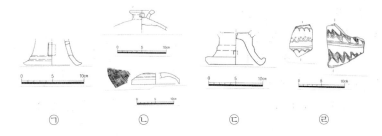

　　ⓖ　　　　　　　ⓛ　　　　　　　ⓒ　　　　　　　ⓔ

〈도판 45〉 정선군 신동읍 고성리 산성 출토 토기류

앞으며, 그 위에 석회암을 이용하여 지형경사면을 따라 들여쌓기를 하여
외측 기저부를 조성하였고, 이후 얇게 점토와 석회암을 이용해 2.6m 정도
높이로 판축한 토석혼축기법으로 축조하였다. 석축 구간은 석회암 노두 위
에 석회암제 판석을 수평으로 쌓아올렸으며, 석재 사이에 생긴 틈은 작은
쐐기돌을 끼우고 점토로 메우면서 쌓았다.[84]

　석축은 구간을 구획하여 축조한 구간구획선이 보이며, 석축을 높게 축조
할 필요가 있는 곳은 內外夾築, 나머지는 外築內托의 방법으로 쌓았다. 남
쪽의 능선으로 이어지는 취약한 곳은 雉城을 쌓아 보완하였는데, 치성은
바깥으로 기운기가 완만하게 1~2단으로 기단보축을 한 위에 만들어졌다.

84) 江原文化財研究所, 2006, 앞의 책.

배후산지로 이어지는 남쪽의 산 능선은 고도차가 적어 방어에 불리하므로 치성이나 곡성을 설치하는 경우가 많은데, 영월 왕검성은 곡성, 단양 온달 산성은 치성의 형태를 가지고 있다. 성벽의 윗면 안쪽으로는 곳곳에 방어 용의 강돌을 준비하였다. 축성 수법에서 구간구획선과 쐐기돌의 활용, 강 돌로 기저부를 보강하거나, 기반암 상면에 목탄(숯)을 깔은 점, 토축 구간 에 영정주를 이용한 점 등은 정선군 임계면 송계리 산성(장찬성)에서도 보이고 있어 축조 시기와 성격을 추정하는 데에도 비교할 만하다.

출토 유물은 토기류, 기와류, 철기류 등이다. 토기류는 대각축소형 뚜껑 꼭지와 대각에 투창이 뚫려 있고, 밀집파상문과 집선문이 시문되었으므로 5 세기 후반에서 6세기를 전후로 한 시기에 해당하며, 일부는 대각단이 말려 올라가고 투창이 매우 소형이며, 반원점문이 시문된 토기편으로 보아 호우 총 단계 이후까지 내려온다. 그러므로 5세기 후반에서 6세기를 전후로 하여 축조되었고, 6세기 전반~중반이 중심 시기로 판단된다〈도판 44 및 45〉.

(3) 산성의 성격

고성리 산성의 입지는 남한강 유역의 南岸에 위치한 산성들과도 비슷하 다. 이 산성은 남한강 상류에 위치하여 정선-강릉-삼척 방면과 연결되고, 영월-단양·제천·영주로 통하는 교통로와 관련이 있다고 생각된다. 산성 주 변에는 신석기시대, 청동기시대의 고인돌, 초기철기시대의 돌무지무덤 등의 유적이 정선군 관내에서 가장 밀집 분포되어 있다. 이 일대가 선사시대 이 래로 중요한 교통로였고, 취락의 중심이며, 주요 거점이었음을 말해 준다.

고성리 산성의 축조 시기는 처음에는 목책이나 토루로 된 산성이었다가, 어느 시점에 석축으로 개축되었다고 여겨지는데, 그 시점은 고구려의 남하 가 있었던 시기와 신라의 북진이 있었던 시기와 관련될 가능성이 있다. 정 선군이 고구려의 仍買縣, 평창군이 고구려의 郁烏縣(于烏)이었으므로 이 일대가 두 나라의 접전 지역이었을 가능성이 높다. 이 점에서 고구려가 축 성했다는 전승 설화도 의미가 있다. 그러나 고구려가 이 산성을 처음 축조

하였더라도 산성 내에서 출토된 신라토기들과 남한강을 따른 군사방어체
계로 본다면 신라산성으로 기능한 것은 분명하다.[85] 특히, 고성리 산성이
위치한 지역의 옛 지명에 니림리(泥林里), 니림계(泥林溪)가 있는데,[86] 『삼
국사기』 소재 泥河의 위치를 시사할 수 있다.[87]

3. 하슬라 지역 신라산성 분포의 의미

하슬라 지역의 신라산성의 분포를 보면, 강릉의 강문동 토성을 중심으로
북쪽으로 양양 후포매리 산성, 서남쪽으로 백두대간 상의 정선군 임계면의
송계리 산성과 신동읍의 고성리 산성이 위치한다. 이들 산성의 주요 현황
과 특징을 살펴보면 〈표 16〉과 같다.[88]

하슬라 지역의 성은 자연 지형을 이용하면서 다양한 규모와 축조 기법
을 보이지만 기본적으로는 테뫼식 산성으로 분류할 수 있다. 그런데 동해
안 쪽의 강문동 토성, 후포매리 산성은 백두대간 서쪽에 위치한 송계리 산
성 및 고성리 산성과 차이가 있다. 전자는 성벽을 축조할 때 토루에 할석
을 피복하거나 다양하게 기단부를 정지한 토성의 형태이나, 후자는 석축
성벽으로 변화한 차이가 있는 것이다. 더불어 출토 토기류도 전자가 빠른

---

85) 고성리 산성의 주위에 돌무지무덤이 있어 한성 백제 또는 고구려, 동예(맥), 말
   갈과도 관련될 수 있다는 견해도 있고, 고구려 관련 전승 내용의 확인 등은 더
   고구해야 할 과제이다. 또한 신라산성의 주위에는 일반적으로 신라고분군이 분포
   하는데, 고성리 산성의 경우 신라고분군을 발견할 수 없는 점도 의문이다. 군사
   적인 목적에서 軍官과 駐屯軍만 있다가 戰線의 北上 및 移動으로 떠나간 결과
   일 수 있겠다.
86) 『朝鮮地誌資料』江原道 旌善郡 新東面 江川溪澗名 및 洞里村名.
87) 홍영호, 2010(ⓒ), 「『二國史記』所載 泥河의 위치 비정」, 『韓國史研究』150, 韓
   國史研究會, 43~83쪽.
88) 이 절은 필자의 다음 논문의 일부분임을 밝힌다. 홍영호, 2015(b), 「산성과 고분
   으로 본 신라의 하슬라 진출과 경영」, 『新羅史學報』33, 31~83쪽.

〈표 16〉 하슬라 지역 신라산성의 주요 현황과 특징

구분	강릉 경포호 강문동토성	양양 후포매리산성	정선 임계 송계리산성	정선 신동 고성리산성
입지 형식	테뫼식(山復式)	테뫼식(山頂式)	테뫼식(山腹式) (보고서는 마안봉식)	테뫼식(山頂式)
규모 (둘레)	약 1,000m	약 450m	약 830m	약 700m
축성 방법	토축성	토축성	석축성	석축성
주요 특징	판축 및 영정주 다양한 기단 정지	기단석축 토루에 할석 피복	석축 구간과 토축 구간 병존	석축 구간과 토축 구간의 교대

양상을 보인다.

그런데 송계리 산성은 『문화유적총람』에 채록된 다음의 축성 설화가 주목된다.

- G. 전해오는 이야기로는 장찬 장군이 성을 쌓고 병력을 길렀는데, 마고 할멈의 잘못으로 장군이 죽자 장군에게로 오던 용마가 그 소식을 듣고 마산봉에서 죽었다 한다. 또 성을 쌓을 때 부근에서 돌이 없어 동해에서 돌팔매로 돌을 던져 성을 쌓았다고 전한다. 지금도 축석이 무너지면 그 돌은 간 데가 없고, 그 자리는 여전히 원상태로 메워진다고 한다.89)

위의 채록 내용으로 보아 성의 축성 과정에서 동해안 지역과의 관련성을 포착할 수 있다. 즉 송계리 산성의 축성에 동해안 지역민들이 동원되었거나, 송계리 산성이 동해안 지역의 군사적·정치적 통제를 받았던 역사성을 시사할 수 있다. 『삼국사기』지리지에 기록된 명주(주치:강릉)의 직속 영현 가운데 위치를 알 수 없는 지명인 棟隄縣을 임계로 비정하고, 궁예의

---

89) 文化公報部 文化財管理局, 1978, 『文化遺蹟總覽』上, 414쪽. 한국보이스카우트 연맹, 1989, 『韓國의 城郭과 烽燧(上)』, 380~382쪽에서도 동일한 설화가 요약되어 있다.

東征路로 보아 임계와 강릉 지역은 신라시대에도 교통로가 있었으며, 강릉 지역의 정치적·군사적 영향권에 속하였다고 볼 수 있기 때문이다. 나아가 신라가 468년 하슬라인을 동원한 泥河 축성의 모습도 연상시킨다.[90] 고고 자료로도 송계리 산성과 인근의 임계리 고분에서 출토된 신라토기들이 회백색을 띠고 있어 강릉 지역 출토품들과 동일한 양상을 보인다. 강릉과 정선군 임계 지역이 교통로로 연결되듯이 동일한 생산과 소비의 단위에 속하는 생산분배체계에 관련되거나 긴밀한 교류 관계에 있었음을 말해준다.

또한 고성리 산성의 안내문에는 고구려가 이 산성을 쌓았다고 전승되고 있다.[91] 정선군이 고구려의 仍買縣, 평창군이 고구려의 郁烏縣(于烏)이었으므로 이 일대가 두 나라의 접전 지역이었을 것이다. 그리고 고성리산성이 위치한 지역에 니림리(泥林里), 니림계(泥林溪) 지명이 전해지고 있어[92] 『삼국사기』에서 논쟁이 되는 지명인 泥河의 위치를 시사한다.[93]

이들 산성의 분포 양상과 의미를 찾아보면, 강릉에 위치한 강문동 신라토성은 하슬라 城과 城主의 존재와 연결시킬 수 있고, 바닷가의 곳에 입지한 점에서 신라의 연안항해를 입증하며 석호를 활용하였음을 알 수 있게 해준다. 양양 후포매리 산성도 강문동 신라토성보다는 다소 늦은 시기이지만 당시 신라의 북쪽 변경을 알 수 있게 해 준다. 여기에 지금의 동해안인 강릉 지역에서 서쪽 내륙인 정선 방향(송계리 산성과 고성리 산성)으로 진출하는 방향성이 포착되는 것이다.

이들 4개의 산성은 적은 수이지만, 당시 신라의 교통로와 방어체계, 지

90) 홍영호, 2010(b), 「『삼국사기』지리지 溟州 영현 棟隄縣의 위치 비정과 의미」, 『韓國史學報』38, 高麗史學會, 7~40쪽.

91) "…삼국시대 고구려가 한강유역을 차지하면서 신라의 세력을 견제하기 위하여 산성을 쌓았다고 전한다. 그러나 산성의 축조형식 또는 석촉과 석검 등 청동기 시대 유물이 출토된 점으로 미루어 보아 이 산성은 삼국시대 이전에 축조되었을 가능성이 있다.…"

92) 『朝鮮地誌資料』江原道 旌善郡 新東面 江川溪澗名 및 洞里村名.

93) 홍영호, 2010(c), 「『三國史記』所載 泥河의 위치 비정」, 『韓國史研究』150, 韓國史研究會, 43~83쪽.

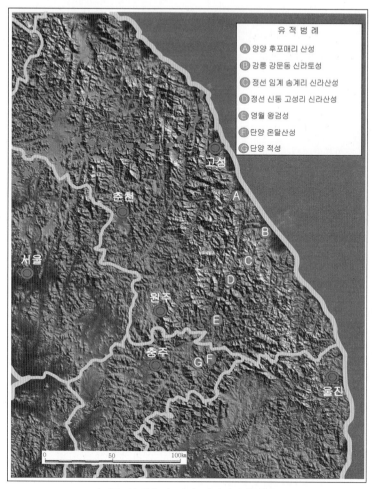

〈지도 8〉하슬라 지역 신라산성 분포도

방지배 방식, 주치와 직속영현의 관계 등에 관한 중요한 정보와 자료를 제
공한 의의가 크다. 특히 송계리 산성은 명주 棟隄縣으로 비정할 수 있고,
축성 설화로 볼 때, 하슬라 주민을 동원한 泥河 築城 기사의 대상 지역임
을 연상시키며, 니하의 위치에 대한 단서도 시사한다. 그리고 송계리 산성
과 고성리 산성은 남한강 상류와 최상류를 따라 강의 남안에 배치된 산성

들과 동일한 입지에 위치한다. 이들 산성들의 축성 목적과 성격이 동일하
다면 중원을 거점으로 한 고구려의 측방공격에 대응한 신라의 방어선으로
생각된다. 통일신라시대 명주(강릉)의 영현에 임계(동제현)와 정선(정선
현)이 소속된 점을 참고하면 강릉(하슬라)의 군관구가 이 지역까지 관할
하였을 가능성이 높다. 이들 산성들은 하슬라를 거점으로 한 동해안 및 남
한강을 따른 방어 체계 형성과 지방 지배 방식을 규명하는데 귀중한 자료
임은 분명하다〈지도 8〉.

V
신라의 何瑟羅 경영 과정

강릉 경포호 동북쪽에 위치한 안현동 샌드파인 목곽묘군(이하 안현동 목곽묘군으로 略稱함)은 신라고고학 자료로 강원도 동해안에서 가장 빠르며, 중심 시기가 경주 황남동 109호 3·4곽 단계에서 미추왕릉 5구 1호 및 6호묘 단계에 속한다. 강릉에서 이미 신라와 가야의 토기 문화를 구분하고, 신라토기의 시작으로 평가되는 황남동 109호 3·4곽 단계의 토기 문화가 발견되는 것이다. 경주 황남동 109호 3·4곽 단계는 학자에 따라 4세기 후반~말기, 5세기 초반~전반 등으로 보는데, 필자는 4세기 말기로 보았다. 이후에도 강릉 지역은 초당동 고분, 하시동 고분, 병산동 고분 등으로 보건대 신라의 물질문화가 지속적으로 전개되고 있으며 6세기 전반까지 위세품의 수준이나 고분군의 수효 등에서 포항 이북의 동해안에서는 다른 지역을 압도하고 있다.

이 당시, 신라의 세력권은 소백산맥 남쪽에 한정되어 있었다. 그런데 무엇 때문에 신라가 동해안 쪽으로만 소백산맥을 넘어 꽤 북쪽으로 진출하였을까? 여기에 대해서 필자는 하슬라(강릉)가 당시 고구려-신라 사이에 교섭의 중간거점, 즉 고구려의 수도인 집안으로 가는 중간거점이었으며, 함흥-황초령을 넘어 집안으로 가는 교통로가 있었을 것이고,[1] 이후 중원을

---

1) 황초령을 넘어 집안으로 가는 교통로는 고구려 東川王이 관구검의 침입에 쫓겨 竹嶺을 거쳐 南沃沮로 달아난 기사, 박제상과 복호의 탈출로, 황초령비의 존재, 6.25 때 美제1해병사단의 장진호 전투시의 진군로 등으로 보아 그 가능성이 충분하다(홍영호, 2010(a), 「6~7세기 고고자료로 본 동해안과 울릉도」, 『이사부와 동해』창간호, 한국이사부학회, 208~209쪽 및 각주 135번 ; 2010(c), 「『三國史記』所載 泥河의 위치 비정」, 『韓國史硏究』150, 韓國史硏究會, 70쪽 각주 127번). 이병도는 동천왕 때의 竹嶺은 황초령 아래의 中嶺(鎭址)으로 간주하였다(이병도, 역주, 1983(1996 개정판), 『삼국사기』(상), 을유문화사, 393쪽 각주 11번). 이종학도 함흥에서 집안으로의 육로를 상정한 바 있다(이종학, 1996, 「광개토왕비문 신묘년기사의 검토」, 『軍史』32, 국방군사연구소, 63~67).

거점으로 남한강을 따라 동해안 쪽으로 침공하는 고구려의 측방공격을 막기 위한 남한강 상류의 방어거점이었기 때문이라고 주장한 바 있다. 그리고 이러한 역사적 배경이 신라 최초의 州인 실직주와 하슬라주를 설치하게 만든 것으로 본 바 있다〈지도 9-① 및 ②〉.2) 이와 같이 신라가 하슬라, 실직에 진출하게 된 목적과 역사적 배경을 이해할 수는 있지만, 어떻게 지배했는지는 사료가 빈약하여 사실상 접근하기 어렵다. 그러므로 여기에서는 현재까지 조사된 고고자료를 토대로 삼국의 역학관계3) 속에서 신라의 하슬라 진출 배경과 지배 양상, 경영 과정의 변화 등을 역사적 상황과 함께 파악해 보고자 한다.

1. 하슬라 지역 신라고분의 출자와 성격

강릉 지역에서 가장 빠른 신라고분군인 안현동 목곽묘군에서는 파수부 유개대부직구호나 복천동식 고배가 세트화 되어 출토되었고, 이후에도 목곽묘와 석곽묘가 묘역을 이루며 단절되지 않고 지속적으로 조영되고 있다. 그리고 이미 하시동 서1호분 출토 고배들도 동래 복천동 1호분 출토 고배 2점과 모양이나 크기 등 각종 제원이 동일하다는 지적이 있었다.4) 그러므

---

2) 홍영호, 2010(b), 「『삼국사기』지리지 溟州 영현 棟隄縣의 위치 비정과 의미」, 『韓國史學報』38, 高麗史學會, 26~33쪽 ; 2010(c), 「『三國史記』所載 泥河의 위치 비정」, 『韓國史研究』150, 韓國史研究會, 43~83쪽.

3) 고구려·백제·신라 삼국의 역학관계와 고구려·신라의 역학관계는 다음 논문 참조. 盧重國, 1981, 「高句麗·百濟·新羅 사이의 力關係變化에 대한 一考察」, 『東方學志』28, 延世大 國學研究院, 45~107쪽 ; 徐榮一, 2002, 「廣開土大王代 高句麗와 新羅의 關係」, 『廣開土大王과 高句麗 南進政策』(高句麗研究會 학술총서 3), 학연문화사, 37~56쪽 ; 張彰恩, 2006, 「3~5世紀 高句麗·新羅關係의 戰爭史的 推移」, 『高句麗研究』24, 高句麗研究會, 41~70쪽 ; 張彰恩, 2012, 「4~5世紀 高句麗의 南方進出과 對新羅 關係」, 『高句麗渤海研究』44, 고구려발해연구회, 9~57쪽.

로 강릉 지역에서 보이는 이른 시기의 신라토기와 위세품이 출토된 이들 고분들의 出自를 검토할 필요가 있다.

우선, 안현동 고분군이 주목된다. 안현동 목곽묘군에서는 소위 복천동식 고배[5]가 출토되었다. 복천동식 고배는 복천동 10·11호(76점)·39호분(60점)·53호분(1점), 학1구 2·3호(8점) 등 복천동 고분군에서 95% 이상 출토되며, 특히 복천동 10·11호와 39호분에 집중되고 있어 이때가 가장 유행한 시기이다.[6] 그런데 이러한 기형, 즉 2단각의 2단투창을 가지고 각단을 두툼하게 처리한 형식이 월성 서편의 I층과 H층, 垓子 주변에서 출토된 바 있고, 임당 고분을 비롯하여 경주 주변의 여러 지역에서도 출토되므로 경주와 특히 밀접한 관련이 있던 부산과 경산 지역 등 신라권 지역에 넓게 분포하던 신라토기의 한 형식으로 보고 있다.[7] 최근에는 영천 화남리 고분 등에서도 출토되어 그 분포 범위가 넓어지고 있다. 이와 같이 복천동 고분군 외의 지역에서 분포 범위가 확산되고 있고, 복천동 고분군 집단이 제작하였다면 주변의 다른 고분군에서도 더 보여야 하나 극소수의 고분에만 집중되므로 외부로부터의 이입품일 가능성이 더 높으며, 그 중심은 아무래도 경주였을 것이다.[8]

문헌사의 연구 성과로도 광개토대왕의 400년 원정 이전에 신라가 부산의 복천동고분군 집단을 영향권에 넣었다는 주장도 있고, 浦上八國 戰爭에

---

4) 심현용, 2009(a), 「고고자료로 본 신라의 강릉지역 진출과 루트」, 『大丘史學』94, 14쪽.

5) 鄭澄元·申敬澈, 1983, 「東萊福泉洞古墳群 I」, 釜山大博物館, 129~133쪽.

6) 조성원, 2010, 「고분 출토 고배로 본 5세기대 낙동강하류역의 소지역성 연구」, 『嶺南考古學』55, 29쪽 및 37~39쪽. 조성원은 복천동 20·21호, 10·11호를 5세기 2/4분기, 39호를 5세기 3/4분기로 설정하였다(조성원, 2010, 위의 논문, 28쪽 표4 참조).

7) 金龍星, 2003, 「皇南大塚 南墳의 年代와 被葬者 檢討」, 『韓國上古史學報』42, 74쪽.

8) 필자도 낙동강 東岸의 부산 복천동집단은 이 시기에 금관가야연맹에 포함된다기 보다는 신라의 영향권에 있었다는 입장에 서 있다(홍영호, 2010(a), 앞의 논문, 204쪽 참조).

서 가야의 구원 요청을 받은 신라가 '近郡과 6部軍'을 동원하여 군사 지원
을 하여 승리한 후 가야 왕자를 신라에 인질로 데리고 오는 기사 등이 참
고가 된다. 浦上八國 戰爭은 『삼국사기』에 3세기 초의 사건으로 기록되어
있지만, 기사의 주요 등장인물인 于老의 활동 시기를 통해 3세기 말~4세
기 초반, 3세기 후반~4세기 전반의 사건으로 보는 견해가 대세를 이루고
있다. 또한 구원을 요청한 가야도 『삼국사기』「본기」에 나오는 금관가야(김
해)인지, 「열전」 물계자전에 나오는 아라가야(함안)인지도 논란이다. 하지
만 신라가 일부 가야에 영향력을 미치는 모습을 보여주는 것은 분명하다.9)

문제는 안현동 목곽묘 출토품의 경우, 부산·김해 지역을 중심으로 출토
되는 유개대부파수부호 및 광구소호와 공반되고 있다는 점이다. 이러한 유
물들이 부산에서 강릉으로 직접 이입된 것인지, 경주에서 부산을 거쳐 강
릉으로 이입된 것인지, 또는 경주에서 부산과 강릉 양쪽으로 확산된 것인
지, 여러 가지 경우가 고려된다. 안현동 목곽묘 집단은 복천동 고분군 출토
토기의 기종 조합(set)이 동일하게 보인다는 점에서 복천동 일대 또는 경
주에서 이곳으로 移住·徙民을 통해 정착했을 것으로 추정된다. 그 후에도
목곽묘에서 석곽묘로 변하는 묘제와 출토 토기의 양상으로 보아 신라의 중
심 지역 또는 밀접히 관련된 지역과 지속적으로 교류하였음을 추정할 수
있다.10)

---

9) 朱甫暾, 1997, 「4~5世紀 釜山地域의 政治的 向方」, 『복천동고분군의 재조명』,
  부산광역시립박물관 ; 1998, 『新羅 地方統治體制의 整備過程과 村落』, 신서원,
  463~510쪽 ; 李熙濬, 1998, 「김해 禮安里 유적과 新羅의 낙동강 西岸 진출」,
  『韓國考古學報』39, 125~153쪽. ; 金龍星, 2002, 「新羅의 高塚社會」, 『동아시
  아 大形古墳의 出現과 社會變動』, 國立文化財研究所, 136쪽 각주 6) 참조. 金
  大煥, 2003, 「부산지역 금관가야설의 검토」, 『嶺南考古學』33, 71~97쪽.

10) 홍영호, 2010(a), 앞의 논문, 207쪽 ; 2010(b), 앞의 논문, 29쪽. 이한상은 안현
  동 목곽묘군에서 출토된 유개파수부대부직구호(有蓋把手附臺附直口壺)가 부산
  복천동 39호분 출토품과 외형 및 소성이 혹사하므로 부산 일원에서 제작, 반입된
  토기로 보고 있다(이한상, 2011, 「울진지역의 고분과 토기」, 『울진 봉평리 신라
  비와 한국 고대 금석문』, 울진봉평신라비전시관 개관기념 학술대회, 76~77쪽 각
  주 74번).

강릉 지역에서 위세품이 출토된 고분도 신라고분의 出自와 관련하여 매우 중요하다. 필자는 강릉 지역 최상위급 주요 고분의 편년을 초당동 A-1호(금동용문투조대금구 출토 : 황남동 110호분 단계) → 84-2번지 1호(ⅢA-1호 : 금제호접형 관식 출토 : 황남대총 남분 단계) → 초당동 B-16(출자형 금동관 출토 : 황남대총 북분 단계 이후) → C-1호분(은제 조익형 관식 출토, 수혈계 횡구식석곽묘) 순으로 설정한 바 있다. 현재 포항 이북의 동해안 지역에서 강릉 초당동 A-1호가 최고위급의 위세품이 출토된 가장 빠른 고분인 까닭에 그 출자를 밝히는 것이 신라의 강릉 진출을 이해하는데 매우 중요하다. 강릉 초당동 A지구 1호분의 금동용문투조대금구는 맞가지가 鈍角인 출자형금동관이 출토된 경산 임당 7C호분과 함께 고총고분을 형성하는 임당 7B호 출토 금동용문투조대금구와 동일한 형식이고,[11] 석곽은 바닥 가운데에 또 하나의 작은 석곽을 설치한 이중석곽 구조로[12] 고령 지산동 30호분 주곽 유구와 동일하다. 그런데 초당동 A-1호분은 도굴을 당하여 금동용문투조대금구와 적색바리, 원저단경호만 출토되어 두 고분이 계통적으로 직접 연관되는지 비교하기 어렵다. 하지만 이들 고분과의 비교는 강릉 지역의 신라화 과정에서 중요한 시사점을 준다.[13] 신라 중앙 정부가 초당동 A-1호분의 재지세력에게 금동용문투조대금구를 나누어 주었을 수도 있지만, 최고위급의 위세품이 보수적인 고분의 구조, 즉 지산동의 최상위급 묘제 형식과 함께 수용되었다는 점을 간과할 수 없다. 그렇다고 신라가 아직 대가야를 지배하지 못하는 상황이므로 그 지배층을 강릉으로 사민시켰다고 볼 수도 없다. 또한 관리나 군관의 형태

---

11) 嶺南大學校 博物館, 2005, 『慶山 林堂地域 古墳群 Ⅷ(林堂7號墳)』, 305쪽 그림 및 367쪽 사진 참조.

12) 지현병 외, 1995, 「江陵市의 古墳遺蹟」, 『江陵의 歷史와 文化遺蹟』, 江陵大學校 博物館 學術叢書11冊, 179~180쪽 본문과 193쪽 도면 및 215쪽 사진 참조.

13) 지산동 30호분은 석곽의 마구 전면에 사질을 깔았으며, 석곽 내부에서 띠꾸리와 꾄정이 출토되어 세부적인 차이가 있으며, 이동할 수 있는 유물이 아닌 유구인 까닭에 인적 교류에 의한 전파로 본다(심현용, 2009(b), 「고고자료로 본 5~6세기 신라의 강릉지역 지배방식」, 『文化財』42-3, 國立文化財研究所, 11쪽).

로 파견되었다면, 그 후에 왕경으로 돌아갔을 것이므로 墓나 墓域이 조성
될 수 없다. 그렇다면 최상위급 묘제에서 서로 모방·변용·공유된 석곽 양
식을 강릉의 재지세력이 위세품과 함께 수용하였거나, 아니면 경주 및 경
주와 직간접적인 관계가 있는 지역의 집단이 移住·移植되었을 가능성을
고려할 수 있겠다.

이와 관련하여 이미, 강릉 지역은 초당동 고분군의 경우 석곽묘의 조영
과 신라토기의 매납이 동시에 이루어지므로 신라권역에서 가장 이른 시기
에 석곽묘가 조영되는 울산·언양 지역에서 파급되었을 가능성이 크고, 경
주 주변(울산 지역)의 석곽묘 조영집단이 직접 이주하여 재지세력과 융화
하여 만들었다는 견해도 제기된 바 있다. 신라는 강릉 지역에 거점을 마련
하기 위해 군사적 성격이 강한 집단을 이주시켰으며, 석곽묘의 축조와 신
라토기의 매납은 경주 지역에서 이입된 군사집단과 토착세력의 결합에 의
한 산물로 보는 것이다.[14]

이에 대하여, 영동 지역에서 확인되는 신라분묘는 경주 지역에서 동시기
에 확인되는 묘제가 아니므로 경주의 중심 세력이 영동 지역으로 이입되지
는 않았고, 묘제와 출토 유물로 볼 때 신라와 관련된 세력은 분명하다고
인정한다. 그런데 울산 지역에서는 5세기대 고총고분이 확인되지 않지만,
강릉 지역에서는 5세기 전반의 늦은 시점에 고총고분이 조영되고, 위세품
이 분여되며, 고총고분의 지역성과 출토 유물의 양상을 생각하면 단순히
한 지역의 집단에 의하여 강릉 지역의 고분군이 만들어졌다고 보기 어렵다
는 견해도 있다. 특히, 울산 지역 일대에는 고총고분이 조영되지 않는데,
그러한 세력에 의해 초당동 일대에 고총고분이 조영되고 위세품이 사여된
다는 것은 쉽게 납득하기 어렵다는 것이다. 그리하여 영동 지역에서 고분
을 조영하는 주체를 어느 하나의 지역으로 한정할 필요는 없으며, 강릉 지
역의 신라고분은 경주 주변, 울산, 특히 부산 등 여러 지역에서 이입한 것

---

14) 최종래, 2007, 「江陵 草堂洞古墳群의 造營集團에 대해서」, 『嶺南考古學』42, 28~
31쪽.

으로 보는 것이다.15)

초당동 고분군 집단의 성격 규명도 중요하다. 강원도 동해안 지역은 영
남 지방과 달리 전단계의 분묘가 아직 발견되지 않고 있다. 그러므로 초당
동 고분군도 신라분묘가 축조되기 전에 강력한 세력을 형성하고 있었는지
를 알 수 없다. 강릉 병산동이나 금진리, 안인리 유적 및 동해·삼척지역의
원삼국시대 최대·최고 유적인 송정동 유적과 비교할 때 초당동 집단이 큰
세력을 구축하고 있었던 집단이라고 보기 어렵다. 초당동 세력이 강성하고,
이입집단이 그들을 지원하여 신라분묘를 조영하였다면 다른 고분군은 새
로이 축조되는 분묘영역과 기존의 생활영역이 분리되어 있는데, 초당동에
서는 기존의 원삼국시대 주거 영역을 파괴하고 축조되는 것이 의문이다.
결국 초당동 고분군 집단은 선행 주거지를 파괴하고 고분군을 조성한 점에
서 재지세력이 아니라 외부에서 이입된 군사적 성격이 강한 세력이라고 판
단한다.16)

여기에 병산동 고분군의 신라토기는 포항 강사리 유적·대각리 유적, 홍
해 옥성리 유적 등과 비교할 수 있고, 경주-포항(홍해)-강릉 지역의 신라
화가 연동하는 것으로 보인다. 이와 같이 강릉 지역의 신라토기는 경주나

---

15) 박수영은 경주와 울산 주변을 중심으로 하는 조일리식 석곽묘, 즉 단벽호상구조
    가 강릉에서도 보이므로 가능성이 있으며, 강릉 지역은 고총고분의 존재, 석곽의
    구조, 출토 유물상에서 부산 쪽에서도 이입된 것으로 본다(朴守榮, 2010, 「4~5
    世紀 嶺東地域의 考古學的 硏究-住居址와 墳墓資料를 中心으로-」, 영남대 문
    화인류학과 석사학위논문, 70~75쪽).

16) 朴守榮, 2010, 위의 논문, 70~75쪽. 심현용은 초당동 고분군이 원삼국시대 주거
    지를 파괴하고 조영되는 반면에, 병산동 고분군은 삼국시대 매장공간과 원삼국시
    대 주거공간이 분리되고 삼국시대 주거지와 원삼국시대 주거지가 중복되어 나타
    나는 양상에 대하여 초당동 세력이 병산동 세력보다 빨리, 그리고 적극적으로 신
    라에 동화되어 갔음을 시사한다고 하였다. 그리하여 초당동 세력이 강릉 지역의
    중심 세력으로 부각될 수 있었고, 이는 위세품의 양과 질 등 그 위계로 보아도
    초당동 세력이 병산동 세력보다 상위에 속함을 알 수 있다고 하였다(沈賢容,
    2008, 「考古資料로 본 新羅의 江陵地域 進出」, 慶北大 大學院 史學科 文學
    碩士學位論文, 47쪽 ; 2009(b), 「고고자료로 본 5~6세기 신라의 강릉지역 지
    배방식」, 『文化財』42-3, 國立文化財硏究所, 19쪽).

그 인근 지역, 특히 해안을 따라 부산 복천동 고분, 포항 지역 고분 등의 토기들과 동일한 제품들이 상당히 존재한다. 동일한 가마에서 만들어 분배·재분배를 받았거나[17] 다양한 방법으로 이입되었을 것이다.

또한 의성양식, 창녕양식, 성주양식, 대구·경산양식 등의 신라토기 지역양식[18]을 통해 재지세력의 존재를 느낄 수 있으나, 강릉 지역은 기층문화 위에 신라토기문화가 경주에서 직접 유입되는 양상이다. 신라가 외부로 진출하는 과정에서 정복 시점과 지배 방식의 차이에 따른 낙차가 발생하겠지만, 강릉에는 현지 제작품은 있으나 지역양식이라 할 수는 없고, 신라토기문화가 경주와 직접 연동된다. 이 점은 신라가 강릉 지역을 지배하는 방식을 시사하는 것이다.

그리고 강릉 지역의 고고학적인 양상을 이해하기 위하여 사료에 보이는 '바닷길(海路)'을 교류·전파의 방법으로 고려할 수 있다. 『삼국지』 위서 동이전에는 漢의 낙랑과 대방 2郡에서 김해의 구야국을 거쳐 왜에 이르는 路程이 기록되어 있어[19] 우리나라의 서남해안을 따라 교역로가 있었고, 연안항로를 이용한 해상교통이 발달하였음을 알 수 있다. 여기에 濊族이 弁辰에서 鐵을 구입하는 기사[20]도 보이므로 바닷길을 통한 교류·교역체계가 강릉을 비롯한 동해안 일대까지 포함되었다고 상정하는 것도 가능하다. 아직은 소량이지만, 강릉 및 인접 지역에서 영남 지방과의 교류를 보여주

---

17) 이성주도 초당동 7호묘 토기를 근거로 중앙에서의 대량 분배를 인정한다(李盛周·姜善旭, 2009, 「草堂洞遺蹟에서 본 江陵地域의 新羅化 過程」, 『사적 제490호 강릉 초당동 유적』, 한국문화재조사연구기관협회, 479쪽).

18) 이성주는 경주, 경산, 창녕 등의 이동양식 토기처럼 몇몇 기종이 독자적인 양식적 전통을 유지하면서 여러 세대에 걸쳐 생산되는 양상이 확인된다면 이를 이동양식 분포지역 안의 小地域樣式으로 정의하고 있다(李盛周, 2004, 「技術, 埋葬儀禮, 그리고 土器樣式」, 『韓國考古學報』52, 110쪽 각주5번 참조).

19) 『三國志』30, 魏書 東夷傳 倭條 "倭人 在帶方東南大海之中 … 從郡至倭 循海岸水行 歷韓國 乍南乍東 到其北岸狗邪韓國七千餘里 始度一海 千餘里 至對馬國 …"

20) 『三國志』30, 魏書 東夷傳 弁辰條 "國中鐵 韓濊倭皆從取之 諸市買皆用鐵 如中國用錢 又以供給二郡"

는 유물들도 출토되고 있어 이를 뒷받침 해준다. 예를 들어 동해 송정동 1
호 주거지(관동대) 출토 수정제 곡옥은 낙랑산으로 보기 어렵고, 영남 지
역과 관련이 있는 유물로 판단된다.[21] 강릉 강문동 유적 Ⅳ-1호 주거지에
서 출토된 일본 土師器계 연질광구호[22]도 영남 지방과의 관련성이 가장
높을 것이다.[23] 신라시대에도 그 관계가 중단되지 않았다면, 이러한 과정
을 통해 신라와 영남 지방의 문물이 영동 지역에 유입되었을 것이다. 특히
오수전 같은 중국 화폐는 대부분 남해안의 바닷가와 섬 등에서 출토되었으
므로,[24] 강릉 초당동 유적 강릉고등학교 부지 1호 주거지[25] 출토 오수전
도 바닷길로 이입되었을 가능성이 높다. 최근에 동해의 석호인 경포호 출
입부 곳에 입지한 강문동 신라토성의 발견 조사는 '바닷길(海路)'을 통한

---

21) 이재현, 2005, 「남한출토 낙랑유물의 성격」, 『낙랑의 고고학』, 제33회 한국상고사
   학회 학술발표회, 20~21쪽. 영동 지방의 낙랑계 유물은 양양 가평리 1·2호 주거
   지에서 분형토기와 단경호 등, 강릉 교항리 유적의 A지구 주거지에서 분형토기
   와 단경호 및 평저호, 강릉 안인리 2호 주거지의 평저호 2점, 강릉 초당동 강릉
   고 부지 1호 주거지의 오수전 2점 및 동화 1점, 동해 송정동(강릉대) 6호 주거
   지의 평저호, 동해 송정동(관동대) 1호 주거지의 평저호, 수정제 곡옥, 마노옥,
   은제 지환, 금박유리옥, 파경 등이 있다(김무중, 2006, 「마한지역 낙랑계 유물의
   전개 양상」, 『낙랑 문화 연구』, 동북아역사재단, 292쪽 〈표1〉중부지방 낙랑계 유
   물 출토 현황 참조).
22) 江原文化財研究所, 2004, 『江陵 江門洞 鐵器·新羅時代 住居址』, 學術叢書
   19冊, 167~175쪽.
23) 홍보식, 2010, 「신라·가야로의 移住資料와 移住類型」『제34회 한국고고학전국대
   회 발표문-移住의 고고학-』, 한국고고학회, 129쪽.
24) 대표적으로 해남 군곡리패총(貨泉), 거문도(五銖錢), 제주도 산지항유적(五銖錢,
   大泉, 貨泉), 마산(현 창원) 성산패총(五銖錢), 김해 회현리패총(貨泉), 창원 다
   호리유적 1호분(五銖錢), 늑도 패총(半兩錢) 등에서 출토되었다(崔盛洛, 1993,
   『韓國 原三國文化의 研究-全南地方을 中心으로-』, 學硏文化社, 366쪽). 내륙
   에서는 경산 임당동A-Ⅰ-74호분에서 오수전이 출토되었다(한국문화재보호재단,
   1998, 「A~B지구 고분군」, 『경산 임당유적(Ⅰ)』)
25) 강릉고등학교 부지 1호 주거지의 편년은 주거지 바닥에서 오수전과 함께 (경질)
   무문토기만 출토되었고, 회청색 타날문토기가 출토되지 않는 점을 근거로 1세기
   중·후반으로 추정하고 있다(江原文化財研究所, 2005, 『江陵地域 文化遺蹟 試
   掘調査 報告書』, 學術叢書 29冊, 98쪽).

교류·전파를 충분히 뒷받침한다고 생각된다. 나아가 강문동 신라토성의 존재로 볼 때 강문동 저습지 유적26) 출토 복골(卜骨), 고래뼈, 물개뼈 등의 의미도 연안항해와 관련된 祭祀遺蹟으로 재평가할 수도 있겠다. 이것은 경포호와 강문동 일대가 三韓時代부터 동해 연안 지역의 주요 關門이었음을 시사한다.27)

더구나『삼국지』위서 동이전의 사료로 보아 삼한에서 鐵은 중요한 교역의 매개물로 돈(錢)의 기능을 가졌고, 무게(重量)도 많이 나가므로 고도차가 심한 육상교통보다는 해상이 다량의 철을 옮기는데 훨씬 더 효과적이었을 것이다.28) 동해안의 해안절벽과 백두대간 준령의 지형적 고도 차이를 고려하면 적어도 물자의 수송과 보급은 해로가 유리하다. 복천동식 토기류를 출토한 안현동 고분군을 비롯한 강릉 지역의 초기 고분군들인 초당동 고분군, 하시동 고분군, 병산동 고분군 등이 강의 하구 및 석호에 인접한 바닷가에 입지한 점도 교류·교역은 물론이고 물자의 보급을 해로를 통해 받으려는 목적과도 관련이 있을 수 있다. 이렇게 볼 때 강릉의 신라토기문화가 포항 이북의 영덕·울진29)·삼척30)의 신라토기문화보다 더 빠른

---

26) 卜骨은 총12점으로 소뼈 3점, 돼지뼈 6점, 사슴뼈 1점, 불명 2점이다(백홍기, 2002,「강릉 강문동 저습지유적-발굴조사개보-」,『江原考古學』創刊號, 151~186쪽.

27) 홍영호, 2013,「신라의 동해안 연안항해와 하슬라-강릉 경포호 강문동 신라토성을 중심으로-」,『白山學報』95, 白山學會, 137~178쪽.

28) 주보돈, 1996,「마립간시대 신라의 지방통치」,『嶺南考古學』19, 21쪽.

29) 최근 울진 덕천리 고분군에서도 5세기 초반 미추왕릉지구 5구 1호 및 6호 단계의 유구들이 조사되었다(聖林文化財硏究院, 2015,『蔚珍 德川里 新羅墓群Ⅱ』, 學術調査報告 100冊). 당연히 신라가 경주에서 육지의 교통로를 통해 울진, 삼척, 강릉으로 진출하였을 것이다. 그러나 강릉 쪽이 앞 선 시기의 유구가 많고, 고분군의 분포와 규모뿐만 아니라 양적으로도 압도적인 양상은 의미가 있다.

30) 삼척 갈야산 상수도 공사 출토 고배들은 미추왕릉 5구 6호묘와 비슷한 기형도 있지만, 황남대총 남분·북분형 대부완이 공반되므로 필자는 황남동 110호분 단계의 늦은 시기로 보겠다. 그러므로 삼척 지역은 강릉보다 늦은 황남동 110호~황남대총 남분 단계부터 갈야산에 신라의 물질문화가 들어온다. 삼척 지역의 신라유적과 의미에 대해서는 다음 글 참조. 홍영호, 2015(a),「실직의 고고자료와 신라사적 의미」,『이사부와 동해』9호, 한국이사부학회, 2015, 163~212쪽.

이유가 이해되는 것이다.

　이와 같이 강릉 지역은 신라 문화의 출현기 고분부터 신라 중앙의 직접적인 영향력을 느낄 수 있으므로 徙民·移住와 관련이 있을 가능성이 높다. 특히, 그 세력을 약화시키기 위한 사민 정책[31]이라기보다는 신라 6부 및 친신라계 집단을 중요한 요충지에 移徙·移植하여 그 지역을 경영하려는 적극적인 관점으로 접근할 필요가 있다.[32] 최근에 신라 전기양식토기 1기를 4단대각 고배가 존재한 ⅠA기, 3단대각 고배가 존재한 ⅠB기로 구분하고,[33] 강릉 안현동 고분은 4단대각 고배가 출토되므로 황남동 109호 3·4곽보다 빠른 ⅠA기부터 시작되며, 이와 같이 이른 시기의 토기들이 출현하는 지역은 사로국의 중심 세력이 일찍부터 철저하게 장악하여 재편한 것으로 보는 주장이 제기되었다.[34] 강릉 지역 고분군의 出自와 성격을 이해

---

31) 실직이나, 압독국 등의 반란 사민들은 세력을 약화시키기 위하여 근거지와 다른 원격지로 보낸다(『三國史記』 卷1, 新羅本紀1 婆娑尼師今 25年 "七月條, 悉直叛 發兵討平之 徙其餘衆於南鄙" ; 『三國史記』 卷1, 新羅本紀1 逸聖尼師今 13年 "十月條, 冬十月 押督叛 發兵討平之 徙其餘衆於南地").
　　고고자료로는 추암동B지구 고분군에서 대가야토기와 함께 삼각형 투창이 뚫린 가야식 대각이 결합된 신라식 대부장경호가 출토되어 사민의 결과로 본 바 있고 (李炯基, 2002, 「滅亡 이후 大加耶 遺民의 向方-東海市 湫岩洞古墳群 出土品을 중심으로-」, 『韓國上古史學報』38, 97~117쪽), 최근 울진 덕천리고분에서도 왜계 유물에 해당하는 모자곡옥, 소가야 고배 등이 출토되어 해양 교류나 사민의 가능성이 제시되었다(聖林文化財研究院, 2015, 『蔚珍 德川里 新羅墓群 Ⅰ -본문-』, 學術調査報告 89冊, 491쪽 각주 33번).

32) 최근 신라가 경주에서 안동 조탑동 고분군을 거쳐 순흥지역으로 사민·이식하였고, 5세기 중·후엽 순흥으로 지방세력을 이주시키면서 중앙의 유력자도 파견하여 소백산맥 일대를 강화하였다는 연구 결과도 있다(김준식·이진혁, 2014, 「순흥지역 횡구식석실과 그 축조집단의 성격」, 『야외고고학』19, 한국문화재조사연구기관협회, 113~118쪽). 또한 교역을 위한 집단이주민촌이 형성된다는 무역 디아스포라 모델(박선미, 2014, 「서구학계의 고대 교류사 이론의 현황」, 『한국고대사연구』73, 191~220쪽)도 참고가 된다.

33) 최병현, 2013, 「신라 전기양식토기의 성립」, 『고고학』12-1, 중부고고학회, 7~8쪽.

34) 최병현, 2014, 「5세기 신라 전기양식토기의 편년과 신라토기 전개의 정치적 함의」, 『고고학』13-3 ; 2015, 「신라 조기 경주지역 목곽묘의 전개와 사로국 내부의 통합과정」, 『한국고고학보』95, 147쪽.

하는 데에도 시사하는 바가 크다.

강릉 지역을 경영하고 재편하기 위하여 원활하고 충분한 물자의 보급이 필요한데, 이를 위하여 바닷길도 이용되었을 가능성이 높고, 이입 루트로는 현재의 고고자료로 볼 때 경주→(포항)→강릉, 경주→부산 복천동→강릉으로의 경로를 그려볼 수 있다.

2. 신라의 동해안 연안항해와 하슬라

신라가 하슬라를 주요 거점으로 계속 활용하려면 하슬라에 대한 보급 및 지원을 포함한 관리·통제가 필요할 것이고, 그 방법은 역시 원활한 교통로가 우선적으로 확보되어야 할 것이다. 신라의 하슬라 진출과 경영을 올바르게 이해하려면 이 부분을 규명할 필요가 있다. 군대의 이동과 같은 경우는 '육로'가 험준하여도 당연히 이루어졌을 것으로 추정된다. 문제는 '해로' 즉 바닷길이 경주와 그 인근의 항구에서 강릉을 비롯한 동해 중부 지역까지 활성화 되었느냐 하는 점이다. 이러한 관점에서 최근에 발견된 강릉 경포호 강문동 신라토성은 하슬라 중심지에 위치하고 있어 그 의미가 매우 크다. 더구나 토성에서 출토된 신라토기의 중심 연대가 5세기 4/4분기~6세기 1/4분기인 까닭에 하슬라군주 이사부의 울릉도 정벌 시기와 일치하여 관심의 대상이 되고 있다.35) 필자는 이 문제와 별개로, 이 토성의 입지가 신라의 동해안 연안항해 운영과 거점 선정에 중요한 시사점을 준다는 점에 가치를 두고 싶다. 이것은 곧, 신라가 강릉 지역에 진출하게 되는 역사적 배경과 경영 과정을 해석하는 데에도 이 토성의 입지가 크게 기여할 수 있다는 의미이기도 하다.

---

35) 국강고고학연구소, 2012.8.30, 「강릉 경포대 현대호텔 신축부지내 유적(삼국시대 신라토성)」, 현장설명회 자료 ; 2013.2.15, 「강릉 경포대 현대호텔 신축부지내 유적(삼국시대 신라토성)」, 현장설명회 자료.

그러나 현재의 사료와 고고자료로는 신라가 동해안에서 바다를 무대로 활동하는 상황을 파악하기가 매우 어렵다. 이러한 점을 감안할 때 광범위한 자료의 수집이 필요하다. 그러므로 이 글에서는 먼저 사료를 통해 신라의 해상 활동을 검토해 보겠다. 이후 자연지리·지형적인 상황은 크게 변하지 않으므로 신라시대의 항구 입지와 동해안 연안의 실상을 조선시대의 상황을 통해서 비추어 보고자 한다. 나아가 이를 바탕으로 당시 신라의 동해안 연안항해 운영은 물론 신라가 하슬라를 주요 거점으로 선정하게 되는 역사적 배경과 조건 등에 대한 필자의 견해를 밝혀보겠다.[36]

먼저, 신라의 해상 활동을 반영하는 사료를 살펴보는 것이 순서이므로 『삼국사기』「신라본기」에서 관련 사료를 적출하고 그 의미를 찾아보면 다음과 같다.

- A-1. (289년) 왜병이 이르렀다는 소문을 듣고 주즙(舟楫)을 수리하고 갑옷과 병기를 수리하였다.[37]

이 기사는 왜병이 온다는 소문에 대응하여 신라가 배[舟楫]를 수리하고 있으므로 신라가 해군으로 맞설 준비 태세를 보여준다는 점에서 의미가 있다. 그렇지만 신라의 해군력은 왜의 본거지인 對馬島 정벌을 계획하다 포기할 정도로 여전히 항해 능력은 부족했고, 자신감도 없었다. 이러한 상황을 다음 사료가 잘 보여주고 있다.

- A-2. (295년) 봄에 왕이 신하들에게 일러 가로되, 왜인이 자주 우리의 성읍을 침범하여 백성들이 편안치 못한지라 내가 백제와 꾀하여 일시에 바다에 들어가 그 나라를 치려고 하나 어떠하냐 하였다. 서불감

---

36) 이 절은 필자의 다음 논문의 Ⅱ장 신라의 해상 활동의 1절 해상 활동 관련 사료, Ⅲ장 동해안 연안 항구 입지의 실상, Ⅳ장 신라의 동해안 연안항해와 하슬라의 일부분임을 밝힌다. 홍영호, 2013, 「신라의 동해안 연안항해와 하슬라-강릉 경포호 강문동 신라토성을 중심으로-」, 『白山學報』95, 白山學會, 137~178쪽.

37) 『三國史記』 卷2, 新羅本紀2 儒禮尼師今 6年.

홍권이 대답하기를 "우리가 수전(水戰)에 익숙하지 못한데 위험을
무릅쓰고 원정한다면 예측 못할 위험이 있을까 두려우며, 하물며
백제는 거짓이 많고 항상 우리나라를 삼키려는 마음이 있으므로 역
시 함께 도모하기 어려울 듯합니다"하매, 왕이 옳다고 하였다.[38]

- A-3. (408년) 2월에 왕이 왜인이 대마도(對馬島)에 군영을 두고 병기와
  군수품을 저축하여 우리를 습격하려 함을 듣고, 우리가 먼저 정병
  (精兵)을 뽑아 그것들을 격파하자고 하니, 서불감 미사품이 가로
  되, "신이 듣건대 병(兵)은 흉기요 싸움은 위험한 일이라 하였으
  며, 하물며 바다를 건너 남을 치다가 만일에 실패하면 후회한들
  미칠 수 있겠습니까. (신의 생각에는) 험한 곳에 관(關)을 설치하고
  적이 오면 이를 막아 침입하여 노략질을 못하게 하고, 우리 쪽에
  유리하면 나아가 적을 사로잡느니만 같지 못하니 이것이 이른바
  남을 유인할지언정 남에게 유인되지 않는다는 것으로서 제일 상
  책입니다."라고 하였다. 왕이 이 말을 따랐다.[39]

이후에도 신라는 다음 기사처럼 전함을 수리하고, 해군력을 강화하고 있
는데, 일반 배를 전투용 배로 활용하였는지를 알 수 없지만, 사료를 존중하
면 전투용 함선이 있었다는 점에 의미를 둘 만하다.

- A-4. (467년) 봄에 (왕)이 유사(有司)를 명하여 전함(戰艦)을 수리하게
  하였다.[40]

그런데 이후 지증왕 6년(505년)에는 水運이나 海運과 관련한 여러 제
도를 마련하였는데, 다음 기사를 주목할 필요가 있다.

- A-5. (505년) 처음으로 소사(所司)에 명하여 얼음을 저장하게 하고, 주
  즙의 이로움(舟楫之利)을 제정하였다.[41]

---

38) 『三國史記』 卷2, 新羅本紀2 儒禮尼師今 12年.
39) 『三國史記』 卷3, 新羅本紀3 實聖尼師今 7年.
40) 『三國史記』 卷3, 新羅本紀3 慈悲麻立干 10年.

이것은 그만큼 신라가 국가 경영에 수운·해운·해군력을 활용할 정도로 자신감을 갖고 있고, 해양에서의 안전도 확보한 것으로 인정되기 때문이다. 『삼국사기』 신라본기에서는 박혁거세 8년부터 침입하던 왜가 소지왕 22년 (500)을 마지막으로 전혀 보이지 않는다. 공교롭게도 이 기사의 직후에 선박 활동의 이로움[舟楫之利]을 제도화 하였으므로 신라의 동해안 해상권 장악을 시사할 가능성도 있다.[42] 해운·해상 능력에 자신이 있고, 해상권을 장악하고 있기 때문에 국가 경영에서 해운·해군력을 효과적으로 활용할 생각을 하는 것이다. 나아가 이러한 자신감을 바탕으로 이사부는 지증마립 간 13년(512)에 울릉도를 정벌[43]하는 것이다.

이후에도 신라는 해상 활동 능력을 강화시키는 제도 정비를 하게 되는데, 사료를 보면 진평왕 5년에 병부(兵部)에 소속된 기관으로 선부서(船府署)를 설치하여 선박을 포함한 수군을 지휘·감독하는 중앙 정부 기구를 만들고, 그 후 점차 병부로부터 선부서가 완전히 독립하고 있다.[44]

41) 『三國史記』 卷4, 新羅本紀4 智證麻立干 6年.

42) 권덕영은 왜의 신라 침입 기사가 소지마립간 22년(500)을 마지막으로 전혀 보이지 않는 배경으로 일본 열도의 내부 사정 또는 『三國史記』 기록의 성격과도 관련이 없지 않겠지만, 신라의 동해 진출을 통한 해상권의 장악과 더 밀접한 관련이 있을 것으로 보았다(權悳永, 1999, 「三國時代 新羅의 海洋進出과 國家發展」, 『STRATEGY』21, 제2권 제2호, 한국해양전략연구소, 211쪽). 그리고 사료 상으로 자비마립간 6년(463) 왜인이 자주 강역을 침구하므로 연변에 두 개의 성을 쌓고(『三國史記』 卷3, 新羅本紀3 慈悲麻立干 6年 2月), 소지마립간 15년 (493) 임해진과 장령진의 설치(『三國史記』 卷3, 新羅本紀3 炤知麻立干 15年) 등 연변 방어를 강화한 점도 기여하였다고 생각된다. 고려말~조선초의 사례로 보건대 육군력만으로는 바다로부터 오는 적을 막는데 한계가 있다. 그러므로 왜의 침입이 없어질 정도로 신라의 해군력이 발전했음을 보여준 결과라는 해석도 가능하겠다.

43) 『三國史記』 卷4, 新羅本紀4 智證麻立干 13年 夏六月條 및 『三國史記』 卷 44(列傳 4) 異斯夫條 참조. 『三國遺事』1, 紀異篇 智哲老王條.

44) 權悳永, 1999, 「南北國時代 新羅 횡해경영의 기반」, 『史學硏究』58·59합집, 韓國史學會, 341~342쪽. 관련 사료는 다음과 같다. 『三國史記』 卷4, 新羅本紀4 眞平王 5年 "春正月, 始置船府署 大監·弟監 各一員" ; 『三國史記』 卷7, 新羅本紀7 文武王 18年 "春正月 置船府令一員, 掌船楫事 …" ; 『三國史記』

사료를 중심으로 지금까지 살핀 바를 정리하면, 신라의 해상 활동 능력
은 초기 기사에 나타난 바와 같이 왜의 침입에 대응하는 신라의 움직임을
통해 어느 정도 파악이 가능하다. 이 때 왜의 실체에 대해서는 논란이 있
지만[45] 위 기사의 내용으로 보아 바다로부터 침입하는 왜임을 알려주며,
왜의 군영이 대마도에 있다고 하는 기사가 있으므로 신라에 침입하는 상당
수의 왜(병)가 바다로부터 침입한 것은 분명하다. 특히, 왜는 바다를 통해
신속하게 침공해 왔으므로 신라가 미리 감지하여 대비하기가 어려웠고, 그
결과 수차례에 걸쳐 신라 왕성이 그들에게 함락될 위기도 겪게 되었다.[46]
문제는 이들 기사 가운데 바다를 건너 왜의 본거지를 공격하려는 의견이
결국 무산된다는 점에서 이 시기 신라 해군력의 한계가 분명히 드러나고
있다. 그러나 이후 신라 해군력은 이사부의 우산국(지금의 울릉도) 정벌로
볼 때 급격히 발전하는 양상을 추정해 볼 수 있다. 울릉도까지의 항해는
동해의 험난한 파도와 먼 거리를 고려할 때,[47] 조선술과 항해술의 뒷받침
하에 해군력과 전함의 능력이 크게 발전했던 것으로 생각할 수 있기 때문
이다.

卷38, 雜志7 職官(上) "船府, 舊以兵部大監·弟監, 掌舟楫之事, 文武王十八年
別置, 景德王改爲利濟府, 惠恭王復故, 令一人 位自大阿湌至角干爲之, 卿二
人, 文武王三年置, 神文王八年加一人 …"

45) 왜의 실체에 대한 연구 및 비판적 검토 현황은 다음 논문을 참조. 金東椿, 1989,
「『三國史記』「新羅本紀」에 나타난 倭의 實體에 대하여」, 『忠南史學』4, 충남대
학교 사학회 ; 金澤均, 1990. 「『三國史記』新羅의 對倭關係記事 分析」, 『江原
史學』6, 강원대학교 사학회 ; 이강래, 2004, 「『삼국사기』의 왜 인식-신라사의 경
험을 토대로-」, 『韓國思想史學』22, 韓國思想史學會. 당시 倭의 造船 및 航海
능력, 교역 체제는 다음 글을 참조. 禹在柄, 2002, 「4~5世紀 倭에서 加耶·百濟
로의 交易루트와 古代航路」, 『湖西考古學』6·7합집 ; 禹在柄, 2009, 「5~6世紀
百濟·加耶·倭 사이의 廣域交易體系 再編과 그 背景」, 『先史와 古代』31.

46) 주지하다시피 광개토대왕의 庚子年 出兵(신라구원전)도 동일한 역사적 배경에서
이루어진 것이다.

47) 『三國遺事』1 智哲老王條에 의하면, 하슬라주에서 于陵島(우산국)까지는 순풍을
받고 항해하면 2일이 걸린다고 하였다. 순풍이라는 바람을 표현한 것으로 보아
돛이 있는 배로 항해하였다고 볼 수 있다.

그러면 신라 해군력이 언제부터 향상되었다고 인정할 수 있을까? 다음 기사가 주목된다.

● A-6. (415년) 8월 왜인과 풍도(風島)에서 싸워 이겼다.[48]

박혁거세 8년(기원전 50년) 이래 왜의 침입이 수십 차례가 계속되지만,[49] 신라는 대부분 육지와 연안 해변에서 방어 및 반격을 하고 있다. 그런데 이 기사는 그 내용으로 보아 풍도라는 섬, 즉 바다에서 물리친 것으로 보인다.[50] 왜냐하면 그 직전 기사인 실성왕 7년(408) 대마도를 정벌하려고 계획하는 것으로 보건대 어느 정도 해전에 대한 준비가 되어 있었다고 볼 수 있기 때문이다. 그 연장선상에서 풍도 전투는 신라가 바다에서 왜를 물리치려고 시도한 해상 전투로 보이며, 이 전투를 승리하면서 신라로서는 해군 및 전함의 필요성과 해전에서의 자신감을 얻었을 것이다. 이 계기를 통해 신라는 적어도 연안항해에 대한 자신감을 갖기 시작하였고, 눌지왕대 박제상을 통해 복호를 구출할 수도 있었던 것으로 보인다. 또한 자비마립간 10년(467) 전함을 수리한 기사도 주목된다. 전투용 배가 존재한다는 점에서 신라 해군의 해상 활동이 본격적으로 이루어지고 있음을 알 수 있다. 이러한 해군의 전투력 강화와 자신감을 바탕으로 해상권을 장악하였기 때문에 해운·수운을 제도화하여 국가 경영에 활용할 수 있었던 것이다. 이사부의 울릉도 정벌(512) 역시 이러한 해상 활동 능력의 발전이

---

48) 『三國史記』卷3, 新羅本紀3 實聖尼師今 14年.
49) 왜의 신라 침구회수에 관해서는 여러 가지 설이 있다. 신형식은 왜와 신라와의 관계 기사는 모두 67회이며, 그 가운데 침범 기사는 34회라고 한다. 그리고 그 침구시기가 3~6월이라는 점을 들어 침구목적은 정치적·영토적 목적이 아니라 식량약탈을 위한 해적 행위에 불과한 것이라고 결론지었다(신형식, 1983, 「삼국시대 전쟁의 정치적 의미-『삼국사기』전쟁기록의 종합적 검토-」, 『韓國史研究』 43, 10~11쪽).
50) 이보다 빠른 海戰 기사를 굳이 찾으면 다음 기사도 섬이 등장하므로 가능성이 있다. 『三國史記』卷1, 新羅本紀1 脫解尼師今 17年 "倭人侵木出島 王遣角干 羽烏禦之 不克 羽烏死之"

있었기 때문에 가능했다고 평가할 수 있다.

　다음, 동해안에서의 바닷길 이용과 관련하여 생각해 볼 문제는 적합한
항구이다. 배들이 항해를 하다가 보급 및 휴식을 위한 중간 기착지가 필요
하고, 정벌과 같은 군사적 목적을 달성하기 위하여 정박하여 준비하고 대
기하는 장소가 필요하기 때문이다. 그런데 주지하다시피 동해안은 곳곳에
암석해안으로 인한 해안절벽과 단조로운 사빈해안의 발달로 남해안이나
서해안과 달리 섬과 만이 발달하지 않은 까닭에 항구의 발달이 미약하다.
사료상으로도 신라·통일신라시대의 해양활동 내용을 중부 동해안에서는
전혀 찾을 수 없어 당시의 상황을 파악할 수 없다.[51]

　그러나 자연지리·지형은 크게 변하지 않으므로 조선시대의 상황을 통해
신라시대 연안 항구의 실상을 이해하는 시도를 하겠다. 강원도 동해안에서
(군사)항구로 적합한 지역을 파악하기 위하여 조선시대의 군선정박처인
포진(浦鎭)을 살펴보면 다음과 같다〈표 17 및 18〉.

<표 17〉『世宗實錄地理志』 강원도 水軍萬戶守禦處

구분	軍船數	船軍數	군선종류	현재 지역
越松浦 (平海東)	1척	70명	其他船	평해
束草浦 (襄陽北)	3척	210명	〃	속초
江浦口 (高城南)	3척	196명	〃	고성(북한)
三陟浦 (府　東)	4척	245명	〃	삼척
守山浦 (蔚珍南)	3척	191명	〃	울진
連谷浦 (縣　東)	3척	191명	〃	강릉 연곡

---

51) 최근에 고고학적 발굴조사를 통해 가야의 경우 김해 봉황동유적을 비롯하여 나
　루 유적들이 보고되었고, 신라의 경우는 울산 반구동유적을 통일신라시대의 나루
　유적으로 보고 있다. 울산이 경주로 들어가는 주요 해상관문 중에 하나이므로 삼
　국시대에도 활용되었을 가능성이 높다. 신라의 연안항해와 관련하여 참고가 된다.

〈표 18〉 『經國大典』 兵典 강원도 諸道兵船 현황

구분	大猛船	中猛船	小猛船	無軍小猛船	현재 지역
三陟浦	·	·	4	·	삼척
蔚珍浦	·	·	3	2	울진
高城浦	·	·	3	·	고성(북한)
越松浦	·	·	2		울진 평해
安仁浦	·	·	2		강릉 안인

이들 수군포진을 보면, 시기에 따라 다소 변화가 있음을 알 수 있다. 즉 월송포·강포구(고성포)·삼척포·수산포(울진포)는 변화가 없으나, 속초포와 연곡포가 없어지고 안인포가 수군포진이 되고 있다. 이로 보아 기본적으로 강원도 동해안에서 (군사)항구의 기능을 할 수 있는 곳들이 월송포, 속초포, 강포구(고성포), 삼척포, 수산포(울진포), 연곡포, 안인포 등임을 알 수 있다. 이후에도 성종 23년(1492)에는 강릉 안인포의 수로(水路)가 돌에 막혀 양양 대포(大浦)로 옮기고 있다.[52] 이러한 이동의 원인이 설명되어야 하겠다.

조선초기 강원도 동해안의 수군포진의 문제점은 『朝鮮王朝實錄』에 다음과 같이 잘 나타나 있다.

● B-1. 강원도 관찰사 이맹상(李孟常)에게 유시(諭示)하기를, … 중략 … 이 도(道) 각 포(浦)의 포구(浦口)는 모래로 막혀진 것이 이미 오래 되었습니다. 그러므로 비록 왜구가 온다 할지라도 병선이 바다로 나갈 길이 없을 뿐더러 … 중략 … 또 듣건대, 포구가 좁아서 선체(船體)가 큰 배는 드나들기가 어렵다고 하니, 그 도(道)의 병선은 선체를 작게 만들어 드나들기에 편리하게 하여 적변(賊變)에 대응하는 것이 어떻겠는가. 모름지기 여러 옛 노인들에게 물어서 아뢰라." 하였다[53]

---

52) 『成宗實錄』卷261, 成宗 23年(1492) 1月 8日(己卯).
53) 『世宗實錄』卷105, 世宗 26年(1444) 7月 20日(丁卯).

- B-2. 처음에 전 중추원부사 유수강(柳守剛)이 상서하여 말하기를, "신이 일찍이 강릉부사로 재임하였으므로 영동의 방어하는 일에는 귀로 듣고 눈으로 보았으니, 삼가 조목별로 진술하겠습니다. … 중략 … 1. 강릉 연곡포의 해구(海口)는 물이 얕아서 돌이 노출되고, 그 나머지 여러 포의 해구도 또한 모두 모래가 메어져 언덕을 이루었으니, 혹시 사변이 있으면 병선이 바다에 나와서 적에게 응전하기가 어려울 것입니다. 강릉의 안인포는 안이 깊고 넓어서 병선을 많이 정박시킬 수가 있으며, 또 거리가 10여리 땅에 있고, 인민이 조밀하게 거주하므로 …하략 ….54)

- B-3. 병조에서 도체찰사 한명회(韓明澮)의 계본에 의거하여 아뢰기를, "강원도 산성포(山城浦)는 즉 포구(浦口)에 모래가 메워져서 배가 드나들 수 없고 정박(定泊)하기가 어려우며, 연곡포(連谷浦)는 포구에 암석이 많아서 역시 배를 정박시키기가 어려우니 만호(萬戶)를 두기가 마땅치 못하고, … 하략 ….55)

- B-4. 강원도 관찰사 김여석(金礪石)이 치계하기를, "금번 8월 초3일에 삼척부(三陟府) 지역에 큰 바람이 불고 큰 비가 와서 큰 물이 지고 산이 무너져서 거주하던 백성 11명이 압사(壓死)했으며, 삼척포(三陟浦)에는 병선(兵船) 1척이 물에 떠내려가서 수군(水軍) 5명이 빠져서 죽고 인가(人家) 16호(戶)가 물에 떠내려 갔습니다. … 하략 ….56)

- B-5. 경연(經筵)에 나아갔다. 강(講)하기를 마치자, 시독관(侍讀官) 강겸(姜謙)이 아뢰기를, "신이 강원도(江原道) 만호(萬戶)의 영(營)을 보니, 무릇 5개소인데, … 중략 … 본도의 만호의 영(營)이 모두 큰 바닷가에 있고 육지의 물이 흘러 들어가는 곳에 바닷물결이 부딪치기 때문에 냇물이 막혀 그 영을 번번이 옮겼습니다. 곧 연곡포(連谷浦)의 영을 안인포(安仁浦)로 옮겼다가 또 대포(大浦)로 옮긴 것과 같은 것이니, 비록 백성들을 수고롭게 하여 성을 쌓아도 끝내는 무익(無益)하게 되고 맙니다. … 중략 … 안인포의 수로는 돌에 막혔

---

54) 『世祖實錄』卷7, 世祖 3年(1457) 4月 16日(己酉).
55) 『世祖實錄』卷29, 世祖 8年(1462) 9月 14日(乙巳).
56) 『成宗實錄』卷256, 成宗 22年(1491) 8月 13日(丁巳).

기 때문에 이제 대포로 옮긴 것이며 … 하략 ….57)

위의 사료에서처럼 조선시대에 강원도 동해안의 수군만호정박처는 강물과 바닷물이 부딪치는 포구에 모래톱이 만들어져 배가 출입하는 데에 많은 문제가 있었기 때문에 연곡포→안인포→대포 순으로 옮기듯이 자주 이동되고 있다.58) 여기에 B-4 기사로 보아 태풍철 같은 경우 동고서저(東高西底)라는 태백산맥의 지형적 특성상 많은 물이 빠르게 밀려오므로 강의 하구를 항구로 이용할 경우 배의 피항과 안정적인 관리에도 어려움이 있음을 알 수 있다. 그렇다고 모래 해안에 배를 올려놓는 경우도 풍랑이 심하고 해일 등을 생각하면 그다지 안전에 효과적이지 않다.

그런데 지금까지 동해안의 수군포진을 연구하면서 간과한 매우 중요한 사료들이 있다.

● C-1. 강원도 감사가 계(啓)하기를,
　　 "도내(道內)의 향포(香浦)에 있는 병선을 연곡포(連谷浦)로 옮겨 정박시키기를 청합니다." 라고 하니, 그대로 따랐다.59)

'향포(香浦)'는 지금의 강릉 주문진에 있는 석호인 '향호(香湖)'로 볼 수 있다. 왜냐하면 향포에 있던 병선이 바로 이웃한 연곡천 하구의 연곡포로

---

57) 『成宗實錄』卷261, 成宗 23年(1492) 1月 8日(己卯).

58) 『朝鮮王朝實錄』에는 세종 4년(1422)에 襄陽 境內 山城浦萬戶가 보이고, 세조 3년(1457)에 連谷浦와 三陟浦를 혁파하고 安仁浦에 합치자는 기사가 등장한다. 그 후 세조 8년(1462)에 山城浦와 連谷浦가 다시 나오면서 山城萬戶, 連谷萬戶를 없애고 울진·삼척에 만호를 두자고 하였다. 세조 13년(1467)에 안인포를 혁파하고, 연곡포·양양포에 다시 만호를 설치하였고, 세조 14년(1468)에는 연곡포·양양포를 혁파하고 다시 안인포 만호를 설치하였다. 이로 보아 수시로 정박처가 바뀌지만, 새로운 정박처라기보다는 기존에 사용하던 정박처를 반복해서 사용하고 있음이 주목된다. 결국 강원도 동해안에서 자연적인 양구도서의 입지는 그나마 이들 지역이 가장 유리했던 것이다.

59) 『世宗實錄』卷21, 世宗 5年(1423) 7月 20日(戊戌) 江原道監司啓: "道內香浦兵船, 請移泊于連谷浦." 從之.

옮겨 정박했다는 의미이기 때문이다.

그리고 다음 사료도 주목된다.

- C-2. 호조에서 계(啓)하기를,

"강원도 영동(嶺東) 각 포구의 선군(船軍)은 다른 부역도 별로 없고 또 병영(兵營)에 딸린 밭도 없사오니, 쌍성포(雙城浦)와 삼척포(三陟浦) 등 철을 생산하는 곳에 선군을 시켜 모래를 일어서 철을 생산하게 하고, … 중략 …."하니, 그대로 따랐다.[60]

위 기사의 '쌍성포(雙城浦)'는 다음 사료와 자료로 볼 때 조선시대의 양양도호부에 속하였던 지금의 속초 '청초호(靑草湖)'임이 틀림없다.[61]

- C-3. 雙城湖,… 예전에 萬戶營을 설치하여 병선을 정박하였으나 지금은 폐하였다.[62]
- C-4. 靑草湖, 고려 때 萬戶營을 설치하고 병선을 정박하였다가 혁파되었는데 다시 바뀌지 않았다.[63]
- C-5. 청초-호(靑草湖) 〔쌍성호, 진성호〕【호수】 속초, 논산, 은정, 부월의 4개리에 걸쳐 있는 둘레 5km되는 큰 호수. 술 단지처럼 생겼는데, 어귀 쪽은 동해 바다에 잇대어 있어서 이조 때 수군만호영(水軍萬戶營)을 두고 병선(兵船)을 정박시킨 일도 있으며, ….[64]

이로 보아 수군만호의 정박지인 향포(香浦), 쌍성포(雙城浦)는 각각 지금의 강릉 주문진의 향호(香湖), 속초시 청초호(靑草湖)인 '석호(潟湖)'였

---

60) 『世宗實錄』卷28, 世宗 7年(1425) 4月 26日(乙丑).
61) 쌍성포(세종 7년 기사)와 산성포(세종 4년 및 세조 8년 기사)가 동일한 곳인지는 알 수 없다.
62) 『新增東國輿地勝覽』卷44, 襄陽都護府 山川條 "雙城湖, 在府北四十里杆城郡界周數十里湖之形勝于於永郞湖昔置萬戶營泊兵船今廢…"
63) 『大東地志』卷16, 襄陽 鎭堡條 〔革廢〕"高麗置萬戶營泊兵船其革罷未改"
64) 한글학회, 1967, 『한국지명총람2』(강원편), 속초시 (一. 산천), 171쪽.

던 것이다.

강원도의 병선이 석호에 정박하였음을 보여주는 결정적인 단서 역시 실록의 기사에서 찾을 수 있다. 예종 1년에 공조판서 양성지(梁誠之)가 상소한 내용 가운데 강원도 동해안의 선군(船軍)에 관하여 다음과 같이 나온다.

● C-6. 신이 그윽이 보건대, <u>강원도(江原道)의 병선(兵船)은 고성(高城)·삼척(三陟)의 포구 이외에는 강릉(江陵)·간성(杆城)과 같이 모두 **못(池)** 가운데에 두었으니</u>, … 중략 … . 바라오니, 대신(大臣)에게 명하여 친히 편부(便否)를 살펴서 폐지하거나 설치하면 매우 다행이겠습니다.[65]

위 기사로 보아 지금의 강릉과 간성 등의 '못(池)', 즉 '석호'가 정박처로 이용되었음을 알 수 있다. 그러므로 향포(香浦)나 쌍성포(雙城浦) 역시 석호임이 분명하다. 그러면 왜 석호가 조선시대 초기에 정박지로 이용되었을까? 아무래도 해안사주가 방파제 역할을 하여 배의 피항과 안전한 관리에 매우 유리하기 때문일 것이다. 사실 해안사주가 석호를 만의 형태로 감싸기 때문에 출입부만 관리가 된다면 자연지형적으로 매우 유리하다.

하지만 문제도 있다. 앞에서 살펴보았듯이 포구에 모래톱이 발달하여 출입하기 어려운 점이 있는 것이다. 기본적으로 너무 큰 배이면 석호에 정박하기도 어렵고, 바다로 출입하기도 어려우므로 작은 배이어야만 할 것이다. 강원도의 병선은 선체를 작게 만들어 드나들기에 편리하게 하여 적변(賊變)에 대응하라는 세종 26년의 기사(B-1) 내용도 석호와의 관련성이 있을 듯하다. 이를 뒷받침하는 아주 좋은 자료가 조선초기 수군 전함의 배치 상황이다. 『세종실록지리지』에 나타난 군선(軍船)을 관할, 정박처, 군선 종류에 따른 군선수, 선군수 별로 집계할 수 있는데,[66] 여기에서 강원도

---

65) 『睿宗實錄』卷6, 睿宗 1年(1469) 6月 29日(辛巳).
66) 金在瑾, 1976, 「朝鮮初期 軍船 考」, 『학술원논문집』15(인문사회과학편), 대한민국학술원, 90~92쪽 표3 「世宗實錄地理志의 軍船」 참조.

동해안은 기타선(其他船)만 배치되어 있다. 기타선은 일반선(一般船)을 군용(軍用)으로 이용한 것으로 추정된다.[67] 그런데 강원도 동해안에 배치된 포진별 군선의 숫자와 선군수를 나누어보면, 선군의 인원은 1척당 60~70명 정도이다〈표 1 참조〉. 조선시대의 법전인 『經國大典』의 兵典 諸道兵船條에는 군선을 대맹선·중맹선·소맹선으로 구분하고 정원을 각각 80명, 60명, 30명으로 규정하고 있다. 이와 비교하면, 중맹선에 해당하는 숫자인데, 다음과 같은 사료로 보건대 의문이 생긴다.

● D-1. … 강원도 관찰사 안윤손(安潤孫)이 치계하기를, "<u>본도 연해변 각 고을의 소맹선(小猛船)</u>이 선체가 둔하여 해양에서 쓸 수 없고, 浦에 있는 군사로서 활을 잡은 자는 2~3인에 불과하여 방어하기 더욱 어렵습니다. 요해처에는 모름지기 육군을 써서 나누어 戍자리하여 방호하여야 합니다. 청컨대 강릉에 세 곳, 평해·울진·삼척·양양·간성·고성·통천에 각각 두 곳, 흡곡에 한 곳을 설치하여, 험한 곳에는 녹각성을 설치하고, 평지에는 목책을 설치하여 도내의 군사를 왜구가 그칠 때까지 상번을 덜어다가 방호하고 ….[68]

위의 사료에 의하면 강원도 동해안에는 소맹선만 배치한 것으로 보인다.[69] 『경국대전』의 각 도별(道別)·관별(官別) 병선 종류별 배치 현황에도 강원도 지역은 소맹선(小猛船)과 무군소맹선(無軍小猛船)만 있다. 그렇다면 『세종실록지리지』의 강원도 동해안의 군선 현황과 포진별 선군 숫자는 선군(船軍)이 二交替制[70]라는 점을 고려한 인원일 가능성이 높다.

---

67) 金在瑾, 1976, 위의 논문, 93쪽.
68) 『中宗實錄』卷11, 中宗 5年(1510) 5月 9日(癸亥).
69) 『世宗實錄地理志』의 中船은 단종조의 小船과 동일한 크기라고 보아야 하겠고, 따라서 지리지의 大船·中大船·中船은 단종 때에는 大船·中船·小船으로 발전되었고, 이 크기가 大·中·小猛船과 거의 동일한 것으로 볼 수 있다(金在瑾, 1976, 앞의 논문, 112쪽).
70) 『太祖實錄』卷1, 太祖 元年 7月 丁未 및 卷15 太祖 7年 9月 甲申條에 水軍의 輪番遞騎, 二番輪番更代를 규정하고 있다.

사료에서처럼 강원도 동해안에는 소맹선을 배치한 것이 옳은 것이다.

즉 그다지 크지 않은 배를 군선(軍船)으로 운용하므로 석호를 활용할 수 있는 것이다. 이렇게 보면 함길도(현 함경도)의 정박처 가운데 北淸府 長者池도 주목된다. 長者池는 그 용어상 장자못 전설[71]과 연결시킬 수 있으므로 연못인데, 바다에서 군선이 드나들 수 있는 연못이라면 당연히 석호로 볼 수 있다. 더구나 『세종실록지리지』의 북청부 長者池에는 병선(兵船) 4척이 있는데 선군(船軍)의 인원수는 67명뿐으로 배의 크기가 작음을 알 수 있다.

그렇다면 과연 석호에서 일반적인 보통 배[어선]가 뜰 수 있는가 하는 문제가 남는다. 이와 관련하여 다음의 사료가 주목된다.

> ● D-2. 강릉부 북쪽 10리 되는 곳에 있으며, … 중략 … 경포에는 옛날부터 유람선이 없었으므로 매번 사신이 내려올 때마다 강문 나루에 매어둔 배를 끌어올려 사용하니 어민에게 피해가 컸었다. 영조 정미년(1727)에 부사 김정이 관선(官船)을 처음 건조하고 배 위에다 널판지로 된 집 두 칸을 세웠다. … 하략 …[72]

이로 보아 일반 어선이 석호에 정박하는 것이 가능함을 알 수 있다. 이와 관련하여 배의 밑 모양도 석호를 출입하려면 아무래도 첨저선보다는 평저선이 유리할 것이다.[73] 지금도 강원도 동해안의 석호 가운데 경포호에

---

71) 시주승을 시아버지는 내쫓고 며느리가 시주를 하자 시주승이 홍수가 나니 빨리 떠나라고 하고 절대 뒤를 돌아보지 말라고 하였는데, 며느리가 떠나다가 뒤를 돌아보게 되고 그 자리에서 돌이 되었다는 전설로 우리나라 곳곳에 있는 큰 못이나 석호에서 채록된다.

72) 『增修臨瀛誌』樓亭, "鏡浦臺, 在府北十里 … 중략 … 鏡浦古無遊船 每當槎星之來 曳上津船 海漢以爲苦 丁未金侯 做 始造官船建板屋二間於船上 … 하략 …" 그밖에 위의 책 府先生宰 郭趧(1580~1583) 밋 洪慶臣(1615~1618) 條에 각각 경포(호)에 亭子船, 遊覽船을 건조한 기록이 있다.

73) 한강의 하류지역은 수심이 깊어 배의 바닥 형태가 'V'자형이고, 상류지역은 수심이 얕고 돌자갈이 많으므로 배의 바닥 형태가 'ㄴ'자형이다(문화재관리국, 1977,

서 바다로 나가는 강문천은 어선들이 정박하고 있다. 청초호 역시 어선은
물론이고 유람선도 들어와 정박하고 있다. 따라서 소맹선 정도의 규모로
30명 이하 정도의 승선 인원의 배는 석호를 피항지이자 정박지로 활용했
을 가능성이 충분하다고 하겠다.

지금까지 강릉 지역에서는 신라고분이 풍부하게 조사된 바에 비하여, 신
라의 (산)성 유적이 조사되지 않았던 까닭에 신라의 동해안 진출과 경영
에 대한 해석을 시도하는데 어려움이 있었다. 그러므로 최근에 강릉 경포
호 강문동에서 발굴조사된 신라토성은 신라사적으로 의의가 매우 크다고
하겠다. 특히, 신라가 강릉을 개척한 역사적 배경과 경로, 경영 과정 등을
해석하는데, 매우 중요한 실증적인 고고자료로 활용될 수 있다. 왜냐하면
이 토성의 입지가 해변의 곶과 사실상 동일하여 해안절벽 위의 산성(토
성)에서 볼 때 바다를 향한 조망이 매우 유리하고, 석호인 경포호와 출입
로인 강문천에 대한 조망도 매우 좋아 그 입지는 해양 활동을 고려한 선택
으로 보이기 때문이다. 강문동 신라토성이 석호와 하구를 통제한다는 점에
서 신라가 해로를 활용하였음을 실증적으로 반영하며, 하슬라(강릉)에 신
라토성이 존재한다는 점에서 하슬라 城主의 성격이 재지세력이라기보다는
중앙세력일 가능성을 더 높여주는 자료라 할 수 있다.

사실 포항·홍해 이북에서 강릉까지 오는 육로를 감안하면, 당연히 초기
신라고분군들이 영덕 및 영해, 울진, 삼척 지역에도 분포해야 하는데, 현재
까지의 고고학적 성과는 이러한 양상을 보여주지 않고 있다. 무엇인가 다
른 해석이 필요한 것이다. 그렇다면 해로를 통한 연안항해가 이루어졌기
때문에 고고자료의 양상에서 강릉 지역만 일찍부터 탁월하게 신라화 양상
을 보여주었던 것으로 추정할 수 있겠다.[74] 바로 이 점에서 석호를 주목

「造船技能」, 『무형문화재조사보고서』제22집 제199호, 124, 134쪽 : 최근식,
2005, 『신라 해양사 연구』, 고려대 출판부, 91~92쪽에서 재인용). 석호의 출입
부가 한강의 상류지역과 유사한 조건이므로 참고가 된다.

74) 안현동 고분군의 목곽묘 단계에서 동래 복천동식 고배들과 유개파수부대부직구호
등이 다수 출토되었고, 하시동 西1호분 출토 고배가 동래 복천동 1호분 출토 고

할 필요가 있다. 왜냐하면 석호의 분포 지역과 초기신라고분군의 분포 입지가 서로 일치하고 있어 상관성이 있다고 생각되기 때문이다. 즉 중부 동해안에서 석호는 강원도 강릉부터 함경도 해안에 걸쳐 분포하는데, 강릉지역의 경우 풍호(楓湖)-하시동 고분군, 경포호(鏡浦湖)-초당동·안현동 고분군처럼 주요 초기신라고분군이 석호와 세트 관계에 있고, 강릉 북쪽의 양양군 현남면(통일신라시대 명주 영현 洞山縣임) 포매호(浦梅湖)에도 풍호와 경포호의 신라고분군보다 시기가 다소 늦지만 후포매리 고분군과 후포매리 신라산성이 있다. 반면 석호가 없는 강릉 남쪽 지역인 삼척, 울진, 영덕 등에서는 초기신라고분이 조사되지 않고 있다.

또한 강릉 경포호 강문동 신라토성의 존재는 신라의 동해안 연안항해와 관련하여 강릉 경포호 지역이 정박지였고, 당시 석호가 주요 정박지로 활용되었음을 말해준다. 그리고 강문동 철기시대 유적 출토 하지키(土師器)계 연질광구호,[75] 초당동 출토 오수전(五銖錢)[76]도 남해안의 연안지방과 도서(섬) 지역에서 주로 발견되고 있어[77] 연안항해를 통해 들어온 이입품으로 보인다. 이것은 경포호와 강문동 일대가 이미 三韓時代부터 동해 연안지역의 주요 관문이었음을 시사한다.[78]

배와 동일하며, 강릉 지역의 초기신라고분이 모두 바닷가에 분포하면서, 철기시대 주거지를 파괴하고 신라고분을 축조한 사례가 있다(洪永鎬, 2012(a), 『新羅의 何瑟羅 經營 硏究』, 高麗大 文學博士學位論文, 130~135쪽). 이러한 양상은 연안항해의 결과로 나타난 현상일 가능성이 높다.

75) 江原文化財硏究所, 2004, 『江陵 江門洞 鐵器·新羅時代 住居址』, 學術叢書 19冊, 167~175쪽.

76) 江原文化財硏究所, 2005, 『江陵地域 文化遺蹟 試掘調査 報告書』, 學術叢書 29冊, 98쪽.

77) 崔盛洛, 1993, 『韓國 原三國文化의 硏究-全南地方을 中心으로-』, 學硏文化社, 366쪽. 내륙에서는 경산 임당동A-Ⅰ-74호분에서 오수전이 출토되었다(한국문화재보호재단, 1998, 「A~B지구 고분군」, 『경산 임당유적(Ⅰ)』).

70) 한편, 강릉의 내입 브랜드가 '날랑 징궁'이나. 그만큼 소나무가 많다. 선통시내에 배를 만드는 목재가 소나무인데, 조선시대에 병선을 만들 목재를 보호하기 위하여 감독 관리할 장소로 강원도에서는 강릉부(賓之), 울진현(於勿里·北山·藥師山), 통천군(所山·馬山·叢石汀) 세 지역만 지정되었다(『世宗實錄』 卷121, 世宗

바다는 물론 위험하다. 하지만 날씨가 좋아 바다가 잔잔할 때 연안을 따라 해로를 이용하는 것이 여러 가지 면에서 장점이 있다. 그러한 장점으로는 당연히 육로 교통이 어려운 구간이 있다면, 바닷길을 이용하는 것이 유리할 것이다. 특히, 물자의 수송과 보급 등은 바닷길이 오히려 효율적이라 판단된다.[79) 여기에 매우 중요한 장점이 더 있다. 즉 연안항해는 긴급한 상황에서 활용할 수 있는 잇점이 있는 동시에 육로 이동보다 시간을 단축해야 할 경우에도 필요하며, 완전히 장악하지 못한 변방이나 낯선 지역으로 갈 때 육로보다는 토착민과의 충돌 위험을 피할 수 있다는 점에도 주목할 수 있겠다.

이러한 점에서 복호의 귀환 기사가 주목된다. 박제상이 고구려에 인질로 가 있던 눌지왕의 동생 복호(보해)를 구출하기 위하여 北海之路로 들어가고, 高城의 水口로 돌아와 기다리고 혹은 고성 해변으로 나오고 고구려군이 촉을 뺀 화살을 쏘고 있다.[80) 정황상 박제상과 복호는 위급한 상황에서 바다로 탈출한 것으로 보인다. 신라 역시 복호의 귀환 기사로 보아 동

30年(1448) 8월 27日(庚辰). 이것은 이들 지역이 당연히 배가 드나들 수 있는 항구의 입지가 된다는 것을 말해주는 것이며, 배도 이곳에서 만들었음을 알려준다. 이 사료로 보아 강릉에서 배를 만들었음을 알 수 있기 때문에 『신증동국여지승람』과 『여지도서』에는 강릉에 般谷所가 나오고, 『대동지지』에는 船名所가 나오는데, '般'자가 '船'자의 誤記임을 알 수 있다.

79) 고려시대에 準南道지역이나 南道지역에서 兩界로의 군량 수송은 陸路보다는 海路를 통해 이루어졌다. 원거리 海運을 통해 수송된 軍糧은 주요 浦口에서 하역된 뒤, 다시 陸路를 통해 목적지로 옮겨졌다(한정훈, 2008, 「고려 전기 兩界의 교통로와 운송권역」, 『韓國史硏究』141, 151쪽).

80) 『三國遺事』1 紀異2 奈勿王 金堤上.
"… 堤上簾前受命. 徑趨北海之路. 變服入句麗. 進於寶海所. 共謀逸期. 先以五月十五日. 歸泊於高城水口以待. 期日將至. 寶海稱病. 數日不朝. 乃夜中逃出. 行到高城海濱. 王知之. 使數十人追之. 至高城以及之. 然寶海在句麗. 常施恩於左右. 故其軍士憫傷之. 皆拔箭鏃而射之. 遂免而歸. …"
『三國史記』卷3, 新羅本紀3 訥祗麻立干 2年 "春正月 親謁始祖廟 王弟卜好自高句麗 與堤上奈麻還來 秋 王弟未斯欣自倭國逃還" 그런데 『삼국유사』에서는 눌지왕 9년(425)으로 나오나, 『삼국사기』에는 눌지마립간 2년(418)으로 나오는 차이가 있다.

해 연안항해도 활용하였다고 볼 수 있는 것이다. 사실 강릉 이북에서 고성까지는 지형이 비교적 평탄하여 울진-삼척 구간처럼 험준한 산악 및 암석 절벽이 거의 없다. 이 구간은 육로도 가능하다. 그렇지만 신라에 입장에서는 이 지역이 변경지대[81]라 토착민과의 갈등이나 고구려와의 충돌 등 안전이 보장되기 어렵다. 위급한 상황이나 변방지역을 통과할 때 안전을 보장하기 어렵다면 이러한 구간은 차라리 바닷길이 더 유리할 수 있다. 복호의 귀환 기사가 해로의 장점을 잘 반영하고 있는 것이다.

결국 복호의 귀환 사례나 동해안의 고고자료 양상으로 보아 신라는 동해안을 따라 연안항해를 하였다고 볼 수 있다. 그렇다면 연안항해를 하면서 보급·휴식 등을 위하여 배가 머물 수 있는 중간기항지도 필요할 것이다. 이렇게 보았을 때, 고분군의 분포와 석호와의 상관성, 경포호 신라토성의 입지 등으로 보아 신라는 석호가 있는 지역을 연안항해시의 중간거점 지역으로 선정하였다고 판단된다. 말하자면 신라가 동해안의 연안항해에서 석호를 주요 항구로 활용하였고, 거점을 선정하는 데에도 석호가 있는 지역을 우선적으로 고려한 것으로 볼 수 있다.

사회경제적으로도 석호 일대는 魚貝類 채집과 같은 漁撈活動, 소금 확보, 주변의 농경지 개발이 유리하여 인구 밀집이 가능하다. 이러한 사회경제적 장점과 함께 석호는 항구로서의 잇점을 가진다.[82] 바로 이 점 때문에 신라가 동해안을 개척하면서 석호의 분포 지역을 주요 거점으로 선정하였다고 판단된다.

---

81) 양양 남대천 이북과 고성 지역은 현재 신라고분이 거의 발견되지 않았다. 양양 포월리 농공단지 개발 지역에서 고구려계 관고리가 발견된 석실무덤 정도가 주목된다. 통일신라시대 효소왕대에 國仙 夫禮郞이 北溟에서 狄賊에게 납치된 기사(『三國遺事』 塔像 제4 栢栗寺)도 이 지역이 당시에도 변방지역임을 이해하는 데에 참고가 된다.

82) 석호 일대이 사회경제저인 잇점끠 良港으로서의 중요성은 일반의 시레를 활용하여 이미 제기된 바 있다(崔鍾圭, 1992, 「潟湖文化의 提唱」, 『古代研究』3, 古代研究會, 19~20쪽). 그러나 이 당시는 동해안에서 입증할 만한 고고자료가 많지 않았던 까닭에 관심을 끌지 못하였다.

　그러면 석호가 있는 강원도 동해안 지역에서 왜 강릉이 가장 빨리 신라
화 되었고, 고고자료로도 양과 질에서 우월한지를 설명해야 하는 문제가
남는다. 흔히 포항·흥해 이북의 동해안에서 강릉만큼 넓은 농경지와 경제
적 조건이 좋은 데가 없으므로 신라가 강릉에 일찍 진출하였다고 하지만,
고대 사회에는 주요 교통로와 요충지를 중시한다는 점에서 볼 때, 이러한
논리만으로 쉽게 납득이 되지 않는다. 반대로 보면, 그만큼 토착세력이 많
고, 강할 수 있으므로 토착민과의 충돌의 위험도 높아져 개척하기에 곤란
한 점도 있기 때문이다. 오히려, 이 문제는 현재까지의 고고자료로 볼 때
강릉(양양 현남면·현북면 포함) 이북 지역에는 신라고분군이 거의 조사되
지 않고 있으므로, 강릉 이북지역은 당시 신라의 영향력이 안정적으로 미
치지 못하는 변방 지역으로 해석해야 할 듯하다. 즉 연안항해는 보급·휴식
을 위하여 중간기항지가 필요한 데, 적대적인 세력이 있는 곳을 선택할 수
는 없을 것이므로[83] 신라는 강릉을 가장 적합하고 안정적인 지점으로 판
단하였던 것으로 보인다. 이것은 곧 신라가 강릉을 상당히 빠른 시기에 이
미 신라화 하였기 때문에 중간기항지로 선택하였을 수도 있고, 연안항해의
주요 거점으로 활용하기 위한 목적으로 강릉 지역을 일찍부터 신라화 하였
을 수도 있겠다.

　역사적인 배경으로 설명하면, 신라는 내물왕대를 전후로 하여 고구려와
의 교섭을 위하여 동해안을 따라 황초령을 지나 장진호를 거쳐 당시 고구
려의 수도인 집안으로 가기 위한 교통로가 필요했다.[84] 그리하여 동해안

---

83) 우재병, 2002, 「4~5世紀 倭에서 加耶·百濟로의 交易루트와 古代航路」, 『湖西
　　考古學』6·7 合輯, 192쪽. 이와 관련하여 이른바 '中島式土器文化集團'에 속하는
　　강릉 지역 기층민(토착민)의 문화적 변화와 신라화 과정에 대한 고고학적 연구는
　　다음을 참조. 최종래, 2007, 「江陵 草堂洞古墳群의 造營集團에 대해서」, 『嶺南考
　　古學』42 ; 심재연, 2008, 「江原 嶺東地域 鐵器時代 上限과 下限」, 『동북아문
　　화연구』16 ; 李盛周·姜善旭, 2009, 「草堂洞遺蹟에서 본 江陵地域의 新羅化
　　過程」, 『사적 제490호 강릉 초당동 유적』, 한국문화재조사연구기관협회 ; 朴守榮,
　　2010, 「4~5世紀 嶺東地域의 考古學的 硏究-住居址와 墳墓資料를 中心으로-」,
　　嶺南大 文化人類學科 碩士學位論文.
84) 홍영호, 2010(c), 「『三國史記』 所載 泥河의 위치 비정」, 『韓國史硏究』150.

을 개척하게 되는데, 신라의 입장에서 강릉은 경포호(석호)와 강문천 하구, 남대천 하구 등 연안항해에 매우 유리한 조건을 가졌고, 그 이북은 변방지대로 안전을 보장하기 어려웠으므로 강릉이 고구려와의 교섭을 위한 중간거점의 최적지라고 판단하였던 것이다. 그 판단의 가장 중요한 기준은 역시 연안항해에 유리한 '석호'가 있는 지역이며, 그 가운데 당시 신라의 영향력이 미치는 범위를 고려하여 강릉이 강원도 동해안에서 가장 적합한 요충지로 선정되었다고 하겠다. 동해안에서 강릉 지역이 가장 일찍부터 급속히 신라화 된 것은 이러한 역사적 배경과 지리적 조건, 즉 고구려와의 교섭의 중간거점이자 석호로 인한 연안항해의 최적지였던 점과 깊은 관련이 있다고 판단된다.

3. 하슬라 지역의 사민·이식 양상

신라가 강릉 지역을 對고구려 교섭의 중간거점이자, 동해안 연안항해의 최적지로 선정하였다면 당연히 안전을 도모하고 교류의 지속성을 유지하기 위하여 강릉 지역을 親新羅化할 필요가 있었을 것이다. 그 방법을 생각해보고, 관련된 양상을 찾아볼 필요성이 제기된다. 중요한 요충지라면 당연히 재지세력의 離叛을 막으면서 지역을 장악하고 통제할 수 있어야 하기 때문이다. 이러한 목적을 위해서 신라는 중앙 또는 親新羅 집단을 강릉 지역으로 사민·이주시켰을 가능성이 있다.[85] 다만, 徙民·移住의 양상과 그러한 고분군의 사례를 구별하고 확인하는 것이 관건이다. 당연히 하슬라에도 재

69~70쪽.

85) 최근에 발견된 포항 中城里碑의 내용도 신라 6부의 部別地配를 시사한다(李文基, 2009, 「포항 中城里新羅碑의 발견과 그 의의-「冷水里碑」의 재음미를 겸하여-」, 『韓國古代史研究』56, 5~57쪽). 部別地配와 관련하여 사민·이주(이식)가 추진되었을 가능성도 있겠다.

지세력 즉 기층민이 있었을 것이기 때문이다. 그러나 사민·이주 세력이 점차 신라의 지원하에 재지세력을 압도하였을 것이다. 문제는 이러한 가정을 어떻게 고고자료로 구별할 것이며, 해석할 것인가에 달려 있을 것이다.

강릉 지역 초기고분군 가운데 어느 고분군이 재지집단이고 사민-이주(이식)된 집단인지, 또 그러한 집단들이 어떻게 혼재되어 있는지, 동일 고분군 내에서도 재지집단과 사민-이주(이식)된 집단이 서로 구역을 나누어 분포하는지 등에 대한 논의가 필요한 것이다. 예를 들어 지금까지의 발굴을 통해 드러난 고고자료의 양상을 보면 강릉 초당동 고분군은 신라고분이 선행 주거지를 파괴하고 들어온 반면, 병산동 유적은 철기시대 주거공간과 삼국시대의 신라고분군이 분리되어 있으면서 신라주거지가 철기시대 주거지와 혼재하는 차이점이 나타난다.[86] 그리고 강릉 지역에 중앙인과 중앙군대가 파견되었다면, 이들은 다시 돌아갈 존재이므로 그들의 무덤인 적석목곽묘가 남을 수 없을 것이다. 강릉 지역의 신라고분이 대부분 수혈식 석곽묘인 점에서 신라의 중앙인이 아닌 지방민이 사민·이식되어 만든 묘제일 수도 있고, 아니면 재지민이 수용한 묘제일 수도 있다. 결국 이러한 고고학적 양상의 차이가 신라의 지배 방식의 결과인지를 논증해야 하는 것이다.

더불어 신라의 경우 지방에서 나온 각종 위세품을 일반적으로 재지수장층의 소유로 보는 경향이 있는데, 경계할 필요가 있다는 생각이 든다. 신라의 수도인 경주에서 왕릉급 고분과 많은 고분에서 위세품들이 나오는데, 이러한 위세품을 받은 중앙인(原6부인과 편입6부인)이 지방에 分封 또는 徙民·移植되어 정착할 경우 그들의 신분적 상징인 위세품도 가지고 갔을 것이기 때문이다.[87] 出자형 冠을 예로 들면 경주 고분의 발굴 사례로 보

---

86) 심재연은 병산동유적에서 철기시대의 주거공간과 삼국시대 신라의 매장공간이 분리된 양상은 신라가 재지세력의 기반에 대한 독립적인 인식이 있었고, 신라주거지가 철기시대 주거지와 혼재한 것이 신라의 진출 이후에 자연스러운 동화정책에 기인한 것으로 해석하였다(심재연, 2008, 「江原 嶺東地域 鐵器時代 上限과 下限」, 『동북아문화연구』16, 90쪽). 하지만 철기시대인들이 신라의 물질문화를 수용한 측면도 있을 것이다.

87) 洪永鎬, 2012(a), 『新羅의 何瑟羅 經營 硏究』, 高麗大 文學博士學位論文, 95

아 왕이 아닌 인물도 出자형 冠을 소유하였다고 볼 수 있다. 그렇다면 지
방에서 출토된 出자형 冠은 중앙인이 지방에 분봉 또는 사민·이식된 후
出자형 冠을 받을 수 있고, 出자형 冠을 받은 인물이 지방에 분봉 또는 사
민·이식되었을 수 있는 것이다.

이와 관련하여, 경남 양산 지역의 사례를 주목할 필요가 있다. 양산 지
역에서는 5~6세기대에 조성된 북정리·신기리 고분군의 부부총·금조총·북
정리3호·북정리23호·신기리1호분에서 금동관이 출토되었다. 이들 고분은
위에서 아래로 부부총→금조총→북정리3호→북정리23호분 순으로 분포하
고 있어 가계가 이어짐을 알 수 있다. 그리고 이들 고분의 구조가 수혈계
횡구식묘제이므로 금동관의 소유자는 在地首長으로 인정된다.[88] 그런데
사료에는 이러한 양산 지역에 中央人인 박제상이 歃良州干으로 파견되었
다.[89] 삽량주 '간'의 기능이 양산 지역의 지방관 또는 성주의 역할을 하는
지는 단정할 수 없지만, 금동관을 누대에 걸쳐 받고 있는 재지세력이 있어
도 신라가 필요한 지역인 경우 중앙인을 파견하였음을 잘 보여주는 것이
다. 나아가 중앙세력과 지방의 재지세력이 공존하며 상호 결합을 통해 지
방을 다스리는 실체를 이 고분군이 잘 보여주는 것이다.

신라 초기 기사에서는 來投者들을 6部에 分居시키는 내용만 나오지
만,[90] 그 후의 기사에는 六部民,[91] 服屬民과 來投民, 貴戚子弟와 六部豪

　　쪽. 한편, 노중국은 백제의 지방에서 출토되는 금동관은 이 지역 출신자가 중앙
　　귀족으로 편입되어 활동하면서 착용하였다가 죽은 후 歸葬하여 부장품으로 부장
　　한 것으로 파악하고 있다(노중국, 2013, 「백제의 왕·후호제와 금동관 부장자의
　　실체-歸葬을 중심으로-」, 『韓國古代史研究』70, 317~347쪽).

88) 박현욱, 2011, 「5세기 후반 경주·울산·양산지역 고분 문화 연구-울산 매곡동고분
　　군을 중심으로-」, 『東亞文化』11, 東亞細亞文化財研究院, 89쪽 및 도면 28참조.

89) 『三國史記』卷45, 列傳5 朴堤上條. 『三國遺事』에서는 '歃羅郡太守'로 나온다(『三
　　國遺事』1 紀異2 奈勿王 金堤上條).

90) 『三國史記』卷1, 新羅本紀1 儒理尼師今 14年 "高句麗王無恤 襲樂浪滅之 其
　　國人五十來投 分居六部"；『三國史記』卷3, 新羅本紀3 奈勿尼師今 18年 "白
　　濟禿山城主 率人三百來投 王納之 分居六部 …"

91) 여기서의 6部民이란 原 6部民과 여러 가지 사정으로 6부에 흡수된 전체를 의미
　　한다.

民들을 阿尸村小京, 忠州(國原) 등에 사민·안치시키는 내용도 보인다.[92]
특히, 아시촌소경을 설치하고, 6部 및 南地의 人戶를 사민한 기사나, 우륵
과 그 집단을 충주에 사민·안치한 기사 등은 적대적인 존재가 아니라면
변경이라도 사민시켰음을 말해주고 있다. 그러므로 사민된 집단을 모두 적
대적으로 볼 수 없으며, 親신라계나 신라의 지배를 수용하는 집단, 來投者
등은 새로운 왕조와 국가에 대한 충성을 증명·유도하기 위해서라도 변경
으로 안치하고 있음을 알 수 있다. 즉 적대세력이라면 그 세력을 약화시키
기 위하여 본거지와 멀리 떨어진 곳, 원격지로 보내겠지만, 그 밖의 복속민
들은 복속 방법과 과정에 따라 신분별로 다양하고 차등 있게 처리했을 것
이다. 신라 중앙 정부는 특정 지역을 적극적으로 경영하기 위하여 사민·이
주시킨 후, 그들을 지원하여 지역을 장악하고 충성 경쟁을 유도하였을 것
이다. 일종의 자기 세력의 분화·移植·확장인 것이다. 사민·이식의 대상에
는 왕경인(6부민)들도 포함되었을 것이고, 신라 6부의 지방에 대한 部別
支配[93]도 추정할 수 있다.

이러한 관점에서 徙民·移住·移植과 관련하여 주목되는 것이 다음의 사
료이다.

● E-1. (162년) 阿達羅尼師今 九年 巡幸沙道城 勞戍卒.[94]

---

92) 『三國史記』卷4, 新羅本紀4 智證麻立干 15年 "春正月 置小京於阿尸村, 秋七
月 徙六部及南地人戶充實之"; 『三國史記』卷4, 新羅本紀4 眞興王 12年 "三
月, 王巡守次娘城 聞于勒及其弟子尼文知音樂 特喚之 王駐河臨宮 … 先是
加耶國 嘉悉王 … 及其國亂 操樂器投我 …"; 『三國史記』卷4, 新羅本紀4
眞興王 19年 "春二月 徙貴戚子弟及六部豪民 以實國原 …". 문헌사적인 연구
성과로는 다음 논문을 참조(金榮官, 1993, 「三國時代 徙民의 政治的 性格」,
檀國大 史學科 碩士學位論文).
93) 部別支配와 관련하여 최근 신라 王京人이 小京·州·郡과 같은 지방에 이주되어
도 出身部에 여전히 編籍된 왕경인이라는 연구 성과가 있다(하일식, 2011, 「신
라 왕경인의 지방 이주와 編籍地」, 『新羅文化』38, 東國大 新羅文化研究所,
187~222쪽). 최근 발견된 「포항중성리신라비」에서도 그러한 양상이 보인다.
94) 『三國史記』卷2, 新羅本紀2 阿達羅尼師今 9年.

- E-2. (233년) 助賁尼師今 四年 秋七月 伊湌于老與倭人 戰沙道 乘風縱
  火焚舟 賊赴水死盡.[95]
- E-3. (292년) 儒禮尼師今 九年 夏六月 倭兵攻陷沙道城 命一吉湌大谷
  領兵救完之.[96]
- E-4. (293년) 儒禮尼師今 十年 春二月 改築沙道城 移沙伐州豪民八十餘
  家.[97]
- E-5. (233년) 昔于老, 奈解尼師今之子(或云角干水老之子也), 助賁王 四
  年七月 倭人來侵 于老逆戰於沙道 乘風縱火 焚賊戰艦 賊溺死且
  盡.[98]

위 사료는 아달라이사금 9년에 이미 沙道城이 있었고, 그 위치는 倭人
이 쳐들어오는 해안 지역임을 알 수 있다. 그 때문에 일찍이 沙道의 위치
를 경북 盈德의 舊 沙冬院 부근으로 비정[99]한 이후 대부분의 학자들이 이
를 따르고 있다. 그런데 유례이사금 9년 6월에 왜병이 사도성을 함락하였
고, 이후 10년 2월에 沙伐州의 豪民[100] 80餘家를 이주시켰다는 것은 의미
가 있다고 여겨진다. 일련의 사료 전개 내용과 호민의 표현으로 보아 이주
목적과 이주된 자들의 성격을 추론할 수 있기 때문이다. 즉 敵(倭)의 공격
이 강하여 신라 중앙정부가 통제하기 힘든 지역에 反신라적인 집단을 이

---

95) 『三國史記』卷2, 新羅本紀2 助賁尼師今 4年.
96) 『三國史記』卷2, 新羅本紀2 儒禮尼師今 9年.
97) 『三國史記』卷2, 新羅本紀2 儒禮尼師今 10年.
98) 『三國史記』卷45, 列傳5 昔于老.
99) 이병도 역주, 1983(1996 개정판), 『삼국사기』(상), 을유문화사, 51쪽 각주 50번.
100) 豪民의 실체는 논란의 여지가 있으나, '干'적 존재의 후손, 전문행정요원, 전사
집단, 冶匠, 富農 등이 포함되며, 정치·사회적으로 下戶에 대하여 읍락 내에서
지배층으로 존재하였으며, 경제적으로 下戶를 고용하여 富를 집적하고 있었다고
한다(金在弘, 2001, 『新羅 中古期 村制의 成立과 地方社會構造』, 서울大 國
史學科 文學博士學位論文, 69~79쪽 및 74쪽 각주 145번). 그렇다면 豪民 80
餘家보다 훨씬 더 많은 인력이 沙道城으로 이주했을 것으로 보인다. 문헌으로도
호민을 일반민보다는 상위의 계층으로 보며, 호민들과 함께 일반 민호도 사도성
으로 이주한 것으로 보았다(文昌魯, 2000, 「제5장 읍락사회의 호민과 그 사회·
경제적 처지」, 『三韓時代의 邑落과 社會』, 신서원, 213~215쪽).

주시켰다고 보기 곤란하다. 이 정책은 사벌주(현 상주) 지역 내의 재지세
력을 약화시키려는 목적도 있겠지만, 親신라적인 집단을 여러 가지 혜택을
주면서 移住시켜 변경을 강화하고 충성 경쟁을 유도하려는 移植의 성격이
강한 것으로 보는 것이 합리적이다. 이 기사는 이른 시기부터 신라 중앙이
특정 지역을 방어하고 세력을 확장하기 위하여 徙民·移植을 시도하였음을
보여주는 중요한 사료라 하겠다.

　　고고자료로도 청원 미천리 고분군이나 중원 루암리 고분군 등은 사민·
이주의 사례로 보고 있다. 米川里古墳群은 5세기 후반 신라가 이 지역에
산성을 축조하였다는 기사[101]와 함께 수혈식 석곽묘에서 횡구식 석곽묘로
이행하는 과도기로 파악하여 5세기 후반~6세기에 조성되었으며, 新鳳洞
과 같은 토착묘제가 완전히 사라지고 부장유물도 모두 신라토기이므로 신
라인의 집단적 移住가 이루어졌다고 보았다.[102] 미천리 고분군에서 출토
된 신라토기도 의성 탑리 고분, 의성 장림동 폐고분, 안동 조탑동 고분군,
상주 청리 유적·성동리 고분군 등에서 출토되는 '義城樣式土器'[103]로 사민
을 뒷받침하고 있다. 충주 루암리형 고분군도 사민정책으로 신라인이 이동
하여 축조되었으며, 신라의 횡혈식 석실이 재지적인 고분과는 상관없이 새
롭게 축조되는 경우는 둔전촌적인 성격을 가진다고 보았다.[104] 그리고 청

---

101)　尹根一 外, 1995,『淸原 米川里 古墳群 發掘調査報告書』, 國立文化財研究所.
　　　관련 사료는 다음과 같다.『三國史記』卷3, 新羅本紀3 慈悲麻立干 13年 "築三
　　　年山城(三年者, 自興役始終三年訖功, 故名之)" ;『三國史記』卷3, 新羅本紀3
　　　慈悲麻立干 17年 "築一牟·沙尸·廣石·沓達·仇禮·坐羅等城" ;『三國史記』卷
　　　3, 新羅本紀3 炤知麻立干 8年 "春正月, 拜伊湌實竹爲將軍 徵一善界丁夫三千
　　　改築三年屈山二城". 자비마립간 17년 기사의 一牟城은 文義에 있는 養性山城
　　　으로 보는데, 미천리 고분군의 배후에 있는 산성이다.
102)　申鍾煥, 1997,「忠北地方 三韓·三國土器의 變遷-遺蹟의 編年的 相對序列을
　　　提示하며-」,『考古學誌』8, 韓國考古美術研究所, 50쪽.
103)　의성양식토기의 분포와 편년은 다음 글 참조(金玉順, 2000,「義城 地域集團의
　　　土器樣式과 生産體制」,『韓國古代史와 考古學』(鶴山 金廷鶴博士 頌壽紀念
　　　論叢), 學研文化社, 581쪽).
104)　金昌鎬, 2001,「新羅村落文書의 作成 年代와 그 性格」,『사학연구』62, 52쪽.
　　　山本孝文도 누암리 고분군이 경주에서 이주해 온 京位 소지자와 그 가족들이

주 신봉동 유적이 신라에 의해 군사적인 목적으로 당시 최전선으로 사민된 가야 사람들의 무덤이라는 견해,[105] 파주 성동리 고분군과 오두산성은 김무력의 활동 영역과 관련하여 금관가야인을 사민시켰을 개연성이 높다는 견해,[106] 한강 본류는 횡구식 석실을 주묘제로 하는 가야계 집단, 남한강 상류의 충주 지역은 횡혈식 석실을 주묘제로 하는 왕경 및 가야계 집단, 단양 지역은 횡구식 석실을 주묘제로 하는 영주와 예천 일대의 지배 집단, 하류의 여주지역은 횡구식 석실을 주묘제로 하는 상주 일대의 지배 세력이 사민 당하였다는 견해 등이 있다.[107] 또한 김해 생곡동 가달 고분은 낙동강 西岸에 위치하여 창녕양식토기가 반세기 정도 지속적으로 부장되는데, 그 對岸인 부산 당감동 고분군에서도 창녕양식토기가 출토되므로 신라가 김해의 금관가야를 압박하기 위하여 창녕인들을 사민시켰다고 한다.[108] 후대이지만, 동해 추암 고분군에서는 대가야 토기가 나오는 고분들이 있어 대가야가 멸망한 후 대가야민들이 집단 사민 당하였음을 알 수 있다.[109] 최근에도 울진 덕천리 고분군에서 소가야토기, 의성양식토기들이 출토되고, 중축석곽묘들이 발굴조사되어 사민의 요소가 보이고 있다.[110]

매장되었을 가능성이 높다고 보았다(山本孝文, 2001, 「古墳資料로 본 新羅勢力의 湖西地方 進出」, 『湖西考古學』4·5合輯, 湖西考古學會, 36쪽).

105) 서정석, 2005, 「청주 신봉동 세력과 인접세력과의 관계」, 『백제 지방세력의 존재양태』, 한국학중앙연구원, 297~329쪽.

106) 김성태·허미형, 2005, 「임진강 유역의 新羅遺蹟」, 『畿甸考古』5, 기전문화재연구원, 250~282쪽.

107) 김진영, 2007, 「한강유역 신라 석실묘의 구조와 성격」, 『先史와 古代』27, 韓國古代學會, 216~218쪽 ; 洪潽植, 2008, 「고고자료로 본 신라의 한강유역 진출」, 『제18회 백제연구 학술회의 : 6세기의 한반도』, 忠南大 百濟研究所, 25~43쪽.

108) 李熙濬, 1998, 「김해 禮安里 유적과 新羅의 낙동강 西岸 진출」, 『韓國考古學報』39, 125~153쪽.

109) 李炯基, 2002, 「滅亡 이후 大加耶 遺民의 向方-東海市 湫岩洞古墳群 出土品을 중심으로-」, 『韓國上古史學報』38, 97~117쪽.

110) 울진 덕천리 고분군의 중축석곽묘(밑지: 연장형석곽묘)는 Ⅰ지구에서 3기(39호·41호·49호), Ⅱ지구에서 8기(10호·30호·48호·72호·77호·94호·96호·110호)가 보고되었다(聖林文化財研究院, 2014, 『蔚珍 德川里 新羅墓群Ⅰ』, 學術調査報告89冊, 484쪽 〈표 10〉울진 덕천리 신라묘군Ⅰ 횡구식석실묘 유구 제원표 ; 2015,

다음의 사료도 재음미를 할 필요가 있다.

- F. 居道, 失其族性 不知何所人也 仕脫解尼師今爲干 時 于尸山國·居柒
  山國介居鄰境 頗爲國患 居道爲邊官 潛懷倂呑之志 每年一度集羣馬
  於張吐之野 使兵士騎之 … 중략 … 於是起兵馬擊其不意 以滅二
  國.111)

여기서 거도는 족성과 출자를 모르므로 왕경인으로 보기 어렵지만,112) 신라가 필요에 따라 변방으로 보내어 그 지역을 장악하는 인물의 지위도 '干'으로 표현되고 있음을 알 수 있다. 그렇다면 歃良州干 朴堤上도 出自 와 世系 및 그 性格이 논란이 많지만, 기록된 그의 선조 계보대로 일찍이 양산 지방에 내려온 중앙세력으로 양산을 장악한 干으로 볼 수 있을 듯 하 다. 박제상은 신라 왕경인이 (중앙 정부의 지원 하에) 이주·이식을 통하여 지방세력화한 경우를 보여주는 대표적인 사례일 가능성이 높다.113)

『蔚珍 德川里 新羅墓群Ⅱ』, 學術調査報告 100冊, 385쪽 〈표 3〉덕천리 신라묘
군Ⅱ 석실묘 속성표). 소가야토기는 Ⅰ구역 5호 석곽묘(유물번호 5·6)와 9호 석
곽묘의 주구에서 수습된 유물(유물번호 32)이 있고(聖林文化財研究院, 2014,
위의 책, 491쪽), Ⅱ구역 4지점 9호 묘에서는 의성토기를 모방하여 제작된 고배
가 출토되었고, 52호와 67호묘 역시 모방토기가 확인되었다(聖林文化財研究院,
2015, 위의 책, 406쪽).

111) 『三國史記』卷44, 列傳4 居道.
112) 居道를 지방세력으로 보는 견해가 있다(김재홍, 1996, 「신라 '사로국'의 형성과
발전」, 『역사와 현실』21, 한국역사연구회, 10쪽).
113) 脫解尼師今이 즉위 11년(67)에 王京의 朴氏 貴戚들을 보내 국내의 州郡을 나
누어 다스리게 하고, 그들을 州主와 郡主라고 불렀다. 박제상은 그런 세력의 실
재를 보여주고 있다. 地方官은 아니더라도 신라의 영역이 확장되면서 정치적 필
요에 의해 왕경인을 지방으로 徙民하기도 했는데, 이들은 파견된 지방의 기존
세력을 대체하거나, 공존하며 당해 지방에서 토착화 했을 것이다(朱甫暾, 1998,
「朴堤上과 5세기 초 新羅의 政治 動向」, 『慶北史學』21, 827~831). 한편, 강종
훈은 왕경인 박제상이 경주에서 파견된 군사지휘관이며, '--州干'으로 기록되었으
므로 水酒村干, 一利村干, 利伊村干 등의 '--村干'도 왕경인이며 경주 출신의
신라군 지휘관으로 본다(강종훈, 1999, 「상고기 신라의 영역 확장과정과 지방통
치방식」, 『역사와 현실』31, 한국역사연구회, 42~43쪽).

위의 사료와 연결시킬 수 있는 고고자료가 적석목곽묘이다. 신라 중앙의 묘제로 인식되는 적석목곽묘가, 지역 고총 양식이 성립된 이후인 늦은 시기에 확산되면, 앞 시기와는 다른 의미를 가질 가능성이 많다고 한다. 대표적인 예로 대구 화원 성산고분의 경우 한 봉토에서 지역 고총 양식의 중심 석곽과 함께 적석목곽묘가 조사되었다. 그런데 적석목곽묘의 피장자가 인골이나 着裝 유물로 보아 여성일 가능성이 크므로 혼인의 결과일 가능성이 있다. 그리고 포항 학천리 고분군과 경산 임당 유적 등에서 석곽묘와 암광목곽묘가 정형화된 이후 축조되는 늦은 시기의 적석목곽묘들도 慶州 人의 移住로 축조되었을 것으로 추정한다.[114]

사료로도 浦上八國 전쟁 이후 가야가 왕자를 볼모로 신라에 보내는 기사, 골벌국왕의 래항과 왕경 안치, 금관국주의 來降과 6부 편제 등의 기사[115]가 보이므로 인적 교류의 가능성은 충분하다. 그 때문에 창녕과 경산 지역의 초기 고총고분에 보이는 적석목곽분을 혼인에 의한 결과로 보거나,[116] 복속된 지역의 지배층의 일부를 왕경으로 불러 일정기간 머물게 하였다가 귀환시켜 그들을 통해 지역을 간접통치한 결과로 해석하기도 한다.[117]

강릉 지역의 고고자료 가운데에서도 사민 또는 이식의 측면에서 접근할수 있는 예가 있다. 앞에서 언급한 대로 강릉 초당동 A-1호분은 고령 지산동 30호분 주곽 유구와 동일한 이중석곽구조, 경산 임당 7B호 출토품과

---

114) 金大煥, 2001, 「嶺南地方 積石木槨墓의 時空的 變遷」, 『嶺南考古學』29, 96쪽 각주 62번.

115) 『三國史記』卷2, 新羅本紀2 奈解尼師今 17年 "春三月 加耶送王子爲質" 신라 의 小國 服屬 記事에서 骨伐國이나 金冠國의 항복 기사는 지배층을 王京에 안 치하고 6部의 上層 臣分으로 편제했을 가능성을 보여준다(조법종, 1996, 「울진 봉평신라비에 나타난 '노인'의 성격 검토」, 『신라문화』13, 동국대 신라문화연구소, 373쪽).

116) 穴澤咊光·馬目順一, 1975, 「昌寧校洞古墳群 '梅原考古學資料'를中心으로한谷井 濟一氏發掘資料의 硏究」, 『考古學雜誌』第60卷 第4號, 70쪽; 李熙濬, 1998, 『4~5 세기 新羅의 考古學的 硏究』, 서울大 文學博士學位論文, 222쪽에서 재인용.

117) 이희준, 2007, 『신라고고학연구』, 사회평론, 286쪽.

동일한 금동용문투조대금구 등에서 신라 중앙으로부터의 강한 영향력을 느끼게 해 준다. 초당동 유적 Ⅲ-A1호도 격벽을 설치한 주·부곽식 석곽묘 이나 적석목곽분의 방식을 일부 채용하여 주곽에 목곽을 설치하여 목곽과 석곽 사이에 잔자갈을 채워 보강하였으며, 除土할 때 주곽 내부에 잔자갈 이 두텁게 퇴적되어 있었던 것으로 보아 목곽 상부에 자갈을 쌓았던 것으로 추정된다. 유물상도 황남대총 남분의 토기상과 흡사하다. 또한 연곡 영진리 1호묘를 비롯한 그 일대의 사방식 적석목곽묘는 신라민이 유입한 증거일 가능성이 있다.[118] 강릉 지역에서 적석목곽묘와 이를 모방한 석곽묘가 출현하는 것은 이 지역 세력이 신라 왕경 세력과 친연성이 강함을 시사하는 것이다.[119] 현재로서는 안현동 고분군, 초당동 고분군, 영진리 고분군 등은 사민적인 移植의 성격이 강한 것으로 판단된다. 여기에는 고대 사회가 신분제 사회인만큼 초당동 고분군처럼 상위 집단, 영진리 고분군처럼 하위 집단 등 사민·이식 대상도 신분과 지위에서 다양하게 차이가 났을 것이고, 신라의 지원도 차별적이었을 것이다.

특히, 초당동 유적 Ⅱ-Ⅰ-8호는 횡구부를 뜯고 묘곽을 연장하여 추가장을 행한 묘곽연장형 횡구식석실묘로 상주 지역을 중심으로 한 낙동강 상류 일대에 분포한 석곽 형식인 점에서 주목된다.[120] 묘광은 장축 630cm, 단축

---

118) 심현용은 주 묘제가 목곽묘인 영진리 세력의 정치적 위세가 낮아서 신라 왕경 세력이 쉽게 침투하여 사방식 적석목곽묘를 조성한 것으로 보았다(심현용, 2009(b), 「고고자료로 본 5~6세기 신라의 강릉지역 지배방식」, 『文化財』42-3, 國立文化財研究所, 16쪽). 필자는 영진리 고분군에서 선행하는 목곽묘 다음 단계에 등장하는 사방식 적석목곽묘의 피장자로 현지에서 제작된 토기가 많다는 것을 근거로 재지토착민들이 적석목곽묘제를 받아들였다고 보는 것은 설득력이 떨어진다고 본다. 오히려 신라인 가운데 하위 신분이 이주·이식해 왔거나 여러 가지 이유로 인해 신라로부터의 물자보급에서 소외된 것으로 볼 필요가 있다.

119) 심현용, 2009(b), 위의 논문, 10쪽.

120) 洪志潤, 2003, 「尙州地域 5世紀 古墳의 樣相과 地域政治體의 動向」, 『嶺南考古學』32, 101쪽. 대형분에서 이음식석곽(필자 : 연장형 석곽(실)묘)을 축조하며, 안동 조탑리에서도 볼 수 있다(徐敬敏, 2008, 「洛東江 上流地域 三國時代 土器 研究」, 慶北大 考古人類學科 碩士學位論文, 43쪽). 이들 고분은 중·대형분 규모이면서도 유적 내에서 우월한 입지에 위치하지 않았다. 그러므로 피장자가

190cm이며, 석곽의 내부 규모는 장축 560cm, 단축 70cm, 잔존 깊이 68cm
이다. 출토 유물은 신라식 2단투창고배, 직구호, 장경호 등의 토기류와 의
성양식 대부장경호 2점이 있다. 그밖에 태환 및 세환 금장이식과 철도자도
출토되었다.[121] 이러한 묘제가 상주 지역을 중심으로 조사된 바 있고, 상
주 지역도 의성양식토기가 출토되므로[122] 상주 지역이 출자일 가능성이
높고, 피장자는 이주·사민된 자임이 분명하다. 다만, 고고학적으로 자발적
인 이주인지, 강제적인 사민인지를 구분하기 어렵지만, 동해시 추암 B지구
의 대가야계 고분과 비교하면 고유의 묘제인 상주식 연장형 횡구식 석곽묘
를 그대로 이용하였고, 큰 기종인 의성양식 대부장경호도 있다는 점 등의
차이를 주목할 수 있다. 추암 B지구의 대가야계 고분은 신라식 묘제인 횡
구식 석실(곽)이 거의 대부분이고, 대가야 유물은 개배와 같은 소형 토기
만 출토되며, 대부장경호 등의 대형 토기는 현지에서 제작하고 있어 이주
시의 상황과 이후의 대우가 매우 열악했음을 보여주고 있다. 이러한 차이
로 볼 때, 초당동 유적Ⅱ-Ⅰ-8호의 상주식 연장형 횡구식 석곽묘 피장자
는 자발적으로 이주하였거나, 강제 또는 반강제적 사민이었더라도 신분적
으로 어느 정도의 대우와 자율성을 부여받은 상태의 사민으로 여겨진다.
실제 연장형 석곽은 잔자갈바닥(장축 210cm)과 人頭大의 川石바닥(장축
230cm)으로 구분되어 있어 2차에 걸쳐 축조한 것이 분명한데, 잔자갈바닥
의 동쪽에서는 금장세환이식, 人頭大의 川石바닥 북단에서는 금장태환이식
이 출토되었다. 이와 같이 금장태환이식이 출토된 점은 피장자의 사회적·
신분적 지위와 관련하여 참고가 된다.[123] 여기에 연장형 석곽묘의 피장자

최상위의 신분은 아니더라도 어느 정도 상위의 신분적 위치라고 본다(정훈진,
2002, 「삼국시대 고분의 이형 추가장 사례-상주 지역을 중심으로-」, 『史林』18,
首善史學會, 195쪽).
121) 江原文化財研究所, 2006, 『江陵 草堂洞 遺蹟Ⅱ』, 學術叢書 50冊, 52~59쪽.
122) 金玉順, 2000, 앞의 논문, 580~586쪽 ; 徐敬敏, 2008, 앞의 논문, 61쪽.
123) 귀걸이는 아마도 착용자가 지배층에 속함을 나타내는 최소한의 적극적인 표지로
추정하는 견해가 있다(李熙濬, 2002, 「4~5세기 신라 고분 피장자의 服飾品 着
裝 定型」, 『韓國考古學報』47, 85쪽).

가 신분적으로 상위급 정도로 생각되므로 사벌주 호민을 동해안의 사도성
으로 옮기는 기사의 '豪民'으로 지칭할 수 있는 인물이거나 관련자일 가능
성도 시사한다.

그밖에 유물로도 의성양식·창녕양식의 토기들이 여러 점 출토되었다.
초당동 유적 Ⅱ-Ⅰ-8호 석곽묘에서 출토된 의성양식 대부장경호 2점을 비
롯하여, 병산동 고분군 Ⅱ-16호·35호 석곽묘에서 의성양식토기가 각 1점
씩 출토되었다. 그리고 병산동 공항대교 도로유적 B지구에서 창녕양식 고
배 뚜껑 1점, 주수리 1호 석곽묘 주곽에서도 창녕양식 고배 뚜껑편 2점이
출토되었다. 이들 타지역 양식 토기는 강릉 지역에서는 중심 고분군에서,
또 대부분 규모가 큰 무덤에서 출토되지만 다량으로 출토되지 않았다는 점
에서 교역 및 문화 전파에 따른 이동이라기보다는 지역 간의 인적 교류 및
인적 이동의 결과로 보는 견해가 있다.[124] 강릉 지역이나 동해안에서 출토
된 외래 토기가 극소수에 불과하여 전면적이고 지속적인 교류에 의한 이입
·반입으로 보기는 어려운 것이 사실이다.

이와 같이 신라 중앙 정부는 다양한 신분적·사회적 계층을 대상으로 광
범위한 지역으로 이주·사민을 추진하였을 것으로 생각되는데, 이를 통해
해당 지역의 지배층을 다른 지역으로 이주·사민시켜 그들의 의도대로 당
해 지방을 재편하였을 것이고, 동시에 새롭게 정착시킨 지역도 장악하고자
하였을 것이다. 이러한 관점에서, 왜적을 막기 위하여 사벌주(상주) 호민
들을 동해안으로 이주·사민시킨 사료를 강릉 지역에도 적용해 볼 수 있겠

---

124) 심현용은 강릉 지역에서 창녕·의성 토기가 출토되는 배경으로 정세에 따라 군단
을 이동시키므로 군관이 전출하면서 가져온 결과라고 해석하였다(심현용,
2009(b), 앞의 논문, 13쪽). 이한상은 영덕 괴시리 16호분에서 출토된 고배들을
출토 위치로 살펴보면, 복수의 개체를 가지는 경우 같은 형태의 고배가 주곽이나
순장곽의 어느 한 곳에 모여서 출토되고 있음을 확인하고 弔問을 고려하였다(國
立慶州博物館, 1999, 『盈德 槐市里 16號墳』, 161쪽). 복천동고분에서 보이는
신라토기들을 매장의례 과정에 參禮하였던 방문자들의 持參品(貢獻品)일 가능
성이 있다고 보기도 한다(김두철, 2003, 「부산지역 고분문화의 추이-가야에서 신
라로-」, 『港都釜山』19, 부산광역시사편찬위원회, 267쪽. 강릉 지역에 적용하면
사민·이주·이식된 자들이 참례한 공헌품으로 해석할 수도 있겠다.

다. 강릉 초당동 고분에서도 의성양식 토기가 공반된 상주식 연장형 석곽
묘가 조사되었기 때문이다. 다만, 『삼국사기』에서 倭와 전투를 한 于老 전
설의 무대를 蔚珍 지역으로 설정한다면,[125] 강릉 지역까지 왜가 침입한
기사는 보이지 않는다. 그렇다면 신라가 강릉 지역으로 이주·사민을 시킨
목적이 倭를 방어하기보다는 對고구려 교섭의 중간거점이자 방어의 전진
기지를 육성하기 위한 세력 移植으로 이해할 수도 있겠다. 말하자면 이 당
시 강릉 지역은 신라가 백제의 차단을 피하면서 황초령을 지나 고구려의
옛 수도인 집안으로 가는 교섭 루트로서의 중간거점으로 개척되었다. 그러
나 고구려 장수왕의 평양 천도(427) 이후 고구려와 신라 간에 관계가 악
화되면서부터는 고구려가 중원(충주)을 거점으로 시도하는 측방공격과 동
해안을 따른 공격을 방어하는 거점이자 전진기지의 기능을 수행하였던 것
이다. 이러한 과정에서 신라는 일찍부터 이주·사민을 통해 강릉 지역에서
그들의 세력을 확장하였던 것이다.[126] 신라 중앙 정부는 이들을 친신라 세
력으로 유지하기 위하여 물질적인 지원도 하였을 것이다. 예를 들어 이주·
사민된 집단의 단일 고분군으로 보이는 안현동 고분군의 경우 목곽묘 단계
부터 석곽묘 단계로의 변화와 신라토기의 양상이 경주 지역의 변화와 동일
하게 연동되고 있어 지속적인 물자의 공급·교류가 있었음을 알 수 있다.

---

125) 于老 전설과 지명 비정은 다음 글을 참조. 李基東, 1997, 「于老傳說의 世界」, 『新
羅社會史研究』, 一潮閣, 22~41쪽.
126) 홍영호, 2010(b), 「『삼국사기』지리지 溟州 영현 棟隄縣의 위치 비정과 의미」, 『韓
國史學報』38, 高麗史學會, 7~40쪽 ; 2010(c), 「『三國史記』所載 泥河의 위치 비
정」, 『韓國史研究』150, 韓國史研究會, 43~83쪽. 필자는 사민된 집단을 모두 적대
적으로 볼 수 없으며, 親신라계나 신라의 지배를 수용하는 집단, 來投者 등은 새
로운 왕조와 국가에 대한 충성 경쟁을 유도하기 위해서 邊境의 주요 거점에 安
置하였다고 본다. 예를 들어 강릉의 경포 호수 북쪽에 위치한 안현동 고분군에서
부산식(복천동식) 고배가 출현하고 이후에도 고분군이 지속되고 있다. 삼한시대부
터 바나를 무대로 살아온 부인(복천동)집단을 이곳으로 사민·이시시켰고, 이들은
동해안의 연안항해는 물론 이사부의 울릉도 정벌에도 직·간접적으로 기여했을 가
능성이 있다(홍영호, 2010(a), 「6~7세기 고고자료로 본 동해안과 울릉도」, 『이
사부와 동해』창간호, 한국이사부학회, 207~208쪽).

초당동이나 병산동 고분군에서 보이는 위세품들도 그 소유자로 재지수장 층 뿐만 아니라 이주·이식집단의 대표자들도 고려한 다양한 측면에서의 해석이 요구된다.

4. 신라의 하슬라 경영 과정과 신라사적 의미

신라는 하슬라 지역에서 어떻게 영향력을 행사하였을까? 이미 사료를 바탕으로 마립간 시기의 지방 통치 방식을 4가지로 구분한 연구도 있지만.[127] 이 구분이 모든 지배 방식을 포함하거나 설명할 수 있을지는 의문이다. 아마도 재지세력의 親신라화 정도, 그 지역의 군사적·지리적 중요도에 따라 지방 통제의 방식과 강도가 매우 다양하였을 것이다. 그러나 문헌 기록이 빈약하여 그 실상을 파악하기가 곤란한데, 그나마 사료를 통해 신라의 하슬라 경영과 관련하여 3단계 정도의 경영 과정으로 나누어 볼 수 있다.

첫 번째 경영 과정은 사료상으로 내물왕 42년(397)에 하슬라 지역에서 행정적인 통치방식인 흉년을 맞아 죄수를 풀어주고 세금을 면제하는 구휼 기사가 보이므로 신라가 하슬라 지역을 생각보다 강하게 통제하였던 것으로 추측된다. 그리고 이 지역은 말갈의 침공을 받기도 하였다.[128] 하슬라

---

127) 朱甫暾, 1996, 「麻立干時代 新羅의 地方統治」, 『嶺南考古學』19, 27~32쪽.
128) 『三國史記』卷3, 新羅本紀3 奈勿尼師今 40年 "秋八月 靺鞨侵北邊 出師 大敗 之於悉直之原" ; 『三國史記』卷3, 新羅本紀3 奈勿尼師今 42年 "秋七月 北邊 何瑟羅旱蝗 年荒民飢 曲赦囚徒 復一年租調" ; 『三國史記』卷3, 新羅本紀3 訥祗麻立干 34年 "秋七月 高句麗邊將獵於悉直之原 何瑟羅城主三直出兵掩殺 之 …" ; 『三國史記』卷3, 新羅本紀3 慈悲麻立干 11年 "春 高句麗與靺鞨襲 北邊悉直城 秋九月 徵何瑟羅人年十五已上 築城於泥河一名泥川" ; 『三國史 記』卷3, 新羅本紀3 炤知麻立干 3年 "春二月 幸比列城 存撫軍士 賜征袍 三 月 高句麗與靺鞨入北邊 取狐鳴等七城 又進軍於彌秩夫 我軍與百濟加耶援兵 分道禦之 賊敗退 追擊破之泥河西 斬首千餘級"

는 이 단계에 고구려의 당시 수도인 집안으로 가기 위한 對고구려 交涉의 中間據點으로 개척되었을 것이다. 이 단계의 고고자료로는 강릉 지역에서 황남동 109호 3·4곽에서 황남동 110호분 단계의 신라토기들이 해당되며, 안현동, 초당동, 하시동, 병산동 고분군의 이른 시기의 유구들이 여기에 포함된다. 이때부터 신라는 강릉으로 사민·이식을 시도하였을 것이고, 초당동 A-1호분의 위세품인 금동용문투조대금구로 보아 이미 황남동 110호분 단계(5세기 2/4분기)에 신라 중앙의 힘이 강릉 지역에 정치적으로 강하게 미치고 있음을 알 수 있다. 사료에 보이는 세금(租調)을 면제하는 내용에 초점을 맞추면 행정적인 통치가 이루어졌을 가능성도 있겠으나 공납을 면제하는 정도로 이해하는 것이 실상에 가까울 듯하다. 아직은 공납적 간접지배(세력권) 단계일 가능성이 높다.

그런데 사료상 고구려 장수왕의 평양 천도(427) 이후, 신라 눌지왕과 백제 비유왕과의 외교 관계(433~434)가 시작되는 시점이 신라의 對고구려 정책의 변화를 시사하며, 고고자료로는 강릉 지역에서 5세기 2/4분기를 중심 시기로 하는 황남동 110호분 단계(필자의 II단계)에 금동용문투조대금구나 마구류가 출현하는 것과 서로 상관관계가 있다고 생각된다.

사실 고구려 광개토대왕의 신라 구원 전쟁(400년) 이후 신라와 백제 간에는 외교적인 교섭 기사가 보이지 않는다. 그러다가 장수왕의 평양 천도(427) 이후인, 눌지왕 17년(433) 백제의 요청으로 교섭이 이루어지고, 다음 해에도 교섭이 지속된다. 눌지왕의 외교 정책이 변화하는 것을 감지할 수 있는 것이다. 신라는 고구려의 내정 간섭[129]에 대한 불만과 함께 장수왕의 평양 천도로 고구려의 야욕을 의심하게 되었을 것이다. 일단 고구려와 신라 간에는 기존의 관계가 유지되고 있지만,[130] 눌지왕은 고구려의 야

---

129) 「중원고구려비」의 新羅土內幢主, 『삼국사기』에 보이는 고구려의 신라 왕위계승 관여 등을 들 수 있다.
130) 이 시기의 신라 정책을 고구려와 백제 양쪽을 저울질하는 양단정책으로 보는 견해가 있다. 김병곤, 2011, 「고구려의 평양 천도에 대한 신라의 양단책」, 『史林』 40, 首善史學會, 111~135쪽.

욕에 대응하여 강릉 지역을 對고구려 防禦의 前進基地의 역할도 겸하게
할 필요를 느꼈을 것이다. 즉 이 시기에 즈음하여 신라가 하슬라 경영의
목적을 對고구려 交涉의 中間據點에서 對고구려 防禦의 前進基地의 역할
도 겸하게 전환시킨 것으로 보이고, 그 결과 강릉 지역은 신라고분군의 분
포가 확대되고 유구의 수효도 많아졌을 뿐만 아니라 위세품과 마구류가 출
현하는 것으로 파악된다. 비록 신라와 고구려 간의 관계가 유지는 되지만,
신라의 對고구려 정책은 이미 전환되기 시작하였음을 하슬라 지역의 고고
자료가 시사하는 것이다.

두 번째 경영 과정은 사료에 나오는 눌지마립간 34년(450)조에 何瑟羅
城主 三直이 실직벌(悉直之原)에서 사냥하던 고구려 邊將을 掩殺한 기사
가 주목된다. 신라가 하슬라(강릉)를 對고구려 交涉의 中間據點으로 개척
하여, 이후 對고구려 防禦의 前進基地로 전환하는 단계를 시사하기 때문이
다. 특히, 신라의 하슬라 경영과 관련하여 사료에 보이는 하슬라 성주의 실
체와 성격을 밝히는 것이 매우 중요하다. 선행 연구에 의하면 피복속지 가
운데 중요한 軍事要衝地에는 중앙에서 직접 軍官을 파견하여 常駐시킨다
고 한다. 주변 세력과의 관계를 고려하여 당해 지역의 재지기반이 약할 때
군사적인 목적에서 병력을 상주시키는데, 파견된 軍官은 왕경인(6부병)으
로 편성된 소규모 부대를 통솔하여 단독, 또는 당해 지역의 지방민과 함께
합동작전을 하였다고 본다. 그들은 교통의 요충지에 거주하면서 지방의 대
외 관계와 교역을 감시·통제하는 임무를 가졌을 것이나 지방군의 조직과
동원 등은 재지 유력세력한테 맡겼다고 보아 지방관으로 보지는 않고 있
다.131) 반면, 사료에는 '邊官', '沿邊官', '太守' 등 지방 官吏의 성격을 보이

---

131) 朱甫暾, 1996, 위의 논문, 31~32쪽. 사료상의 근거로는 缶谷城主로 左遷된 左
軍主仇道, 伊伐湌 忠萱의 鎭主로 貶下, 奈麻克宗의 達伐城主 任命, 烽山城主
直宣의 一吉湌 승진 등을 들고 있다. 한편, 전덕재는 주보돈의 위 네 번째 유형
을 사로국에서 소국통제 및 변방지역이나 교통의 중심지 등 전략적으로 중요한
지역에 파견한 중앙관리로 보고 있다(全德在, 1990, 「新羅 州郡制의 成立背景
硏究」, 『韓國史論』22, 서울大學校 人文大學 國史學科, 10쪽 각주 9번 및
16~17쪽).

는 명칭도 있어 신라 중앙 정부가 地方官적인 성격의 인물을 파견하여 통
제했음을 시사하고 있다.[132] 더구나 최근에 대구 달성과 순지리토성이 軍
官적인 성격이 강한 地方官의 책임 하에 국가적으로 축조되었다는 견해가
제기되었다.[133] 또한 중앙인을 지방에 封하는 封邑도 제기되었는데, 봉해
진 중앙 세력은 자신들의 거처 및 그 일대를 통제하기 위한 거점으로 토성
을 축조하였으며 경산 임당 토성을 그 예로 들고 있다.[134] 이들 견해들,
즉 軍官의 派遣, 地方官의 派遣, 中央勢力의 地方 封邑 등의 방식은 신라
가 팽창하면서 지방을 통치하기 위하여 중앙인을 다양한 성격으로 지방에
파견하거나 봉하는 방식이 일찍부터 있었을 가능성을 시사하고 있다.

　이에 필자는 하슬라 성주의 성격을 신라가 군사 요충지에 파견한 군관
일 가능성이 높다고 보았다.[135] 그 근거로는 『삼국사기』에 등장하는 '城
主' 관련 기사 가운데 신분을 알 수 있는 인물은 왕경의 6部 출신이며, 강
릉의 재지토착수장이라면 실직벌(삼척)에까지 가서 고구려 변장을 掩殺하
기는 곤란하고, 고구려의 즉각적인 군사적 대응과 신라 王의 굴욕적인 사
죄로 이어지는 과정이 토착민과의 우발적인 충돌로 보기 어렵다는 점 등을

---

132) 『三國史記』卷44, 列傳4 거도(邊官) ; 『三國史記』卷44, 列傳4 이사부(沿邊官)
　　 ; 『三國史記』卷45, 列傳5 박제상(歃良州干) ; 『三國遺事』卷1, 紀異1 奈勿王
　　 金(朴)堤上(歃良郡太守) 기사 참조. 그밖에 지방관과 관련시킬 수 있는 기사로,
　　 『삼국사기』본기와 지리지에서 신라가 小國을 정복하고 州나 郡·縣을 설치하였
　　 다는 기사와 '州郡'으로 표현되는 기사, 州와 郡을 두고 지방관으로 州主와 郡
　　 主를 파견한 기사(『三國史記』卷1, 新羅本紀1 脫解尼師今 11年(67)條 "以朴
　　 氏貴戚 分理國內州郡 號爲州主郡主"), 州主·郡主를 감찰하기 위해 使臣 十
　　 人을 파견한 기사(『三國史記』卷1, 新羅本紀1 婆娑尼師今 11年條 "秋七月 分
　　 遣使十人 廉察州郡主不勤公事 致田野多荒者 貶黜之") 등이 있다. 당시의 신
　　 라는 斯盧國 단계이고, 州郡制가 실시되지 않아서 그 紀年과 州·郡이라는 용어
　　 및 내용을 신뢰하지 않고 있다. 이밖에 지증마립간 3년 州主와 郡主를 나누어
　　 命한 기사도 보인다(『三國史記』卷4, 新羅本紀4 智證麻立干 3년 "三月, 分命
　　 州郡主").
133) 박성현, 2007, 「4세기 전후 신라의 토성 축조와 그 목적-영남지역초기토성의 성
　　 격-」, 『韓國史硏究』139, 42쪽.
134) 박성현, 2007, 위의 논문, 40~41쪽.
135) 홍영호, 2010(b), 앞의 논문, 26~32쪽.

들었다. 또한 최근에 찾아진 양양 후포매리 신라산성을 통해 하슬라 지역
에도 신라의 성이 존재하므로 하슬라 성주 기사도 신뢰할 수 있다고 주장
하였다.136) 여기에 강릉 경포호 강문동 신라토성도 최근에 발견 조사되어
하슬라 성주 기사를 뒷받침하고 있다.

필자와 비슷한 관점에서 하슬라 성주가 悉直之原에서 고구려 장수를 살
해한 사건은 눌지마립간의 의도였을 가능성이 많다고 보아 하슬라 성주를
재지수장층으로 보기 어렵고, 실직주 군주와 같이 지방관을 파견한 것으로
보기도 힘들기 때문에 아마도 재지수장층의 지배권을 해체하고, 신라 중앙
에서 의도적으로 移住시켜 지역을 장악하게 한 존재로 추정하는 견해가
최근에 제기된 점도 참고가 된다.137)

하슬라 성주가 파견된 군관이라면 왕경인(6부민) 군단을 이끌고 왔다가
임무나 기간이 끝나면 다시 돌아가야 한다. 歸葬할 존재이므로 무덤이 남을
수 없는 것이다. 그러므로 사민·이식을 고려할 수 있다는 점에 초점을 맞추
면, 왕경인138)을 하슬라 지역에 封하거나 하슬라로 이주시킨 집단에게 그
지역을 장악하게 하고, 그 집단의 지배자에게 하슬라 성주의 직임까지 맡기
는 개연성도 상정할 수 있겠다. 어느 쪽이든 하슬라 성주는 재지세력이 성
주의 역할을 했을 가능성보다는 중앙에서 파견된 군관 또는 이주 집단의
대표, 봉읍 세력의 대표가 했을 가능성이 높다. 즉 하슬라 城主의 실체는
중앙에서 파견된 군관일 수도 있으며, 중앙인을 지방에 내려 封한 집단 및

---

136) 洪永鎬, 2009, 「양양 후포매리 신라 산성의 고찰」, 『先史와 古代』30, 韓國古代
　　學會, 285~317쪽.
137) 홍승우, 2009, 「4~6세기 신라의 동해안 지역 진출과 지방지배방식」, 『4~6세기
　　영남 동해안 지역의 문화와 사회』, 동북아역사재단, 287~289쪽 및 각주 106번 참
　　조. 지방에 이주되어 지방의 통치를 맡은 경우, 지방관과 유사하겠지만 차이가 있
　　을 것이다. 이 경우 재지의 공동체적 질서를 해체하지 않고, 그 속에서 지배층이
　　되어 그들을 제어하는 것이다. 중앙에서 직접 이주한 세력 밖의 주변 읍락과 신라
　　중앙의 관계는 이전과 같이 공납을 매개로 한 간접지배방식을 유지할 것이다.
138) 여기서의 王京人은 原六部民, 이후 六部에 배속된 來投民과 首長層, 기타 服
　　屬民과 首長層 및 六部 소속이 아니더라도 新羅民으로 인정받은 집단 전체를
　　의미한다.

이주 집단의 지배자로 성주의 지위를 함께 가진 존재일 수도 있겠다.

이러한 관점이야말로 강릉 지역의 고고자료가 지역토기양식이 없고, 일찍부터 위세품을 비롯하여 신라토기들도 경주와 연동하는 점을 잘 설명해 준다. 어쩌면 사료에 6부인이 성주(강릉 하슬라 성주 삼직, 대구 달벌성주 나마 극종)로 파견되거나 지역의 책임자(양산 박제상)로 봉읍되는 지역은 일종의 식민도시(그리스의 폴리스)의 성격을 갖고 있었던 것이 아닌가 한다. 신라가 소백산맥 이남에 머물고 있는 시기에 유일하게 소백산맥을 넘고, 백두대간 준령을 따라 동해안의 중부 지역인 강릉에 진출하고, 경포호 강문동 신라토성을 운영할 정도라면 충분히 가능성이 있다고 생각된다. 물론 이곳에 새로이 이식된 집단은 신라의 후원과 지원 속에서 주도권을 행사하였을 것이고, 재지세력은 여기에 맞설 정도의 힘이 없었을 것이다. 결국 하슬라 경영의 군사적 지배가 강화되었음을 알 수 있다. 적어도 교통로를 통한 군사적 거점 지배를 한 것으로 보이는데, 군대가 주둔하고 공납을 수취하는 정도의 간접지배인지, 아니면 사민·이식 시킨 집단의 戶口를 어느 정도 통제하였는지는 불확실하다.

특정 지역을 신라화 하는 과정과 관련하여 사료에서 지증마립간 때 6部人의 일부를 阿尸村小京으로 徙民시키고 있어[139] 지방의 주요 거점에 중앙인을 사민시켰을 가능성이 충분히 있다. 그러한 증거로 적석목곽묘의 존재를 들기도 하는데, 적석목곽묘는 사로 지배층이 자신들의 정체성을 과시하기 위하여 배타적으로 조영하였고,[140] 지방의 적석목곽묘는 중앙에서 이주해간 경우로 보기도 한다.[141] 예를 들어 경산 신상리 고분군은 고총에서 소형 분묘까지 대부분 적석목곽묘로 하위의 고분인데, 신라가 경주민을 이주시켜 지역 지배를 관철해 나간 것으로 추정한다.[142] 그런 점에서 강릉

---

139) 『三國史記』卷4, 新羅本紀4 智證麻立干 15년 "春正月 置小京於阿尸村, 秋七月 徙六部及南地人戶充實之"

140) 이희준, 2007, 『신라고고학연十』, 사회평론, 306쪽.

141) 金大煥, 2001, 「嶺南地方 積石木槨墓의 時空的 變遷」, 『嶺南考古學』29, 96쪽 각주 62번.

142) 李熙濬, 2004, 「경산 지역 고대 정치체의 성립과 발전」, 『嶺南考古學』34, 29~31

영진리 1호분을 비롯한 영진리·방내리 일대의 사방적석목곽묘들이 주목된다.[143] 특히 하위 집단도 사민·이식된다는 사례로 영진리 사방적석목곽묘 고분군이 좋은 예가 될 수 있다. 최근 공간된 영진리 고분군 발굴보고서를 보면, 사방적석목곽묘들은 목곽묘만 축조되는 Ⅰ기의 마지막 단계에서 나타나서, 목곽묘와 석곽묘가 함께 축조되는 Ⅱ기에 많이 축조되고, Ⅲ기에는 거의 보이지 않는다. 고분의 규모가 대부분 소형에 가까우며, 단곽식으로 축조되어 영남지방 목곽묘 말기에 나타나는 양상이다.[144] 이러한 전개 과정을 감안하면, B-1호와 A-20호 그리고 B-29호 등의 사방적석목곽묘 집단이 기존 목곽묘 집단에 이입되어 왔을 가능성도 있다. 한편, 금공 위세품은 A-7호 석곽묘와 B-1호 목곽묘에서 금동세환이식, B-26호 목곽묘에서 금동태환이식 정도만 출토되었고, 그밖에 다른 위세품과 철제 유물들이 없으므로 하위 집단의 묘역으로 보인다. 중앙과 관련 있는 하위 단계의 사방적석목곽묘 집단을 사민 또는 이식시킨 예가 되며, 그만큼 다양한 계층과 집단을 사민·이식시켜 재지토착민과의 경쟁에서 주도권을 잡는 것은 물론 재지토착민을 약화·동화시키는 방법으로 신라화가 추진되었을 것이다.

그런데 경주의 세력이 직접 이주해 와 영진리·방내리 고분군을 일부 조영하였다면, 이곳에서 양양 현남면 후포매리 신라산성이 비교적 가까워 흥미롭다. 신라의 중앙에서 다양한 방식과 강도로 지방을 통제하기 위하여 파견된 세력들이 토성을 축조하였다는 연구 성과와 함께 山城과 徙民 정책 간의 관련성이 참고가 되기 때문이다.[145] 예를 들어 삼년산성과 굴산성

쪽. 이희준은 6부인을 지방으로 이주시킨 고고학적 사례로 임당유적에서 8km 정도 떨어진 신상리 고분군을 일성이사금 13년(146)의 사민기사와 관련시켰다.

143) 삼척의 갈야산 적석목곽묘(崔淳雨, 1978, 「三陟 葛夜山 積石古墳 槪報」, 『考古美術』138·139, 韓國美術史學會)는 최근 공개된 조사 당시의 사진을 검토한 결과 석곽묘로 판단된다(홍영호, 2015(a), 「실직의 고고자료와 신라사적 의미」, 『이사부와 동해』9호, 한국이사부학회, 177쪽).

144) 이명희, 2007, 「領津里 古墳群의 埋葬施設의 變化에 대하여」, 『江陵 領津里 古墳群』, 江陵大 博物館 學術叢書 44冊, 246~247쪽.

145) 李熙濬, 1998, 『4~5세기 新羅의 考古學的 硏究』, 서울대 고고미술사학과 박사학위논문, 211~216쪽 ; 박성현, 2007, 「4세기 전후 신라의 토성 축조와 그 목적

의 축조(개축)시 將軍이 주도적인 역할을 하고, 그 지역의 주민 대신 一善 지역의 丁夫를 동원한 점,146) 진흥왕 11년(550) 道薩城과 金峴城의 경우 성을 중축하고 甲士 一千을 두어 지키게 한 점147) 등으로 볼 때 산성은 촌락민의 평상시 생활공간이 아니라 군사적인 방어시설로 보고 있다.148) 삼년산성의 예로 보아 축성은 변방 지역을 개척하고 방비를 위한 것이며, 주민의 이주를 단행하기 위한 예비 단계, 곧 山城下의 보은 분지로 徙民하기 위한 준비 과정으로 파악하는 견해도 있다.149) 양양군 현남면 지역도 고구려와의 접경지대로 최일선 변경의 요충지라는 점에서 신라의 중앙 정부가 군대를 파견하여 장악하였거나, 중앙 세력의 이주 또는 봉읍의 방식처럼 강도 높게 통제하였을 가능성도 있으며, 사민도 고려할 수 있겠다. 결국 하슬라 성주의 존재가 군사적 거점화를 위한 본격적인 사민·이식의 단서가 될 수 있는 것이다.

이렇게 볼 때 양양 후포매리 신라산성과 강릉 경포호 강문동 신라토성이 하슬라 성주와 관련된 고고자료로 가장 주목된다. 후포매리 신라산성은 주변에 적석목곽묘 고분군이 존재하지 않으므로 軍官의 파견과 駐屯軍을 통한 지방 통제 및 방어와 관련될 가능성이 높다. 강릉 경포호 강문동 신

-영남지역초기토성의 성격-」, 『韓國史硏究』139, 42쪽 : 張容碩, 2008, 「4世紀 新羅의 土城築造 背景-達城과 林堂土城의 例를 통하여-」, 『嶺南考古學』46, 20~25쪽. 반면, 토성을 삼한 '국'의 국읍을 둘러싼 방어시설로 보는 견해(李基白·李基東, 1982, 『韓國史講座』Ⅰ, 一潮閣, 40~41쪽), 토성의 축조가 삼한 시대보다 늦으며 재지세력이 축조한 읍락의 방어시설이라는 견해(金龍星, 1998, 『新羅의 高塚과 地域集團-大邱·慶山의 例-』, 춘추각, 311~313쪽 및 이부오, 2003, 『신라 군·성 (촌) 제의 기원과 소국집단』, 서경, 118쪽)도 있다.

146) 『三國史記』卷3, 新羅本紀3 炤知麻立干 8年 "春正月, 拜伊湌實竹爲將軍 徵一善界丁夫三千 改築三年屈山二城"

147) 『三國史記』卷4, 新羅本紀4, 眞興王 11年 "春正月, 百濟拔高句麗道薩城, 三月, 高句麗陷百濟金峴城 王乘兩國兵疲 命伊湌異斯夫出兵擊之 取二城 增築留甲士一千戍之"

148) 李鉄勳, 1993, 「新羅 村落의 立地와 城·村名-三國時期의 경우를 중심으로-」, 『國史館論叢』48, 國史編纂委員會, 157~158쪽.

149) 李鉄勳, 1993, 위의 논문, 157~158쪽.

라토성은 사료에 보이는 하슬라城과 城主의 존재를 신뢰하게 해주고, 하슬라 성주를 중앙 정부와 연결시킬 수 있는 고고자료이다. 나아가 신라 중앙에서 군관과 주둔군을 파견하고 성주를 배치할 정도로 하슬라 지역이 군사적으로 중요한 거점이었음을 알려 주며, 고구려 邊將을 掩殺한 사건이 신라 중앙의 의지가 관철된 사건으로 볼 수 있게 해 준다. 결국 양양 후포매리 신라산성과 강릉 경포호 강문동 신라토성의 존재는 450년경 신라가 하슬라 지역을 정치적·군사적으로 강하게 통제하는 양상을 보여주는 것이다. 또한 하슬라 성주의 군사적 활동 범위가 실직벌인 삼척 일대까지 포함하고 있어 軍管區를 반영하며, 결과적으로 何瑟羅(州)의 地理的 範圍를 알려주는 중요한 단서가 된다. 이러한 신라화를 토대로 하슬라인을 동원한 泥河 築城과 같은 力役動員體制가 이루어졌을 것이다.

세 번째 경영 과정은 자비마립간 11년(468) 15세 이상의 하슬라인을 동원하여 泥河에 築城하는 力役 동원 기사가 주목된다. 두 번째 단계에 왕경으로부터 파견된 주둔군 또는 사민·이식 집단이 강릉 지역에 존재했다면, 간접지배보다 더 강한 통제를 하였을 것이고, 이를 토대로 泥河 築城을 위한 力役 동원이 가능했을 것이다.[150] 논란이 되는 泥河의 위치는 5세기 중반에 이미 하슬라 城主가 실직벌에서 고구려 邊將을 掩殺하였으므로 그의 군사적 영향권이 오늘날의 삼척 접경까지를 포함하고, 울진 봉평비에서 悉支軍主가 悉支道使(삼척)와 居伐牟羅道使(울진)를 관할하므로 『삼국사기』에 등장하는 泥河의 위치도 통일신라시대 명주의 관할 내에 있는 군관구의 범위에서 찾을 필요성을 제기하였다. 그리하여 泥河의 위치를 남한강 유역에 분포한 일련의 신라산성들을 근거로 남한강 (최)상류에 비정한 바 있다.[151] 이와 관련하여 통일신라시대 溟州의 領縣 棟隄縣으로 추정되는 정선군 임계면의 송계리 산성(장찬성)은 동해안에서 돌팔매로 쌓았다는 설화가 전해져 오는데 역역을 동원한 것과 같은 역사적 상황을

---

150) 洪永鎬, 2009, 앞의 논문, 304쪽.
151) 홍영호, 2010(b), 앞의 논문, 26~33쪽 ; 2010(c), 앞의 논문, 43~83쪽.

반영할 가능성이 높다.152) 임계리 고분군 출토 회백색 신라토기도 강릉 지역에서 출토되는 양상과 동일하여 강릉 지역과 정선군 임계 지역 간의 관련성을 뒷받침한다. 그리고 정선군 신동면 고성리 산성도 泥林里, 泥林溪 지명이 있어 니하를 연상시킨다.

이러한 양상은 신라가 하슬라를 지배하는 수준이 상당히 강화되었음을 말해준다. 인적 교류는 물론이고, 사민·이식 역시 더 광범위하게 이루어졌을 것인데, 강릉 지역에서 출토된 상주식 묘제와 의성양식토기가 대표적인 사례이다. 고고자료로는 관식(초당동 호접형 관식, 병산동 조익형 관식, 초당동 조익형 관식), 과대(초당동, 병산동 등) 등의 유물이 신라의 실질적인 지배와 통제의 강도를 반영한다. 강릉 지역의 고분군도 양적으로 증가하는 것은 물론이고, 분포도 더 외곽으로 확대되는 양상을 보여주고 있어 신라의 하슬라 경영이 더 강화되었고, 영향력의 범위도 더 확대되었음을 알 수 있다.

이러한 변화는 中原을 거점으로 한 高句麗의 側方攻擊에 대응한 신라의 군사방어체계의 구축과 직결될 것이다. 고구려는 麗羅關係가 악화된 이후, 신라 정부에 정치적 압력을 가하기 위하여 경주에서 신속히 지원하기 어려운 곳을 선정하여 군사적 압박을 시도하였을 것이다. 그 대상으로 對고구려 교섭의 중간거점으로 개척·육성했던 실직이나 하슬라가 경주와 멀리 떨어져 있어 신속한 지원이 어려우므로 이들 지역을 공략하는 것이 효과적이다. 신라로서는 실직 및 하슬라를 탈취 당하면 방어거점의 손실은 물론이고, 對고구려 교섭의 중간거점으로 육성하기 위하여 투입했던 人的 손실도 감수해야 한다. 그러므로 신라도 이에 대응하여 人的·物的 資源을 하슬라에 더 투입하여 동북방의 방어거점으로 육성·강화하였을 것이다.153) 통

---

152) 홍영호, 2010(b), 위의 논문, 26~33쪽 ; 2010(c), 위의 논문, 43~83쪽.

153) 소백산맥 일대는 중원을 거점으로 한 고구려 세력이 뒷받친 하에 그 세력이 아직 견고하므로, 신라로서는 동해안에서 남한강을 따라 배후를 위협하는 것이 효과적으로 보인다. 사료에는 소지왕 무렵에 소백산맥 일대에 진출한 것으로 나온다(『三國史記』卷3, 新羅本紀3 炤知麻立干 22년(500) 9월조, "王幸捺已(已,

일신라시대 명주의 직속 영현에 정선현이 포함된 이유도 그러한 역사적 결과일 것이다. 즉 동제현의 위치를 정선군 임계로 비정하고, 명주의 영현에 동제현과 정선현이 들어가 있으므로 하슬라가 이 시기에도 남한강 최상류와 상류를 방어하는 거점의 기능을 수행하였다고 판단할 수 있다. 명주의 직속 영현이 'ㄴ'자형의 기형적인 행정체계를 이루고 있는 이유가 여기에 있는 것이다.154) 이후 신라는 이 일대에 悉直州와 何瑟羅州를 설치하고 軍主를 두어 군사적인 거점이자 전진기지로 활용하였다.155)

정리하면, 신라가 하슬라(강릉)에 진출한 목적은 처음에는 내물왕대에 당시 고구려의 수도인 集安으로 가기 위한 對고구려 교섭의 중간거점으로 개척하였다고 판단된다. 그러나 장수왕의 평양천도(427) 이후 麗羅관계가 악화되면서 신라는 하슬라 경영의 목적을 변화시켰다고 판단된다. 즉 하슬라는 중원을 거점으로 남한강을 따라 실직(삼척)과 하슬라(강릉)를 침공하는 고구려의 측방공격과 동해안을 따른 남하를 방어하는 거점이 된 것이다. 사료로는 눌지왕과 비유왕의 외교교섭의 시작(433~434)에서 추정이 가능하며, 고고자료로는 강릉 지역에서 황남동 110호분 단계(5세기 2/4분기)에서 황남대총 남분 단계(5세기 3/4분기) 사이에 각종 위세품과 마구류가 출현하고 있는 점에서 뒷받침이 된다.

강릉 지역에 사민·이식한 목적도 이와 관련될 것이다. 강릉의 신라화를 촉진시켜 거점으로 빨리 육성하기 위한 방법으로 親신라화 세력의 移植(사민)을 연관시켜 이해할 수 있겠다. 사벌주 호민들을 동해안(沙道城)으로 이주·사민시켜 왜적을 막으려고 했던 것을 참고하면, 강릉 초당동 고분군에 출현한 상주식 연장형 석곽묘도 강릉의 신라화 촉진과 對고구려 방

當作己)郡, …").

154) 홍영호, 2010(b), 위의 논문, 26~33쪽 ; 2010(c), 위의 논문, 43~83쪽.
155) 『三國史記』卷4, 新羅本紀4 智證麻立干 6年 "春二月 王親定國內州郡縣 置悉直州 以異斯夫爲軍主 軍主之名 始於此. 冬十一月 始命所司藏氷 又制舟楫之利" ; 『三國史記』卷4, 新羅本紀4 智證麻立干 13年 "… 伊湌異斯夫爲何瑟羅州軍主 …"

어의 강화와 관련될 것이
다. 『삼국사기』에 실린 우
로 전설의 무대를 울진까
지 설정할 수 있으므로 강
릉 지역까지 왜가 침입한
기사는 보이지 않기 때문
이다. 결국 강릉 지역의 사
민·이식은   對고구려와의
관계 속에서 이해할 수 있
는 것이다. 사료로는 하슬
라 성주의 기사가 중요한
데, 하슬라 지역에서 양양
후포매리 신라산성과 강릉
강문동 신라토성이 발견·
조사되어 군관 파견과 주
둔군의 운용이나 봉읍, 사
민·이식 등의 가능성을 더

〈지도 9-①〉 하슬라(강릉)와
고구려-신라 교섭로
- 對고구려 交涉의 中間據點 -

높여준다. 여기에 삽량주간 박제상 기사 등으로 보아 왕경인의 지방세력화
도 가능하다. 그리고 사민·이식을 당한 집단들의 신분적·사회적 위상도 달
랐을 것이다. 예를 들어 강릉 초당동 고분군은 영동 지방 최고·최대의 상
위 고분군 집단이며, 영진리 고분군의 사방적석목곽묘 집단의 경우 하위
집단이 사민 당한 것으로 보인다. 또한 강릉 초당동 상주식 연장형 석곽묘
는 비교적 지배층의 묘제로 보고 있으므로 피장자의 지위가 사도성으로 사
민이 되는 사벌주 호민과 관련될지도 모르겠다. 그밖에 소량의 외래 토기
가 바입된 무덤들의 경우는 조문·공헌, 교류·전파, 군관(군단)의 이동, 이
주·사민 등 다양한 요인의 결과일 것이다. 신라는 하슬라의 군사거짐화 각
업과 사민·이식을 통한 親신라화 작업을 토대로 하슬라인을 동원하여 니

〈지도 9-②〉 고구려의 측방공격과 신라의 대응
----------▶ 고구려의 측방공격 방향 ———▶ 신라의 대응과 진출 방향
- 對고구려 防禦의 前進基地 -

하에 축성하는 역역동원 같은 사실상 戶口를 통제하는 지배체제를 발전시
켰을 것으로 판단된다.

신라의 하슬라 경영 과정을 사료와 고고자료를 통해 지배체제의 구축으
로 구분하여 보면 크게 3단계로 설정이 가능하다. 즉 첫 번째는 내물왕 대
의 구휼기사와 관련되는 공납적 간접지배 단계, 두 번째는 하슬라 성주 기
사와 관련되는 군사적 거점지배 단계, 세 번째는 하슬라인을 동원한 니하
축성 기사와 관련되는 역역동원단계인 진전된 지방 지배 방식의 성립이다.

VI

結論

이 글은 신라가 하슬라(강릉)에 진출하는 목적과 지배 양상을 살펴보는
데에 있다. 이러한 목적을 달성하기 위하여 필자는 하슬라 지역에서 조사
된 고고자료를 검토·분석하고, 그 결과를 사료와 함께 다각적으로 분석하
여 역사적 實相을 밝혀 보고자 노력하였다. 이 글의 연구 대상 범위로, 공
간적으로는 이 시기를 연구하는데 일반적으로 적용되는 『삼국사기』「지리
지」의 행정 체제를 토대로 설정하였다. 이 범위는 신라가 하슬라에 진출하
게 된 역사적 배경을 이해하고, 지배 양상의 변화를 추적하는데 필요하며,
당시 삼국의 역학 관계 속에서의 역사지리적 상황을 파악하는 데에도 도움
이 되기 때문이다. 시간적 범위로는 신라가 실직(삼척)과 하슬라에 진출하
는 첫 기사의 등장 시점부터 단각고배 등장 이전까지를 중심시기로 한다.

하슬라(강릉)는 주지하다시피 통일신라시대 9州 가운데 하나인 溟州의
州治이다. 그런데 『삼국사기』 지리지에 의하면 溟州는 4개의 직속 領縣인
旌善縣(현재 정선읍), 棟隄縣(今未詳), 支山縣(현재 강릉 연곡면), 洞山縣
(현재 양양 현남면·현북면)을 거느리고 있는데, 그 가운데 동제현은 그 위
치를 알 수 없다. 그리하여 필자는 관련 문헌 자료를 통한 역사지리적 분
석과 고고학적 양상을 검토하여 棟隄縣의 위치를 정선군 임계면으로 비정
하였다. 그 근거를 들면 사료에서 南漢江을 따라 붙여진 고구려 지명과 신
라 지명이 '堤防(둑)' 관련 지명이라는 공통점이 있는데, 임계도 남한강의
가장 동쪽에 있어 '제방(둑)' 관련 지명인 棟隄縣(東吐縣)을 붙일 수 있는
지역이기 때문이다. 또한 고대에도 남한강을 따라 영월-정선-임계 지역을
거쳐 강릉과 통하는 교통로가 있었는데, 이 점은 弓裔의 東征路 분석 고
증, 정선읍 애산리 산성의 궁예 관련 지명 및 전설, 임계 송계리 산성의 築
城 說話 등으로 방증되고 있다. 고고학적 양상으로도 임계면 지역은 신라
시대와 통일신라시대의 고분군이 분포하고, 신라산성도 있어 현치(縣治)의

조건을 충족하고 있다. 반면, 『고려사』 지리지에는 통일신라시대 때 삼척군에 속하였던 羽溪縣(현재 옥계)이 강릉에 편입되었고, 강릉의 북쪽으로도 다른 縣들이 위치하고 있어 동해안 쪽으로는 또 하나의 縣이 들어갈 공간이 사실상 없다. 그러므로 삼국시대 하슬라의 범위도 지금의 강릉 중심지뿐만 아니라 연곡면, 양양군 현남·현북면, 정선군 임계면, 정선군 정선읍·신동읍 지역을 포함시켜 설정하였다. 현재 이들 지역에는 삼국시대의 고분군이 존재하며, 양양 현남면 후포매리 신라산성, 강릉 경포호 강문동 신라토성, 정선군 임계면 송계리 신라산성, 정선군 신동읍 고성리 신라산성이 존재한다.

『三國史記』에 등장하는 泥河의 위치도 고대사의 여러 가지 논쟁점을 밝히기 위한 매우 중요한 지명이나 논란이 많다. 현재 니하의 위치는 하슬라인을 동원하였다는 점을 중시하여 강릉 쪽의 동해안에서 찾는 것이 대세이다. 그러나 필자는 문헌 비판과 고고자료, 역사적 정황, 동제현의 위치 비정과 신라사적 의미 분석 등을 통해 남한강 상류설을 지지하고 더욱 보강하였다. 동제현으로 비정한 정선군 임계에는 5세기 후반~6세기 전반의 신라고분군과 송계리 신라산성이 존재하며, 남한강을 따라 정선군 신동읍 고성리 신라산성, 영월군 왕검성, 영춘 온달산성, 단양 적성 등의 신라산성들이 분포하고 있어 뒷받침이 된다. 반면, 강릉 지역의 동해안에는 일련의 산성 분포를 찾을 수 없다. 그 점에서도 국경으로서의 泥河는 南漢江 上流가 적합하다. 신라는 고구려와의 본격적인 대립 관계가 형성되면서 中原(충주)을 거점으로 側方攻擊을 하는 고구려를 방어하기 위하여 하슬라 지역을 남한강 상류를 방어하는 동북쪽 거점으로 삼았던 것이다. 그리고 공교롭게도 니하 축성(468)과 보은 삼년산성의 축조(468~470)는 사실상 동일한 시기이므로 신라는 이때에 고구려의 主 侵攻路에 대한 방어체계를 구축한 것으로 볼 수 있다. 그 때문인지 고구려는 481년 미질부(홍해) 進攻 때에는 그 중간 지역인 경북 내륙 지역으로 기습한 것으로 추정된다.

결국 하슬라인을 동원하여 축조한 泥河 築城 기사는 고구려의 측방공격에 대응하기 위하여 신라가 삼척·강릉 일대에서 西進하면서 방어 체제를 구축한 것을 의미하며, 군사적 거점 기능이 강한 최초의 州(停)인 悉直州 (505), 何瑟羅州(512)의 설치 목적도 이러한 역사적 배경과 관련되는 것으로 판단된다. 그 결과 통일신라시대에도 명주의 직속 영현에 서남쪽, 태백산맥을 넘어 동제현(임계면)과 정선현(정선읍, 신동읍) 일대가 포함되었다고 생각된다.

이 글에서 검토하는 고고자료의 편년은 시간적 흐름에 따른 변화를 잘 보여주는 토기를 중심으로 진행하였다. 그리하여 필자는 신라토기의 전개 과정, 금동관의 출현과 변화 과정에서 파악된 시간적 간격을 토대로 하여, 사료를 고려한 역사적 해석을 통해 황남동 109호 3·4곽을 4세기 4/4분기, 황남대총 남분을 5세기 3/4분기로 보았다. 필자의 이러한 고분 편년관은 소위 눌지왕릉설에 해당하지만, 황남동 110호분과 황남대총 남분을 동일한 단계로 보지 않고, 황남동 110호분이 황남대총 남분보다 한 단계 선행한다고 보는 차이점이 있다. 즉 황남동 110호분을 5세기 2/4분기로 보아 5세기 3/4분기의 황남대총 남분보다 한 단계 앞선다고 보았다. 이것은 황남동 110호분 단계의 유구에서 발견되는 토기들의 공반 양상이 매우 다양하고, 이 단계의 유구들에서는 선행 및 후행하는 단계의 기종·기형도 오랫동안 공반·유지되는 사례가 많다는 점에서 방증이 된다.

필자의 신라고분 편년관을 바탕으로 하슬라, 실직 지역의 고고자료를 검토·분석한 결과 강릉 지역의 신라토기는 경주토기와 연동하여 전개되며, 경주·포항에서 멀리 있는 강원도 동해안의 강릉 지역에만 갑자기 이른 시기의 신라고분과 신라토기가 출현하는 점이 주목된다. 특히, 강릉 지역의 신라토기는 부산, 포항, 흥해 지역의 고분 및 출토 토기와 연동하여 동일한 양상을 보이고 있음도 알 수 있다.

이러한 고고학적 현상, 경주·포항에서 멀리 떨어진 강릉 지역에만 갑자기 이른 시기의 신라고분과 신라토기가 출현하게 된 현상을 설명하려면 그 역사적 배경을 이해할 필요성이 대두된다. 즉 신라의 물질문화는 강릉 지역에 안현동, 초당동, 하시동, 병산동 순으로 미세한 차이로 진출한다. 그 진출 시기는 황남동 109호 3·4곽 단계부터 신라의 영향권에 들어갔고, 황남동 110호분 단계부터 위세품이 처음 보이기 시작하며, 이 단계부터 병산동Ⅱ 고분군 지역처럼 유구의 수도 많아지고 있다. 이후 황남대총 남분·북분 단계에는 강릉의 중심지는 고분군이 증가하고 각종 위세품들이 출토되며, 강릉 외곽의 각 지역에서도 고분군이 급속히 확산된다. 삼척 지역은 황남동 110호~황남대총 남분 단계부터 갈야산에 신라의 물질문화가 들어온다. 황남대총 남분 및 북분 단계에는 양양에 이르기까지 강원도 동해안 전역이 신라의 영향권에 들어간다.

이들 고고자료를 토대로 사료를 다각적으로 검토하면 당시의 역사적 실상에 접근하는데 크게 도움이 된다. 기존에는 신라의 본격적인 강릉 지역 진출을 450년 하슬라 城主의 실직벌에서의 고구려邊將 掩殺, 468년 고구려의 悉直 침공과 신라의 泥河 축성 등의 기사와 관련시키는 경향이 많았다. 그러나 이미 강릉 지역에는 5세기 2/4분기가 중심 시기로 판단되는 황남동 110호분 단계에 금동용문투조대금구와 같은 최상급의 위세품이 사여되고, 고분군이 형성되어 유구의 수도 급증하고 있다. 그러므로 이 시기를 주목할 필요가 있다.

필자는 신라가 강릉 지역에 진출하게 된 역사적 배경으로 先代王(내물왕, 실성왕)부터 시작된 신라-고구려 간의 외교 관계에 따라 강릉 지역이 당시 고구려의 수도인 集安으로 가기 위한 對고구려 交涉의 中間據點인 까닭에 일찍이 진출하였다고 보았다. 이때에는 신라-고구려 간의 관계가 우호적이므로 군사적 지배와 같은 강도 높은 통제가 크게 요구될 필요가 없었고, 신라로서는 강릉 지역의 재지세력에게 영향력을 행사하여 신라의 의지를 관철하는 정도였을 것이다. 이를 위하여 신라는 재지세력과 재지민들에게 선진 물자를 보급하여 회유·관리하였을 것이다.

그런데 5세기 2/4분기를 중심 시기로 하는 황남동 110호분 단계는 고구려 장수왕의 평양 천도(427) 이후, 눌지왕의 對고구려 정책이 전환하는 시점(433~434)에 일치하는 점이 주목된다. 고구려와 신라 간에는 기존의 관계가 여전히 유지되는 중이지만, 눌지왕은 장수왕의 평양 천도 이후 고구려의 야욕을 느끼고 광개토대왕의 신라 구원전 이후 처음으로 백제와 외교적 교섭(433~434)에 나섰을 뿐만 아니라, 강릉 지역을 對고구려 防禦의 前進基地의 역할도 겸하게 할 필요성을 느꼈을 것이다. 그 때문에 본격적인 통제를 위하여 군사적 지배를 비롯한 다양한 방법으로 강릉 지역을 급속히 신라화 시켰을 것이다. 그 결과 황남동 110호분 단계에 금동제용문투조대금구(초당동 A-1호)와 같은 위세품이 출토되었고, 고분군이 형성되고 유구의 수도 급증했던 것이다. 이후에도 강릉 지역은 최상급의 위세품이 하사되는 것은 물론이고, 황남대총 남분 단계(5세기 3/4분기) 직전부터 강릉 지역 고분에 마구류가 부장되기 시작하며, 그 이후부터는 신라의 물질문화가 강릉 외곽으로 확산된다. 이러한 고고학적 양상은 450년, 468년, 481년 기사에 보이는 신라-고구려의 대립에 따른 신라화의 과정을 잘 반영하고 있다. 신라가 하슬라인을 동원하여 泥河에 築城을 하게 되는 배경도 對고구려 관계의 변화에 따른 신라의 하슬라 경영 목적의 전환, 그리고 그 결과 발생한 고구려의 실직(삼척) 침공과 같은 본격적인 군사적 압박에 적극적으로 대응한 결과인 것이다.

결국 하슬라(강릉)는 集安으로 가기 위한 對고구려 交涉의 中間據點으로 개척되었지만, 이후 對고구려 防禦의 前進基地로 그 기능이 변화하였으며, 이것이 바로 신라가 하슬라에 진출하고 경영한 목적인 것이다.

이러한 역사적 배경을 이해할 때, 강릉 지역의 신라토기가 포항과 강릉의 중간 지대인 영덕, 울진, 삼척보다 더 빠른 이유를 알 수 있고, 강릉과 부산·포항·흥해 지역이 동해안이라는 점을 중시하면, 바닷길이 이용되었을 가능성도 제기된다. 적어도 백두대간의 높고 큰 고도 차이와 해안 절벽으로 인한 동해안의 지형적 어려움을 극복하기 위해서라도 物資의 交流·補給에는 바닷길도 활용했을 것으로 보인다. 강릉 지역의 이른 시기의 고분이 해안가의 강 하구와 석호에 분포한 점도 이와 관련이 있을 듯하다.

특히, 동해안의 석호가 조선시대 초기에 수군 정박처로 활용되었던 기사를 찾을 수 있었는데, 신라시대에도 석호를 정박처로 이용하였음을 뒷받침하는 실증적인 자료가 강릉 鏡浦湖 강문동 新羅土城이다. 강릉 지역의 초기신라고분군과 석호의 분포가 서로 상관성이 인정되며, 신라가 동해안의 연안항해를 위한 거점을 선정할 때 석호의 존재를 중요한 판단의 기준으로 삼았다고 생각된다. 그리고 연안항해는 보급·휴식을 위하여 중간기항지가 필요한데, 적대적인 세력이 있는 곳을 선택할 수는 없을 것이다. 그런데 강릉 이북은 신라고분군이 거의 없으므로 신라에게 안전을 보장하기 힘든 변방지대로 생각되고, 강릉은 경포호라는 석호의 항구 기능이 유리하였다는 점에서 선정된 것으로 볼 수 있겠다. 즉 석호가 분포한 강원도 동해안과 함경도 동해안에서 당시 신라의 영향력의 범위 내에서는 강릉이 가장 최적의 지역임을 추론할 수 있다. 결국 강릉 경포호 강문동 신라토성은 신라가 동해안 연안항해를 하였음을 알 수 있게 해주고, 석호가 있는 지역을 중간기착지로 삼았으며, 그 중에서도 강릉이 당시 신라의 입장에서는 최적의 지점으로 판단하였기에 동해안의 주요 거점으로 경영하였음을 평가하게 해 주는 매우 귀중한 자료라 하겠다.

신라가 하슬라를 對고구려 交涉의 中間據點으로 개척하여, 이후 對고구려 防禦의 前進基地로 전환하면서 경영하는 과정을 살펴보면, 사료에 등장하는 눌지마립간 34년(450) 高句麗 邊將을 掩殺한 何瑟羅 城主 기사가 주목된다. 이 기사의 하슬라 성주는 중앙인(6부인) 또는 재지세력 등 그 성격에 대하여 논란이 많다. 그러므로 신라의 하슬라 지배 방법과 강도를 파악하기 위하여 하슬라 성주의 실체를 밝히는 것이 필요하다. 이와 관련하여 양양 후포매리 신라산성과 강릉 강문동 신라토성이 매우 중요하다. 후포매리 신라산성은 강원도 동해안에서 처음 발견된 확실한 삼국시대의 신라산성이며, 동해안의 신라산성 가운데 가장 북쪽에 위치하였다. 후포매리 산성은 산봉우리에 축조한 군사적 거점으로 산성 내에서 경주산 토기들이 보이고 주변에 적석목곽묘 고분군이 존재하지 않으므로 사료에 보이는 지방관 및 軍官의 파견과 駐屯軍 기사, 왕경인(6부인)을 성주로 삼은 기사, 사민 기사 등 신라 중앙 세력의 다양한 지방 통제 및 방어와 관련시킬 수 있다. 강릉 강문동 신라토성도 하슬라 성주 기사를 고고자료로써 입증해 주고 있다. 이들 신라성의 존재는 사료에 등장한 하슬라 지역의 城과 城主 기사의 역사성을 신뢰하게 해주며, 신라 중앙에서 군관과 주둔군을 파견할 정도로 하슬라 지역이 군사적으로 중요한 거점이었음을 알게 해 준다. 뿐만 아니라 450년경 신라의 하슬라 지배의 강도를 알려주는 중요한 고고자료인 것이다.

　고고학적 양상으로도 현재까지의 자료에 의하면 강릉 지역이 제일 먼저 신라화가 이루어진 점이 주목된다. 그런데 그동안 (사방식)적석목곽묘 고분군이 아닌 초당동 고분군을 비롯한 강릉 지역의 수혈식 석곽묘 고분군은 재지세력 또는 재지수장묘로 보는 경향이 강하였다. 즉 移住에 의한 신라 문화의 정착이라기보다는 在地勢力의 신라 문화 수용으로 본 것이다. 그러나 강릉 지역에서 가장 이른 시기의 신라고분들부터 외래적인 요소와 유물들이 많으므로 재조명할 필요가 있다. 강릉 안현동 목곽묘군은 황남동 109호 3·4곽 또는 미추왕릉 5구 1호 단계의 신라토기 문화가 등장하고, 복천동식 토기와 기종이 세트화 되어 출현하며, 동일한 묘역군에서 석곽묘로 연동·이행하고 있는 점에서 집단의 이주·이식·정착을 상정할 수 있다. 초당동 고분군도 선행하는 철기시대 주거지를 파괴하고 조영되었다는 점에서 직접적인 이주·이식으로 보고 싶다. 특히, 안현동 목곽묘군이나 하시동 서1호분 출토 토기들이 부산 복천동 출토 토기들과 연결되고 있어 그 가능성을 높여준다. 반면, 강릉 지역의 신라토기는 지역 양식이 없으므로 재지세력이 그다지 강한 것으로 보이지 않는다. 또한 위세품인 금동용문투조대금구를 출토한 초당동 A-1호 고분은 그 규모와 입지가 고총고분이면서 고령 지산동의 석곽 구조인 점도 특이하다. 당시 지배층에서 공유·인식된 석곽 구조를 재지수장이 모방·수용하였을 수도 있지만, 이러한 석곽 구조를 알고 있고, 경산 임당 7B와 동일한 형식의 금동용문투조대금구를 받은 집단이 직접 이주해 와 조영했을 가능성을 무시할 수 없다. 초당동 고분군에서는 이후에도 영동 지방 최고의 위세품이 지속적으로 출토되고 있다. 이로 보아 세력을 약화시키는 사민정책이 아니라 자기 세력의 분화·확장인 移住·移植으로 볼 필요성이 제고된다.

결국 신라 중앙 정부는 매우 이른 시기부터 강릉 지역을 중요한 거점 지역으로 간주하였고, 지역을 장악하고 지배하기 위하여 적극적인 徙民·移植정책을 실시하여 그 세력을 분화·확장하였음을 파악할 수 있다. 이러한 고고학적 양상은 사료에 보이는 하슬라(강릉) 城主 기사를 이해하는 데에도 좋은 시사점을 주고, 하슬라 성주가 재지세력이라기보다는 중앙 정부와 연결될 가능성을 높여주며, 이 사건 역시 신라 중앙의 의지가 관철된 사건으로 볼 수 있게 해 준다. 이때 하슬라 城主의 실체는 중앙에서 파견된 군관일 수도 있으며, 중앙인을 지방에 내려 封한 집단 및 이주 집단의 지배자로 성주의 지위를 함께 가진 존재일 수도 있겠다. 이러한 신라화를 토대로 泥河 築城과 같은 力役動員體制가 가능하였을 것이다. 신라의 하슬라 경영 과정을 사료와 고고자료를 통해 구분하여 보면 크게 3단계로 설정이 가능하다. 즉 첫 번째는 내물왕 대의 구휼기사와 관련되는 貢納的 間接支配 단계, 두 번째는 하슬라 성주 기사와 관련되는 軍事的 據點支配 단계, 세 번째는 하슬라인을 동원한 니하 축성 기사와 관련되는 力役動員 단계로 지방 지배 방식이 점차 진전되고 있음을 알 수 있다.

참고문헌

1. 사료

『三國志』30 東夷傳,『資治通鑑』권104,『太平御覽』권781,
『三國史記』,『三國遺事』,『高麗史』,『世宗實錄地理志』,『新增東國輿地
勝覽』,『朝鮮王朝實錄』,『經國大典』
『輿地圖書』,『大東地志』,『與猶堂全書』(卷6, 彊域考 卷2 渤海考),『大
韓彊域考』(卷5, 渤海考),『我邦彊域考』(卷2, 渤海考),
「廣開土王碑」,「中原高句麗碑」

2. 단행본

국립경주박물관, 2001,『특별전 신라황금』
국립문화재연구소, 2005,『한국고고학 저널』창간호
국립춘천박물관, 2002,『국립춘천박물관(도록)』
_____, 2008,『권력의 상징, 冠 -경주에서 강원까지-』
금경숙·임기환·공석구 편저, 2006,『강원도와 고구려』, 집문당
김세기, 2003,『고분자료로 본 대가야 연구』, 학연문화사
金瑛河, 2002(2004 3쇄),『韓國古代社會의 軍事와 政治』, 高麗大 民族
　　　　文化硏究院
金元龍, 1981(1994 3쇄),『新羅土器』, 열화당
_____, 1986,『韓國考古學槪說』第3版, 一志社
김원룡, 2002(3판 15쇄),『한국고고학 개설』, 일지사
金龍星, 1998,『新羅의 高塚과 地域集團-大邱·慶山의 예-』, 춘추각
金載元·李丙燾, 1959,『韓國史』(古代篇), 震檀學會, 乙酉文化社
이지린·강인숙, 1976,『고구려사연구』, 사회과학출판사
文化公報部 文化財管理局, 1978,『文化遺蹟總覽』上

文昌魯, 2000, 『三韓時代의 邑落과 社會』, 신서원

박대재, 2000, 『고대한국 초기국가의 왕과 전쟁』, 景仁文化社

白承玉, 2003, 『加耶 各國史 研究』, 혜안

서영일, 1999, 『신라육상교통로연구』, 학연문화사

李基白·李基東, 1982, 『韓國史講座』Ⅰ, 一潮閣

이병도 역주, 1983(1996 개정판), 『삼국사기』(하), 을유문화사

이부오, 2003, 『신라 군·성〔촌〕제의 기원과 소국집단』, 서경

李盛周, 1998, 『新羅·伽倻社會의 起源과 成長』, 學研文化社

李樹健, 1995, 『嶺南學派의 形成과 展開』, 일조각

이인철, 2000, 『고구려의 대외정복 연구』, 백산자료원

이한상, 2004, 『황금의 나라 신라』, 김영사

李炯佑, 2000, 『新羅初期國家成長史研究』, 영남대 출판부

이희준, 2007, 『신라고고학연구』, 사회평론

장창은, 2014, 『고구려 남방 진출사』, 경인문화사

朱甫暾, 1998, 『新羅 地方統治體制의 整備過程과 村落』, 신서원

최근식, 2005, 『신라 해양사 연구』, 고려대 출판부

최근영 외, 2000, 『고구려산성과 해양방어체제연구』, 백산자료원

崔秉鉉, 1992, 『新羅古墳研究』, 一志社

崔盛洛, 1993, 『韓國 原三國文化의 研究-全南地方을 中心으로-』, 學研
        文化社

한국문화재조사연구기관협회, 2009, 『사적 제490호 강릉 초당동 유적』

홍보식, 2003, 『新羅 後期 古墳文化 研究』, 춘추각

3. 국내 논문

강봉룡, 2009, 「이사부 생애와 활동의 역사적 의의」, 『異斯夫 표준영정
        조성을 위한 전문가 포럼』

강석준, 1964, 「'실직국(悉直國)'에 대하여」, 『역사과학』 1호

강선욱, 2007, 「領津里 古墳群 出土 土器에 대하여」, 『江陵 領津里古墳

群』, 江陵大 博物館 學術叢書 44冊

姜善旭, 2010, 「江陵地域 新羅化 過程 硏究」, 江陵原州大學校 史學科 碩士學位論文

강종훈, 1999, 「상고기 신라의 영역 확장과정과 지방통치방식」, 『역사와 현실』 31, 한국역사연구회

姜鍾薰, 2000, 「積石木槨墳과 新羅 麻立干時期」, 『皇南大塚의 諸照明』, 第1回 國立慶州文化財硏究所 國際學術大會

강종훈, 2008, 「5세기 후반 고구려와 신라의 국경선」, 『한국 고대 사국 의 국경선』, 서경문화사

姜眞周, 2007, 「漢江流域 新羅 土器의 性格」, 『先史와 古代』 26, 韓國 古代學會

孔錫龜, 1993, 『大田의 城郭』, 大田直轄市

孔錫龜, 1998, 「高句麗城郭의 類型에 대한 硏究」, 『韓國上古史學報』 29, 韓國上古史學會

공석구, 2005, 「대전·충남 일대의 고구려 유적」, 『白山學報』72, 白山學會

權惠永, 1999, 「三國時代 新羅의 海洋進出과 國家發展」, 『STRATEGY』 21, 제2권 제2호, 한국해양전략연구소

權惠永, 1999, 「南北國時代 新羅 황해경영의 기반」, 『史學硏究』 58·59 합집, 韓國史學會

權純珍, 2002, 「東海 深谷里城址에 대하여」, 『博物館誌』2·3, 關東大 博 物館

김길식, 2006, 「진·변한지역 낙랑문물의 유입 양상과 그 배경」, 『낙랑 문화 연구』, 동북아역사재단

김남돈, 2003, 「강원 영서지역에서 새로 찾은 선사유적」, 『博物館誌』 10, 江原大 中央博物館

金大煥, 2001, 「嶺南地方 積石木槨墓의 時空的 變遷」, 『嶺南考古學』 29, 嶺南考古學會

金大煥, 2003, 「부산지역 금관가야설의 검토」, 『嶺南考古學』 33, 嶺南考 古學會

金大煥, 2004, 「新羅 高塚의 지역성과 의의」, 『新羅文化』23, 東國大 新

羅文化硏究所

金東椿, 1989, 「『三國史記』「新羅本紀」에 나타난 倭의 實體에 대하여」, 『忠南史學』 4, 충남대학교 사학회

김두철, 2003, 「부산지역 고분문화의 추이-가야에서 신라로-」, 『港都釜山』19, 부산광역시사편찬위원회

김두철, 2009, 「積石木槨墓의 구조에 대한 비판적 검토」, 『古文化』 73, 한국대학박물관협회

金斗喆, 2011, 「皇南大塚 南墳과 新羅古墳의 編年」, 『韓國考古學報』80, 韓國考古學會

金洛中, 1998, 「新羅 月城의 性格과 變遷」, 『韓國上古史學報』 27, 韓國上古史學會

김명성, 1992, 「발해의 남변에 대하여」, 『역사과학론문집』

金武重, 2004, 「考古資料를 통해 본 百濟와 樂浪의 交涉」, 『湖西考古學』 11, 湖西考古學會

김무중, 2006, 「마한지역 낙랑계 유물의 전개 양상」, 『낙랑 문화 연구』, 동북아역사재단

김병모, 1971, 「강릉 초당동 제1호분」, 『문화재』 5, 문화재관리국

김병곤, 2011, 「고구려의 평양 천도에 대한 신라의 양단책」, 『史林』40, 首善史學會

김세기, 2006, 「대가야연맹에서 대가야국으로」, 『5~6세기 동아시아의 국제정세와 대가야』, 제5회 대가야사 국제학술대회, 고령군·계명대학교 한국학연구원

김성태·허미형, 2005, 「임진강 유역의 新羅遺蹟」, 『畿甸考古』 5, 기전문화재연구원

金榮官, 1993, 「三國時代 徙民의 政治的 性格」, 檀國大 史學科 碩士學位論文

金玉順, 2000, 「義城 地域集團의 土器樣式과 生産體制」, 『韓國古代史와 考古學』(鶴山 金廷鶴博士 頌壽紀念論叢), 學研文化社

김옥순, 2007, 「낙동강 상류지역 세장방형 석실묘를 통한 지역집단간 교류 연구」, 『嶺南考古學』 42, 嶺南考古學會

김옥순, 2011, 「5세기 영남지역 토기문양의 변화와 교류맥락」, 『韓國上古史學報』 71, 韓國上古史學會

金龍星, 1996, 「土器에 의한 大邱·慶山地域 古代墳墓의 編年」, 『韓國考古學報』 35, 韓國考古學會

金龍星, 2002, 「新羅의 高塚社會」, 『동아시아 大形古墳의 出現과 社會變動』, 國立文化財研究所

金龍星, 2003, 「皇南大塚 南墳의 年代와 被葬者 檢討」, 『韓國上古史學報』 42, 韓國上古史學會

김용성, 2007, 「신라」, 『한국 고고학 강의』, 한국고고학회

金恩鏡, 2010, 「新羅古墳 出土 雲母의 性格」, 『韓國考古學報』 77, 韓國考古學會

金馹起, 1988, 「三陟 葛夜山 出土 新羅土器」, 『江原史學』 4, 江原大學校 史學會

金正基·李鐘哲, 1971, 「溟州郡下詩洞古墳調查報告」, 『考古美術』 110, 韓國美術史學會

김종복, 2007, 「발해사의 전개와 영역 변천」, 『발해5경과 영역변천』, 동북아역사재단

김종찬, 2006, 「가속기 질량분석(AMS)에 의한 탄소연대측정과 한국고고학 현장 적용 사례」, 『고고학과 자연과학』, 제15회 영남고고학회 학술발표회

金在瑾, 1976, 「朝鮮初期 軍船 考」, 『학술원논문집』 15(인문사회과학편), 대한민국학술원

金載烈, 2007, 「慶山地域 古墳의 裝身具 研究」, 嶺南大 文化人類學科 碩士學位論文

김재홍, 1996, 「신라 '사로국'의 형성과 발전」, 『역사와 현실』 21, 한국역사연구회

金在弘, 2001, 『新羅 中古期 村制의 成立과 地方社會構造』, 서울大 國史學科 文學博士學位論文

김준식·이진혁, 2014, 「순흥지역 횡구식석실과 그 축조집단의 성격」, 『야외고고학』 19, 한국문화재조사연구기관협회

김진영, 2007, 「한강유역 신라 석실묘의 구조와 성격」, 『先史와 古代』 27, 韓國古代學會

김진광, 2009, 「『삼국사기』본기에 보이는 말갈의 성격」, 『古代 東北亞의 種族과 文化』, 제2회 동아시아역사연구소 국제학술대회, 한국 학중앙연구원 동아시아역사연구소·高句麗渤海學會

김창겸, 2007, 「니하」, 『디지털 강릉문화대전』, 한국학중앙연구원

김창석, 1997, 「한국 고대 市의 원형과 그 성격 변화」, 『韓國史研究』 99 ·100, 韓國史研究會

김창석, 2012, 「고대 交易場의 중립성과 연맹의 성립-3~4세기 加耶聯盟 體를 중심으로-」, 『歷史學報』 216, 歷史學會

金昌鎬, 1987, 「古新羅 積石木槨墳의 400年 上限說에 대한 의문」, 『嶺南考古學』 4, 嶺南考古學會

金昌鎬, 1996, 「東萊 福泉洞11號墳 출토의 脛甲에 대하여」, 『嶺南考古學』 18, 嶺南考古學會

金昌鎬, 2001, 「新羅村落文書의 作成 年代와 그 性格」, 『史學研究』 62, 韓國史學會

金澤均, 1990, 「『三國史記』新羅의 對倭關係記事 分析」, 『江原史學』 6, 江原大學校 史學會

金澤均, 1997, 「東濊考-江陵 濊國說과 관련하여-」, 『江原文化研究』 16, 江原大 江原文化研究所

金澤均, 2004, 「弓裔와 世達寺」, 『史學研究』 75, 韓國史學會

金賢淑, 2002, 「4~6세기경 小白山脈 以東地域의 領域向方-『三國史記』 地理志의 慶北地域 '高句麗郡縣'을 중심으로-」, 『韓國古代史研究』 26, 韓國古代史學會

金興術, 1999, 「江陵地域 城郭研究」, 『臨瀛文化』 23, 江陵文化院

盧重國, 1981, 「高句麗·百濟·新羅사이의 力關係變化에 대한 一考察」, 『東方學志』 28, 延世大 國學研究院

盧重國, 2013, 「백제의 왕·후호제와 금동관 부장자의 실체-歸葬을 중심 으로-」, 『韓國古代史研究』 70, 韓國古代史學會

盧泰敦, 1988, 「5世紀 金石文에 보이는 高句麗人의 天下觀」, 『韓國史論』 19

盧泰敦, 1997, 「『삼국사기』신라본기의 고구려관계 기사 검토」, 『慶州史學』 31, 동국대 국사학과

남재우, 2000, 「文獻으로 본 安羅國史」, 『가야 각국사의 재구성』, 혜안

남재우, 2008, 「柒浦國의 성립과 변천」, 『韓國上古史學報』 61, 韓國上古史學會

羅東旭, 1996, 「慶南地域의 土城 硏究-基壇石築型 版築土城을 中心으로-」, 『博物館硏究論文集』 5, 釜山廣域市立博物館

량익용, 1958, 「안변 용성리 고분 발굴 보고」, 『문화유산』 4, 과학원출판사

朴光烈, 1999, 「新羅 瑞鳳塚과 壺杅塚의 絶對年代考」, 『韓國考古學報』 41, 韓國考古學會

朴光烈, 2001, 「新羅 積石木槨墓의 開始에 對한 檢討」, 『慶州史學』 20, 慶州史學會, 동국대학교 경주캠퍼스

박광열, 2012, 「신라토기의 발생과 전개」, 『제53회 고고학연구 공개강좌』, 영남문화재연구원

朴京哲, 1985, 「高句麗 軍事行動에 關한 一考察-5~7世紀 高句麗 大陸政策과 關聯하여-」, 高麗大 史學科 文學碩士學位論文

박노석, 2009, 「삼국시대 실직과 하슬라의 위치 이동」, 『전북사학』 35, 전북사학회

朴大在, 1997, 「辰韓 諸國의 규모와 정치발전단계」, 『韓國史學報』 2, 高麗史學會

朴東祐, 2011, 「羅末麗初期 강원지방 평기와 연구」, 『先史와 古代』 35, 韓國古代學會

朴普鉉, 1986, 「樹支形立華飾冠 型式分類 試論」, 『歷史敎育論集』 9, 경북대 사범대학 역사교육과

朴普鉉, 1991, 「積石木槨墳文化地域의 帶金具-三葉文透彫帶金具를 中心으로-」, 『古文化』 38, 한국대학박물관협회

朴普鉉, 1992, 「積石木槨墳의 武器具類 副葬樣相」, 『新羅文化』 9, 동국대 신라문화연구소

朴普鉉, 1995, 「冠帽前立飾金具의 副葬樣相에 보이는 地域差」, 『古代研究』 4, 古代研究會

朴普鉉, 1995, 『威勢品으로 본 古新羅社會의 構造』, 慶北大 史學科 文學博士學位論文

朴普鉉, 2008, 「金工品으로 본 江陵의 地域性」, 『考古學探究』 3, 考古學探究會

朴普鉉, 2003, 「湖西地域의 水系別 新羅文化 定着過程」, 『嶺南考古學』 32, 嶺南考古學會

朴普鉉, 2005, 「浦項 玉城里50號墓出土 鐵製冠飾으로 본 新羅中央의 問題」, 『安東史學』 9·10합집, 安東史學會

박선미, 2014, 「서구학계의 고대 교류사 이론의 현황」, 『韓國古代史硏究』 73, 韓國古代史學會

朴省炫, 2002, 「6~8세기 新羅 漢州 郡縣城과 그 성격」, 『韓國史論』 47, 서울大學校 人文大學 國史學科

박성현, 2007, 「4세기 전후 신라의 토성 축조와 그 목적-영남지역초기토성의 성격-」, 『韓國史硏究』 139, 韓國史硏究會

박성희, 2013, 「신라의 강원지역 진출의 제양상-강릉·원주·춘천을 중심으로-」, 『2013 국립춘천박물관 기획특별전: 흙에서 깨어난 강원의 신라문화』, 국립춘천박물관

박수영, 2009, 「江陵 草堂洞 三國時代 遺構와 遺物에 대한 小考-강릉지역의 신라화 과정과 관련하여-」, 『사적 제490호 강릉 초당동 유적』, 한국문화재조사연구기관협회

박수영 외, 2009, 「강릉 안현동 삼국시대 분묘군」, 『제33회 한국고고학 전국대회』

朴守榮, 2010, 「4~5世紀 嶺東地域의 考古學的 硏究-住居址와 墳墓資料를 中心으로-」, 嶺南大 文化人類學科 碩士學位論文

朴淳發, 2001, 「4~5세기 한국 고대사와 고고학의 몇 가지 문제」, 『韓國古代史硏究』 24, 韓國古代史學會

朴淳發, 2004, 「湖西地域 平地·野山城에 대하여-築造時點 및 性格을 中心으로-」, 『湖西考古學』 10, 湖西考古學會

朴升圭, 1992, 「一段長方形透窓高杯에 대한 考察」, 『嶺南考古學』 11, 嶺南考古學會

朴天秀, 1998,「大伽耶圈 墳墓의 編年」,『韓國考古學報』39, 韓國考古學會

朴天秀, 2008,「近畿地域 出土 三國時代 土器를 통해 본 韓·日關係」,『韓國古代史研究』49, 韓國古代史學會

朴天秀, 2010,「新羅 加耶古墳의 曆年代」,『韓國上古史學報』69, 韓國上古史學會

朴漢卨, 1976,「後三國의 成立」,『韓國史』3, 국사편찬위원회

박현욱, 2011,「5세기 후반 경주·울산·양산지역 고분 문화 연구-울산 매곡동고분군을 중심으로-」,『東亞文化』11, 東亞細亞文化財研究院

方東仁, 1979,「溟州都督 置廢 小考」,『臨瀛文化』3, 江陵文化院

白種伍, 1999,「京畿北部地域 高句麗城郭의 分布와 性格」,『京畿道博物館年報』3, 京畿道博物館.

백홍기, 1975,「강릉 초당동 고분군에 대하여」,『강릉교육대학 논문집』7

백홍기, 2002,「강릉 강문동 저습지유적-발굴조사개보-」,『江原考古學報』創刊號, 江原考古學會

山本孝文, 2001,「古墳資料로 본 新羅勢力의 湖西地方 進出」,『湖西考古學』4·5合輯, 湖西考古學會

山本孝文, 2003,「考古資料로 본 南漢江 上流地域의 三國 領域變遷」,『韓國上古史學報』40, 韓國上古史學會

山本孝文, 2007,「인화문토기의 발생과 계보에 대한 시론」,『嶺南考古學』41, 嶺南考古學會

徐敬敏, 2008,「洛東江 上流地域 三國時代 土器 研究」, 慶北大 考古人類學科 碩士學位論文

徐炳國, 1978,「渤海와 新羅의 國境線 問題-東海岸地域을 中心으로-」,『臨瀛文化』2, 江陵文化院

徐炳國, 1981,「新唐書渤海傳所載 泥河의 再檢討」,『東國史學』15·16, 東國史學會

徐炳國, 1981,「渤海와 新羅의 國境線問題 研究-東海岸地域을 中心으로-」,『論文集』9, 關東大學

徐炳國, 1982,「泥河史論의 展開」,『論文集』10(人文·社會科學篇), 關東大學

徐榮敎, 2000, 「新羅 河西停 軍官組織에 대하여-6·7세기를 중심으로-」, 『新羅文化』17·18합집, 동국대 신라문화연구소

徐榮一, 1991, 「5~6世紀의 高句麗 東南境 考察」, 『史學志』24, 檀國大 學校 史學會

徐榮一, 2002, 「廣開土大王代 高句麗와 新羅의 關係」, 『廣開土大王과 高句麗 南進政策』(高句麗硏究會 학술총서3), 학연문화사

徐榮一, 2003, 「漢城 百濟의 南漢江水路 開拓과 經營」, 『文化史學』20, 韓國文化史學會

徐榮一, 2003, 「斯盧國의 悉直國 倂合과 東海 海上權의 掌握」, 『新羅文 化』21, 동국대 신라문화연구소

서영일, 2005, 「5~6世紀 新羅의 漢江流域 進出과 經營」, 『博物館紀要』 20, 檀國大 中央博物館

서정석, 2005, 「청주 신봉동 세력과 인접세력과의 관계」, 『백제 지방세 력의 존재 양태』, 한국학중앙연구원

서정석, 2008, 「洪城 石城山城에 대한 고찰」, 『百濟文化』39, 공주대 백 제문화연구소

宣石悅, 1993, 「『三國史記』「新羅本紀」上代 靺鞨記事의 檢討-初期記錄 의 紀年을 중심으로-」, 『釜大史學』17, 釜大史學會

손영종, 1985, 「중원고구려비에 대하여」, 『역사과학』85-2

孫貞美, 2006, 「동해안지역 신라고분에 대한 연구」, 嶺南大 文化人類學 科 碩士學位論文

송만영, 2010, 「六角形 住居址와 漢城期 百濟 聚落」, 『韓國考古學報』 74, 韓國考古學會

송의정·채규돈, 1992, 「蔚珍郡 鳳坪里 石槨墓 收拾調査 報告」, 『古代硏 究』3, 古代硏究會

申敬澈, 1982, 「釜山·慶南出土 瓦質系土器」, 『韓國考古學報』12, 韓國 考古學會

申敬澈, 1985, 「古式鐙子考」, 『釜大史學』9, 釜大史學會

辛鍾遠, 1983年 12月·1984年 1月, 「水多寺址調査」, 『博物館新聞』148· 149호, 국립중앙박물관

辛鍾遠, 1994,「雉岳山 石南寺址의 推定과 現存民俗」,『정신문화연구』
　　　17권 1호(통권54호), 한국정신문화연구원

신종원, 2007,「필사본 조선지지자료 해제」,『강원도 땅이름의 참모습』,
　　　경인문화사

申鍾煥, 1997,「忠北地方 三韓·三國土器의 變遷-遺蹟의 編年的 相對序
　　　列을 提示하며-」,『考古學誌』8, 韓國考古美術研究所

申瀅植, 1975,「新羅軍主考」,『白山學報』19, 白山學會

신형식, 1983,「삼국시대 전쟁의 정치적 의미-『삼국사기』전쟁기록의 종
　　　합적 검토-」,『韓國史研究』43, 韓國史研究會

沈奉謹, 1993,「梁山 夫婦塚, 金鳥塚과 周邊古墳群」,『韓國上古史(Ⅱ)』,
　　　韓國上古史學會

심재연, 2007,「남한강 중상류지역의 철기시대 문화의 특징-최근 발굴자
　　　료를 중심으로-」,『고고학』제6권 제2호, 서울경기고고학회

심재연, 2008,「江原 嶺東地域 鐵器時代 上限과 下限」,『동북아문화연
　　　구』16

심재연, 2009,「한성백제기의 영동·영서」,『고고학』8-2, 서울경기고고
　　　학회

심정보, 2015,「강릉 강문동 토성의 축조기법과 성격」,『문물연구』27,
　　　동아시아문물연구학술재단

심현용, 2008,「考古資料로 본 新羅의 江陵地域 進出」, 慶北大 史學科
　　　文學碩士學位論文

심현용, 2008,「울진 봉평리 출토 토기」,『울진문화』22, 울진문화원

심현용, 2009,「고고자료로 본 신라의 강릉지역 진출과 루트」,『大丘史
　　　學』94

심현용, 2009,「고고자료로 본 5~6세기 신라의 강릉지역 지배방식」,『文
　　　化財』42-3호, 國立文化財研究所

梁泰鎭, 1989,「高句麗 領土 연구-『三國史記』를 중심으로-」,『軍史』18,
　　　國防部 戰史編纂委員會

余昊奎, 1999,「高句麗 中期의 武器體系와 兵種構成」,『韓國軍事史研
　　　究』2, 國防軍事研究所

오순제, 2006, 「南韓地域의 高句麗山城 硏究」, 『고구려의 역사와 대외
　　　관계』, 서경

우병철, 2009, 「신라 철제 무기로 본 동해안 고분 축조집단의 군사적 성격」,
　　　『4~6세기 영남 동해안지역의 문화와 사회』, 동북아역사재단

우선정, 2000, 「麻立干 時期 新羅의 對高句麗 關係」, 『慶北史學』 23,
　　　慶北史學會

禹在柄, 2002, 「4~5世紀 倭에서 加耶·百濟로의 交易루트와 古代航路」,
　　　『湖西考古學』 6·7합집, 湖西考古學會

禹在柄, 2009, 「5~6世紀 百濟·加耶·倭 사이의 廣域交易體系 再編과
　　　그 背景」, 『先史와 古代』 31, 韓國古代學會

柳在春, 2008, 「정선 애산리산성의 현황과 성격에 대하여」, 『江原文化
　　　史硏究』 13, 江原鄕土文化硏究會

尹龍九, 1996, 「한국 고대의 ‘中國式 土城’에 대하여」, 『韓國古代史論叢』
　　　8, 韓國古代社會硏究所·駕洛國史蹟開發硏究院

李康來, 1985, 「『三國史記』에 보이는 靺鞨의 軍事活動」, 『領土問題硏
　　　究』 2, 高麗大 民族文化硏究所

이강래, 2004, 「『삼국사기』의 왜 인식-신라사의 경험을 토대로-」, 『韓國
　　　思想史學』 22, 韓國思想史學會

이경미, 2010, 「삼국 중기 주요 고분의 편년 설정」, 『한국고분의 편년연
　　　구』, 서경문화사

李基東, 1997, 「于老傳說의 世界」, 『新羅社會史硏究』, 一潮閣

이동희, 2008, 「최근 연구 성과로 본 漢江·臨津江流域 積石塚의 性格」,
　　　『韓國史學報』 32, 高麗史學會

이명희, 2007, 「領津里 古墳群의 埋葬施設의 變化에 대하여」, 『江陵 領
　　　津里 古墳群』, 江陵大 博物館 學術叢書 44冊

李文基, 1994, 「統一新羅期의 ‘北鎭’과 軍事的 位相」, 『九谷 黃鍾東敎
　　　授停年紀念 史學論叢』

李文基, 2009, 「포항 中城里新羅碑의 발견과 그 의의-「冷水里碑」의 재
　　　음미를 겸하여-」, 『韓國古代史硏究』 56, 韓國古代史硏究會

이부오, 2009, 「5세기 말 금강 중·상류의 대치선 이동과 삼국의 전략」,

『軍史』70, 군사편찬연구소

李宇泰, 1991, 『新羅 中古期의 地方勢力 研究』, 서울大學校 國史學科 博士學位論文

李相洙, 1995, 「嶺東地方 新羅古墳의 一考察-北坪地域 古墳群을 중심 으로-」, 『韓國上古史學報』18, 韓國上古史學會

李相洙, 2000, 「江陵 領津里 封土石室墳의 構造와 性格」, 『博物館誌』 創刊號, 關東大學校博物館

李相洙, 2002, 「嶺東地方 古墳의 分布樣相과 그 性格」, 『제28회 한국 상고사학회 학술발표회: 삼국의 접점을 찾아서』

이상수, 2005, 「嶺東地方 橫穴式石室墓의 樣相과 性格-江陵 領津里 封 土石室墓를 中心으로-」, 『東峯申千湜敎授停年記念史學論叢』, 景仁文化社

李相洙, 2005, 「『三國史記』地理誌의 三陟郡 領縣에 대한 位置比定 摸 索」, 『博物館誌』4, 關東大 博物館

이상수·고희재, 2010, 「江陵 溟州山城의 構造와 性格」, 『臨瀛文化』34, 江陵文化院

李相俊, 1997, 「慶州 月城의 變遷過程에 대한 小考」, 『嶺南考古學』21, 嶺南考古學會

이성주, 1992, 「울산 중산리유적 발굴을 통하여 본 신라묘제의 기원」, 『제 1회 영남고고학회 학술발표회 발표 및 토론요지』

李盛周, 1993, 「洛東江東岸樣式土器에 대하여」, 『제2회 영남고고학회 학술발표회 발표 및 토론 요지』

李盛周, 2004, 「技術, 埋葬儀禮, 그리고 土器樣式」, 『韓國考古學報』52, 韓國考古學會

이성주, 2009, 「新羅·加耶 土器樣式의 生成」, 『韓國考古學報』72, 韓國 考古學會

李盛周·姜善旭, 2009, 「草堂洞遺蹟에서 본 江陵地域의 新羅化 過程」, 『사 적 제490호 강릉 초당동 유적』, 한국문화재조사연구기관협회

李松蘭, 2002, 「新羅冠의 成立과 始祖廟 祭祀」, 『美術史學研究』235, 韓 國美術史學會

李銖勳, 1993, 「新羅 村落의 立地와 城·村名-三國時期의 경우를 중심으로-」, 『國史館論叢』 48, 國史編纂委員會

李永植, 2006, 「가야와 고구려의 교류사 연구」, 『韓國史學報』 25, 高麗史學會

이재현, 2005, 「남한출토 낙랑유물의 성격」, 『낙랑의 고고학』, 제33회 한국상고사학회 학술발표회

李在興·金才喆, 1998, 「林堂土城에 대하여-古代土城의 築造技法에 대한 약간의 검토-」, 『영남문화재연구회 제8회 조사회 발표문』, 영남문화재연구원

이종학, 1996, 「광개토왕비문 신묘년기사의 검토」, 『軍史』 32, 국방군사연구소.

이판섭, 2007, 「고대 산성의 분포와 교통로」, 충남대 고고학과 석사학위논문

李漢祥, 1995, 「5~6世紀 新羅의 邊境支配方式」, 『韓國史論』 33

李漢祥, 1997, 「5~7世紀 百濟의 帶金具」, 『古代研究』 5, 古代研究會

李漢詳, 1997, 「裝飾大刀 下賜에 반영된 5~6세기 新羅의 地方支配」, 『軍史』 35, 國防軍史研究所

李漢詳, 1999, 「Ⅴ. 土器에 대한 검토」, 『盈德 槐市里 16號墳』, 國立慶州博物館

李漢祥, 2000, 「新羅冠 研究를 위한 一試論」, 『考古學誌』 11, 韓國考古美術研究所

李漢祥, 2003, 「5~6世紀 百濟·新羅·加耶墳墓의 交叉編年 研究」, 『國史館論叢』 101, 國史編纂委員會

이한상, 2003, 「5-6세기대 동해안지역 신라분묘의 조사성과」, 『신라고분의 지역상』, 제12회 영남고고학회 학술발표회

李漢祥, 2003, 「동해안지역의 5~6세기대 신라분묘 확산 양상」, 『嶺南考古學』 32, 嶺南考古學會

李漢祥, 2004, 「강원지역의 삼국시대 고분문화」, 『강원지역의 역사와 문화』, 한국대학박물관협회 제50회 춘계 학술발표회

이한상, 2005, 「4~6세기 高句麗·新羅의 관계-文物分析을 중심으로-」, 『고

구려와 동아시아-문물교류를 중심으로-』, 고려대학교 100주년 국제학술심포지움

李漢祥, 2008, 「5~6世紀 韓半島와 日本列島의 交流 樣相」, 『考古學探求』3, 考古學探究會

이한상, 2009, 「영남 동해안 지역의 신라토기 문화」, 『4~6세기 영남 동해안 지역의 문화와 사회』, 동북아역사재단

이한상, 2011, 「울진지역의 고분과 토기」, 『울진 봉평리 신라비와 한국 고대 금석문』, 울진봉평신라비전시관 개관기념 학술대회

李炳基, 2002, 「滅亡 이후 大加耶 遺民의 向方-東海市 湫岩洞古墳群 出土品을 중심으로-」, 『韓國上古史學報』38, 韓國上古史學會

이홍종, 1998, 「『三國史記』 '靺鞨'기사의 고고학적 접근」, 『韓國史學報』5, 高麗史學會

李惠眞, 2006, 「5~6世紀 慶山·大邱地域 土器 樣式의 統計學的 研究」, 慶北大 考古人類學科 文學碩士學位論文

李熙濬, 1995, 「경주 皇南大塚의 연대」, 『嶺南考古學』17, 嶺南考古學會

李熙濬, 1996, 「경주 月城路 가-13호 적석목곽묘의 연대와 의의」, 『碩晤 尹容鎭敎授停年 退任紀念論叢』

李熙濬, 1997, 「토기에 의한 新羅 고분의 分期와 편년」, 『韓國考古學報』36, 韓國考古學會

李熙濬, 1998, 「김해 禮安里 유적과 新羅의 낙동강 西岸 진출」, 『韓國考古學報』39, 韓國考古學會

李熙濬, 1998, 『4~5세기 新羅의 考古學的 研究』, 서울大 考古美術史學科 文學博士學位論文

李熙濬, 2002, 「4~5세기 신라 고분 피장자의 服飾品 着裝 定型」, 『韓國考古學報』47, 韓國考古學會

李熙濬, 2004, 「경산 지역 고대 정치체의 성립과 발전」, 『嶺南考古學』34, 嶺南考古學會

李熙濬, 2006, 「太王陵의 墓主는 누구인가?」, 『韓國考古學報』59, 韓國考古學會

李熙濬, 2008, 「대가야 토기 양식 확산 재론」, 『영남학』13, 경북대 영남

문화연구원

이창현, 2005, 「강릉지역 신라고분 연구」, 단국대학교 사학과 문학석사
　　　학위논문

李昌鉉, 2005, 「江陵地域 新羅古墳의 形式學的 考察」, 『江原考古學報』
　　　6, 江原考古學會

李昌鉉, 2006, 「江陵地域의 新羅化 過程-古墳資料를 中心으로-」, 『文化
　　　史學』 25, 韓國文化史學會

李昌鉉·辛裕梨, 2010, 「嶺東地方 三國時代 住居址 試論」, 『文化史學』
　　　33, 韓國文化史學會

임기환, 2006, 「5~6세기 고구려 정복지의 범위와 성격」, 『경기도의 고
　　　구려 문화유산』, 경기도 박물관

임세권, 1979, 「명주군 하시동 해변유적의 성격」, 『韓國史研究』 26, 韓
　　　國史研究會

張元燮, 1990, 「百濟初期 東界의 形成에 관한 一考察-靺鞨과의 關係를
　　　中心으로-」, 『淸溪史學』 7, 韓國精神文化研究院 淸溪史學會

張容碩, 1998, 「三國時代 聚落의 立地에 관한 一考察-大邱·慶山地域을
　　　中心으로-」, 『영남문화재연구원 제9회 조사연구회 발표문』

장용석, 2007, 「林堂遺蹟을 통해 본 慶山地域 古代 政治體의 形成과 變
　　　遷」, 『야외고고학』 3, 한국문화재조사연구기관협회

張容碩, 2008, 「4世紀 新羅의 土城築造 背景-達城과 林堂土城의 例를
　　　통하여-」, 『嶺南考古學』 46, 嶺南考古學會

張彰恩, 2004, 「新羅 慈悲~炤知王代 築城·交戰地域의 검토와 의미」, 『新
　　　羅史學報』 2, 新羅史學會

張彰恩, 2006, 「中原高句麗碑의 연구동향과 주요 쟁점」, 『歷史學報』
　　　189, 歷史學會

張彰恩, 2006, 「3~5世紀 高句麗·新羅關係의 戰爭史的 推移」, 『高句麗
　　　研究』 24, 高句麗研究會

장창은, 2010, 「『三國史記』地理志 '高句麗故地'의 이해방향」, 『한국학
　　　논총』 33, 국민대학교 한국학연구소

張彰恩, 2010, 「5~6世紀 高句麗의 南下와 漢江 流域의 領域向方-『三國

史記』地理志 '高句麗故地'의 實際(Ⅱ)-」,『白山學報』88, 白山
學會

張彰恩, 2012,「4~5世紀 高句麗의 南方進出과 對新羅 關係」,『高句麗
渤海研究』44, 고구려발해연구회

赤羽目 匡由, 2008,「新羅東北境에서의 新羅와 渤海의 交涉에 대하여」,
『高句麗渤海研究』31

전덕재, 2000,「4세기 국제관계의 재편과 신라의 대응」,『역사와 현실』
36, 한국역사연구회

全德在, 1990,「新羅 州郡制의 成立背景研究」,『韓國史論』22, 서울大
學校 人文大學 國史學科

정영호, 1981,「영월(寧越) 왕검성(王儉城)의 조사(調査)」,『박물관신문』
115호, 국립박물관

정영호, 1982,「영월대야리산성(寧越大野里山城)의 발견조사(發見調査)」,
『박물관신문』125호, 국립박물관

鄭永鎬, 1989,「高句麗의 錦江流域進出에 대한 小考」,『汕耘史學』3,
汕耘學術文化財團

鄭雲龍, 1986,「5~6世紀 高句麗·新羅의 勢力變遷 過程에 대한 一考察-
中原高句麗碑와 丹陽新羅赤城碑의 連繫的 考察-」, 高麗大 史
學科 文學碩士學位論文

鄭雲龍, 1989,「5世紀 高句麗 勢力圈의 南限」,『史叢』35, 高大史學會

鄭雲龍, 1994,「5~6世紀 新羅·高句麗 關係의 推移-遺蹟·遺物의 解釋
과 關聯하여-」,『신라의 대외관계사 연구』15, 신라문화제학술
발표회

鄭雲龍, 1996,「羅濟同盟期 新羅와 百濟 關係」,『白山學報』46, 白山學會

鄭雲龍, 1996,『5~6世紀 新羅 對外關係史 研究』, 高麗大 史學科 文學
博士學位論文

鄭雲龍, 2006,「中原高句麗碑의 建立 年代」,『白山學報』76, 白山學會

鄭雲龍, 2013,「淸原 南城谷 高句麗 山城의 築造와 運用」,『동북아역
사논총』39, 동북아역사재단

鄭仁盛, 2003,「弁韓·加耶의 對外交涉-樂浪郡과의 교섭관계를 중심으로-」,

『가야 고고학의 새로운 조명』, 혜안

정훈진, 2002, 「삼국시대 고분의 이형 추가장 사례-상주지역을 중심으로-」, 『史林』 18, 首善史學會

조성원, 2010, 「고분 출토 고배로 본 5세기대 낙동강하류역의 소지역성 연구」, 『嶺南考古學』 55, 嶺南考古學會

조수현, 2008, 「早日里式石槨墓의 築造背景 研究-蔚山·慶州地域을 中心으로-」, 『韓國上古史學報』 61, 韓國上古史學會

趙二玉, 1992, 「統一新羅時代의 靺鞨研究」, 『梨大史苑』 22

趙二玉, 1999, 「新羅와 渤海의 國境問題」, 『白山學報』 52, 白山學會

朱甫暾, 1996, 「麻立干時代 新羅의 地方統治」, 『嶺南考古學』 19, 嶺南考古學會

朱甫暾, 1997, 「4~5世紀 釜山地域의 政治的 向方」, 『복천동고분군의 재조명』, 부산광역시립박물관

朱甫暾, 1998, 「朴堤上과 5세기 초 新羅의 政治 動向」, 『慶北史學』 21

주보돈, 2006, 「5~6세기 중엽 고구려와 신라의 관계-신라의 한강유역 진출과 관련하여 -」, 『북방사논총』 11, 고구려연구재단

車勇杰·沈正補, 1989, 「三國 및 統一新羅 築城의 例」, 『壬辰倭亂 前後 關防史研究』

千寬宇, 1975, 「三韓의 成立過程」, 『史學研究』 26

千寬宇, 1976, 「三韓의 國家形成」, 『韓國學報』 2

최경용, 2007, 「尙州地域 增築石槨墓 出現時期 檢討」, 『중앙문화재연구원 제3회 연구발표회 자료집』

崔炳云, 1982, 「西紀 2世紀 傾 新羅의 領域擴大」, 『全北史學』 6, 전북대 사학회

崔秉鉉, 1981, 「古新羅 積石木槨墳研究」, 『韓國考古學報』 10·11합집, 韓國考古學會

崔秉鉉, 1992, 「新羅土器」 『韓國美術史의 現況』, 翰林科學院叢書⑦, 藝耕

崔秉鉉, 1998, 「新羅 積石木槨墳의 起源 再論」, 『崇實史學』 12, 崇實大學校 史學會

崔秉鉉, 2000, 「嶺南地方 考古學資料의 編年-4세기대를 중심으로-」, 『韓

國古代史論叢』10, 韓國古代社會硏究所·駕洛國史蹟開發硏究院

최병현, 2013, 「신라 전기양식토기의 성립」, 『고고학』12-1, 중부고고학회

최병현, 2014, 「경주 월성북고분군의 형성과정과 신라 마립간시기 왕릉의 배치」, 『韓國考古學報』90, 韓國考古學會

최병현, 2014, 「5세기 신라 전기양식토기의 편년과 신라토기 전개의 정치적 함의」, 『고고학』13-3, 중부고고학회

최병현, 2015, 「신라 조기 경주지역 목곽묘의 전개와 사로국 내부의 통합과정」, 『韓國考古學報』95, 韓國考古學會

崔淳雨, 1978, 「三陟 葛夜山 積石古墳 槪報」, 『考古美術』138·139합집, 韓國美術史學會

崔榮柱, 2007, 「鳥足文土器의 變遷樣相」, 『韓國上古史學報』55, 韓國上古史學會

崔鍾圭, 1982, 「陶質土器 成立前夜와 展開」, 『韓國考古學報』12, 韓國考古學會

崔鍾圭, 1983, 「中期古墳의 性格에 대한 약간의 考察」, 『釜大史學』7, 釜山大學校 史學會

崔鍾圭, 1989, 「慶州 皇南洞205番地 出土品 紹介」, 『考古學誌』1, 韓國考古美術研究所

崔鍾圭, 1992, 「濟羅耶의 文物交流-百濟金工Ⅱ-」, 『百濟研究』23, 忠南大 百濟研究所

崔鍾圭, 1992, 「潟湖文化의 提唱」, 『古代研究』3, 古代研究會

최준경, 2005, 「5세기 말엽 7세기 중엽 삼국통일을 위한 고구려의 남방진출 연구」, 『고구려사연구론문집』Ⅱ, 사회과학출판사

崔鍾來, 2007, 「新羅의 江陵地域 進出過程에 대한 試論的 研究-5세기대 분묘자료를 중심으로-」, 公州大 史學科 碩士學位論文

최종래, 2007, 「江陵 草堂洞古墳群의 造營集團에 대해서」, 『嶺南考古學』42, 嶺南考古學會

최종택, 1995, 「漢江流域 高句麗土器 研究」, 『韓國考古學報』33, 韓國考古學會

崔鍾澤, 1999, 「京畿北部地域의 高句麗 關防體系」, 『高句麗山城研究』

8, 高句麗研究會

하일식, 2011, 「신라 왕경인의 지방 이주와 編籍地」, 『新羅文化』 38, 東國大 新羅文化研究所

한석정, 1960, 「함경남도의 유래미상의 산성들과 고분들에 대하여」, 『문화유산』 2, 과학원 출판사.

한정훈, 2008, 「고려 전기 兩界의 교통로와 운송권역」, 『韓國史研究』 141, 한국사연구회

洪潽植, 2008, 「고고자료로 본 신라의 한강유역 진출」, 『제18회 백제연구 학술회의; 6세기의 한반도』, 忠南大 百濟研究所

홍보식, 2010, 「신라·가야로의 移住資料와 移住類型」, 『제34회 한국고고학전국대회 발표문-移住의 고고학-』, 한국고고학회

홍승우, 2009, 「4~6세기 신라의 동해안 지역 진출과 지방지배방식」, 『4~6세기 영남 동해안 지역의 문화와 사회』, 동북아역사재단

홍영호, 2004, 「三陟市 下長面 宿岩里 山城의 발견과 역사성 검토-『三國史記』地理志의 三陟郡 竹嶺縣과의 관련성을 중심으로-」, 『江原史學』 19·20, 江原大學校 史學會

홍영호, 2009, 「양양 후포매리 신라 산성의 고찰」, 『先史와 古代』 30, 韓國古代學會

홍영호, 2010, 「6~7세기 고고자료로 본 동해안과 울릉도」, 『이사부와 동해』 창간호, 한국이사부학회

홍영호, 2010, 「『삼국사기』지리지 溟州 영현 棟隄縣의 위치 비정과 의미」, 『韓國史學報』 38, 高麗史學會

홍영호, 2010, 「『三國史記』所載 泥河의 위치 비정」, 『韓國史研究』 150, 韓國史研究會

홍영호, 2010, 「강원도 동해안지역의 성보(城堡) 검토(1)-평면 말굽형 城址를 중심으로-」, 『博物館誌』 17, 江原大學校 博物館

홍영호, 2012, 『新羅의 何瑟羅 經營 研究』, 高麗大 文化財學(고고학 전공) 文學博士學位論文

홍영호, 2012, 「강원도 동해안지역의 성보(城堡) 검토(2)-戌를 중심으로-」, 『博物館誌』 19, 江原大學校 博物館

홍영호, 2013, 「신라의 동해안 연안항해와 하슬라-강릉 경포호 강문동 신라토성을 중심으로-」, 『白山學報』 95, 白山學會

홍영호, 2014, 「속초리성지의 역사적 성격과 변화」, 『束草 東明洞遺蹟』, 예맥문화재연구원 學術調査報告 第61冊

홍영호, 2014, 「고성군 죽왕면 竹島(山)烽燧와 竹島戌에 대하여」, 『박물관지』 21, 강원대학교 중앙박물관

홍영호, 2015, 「실직의 고고자료와 신라사적 의미」, 『이사부와 동해』 9호, 한국이사부학회

홍영호, 2015, 「산성과 고분으로 본 신라의 하슬라 진출과 경영」, 『新羅史學報』 33, 新羅史學會

洪志潤, 2003, 「尙州地域 5世紀 古墳의 樣相과 地域政治體의 動向」, 『嶺南考古學』 32, 嶺南考古學會

4. 보고서(발굴 및 지표조사)

江陵大學校 博物館, 1991, 『安仁里遺蹟 2次 發掘調査 指導委員會議資料』

江陵大學校 博物館, 1994, 『襄陽郡의 歷史와 文化遺蹟』, 學術叢書5冊

江陵大學校 博物館, 1995, 『江陵의 歷史와 文化遺蹟』, 學術叢書 11冊

江陵大學校 博物館, 1996, 『江陵 坊內里 住居址』, 學術叢書 6冊

江陵大學校 博物館, 1996, 『旌善郡의 歷史와 文化遺蹟』, 學術叢書 13冊

江陵大學校 博物館, 1996, 『江陵 文化遺蹟 發掘調査 報告書(試掘 및 緊急 收拾調査)』, 學術叢書 14冊

江陵大學校 博物館, 1998, 『江陵 正東津 高麗城址 地表調査 報告書』, 學術叢書18冊

江陵大學校 博物館, 1998, 『文化遺蹟分布地圖-江陵市-』, 學術叢書 19冊

江陵大學校 博物館, 2007, 『江陵 領津里 古墳群』, 學術叢書 44冊

강릉대학교 박물관, 1998, 「강릉 병산동 공항대교 접속도로 건설부지내 문화유적 발굴조사약보고서」

강원대학교 박물관, 1991, 『정선 신월리 고분』, 유적조사보고 제10집

강원대학교 박물관, 1987, 『平昌郡의 歷史와 文化遺蹟』, 유적조사보고
　　　제7집

江原道, 1981, 『溟州下詩洞古墳群發掘調査報告書』

강원문화재연구소, 2003, 『강릉 하시동 고분군 지표조사 보고서』, 학술
　　　총서 13책

江原文化財研究所, 2003, 『文化遺蹟分布地圖-襄陽郡-』

江原文化財研究所, 2004, 『江陵 江門洞 鐵器·新羅時代 住居址』, 學術
　　　叢書 19册

江原文化財研究所, 2005, 『江陵地域 文化遺蹟 試·發掘調査報告書』, 學
　　　術叢書 31册

江原文化財研究所, 2005, 『江陵地域 文化遺蹟 試掘調査 報告書』, 學術
　　　叢書 29册

江原文化財研究所, 2006, 『旌善 古城里山城』, 學術叢書45册

江原文化財研究所, 2006, 『旌善 松溪里山城』, 學術叢書51册

江原文化財研究所, 2006, 『旌善 松溪里山城 發掘調査報告書』, 學術叢
　　　書 51册

江原文化財研究所, 2007, 『旌善 臨溪里 古墳群』, 學術叢書 72册

江原文化財研究所, 2005, 『江陵 草堂洞 遺蹟Ⅰ』, 學術叢書 34册

江原文化財研究所, 2006, 『江陵 草堂洞 遺蹟Ⅱ』, 學術叢書 50册

江原文化財研究所, 2007, 『江陵 草堂洞 遺蹟Ⅲ』, 學術叢書 66册

江原文化財研究所, 2008, 『江陵 草堂洞 遺蹟Ⅳ』, 學術叢書 90册

江原文化財研究所, 2003, 『柄山洞 古墳群』, 學術叢書 11册

江原文化財研究所, 2007, 『江陵 柄山洞 古墳群Ⅱ』, 學術叢書 70册

강원문화재연구소, 2004. 7, 「정선 송계리산성 발굴조사 -지도위원회의
　　　자료-」.

강원문화재연구소, 2004. 8, 「정선 송계리산성 발굴조사 약보고서」.

江原文化財研究所, 2013, 『三陟 湖山里 遺蹟-삼척 호산리 LNG 산업단
　　　지 내 유적 문화재발굴조사 보고서-』, 學術叢書 128册

국강고고학연구소, 2012, 「강릉 경포대 현대호텔 신축부지내 유적 문화
　　　재청 전문가 검토회의 자료」

국강고고학연구소, 2012.8.30, 「강릉 경포대 현대호텔 신축부지내 유적
        (삼국시대 신라토성)」, 현장설명회 자료

국강고고학연구소, 2013.2.15, 「강릉 경포대 현대호텔 신축부지내 유적
        (삼국시대 신라토성)」, 현장설명회 자료

國立慶州博物館, 1999, 『盈德 槐市里 16號墳』

國立慶州博物館, 2000, 『玉城里 古墳群』Ⅰ·Ⅱ·Ⅲ

국립경주박물관 외, 1990, 『경주시 월성로고분군』

국립경주박물관, 1995, 『냉수리고분』

國立慶州文化財硏究所, 1993, 『南彌秩夫城 地表調査報告書』

國立慶州文化財硏究所, 2002, 『慶州 仁旺洞 古墳群』, 學術硏究叢書 29

관동대학교 박물관 외, 1994, 『동해북평공단조성지역문화유적발굴보고』,
        학술총서3

關東大學校 博物館, 1994, 『溟州郡의 歷史와 文化遺蹟』, 學術叢書 5

關東大學校 博物館, 1995, 『三陟의 歷史와 文化遺蹟』, 學術叢書 9冊

관동대학교 박물관, 2009, 『江陵 溟州山城-地表調査 報告書-』, 학술총서
        43책

慶尙北道文化財硏究院, 2003, 『浦項玉城里古墳群發掘調査報告書』, 學
        術調査報告 第25冊

경상북도 문화재연구원, 2007, 『浦項 江沙里 遺蹟』, 學術調査報告 第77冊

金宅圭·李殷昌, 1975, 『皇南洞古墳發掘調査槪報』, 古蹟調査報告 第1
        冊, 嶺南大學校 博物館

金宅圭·李殷昌, 1975, 「後篇 皇南洞 味鄒王陵 前地域 古墳群」『皇南洞
        古墳發掘調査槪報』, 古蹟調査報告 第1冊, 嶺南大學校 博物館

東國大學校 慶州캠퍼스 博物館, 2002, 『慶州 蓀谷洞·勿川里(Ⅱ)-墳墓群
        -』, 硏究叢書 第12冊

東亞大學校 博物館, 1970, 『東萊福泉洞第一號古墳發掘調査報告』

東亞大學校 博物館, 1991, 『梁山金鳥塚·夫婦塚』, 古蹟調査報告 第19冊

文化公報部 文化財管理局, 1974, 『天馬塚 發掘調査報告書』

文化財管理局 慶州史蹟管理事務所, 1975, 『慶州地區 古墳發掘調査報
        告書』第一輯

文化財管理局 文化財硏究所, 1985, 『皇南大塚 北墳 發掘調査報告書(圖
　　　版·圖面)』

文化財管理局 文化財硏究所, 1993, 『皇南大塚 南墳 發掘調査報告書(圖
　　　版·圖面)』

釜山廣域市立博物館 福泉分館, 1999, 『東萊福泉洞古墳群-第6次發掘調
　　　査 141~153號·朝鮮時代 遺構-』, 硏究叢書 第7冊

釜山廣域市立博物館 福泉分館, 2001, 『東萊福泉洞古墳群-52·54號-』,
　　　硏究叢書 第11冊

예맥문화재연구원, 2009.8.21, 「강릉 샌드파인리조트 신축공사부지내 유
　　　적 발굴조사 3차 지도위원회의 자료」

예맥문화재연구원, 2008, 『江陵 草堂洞遺蹟Ⅲ』, 學術調査報告 第13冊
예맥문화재연구원, 2008, 『江陵 草堂洞遺蹟Ⅳ』, 學術調査報告 第15冊
예맥문화재연구원, 2010, 「화천 원천리 유적」, 지도위원회의 자료
예맥문화재연구원, 2011, 『江陵 雁峴洞遺蹟-강릉 샌드파인리조트 신축
　　　공사부지내 유적 발굴보고서-』, 學術調査報告 第41冊

예맥문화재연구원, 2014, 『束草 東明洞遺蹟』, 學術調査報告 第61冊
嶺南大學校 博物館, 1999, 『慶山 林堂地域 古墳群Ⅳ(造永CⅠ·Ⅱ號墳)』,
　　　學術調査報告 第 25冊

嶺南大學校 博物館, 2000, 『慶山 林堂地域 古墳群Ⅴ(造永EⅠ號墳)』, 學
　　　術調査報告 第35冊

嶺南大學校 博物館, 2003, 『慶山 林堂地域 古墳群Ⅶ(林堂5·6號墳)』, 學
　　　術調査報告 第44冊

嶺南大學校 博物館, 2005, 『慶山 林堂地域 古墳群Ⅷ(林堂7號墳)』, 學術
　　　調査報告 第48冊

嶺南埋葬文化財硏究院, 1998, 『高靈 池山洞 30號墳』, 學術調査報告 第
　　　13冊

嶺南文化財硏究院, 1999, 『慶州 舍羅里遺蹟』, 學術調査報告 第19冊
嶺南文化財硏究院, 2001, 『永川 淸亭里遺蹟』, 學術調査報告 第39冊
嶺南文化財硏究院, 2005, 『大邱 蘆邊洞古墳群Ⅰ』, 學術調査報告 第80冊
聖林文化財硏究院, 2007, 『浦項 大覺里 遺蹟』, 學術調査報告 第11冊

聖林文化財研究院, 2015, 『蔚珍 德川里 新羅墓群 I』, 學術調査報告 89冊

聖林文化財研究院, 2015, 『蔚珍 德川里 新羅墓群 II』, 學術調査報告 100冊

육군사관학교 화랑대연구소·국방유적연구실, 2003, 『旌善 愛山里山城-地表調査報告書-』

尹根一 外, 1995, 『淸原 米川里 古墳群 發掘調査報告書』, 國立文化財研究所

鄭澄元·申敬澈, 1983, 『東萊福泉洞古墳群 I』, 釜山大博物館

忠北大學校 湖西文化研究所, 1997, 『旌善 古城里 山城과 松溪里 山城 및 古墳群 地表調査 報告書』

한국문화재보호재단, 1998, 「A~B지구 고분군」『경주 임당유적(I)』

한국토지박물관, 1999, 『漣川 瓠蘆古壘-精密地表調査報告書-』, 학술총서 제2집

한백문화재연구원, 2013, 『양양읍성-추정 북문지 주변 발굴조사보고서-』, 학술조사총서 제41책

5. 기타

江陵古蹟保存會, 1933, 『增修臨瀛誌』

江原道, 1989, 『民俗誌』

臨瀛誌 增補發刊委員會, 1975, 『臨瀛(江陵·溟州)誌』

襄陽郡敎育廳, 1968, 『鄕土誌』

양양문화원, 1976, 『鄕土誌』

襄陽郡, 1990, 『襄州誌』

서울大學校 奎章閣 篇, 1997, 「平昌郡新地誌」, 『江原道邑誌』6

李泳澤, 1986, 『韓國의 地名』, 圖書出版 太平洋

宋基中, 2004, 『古代國語 語彙 表記 漢字의 字別 用例 研究』, 서울대학교 출판부

아시아문화연구소, 1986, 『江原道의 先史文化』, 한림대학교

朝鮮總督府, 『朝鮮地誌資料』江原道 (1910년 10월 이후~1911년 12월
        사이에 편찬)

朝鮮總督府, 1916, 『朝鮮古蹟圖譜』3

朝鮮總督府, 1942, 『朝鮮寶物古蹟調査資料』

한글학회, 1967, 『한국지명총람2-강원편-』

한국보이스카우트연맹, 1989, 『韓國의 城郭과 烽燧(上)』

6. 국외 논문

津田左右吉, 1913, 「好太王征服地域考」 및 「長壽王征服地域考」, 『朝鮮
        歷史地理』上, 東京: 南滿洲鐵道株式會社

濱田耕作·梅原末治, 1924, 『金冠塚과其遺寶-古蹟調査特別報告-大正十
        一年度朝鮮古蹟調査報告』, 朝鮮總督府

池內宏, 1929, 「眞興王の戊子巡境碑と新羅の東北境」, 『古蹟調査報告書』
        6冊, 朝鮮總督府

梅原末治, 1931, 『慶州金鈴塚飾履塚發掘調査報告-大正十三年度朝鮮古
        蹟調査報告』, 朝鮮總督府

野守健·小泉縣夫, 1931, 『慶尙北道達城郡達西面古墳調査報告-大正十
        二年度朝鮮古蹟調査報告』, 朝鮮總督府

穴澤咊光·馬目順一, 1975, 「昌寧校洞古墳群-'梅原考古學資料'를中心とし
        た谷井濟一氏發掘資料の研究」, 『考古學雜誌』第60卷 第4號

馬目順一, 1984, 「慶州金冠塚古新羅墓の龍華紋鐎斗覺書」, 『古代探叢』2

酒井改藏, 1970, 「三國史記の地名考」, 『朝鮮學報』54

藤井和夫, 1979, 「慶州古新羅古墳編年試案-出土新羅土器を中心として-」,
        『神奈川考古』6, 神奈川考古同人會

早乙女雅博, 1997, 「三國時代 江原道の古墳と土器-關野貞資料土器とその
        歷史的意義-」, 『朝鮮文化研究』4號, 東京大學 文學部 朝鮮文化
        研究室

定森秀夫·白井克也, 1999, 「韓國江原道溟州下詩洞古墳群出土遺物-東

京大學工學部建築史研究室所藏資料の紹介-」,『朱雀-京都文化博物館研究紀要-』 11, 京都文化博物館

Polanyi, 1963, "Ports of Trade in Early Societies." *The Journal of Economic History*, 23,1

본문 수록 사진

연번	기관명, 간행연대	수록물명 (논저명)	본서 활용 사진
1	국립경주박물관, 2001	『신라황금』, 40쪽	
2	박수영, 2009	「강릉 초당동 삼국시대 유구와 유물에 대한 소고」, 『사적 제490호 강릉 초당동 유적』, 한국문화재조사연구기관협회, 518쪽	
3	심현용, 2008 (실물은 관동대박물관 소장)	「고고자료로 본 신라의 강릉 지역 진출」, 경북대 사학과 석사학위논문, 17쪽	
4	이한상, 2004	『황금의 나라 신라』, 194쪽	
5	국립경주박물관, 2001	『신라황금』, 38쪽	
6	영남대 박물관, 2005	『경산임당지역고분군 Ⅷ (임당7호분)』, 367쪽	
7	영남대 박물관, 2005	『경산임당지역고분군 Ⅷ (임당7호분)』, 5쪽	

8	강원문화재연구소, 2007	『강릉 초당동 유적Ⅲ』, 학술총서66책	
9	국립춘천박물관, 2008	『권력의 상징, 관 -경주에서 강원도까지-』, 59쪽	
10	문화재관리국 문화재연구소, 1993	『황남대총 남분 발굴조사 보고서』, 도판 299쪽, 313쪽, 329쪽	
11	국립춘천박물관, 2008	『권력의 상징, 관 -경주에서 강원도까지-』, 56쪽 및 58쪽	
12	국립춘천박물관, 2009	『강원의 선사와 고대문화』, 49쪽	
13	국립경주박물관, 2001	『신라황금』, 69쪽	

14	강원문화재연구소, 2005	『강릉 초당동 유적 I』, 학술총서 34책		
15	강원문화재연구소, 2006	『강릉 초당동 유적 II』, 학술총서 50책		
16	강원문화재연구소, 2008	『강릉 초당동 유적 IV』, 학술총서 90책		
17	예맥문화재연구원, 2008	『강릉 초당동유적 III』, 학술조사보고 13책		
18	문화재관리국 문화재연구소, 1993	『황남대총 남분 발굴조사 보고서』 도판도면 238쪽 (좌), 국립경주박물관 제공 (우) : 본서수록		
19	국립경주박물관, 2001	『신라황금』 240쪽 및 119쪽		
20	국립춘천박물관, 2009	『강원의 선사와 고대문화』, 53쪽 및 55쪽		
21	강릉대 박물관	홈페이지 게시 사진		

22	이창현, 2006	「강릉지역의 신라화 과정」 『문화사학』25, 85쪽 <사진6> 중에서 고배 발췌	
23	예맥문화재연구원, 2011	『강릉 안현동유적』, 학술조사보고 제41책, 3호	
24	예맥문화재연구원, 2011	『강릉 안현동유적』, 학술조사보고 제41책, 20호	
25	예맥문화재연구원, 2011	『강릉 안현동유적』, 학술조사보고 제41책, 4호	
26	예맥문화재연구원, 2011	『강릉 안현동유적』, 학술조사보고 제41책, 36호	
27	국립춘천박물관, 2002	『국립춘천박물관(개관도록)』, 62쪽	
28	국강고고학연구소, 2015	『강릉 강문동 신라토성』	

| 29 | 예맥문화재연구원, 2011 | 『강릉 안현동유적』, 학술조사보고 제41책 | |
| 30 | 국강고고학연구소, 2012.8.30 및 2013.2.15 | 「강릉 경포대 현대호텔 신축부지내 유적(삼국시대 신라토성) 현장설명회 자료」 | |

표지 사용 사진

연번	기관명, 간행연대	수록물명 (논저명)	본서 활용 사진
	이한상, 2004	『황금의 나라 신라』, 194쪽	
	강원문화재연구소, 2007	『강릉 초당동 유적Ⅲ』, 학술총서 66책	

강원문화재연구소, 2007	『강릉 초당동 유적Ⅲ』, 학술총서 66책, 192쪽	
국립춘천박물관, 2009	『강원의 선사와 고대문화』, 49쪽	
국강고고학연구소, 2013.2.15	「강릉 경포대 현대호텔 신축부지내 유적(삼국시대 신라토성) 현장설명회 자료」	

사진 출처 기관

국립경주박물관, 영남대 박물관, 국립문화재연구소, 국립춘천박물관,

강릉대박물관(홈페이지), 동아대박물관,

박수영, 심현용, 이한상, 이창현

강원문화재연구소, 예맥문화재연구원, 국강고고학연구소